高等院校国际经济与贸易专业系列教材

世界市场行情新编

第2版

主　编　赵春明
副主编　孙　涛　刘振林
参　编　吕　洋　王浙鑫　文　垒
　　　　吴　强　何　蓉　娄世娣
　　　　佟继英　李　斐　李淑萍
　　　　张强莉

机械工业出版社

本教材分为十四章，内容包括四个基本板块：世界市场行情理论基础、一般经济行情分析、主要商品市场行情分析、主要国家和地区市场行情分析。面向实践、面向未来，是本书力求突出的两个特点。

本教材的直接使用对象是国际经济与贸易专业的本科或部分专科高年级学生，同时可以作为相关专业研究生的选读材料。此外，它也可以作为一些与国外市场进行交往的相关企业工作人员的参考读物和世界经济研究人员的辅助性读物。

图书在版编目（CIP）数据

世界市场行情新编/赵春明主编. —2 版. —北京：机械工业出版社，2013.4（2023.1 重印）

高等院校国际经济与贸易专业系列教材

ISBN 978-7-111-41610-4

Ⅰ.①世… Ⅱ.①赵… Ⅲ.①国际市场—市场行情—高等学校—教材 Ⅳ.①F740.22

中国版本图书馆 CIP 数据核字(2013)第 035316 号

机械工业出版社（北京市百万庄大街 22 号　邮政编码 100037）
策划编辑：常爱艳　责任编辑：常爱艳　宋　燕
版式设计：陈　沛　责任校对：薛　娜
封面设计：鞠　杨　责任印制：郜　敏
北京富资园科技发展有限公司印刷
2023 年 1 月第 2 版第 12 次印刷
184mm×230mm · 20.25 印张 · 404 千字
标准书号：ISBN 978-7-111-41610-4
定价：45.00 元

凡购本书，如有缺页、倒页、脱页，由本社发行部调换

电话服务
服务咨询热线：010-88379833
读者购书热线：010-88379649

网络服务
机 工 官 网：www.cmpbook.com
机 工 官 博：weibo.com/cmp1952
教育服务网：www.cmpedu.com
金 书 网：www.golden-book.com

高等院校国际经济与贸易专业系列教材

编审委员会名单

序

摆在读者面前的这套教材是一项凝聚了众多高校教师辛勤劳动的集体性成果。我们编写这套教材主要是基于以下两大背景。

1. 在经济全球化条件下，国际贸易作为一国参与经济全球化和国际分工的重要途径之一，其作用和重要性都大大加强

20世纪90年代以来，在经济全球化浪潮的推动下，资本的国际流动得到迅猛发展。在这种情况下，有人认为国际贸易对经济增长的作用因此会被削弱，其实并不尽然。通过以下分析可以看出，国际贸易对一国经济增长的作用不但没有被削弱，反而在加强。

首先，在经济全球化条件下，国际分工的日益细化不但使越来越多的消费品具有了可贸易性，而且越来越多的中间产品和劳务也进入了国际交换领域，从而使贸易的范围不断扩大。

其次，在经济全球化条件下，社会化生产以及市场经济的本质并未发生根本性的变化，市场交换依然是扩大再生产的前提，国际贸易仍是各国在世界范围进行交换的主要方式和彼此间经济关系的“晴雨表”。

最后，在经济全球化条件下，虽然国际直接投资的规模越来越大，跨国公司的作用越来越显著，但是它并不排斥国际贸易，更不能取代国际贸易；相反，资本和生产的国际化不仅为国际贸易提供了更加便利的条件，而且增添了新的贸易方式和贸易动力。因为跨国资本流动规模的扩大，特别是产业资本的国际化，不仅使国际贸易的规模和发展呈现出某些新特点，而且使国际贸易出现了内部化现象，推动了以要素禀赋差异为基础的产业间贸易模式逐步向以竞争优势为基础的产业内贸易模式转变，世界范围内产业内贸易的比重不断加大。规模巨大的跨国公司在世界各地组织生产，在“全球战略”的指导下，企业内部贸易和产业内贸易发展迅速，构成世界贸易的重要组成部分。不仅如此，第二次世界大战后国际资本的流动还促使了新的贸易方式的产生，如加工贸易、补偿贸易、国际租赁业务、国际分包等。这些贸易方式是为适应资本的流动而出现的，它们与传统的商品贸易方式有很大的差别。例如补偿贸易，就是引进方首先引进国外的先进技术和设备，然后再用生产的产品直接或间接地给予技术和设备提供者补偿，这实际上已起到了国际直接投资的

作用。

2. 我国加入世界贸易组织之后，对国际经济贸易人才的培养提出了更高的要求

众所周知，我国于2001年正式加入了世界三大经济组织之一的世界贸易组织，从而标志着我国已全方位地融入到经济全球化的浪潮中。“入世”不仅给我们的社会经济生活带来了巨大的影响，而且对传统国际经济与贸易专业的教育也提出了深层次的挑战。20世纪80年代，当改革开放大潮刚刚涌动之时，很多学校开设了国际经济与贸易专业，似乎只要沾上“涉外”的字眼，就可以“通吃天下”，但这种低层次的量的扩张在20世纪90年代中后期就遇到了“瓶颈”，许多学生毕业后找不到如愿的工作。“入世”之后，涉外色彩浓重的国际经济与贸易专业再次引起了世人的关注和青睐，但是这一次并不是上一次的简单重复，它不仅要求涉外人才量的增加，更要求涉外人才质的提升。具体来说，现在需要的涉外人才是能系统掌握现代经济学基本原理，通晓国际经济与贸易知识及惯例，同时能熟练运用外语和计算机等现代工具的高层次的复合型人才。

3. 经济全球化和“入世”的大背景要求我们在国际经济与贸易专业的教材编写、课程设置、人才培养方式等方面进行相应的变革，这套教材就是为响应这种变革所做的一项尝试性成果

目前市场上国际经济与贸易方面的教材品种较多，其中不乏优秀之作，前人的优秀成果是我们编写这套教材的重要参考来源和写作基础。当然，相比较而言，我们这套教材无论在内容的编写上还是在写作的体例和形式上，都具有自身的一些重要特色。

（1）在内容的编写上。过去，人们普遍注重这个专业的应用性特色，而相对忽视了这个专业所具有的理论性和素质培养功能。随着我国加入世界贸易组织、更深入地融入到经济全球化浪潮中，对经贸人才的需求已从简单的操作型人才转变为高素质的复合型人才，显然，传统教学模式和方法已很难适应时代发展的要求。我们编写的这套教材在保持传统教材重视应用性和操作性的基础上，力求吸纳和反映当代国际经济与贸易领域的最新发展实践和理论成果，凸显教材的基础性、理论性和前沿性，并与时俱进，使之更加贴近我国的改革开放实践，加强为建设和完善我国社会主义市场经济体制服务的功能，挖掘各门课程对学生素质培养的潜能，从而赋予国际经济与贸易专业新的活力和意义。

（2）在写作的体例和形式上。我们借鉴国外流行教材的经验，在内容有关之处增加了为数不少的专栏，这些专栏或者是时代背景，或者是作者小传，或者是案例，或者是对有关问题的进一步阐述，有助于拓展学生的视野，让其更深入地了解

和掌握书中内容。所列复习思考题也力求灵活多样，以启发学生作进一步的思考。另外，章中所列关键术语、学习要点、小结以及荐读书目等，不仅方便学生总领教材内容，也为其作进一步研讨提供了文献参考。

当然，作为尝试性的成果，我们这套教材也难免有不尽如人意之处，特别是每本教材的作者均来自不同院校，因此在编写风格方面可能还会存在一些差异，这些都需要我们在以后的修订过程中进一步完善，我们真诚地期待着广大读者多提宝贵意见！

北京师范大学教授、博士生导师
编审委员会主任委员
赵春明

2006年4月

第2版前言

自《世界市场行情新编》第1版出版以来，承蒙广大同学和读者的厚爱，曾先后印刷10余次，受到同学和读者们的广泛好评。考虑到近些年来世界市场和世界经济形势发生了很大的变化，本教材在第1版的基础上，更新了许多数据，并增补了能充分反映世界市场最新变化与特点的相关内容，从而使本教材能与时俱进，具有更大的现实性和时代性。

感谢本书第1版的各章作者。参加本书修订工作的有北京师范大学经济管理学院的赵春明、吕洋、王浙鑫和文垒，全书由赵春明统稿。

编　者

2013年1月

第1版前言

随着经济全球化和市场国际化程度的日益加深，以及我国对外开放的不断深入，政府、企业，甚至消费者个人与国际市场的关系日益密切，人们越来越需要更清晰地认识世界市场，并且希望能够在变幻莫测的世界市场上把握商机，以争取最大的利益。然而涉及众多因素的世界市场行情复杂多变，这就需要有关人员来揭示世界市场行情的波动规律，分析行情发展的现状和预测其未来走势，以对社会各界的决策起到一定的指导性作用。而要达到这一目的，就需要加大世界市场行情研究领域人才培养的力度。正是基于这种想法，我们决定编写这本教材。

在我国学术界长期研究和教学的积淀过程中，该领域已经出现了一些较优秀的同类教材。综合起来看，目前正在使用的教材在体系安排上具有较大的相似性。其优点主要是系统、完整地论述了马克思主义的经济周期理论，特别强调资本主义经济周期的客观性和危机的必然性；系统地介绍了发达国家所编制的经济指标体系，并重点强调它们在预测中的作用；明确地定义了国际商品市场行情研究的对象，指出对国际商品价格短期波动的研究在国际商品市场行情研究中的核心地位，指出研究价格要从研究供求入手，科学地表述了研究国际商品市场行情的基本方法等。

本教材即是在继承原有教材和同类研究优秀成果的基础上，力求根据现实发展的需要而编写出来的。本教材分为十四章，内容包括四个基本板块：世界市场行情理论基础、一般经济行情分析、主要商品市场行情分析、主要国家和地区市场行情分析。由于各个高校讲授该课程的重点不一，致使以往同类教材各部分利用价值大小不一，而且整体上多偏重于理论分析和对指标本身的介绍，与国际市场实践的结合不够密切，资料也存在着一定的老化问题。为此，本教材在结构安排上除了对行情理论及宏观经济行情指标加以介绍外，还特别加入对具体部门、具体国家和地区经济行情的研究和介绍。一方面增强了各部分内容的利用价值，另一方面也体现了本教材面向实践的宗旨。同时，在编写过程中坚持灵活性与规范性相结合的原则，在内容设计上既强调内容安排要有弹性，又重视内容体系保持清晰的逻辑关系；既为未来更新再版留有空间，同时也使基本的逻辑框架保持相对稳定性。总之，面向实践、面向未来，是本书力求突出的两个特点。另外，我们为选择本教材的教师免费提供电子课件。

本教材是一项集体性成果，编写人员来自北京师范大学、河南财经学院、北京外国语大学、江西财经大学、山东轻工业学院等。本书由北京师范大学赵春明教授担任主编，河南财经学院孙涛教授和江西财经大学刘振林副教授协助进行了统稿工作。本书具体编写分工如下：第一章由赵春明编写；第二、三章由吴强编写；第四、五章由刘振林编写；第六章由孙涛编写；第七章由何蓉编写；第八、十章由娄世娣编写；第九章由佟继英编写；第十一章由李斐编写；第十二章由李淑萍编写；第十三、十四章由张强莉编写。

在教材的编写过程中，我们搜集整理了不少专栏和图表资料，但限于篇幅，在本书付梓之际，我们只能忍痛割爱，对这些资料作了删除。此外，受主客观条件的限制，本教材可能还会存在着一些不足之处，恳请广大读者提出宝贵意见。

编　者

目　录

第一章 绪　论

【本章学习要点】

- 行情的概念
- 行情的基本特征
- 当代世界市场行情的发展趋势

第一节　行情概述

一、行情与行情学

“行情”一词原出于拉丁文的 Conjunctus，原意是指互相联系的信息、形势、情况和条件的总和。后来，这一概念逐渐被引入经济学。在第一次世界大战以前，行情作为经济学术语，主要是指市场变化和价格变化，因为在经济统计资料远不完备的情况下，只有流通领域的变化才易于被人们观察到。20 世纪 20 年代以后，日益加剧的世界经济发展的不稳定性引起各国的极大关注，同时，随着数学、统计学方法越来越多地应用于经济研究和经济统计之中，行情概念的内容已经变得很广泛，既包括流通领域，也包括生产领域的具体变化；既包括个别部门，也包括整个国民经济乃至世界经济的具体变化。

行情学起源于德国等欧洲国家，并在前苏联得到发展和完善。作为一门新兴的综合性学科，行情学是分析、研究世界经济变迁引起的国别地区市场和具体商品市场各种形式行情波动的特点、原因、规律以及其发展趋势的国际经济学科。

行情学的主要任务是对经济波动的规律及其发展趋势进行定性、定量分析，从而为一国对外贸易发展的商品战略、地区战略和市场营销战略决策提供信息和科学依据，以提高其对世界市场需求现况和变化趋势的适应能力、竞争能力，最终实现扩大出口，提高对外贸易的经济效益。

行情学研究的理论基础是马克思主义的政治经济学及其再生产周期理论，马克思主义的唯物辩证法和现代经济统计学是本学科的研究方法和手段。较好地掌握世界经济和国际贸易的专业课程，以及商品学、未来学和外语，有利于加深对本学科的深刻理解和提高对行情实践的分析研究能力。

二、行情的分类

行情从波及再生产过程的全部（主要）工业部门和个别经济部门（商品）角度，可细分为一般经济行情和具体部门或具体商品市场行情两种。

一般经济行情反映世界经济中主要国家尤其西方发达国家国民经济（主要是工业部门）的周期性发展。一般经济行情的波动由体现宏观经济动态的一组经济指标体系反映。它可用来描述和分析世界或一国（地区）国民经济发展状况、职能机制、社会总供给和总需求的相互关系，对国民经济的部门结构（产业结构）和地区布局进行定性和定量分析，以及对所采取的各项政策进行趋势预测。

一般经济行情着重于宏观经济方面的研究。宏观经济的行情研究主要涉及：国民经济总体的增长速度和比例关系，国民收入的规模和构成，社会再生产过程中四大物流的供求关系，国家财政收支平衡，市场价格总水平和通货量，科学、文化、教育事业与国民经济和社会发展是否相适应，以及整个国民经济部门和地区间的配合问题。

具体商品市场行情是国民经济各部门、部门分支在再生产过程中的具体变化和市场波动，它反映了国民经济再生产过程的某一个侧面。在实际运行中，具体商品市场行情往往会受到本身所特有的环境条件和特殊规律的影响，故在具体研究方法和经济指标体系的选择上要有所区别。例如，研究某一具体商品市场行情或部门经济行情时，研究活动范围往往很自然地局限于反映这一部门生产活动所创造的供给和对该部门产品支付能力的实际要求上。这种研究方法就不能生硬地搬到一般经济行情的研究中去。具体商品市场行情涉及微观经济方面的需求和供给理论、市场和价格理论、竞争理论、个人分配理论，并受该国所制定的竞争法、消费政策、收入和价格政策等多方面的影响。

行情从横切面的角度来划分，则可细分为世界几个主要区域性的世界市场，如本书后面将要详细分析的北美市场行情、欧盟市场行情、亚洲市场行情和非洲市场行情等。

三、行情的基本特征

1. 不稳定性

经常波动、具有明显的不稳定性是行情变化的重要特征，也是人们之所以经常关心行情变化的原因所在。传统观点认为，行情的不稳定性根源于资本主义的基本矛盾，即生产的社会性与生产资料的私人占有形式之间的矛盾。由于这个基本矛盾，社会生产能力有无限扩大的可能性，而社会消费能力则常常受到限制，加之竞争和生产无政府状态规律经常发生作用，因此，资本主义经济不可能持续、稳定和均衡地发展，只能表现为时好时坏，时盛时衰，时而上升时而下降。总的经济情况是如此，不同经济领域和个别生产部门亦是如此。这固然是行情波动的一个主要原因，但近些年的有关研究成果也表明，不稳定性实际上是事物本身发展的一种内在规律。比如，曾获得诺贝尔物理学奖的普里高津在其著名的耗散结构理论中指出，任何事物的运动都是通过涨落的途径来实现从无序向有序的转变，这一观点因具有浓厚的方法论色彩而得到普遍的认可和运用。当然，相比较而言，行情由于其面临的环境和决定的因素更加复杂，从而表现出了更加明显的波动性和不稳定性。

2. 不平衡性

发展不平衡是行情波动的另一个重要特征。主要国家经济的上升或下降在时间上可能不相一致，在程度上也可能有差别。例如，在1979—1982年世界性经济危机的1980年，美国和英国的工业生产下降，法国和原联邦德国表现为停滞，意大利和日本却仍在上升。1981年美国的工业生产回升，法国、意大利和原联邦德国却在下降。经济发展的这种不平衡性为一国摆脱经济困境提供了便利条件。

3. 相互关联性

相互联系、相互影响是行情变化的另一个特征。众所周知，任何一国的再生产过程都是生产、流通和消费过程的统一，再生产的这几个环节是互相联系、互相影响的。生产发展而流通不畅或消费不足，再生产就不能顺利运行。生产的缩减会引起失业人数的增加、在业人员实际收入的减少、社会购买力的降低、国内和国外贸易的萎缩以及货币金融领域的混乱，这些情况又会反过来促使生产进一步缩减。

各种商品市场行情的变化，彼此也是相互联系、相互影响的。比如主要西方国家汽车生产和销售的萎缩，会引起橡胶需求的萎缩和价格的下跌。造船业的衰落，会引起厚钢板需求的缩减并可能影响其价格的下降。有的商品，其行情的变化会对许多其他商品市场行情发生重要影响，甚至影响整个世界经济。例如，石油价格的剧涨，石油输出国组织（OPEC）实行石油禁运，使依赖石油进口的主要发达国家的经济受到沉重打击，并由此触发了1974—1975年世界性经济危机的爆发。

4. 复杂性

世界市场行情由于其影响因素的复杂多变，其中既有周期性因素的影响，也有非周期性因素的影响，还有各种国际传递渠道的影响，因此表现出明显的复杂性特征。

第二次世界大战后世界市场行情的复杂性，还起因于它是由相互联系和相互对立的不同经济类型的国家构成以及商品市场类型的多样性。目前在世界贸易中有以下不同类型的商品市场：

（1）以自由竞争为特征的开放性市场。这如传统的商品交易所、拍卖行、招标处等。这种市场极不稳定，价格是通过公开竞争形成的，交易的商品大都是初级产品，这种市场所形成的价格通常作为世界价格，成为许多国家签订外贸合同作价的基础。

（2）以一次性商业合同为基础的商品市场。这是开放性市场的补充形式。它是在开放性市场以外由买主和卖主通过直接洽谈进行的商品交换，这种市场的竞争不如开放市场激烈。

（3）封闭型市场。这主要有：垄断组织占主导地位的市场，跨国公司占主导地位的市场，以及以国际专业化和协作为基础的商品市场。这几种市场的封闭程度有所差异，垄断组织占主导地位的市场有竞争但不激烈，市场价格相对稳定；跨国公司占主导地位的市场实际上只是跨国公司的子公司定向贸易活动，这种贸易在第二次世界大战后的国际贸易中占的比重很大，它与普通商业贸易迥然不同；以国际专业化和协作为基础的商品市场，其签订的合同一般都是长期的，价格也相对稳定。

（4）半封闭半开放性的市场。这主要是指以经济一体化措施为媒介的商品市场。这是一种经济集团范围内的商品市场，对内采取自由竞争、自由贸易，对外则采取歧视性措施，如建立关税和非关税壁垒以防止集团外低价商品的竞争。

四、世界市场行情分析的基本程序

对世界市场行情的分析，一般情况下分为四个步骤：第一，对世界宏观政治经济形势进行考察，并详细考察可能成为目标市场的地区和国家的市场情况，进而对可以考虑的若干种市场形态，如生活资料市场、生产资料市场、金融市场、技术劳务市场等选择可行的目标展开调研，考察市场饱和度、市场发展前景等。第二，选择最佳的进入目标市场的途径和方式，可选择的方式有直接投资、输出商品或劳务、间接投资等。第三，进行目标市场营销分析，从产品、定价、分销渠道和促销四方面着手分析。第四，在前三步分析结果的基础上，对世界市场进行综合分析与评价。如果分析结果存在问题，可重新再次分析，制订更为科学和操作性更强的方案。

五、世界市场行情分析的意义

行情实质上是一组变量（信息）的综合反映。信息（即商情）是供行情分析和行情预测的依据，是物质的反映，但它不是具体物质本身。信息在信息时代是比资本更重要的资源，是能带来利润和创造财富的生产要素。因此，行情研究的重要性可以从剖析信息社会的特征予以说明。信息社会的五个主要特征为：①在当代信息社会中起决定作用的不是资本，而是信息知识，信息是经济增长的关键因素；②信息社会是智力密集型社会，信息知识是社会发展的原动力，是决策的依据，新的权力不是来源于少数人的权力和金钱，而是多数人手中的信息；③信息社会中社会财富的增长越来越依靠信息知识；④信息社会中人们对时间的倾斜是未来，是行情预测，是世界经济变迁的方向，是具体商品市场需求变化的趋势，而不是经济现状和现有需求；⑤世界上有物质、能源和信息三大资源，唯有信息资源和行情研究成果可以为众人共享。行情研究的水平反映一国参与国际分工的水平和对外经济贸易效益的程度，社会的信息化程度已成为衡量一个国家科学技术、经济和社会发展水平的重要标志。

具体来说，学习和分析世界市场行情，其重要性和意义主要表现在：

第一，为外贸企业提供有关商品市场供求关系及变动趋势等方面的信息，使企业管理部门和实际业务工作者及时掌握市场动态，从而为经营决策和具体业务活动提供可靠的信息依据。

第二，为外贸企业提供商品价格、货币汇率等方面的最新变动情况，帮助外经贸工作者选择有利的进出口时机和贸易条件，促使企业增收节支，提高外贸工作的经济效益。

第三，有利于外经贸企业选择新的贸易方式和制定切实可行的进出口商品价格策略。

第四，扩大出口产品的销路。对外贸易的扩大和发展，主要取决于出口贸易的增加。无论是增加现有商品的出口，还是开拓新的市场，都需要企业对世界商品市场的结构、竞争状况、生产方式以及消费等因素进行周密的研究，对其前景作出正确的判断。

第五，在技术引进和进口贸易中，也需要我们对商品市场的动态作出正确的分析和判断，以使得国家宝贵的外汇收入得到最充分有效的利用。因此，商品市场调研是外经贸企业提高经济效益的重要手段。

第二节　当代世界市场行情的发展趋势

在世界市场行情的运行和活动中，对外贸易既是一个重要的影响因素，同时又是其中极其重要的一个传递渠道。在经济全球化时代，这种渠道的影响越来越为明显。一个国家出口情况的不利和出口数量的减少，很快会引起这个国家生产的萎缩和失业的增加；而一个国家进口的减少，则会立即引起其主要贸易伙伴国出口的减少，从而又可能引起后者生产的萎缩和失业的增加。由于本书在后面的章节中将会详细介绍世界市场行情的其他影响因素和渠道，因此我们在这里就从国际贸易的角度阐发一下当代世界市场行情的发展趋势以及主要应对措施。

一、世界贸易组织成为国际多边贸易体制的组织基础

1994 年 4 月 15 日，关税与贸易总协定（GATT）的部长级会议在摩洛哥的马拉喀什城召开，与会的各缔约方代表通过了《建立世界贸易组织协定》。这一方面意味着持续约 8 年之久的“乌拉圭回合”谈判的结束，另一方面则标志着 1948 年成立的关税与贸易总协定已完成其历史使命而为新的世界贸易组织（WTO）所取代。世界贸易组织于 1995 年 1 月 1 日正式成立和我国于 2001 年 12 月 11 日正式加入世界贸易组织，成为影响当代国际经济贸易发展的重大事件。

世界贸易组织的宗旨是：①在发展贸易和经济关系方面应当遵循提高生活水平、保证充分就业和大幅度提高实际收入和有效需求；②扩大生产、货物与服务贸易；③为实现持续发展的目标而扩大世界资源的充分利用；④寻求对环境的保护和维护，并根据它们各自的需要和不同经济发展水平的情况加强相应的措施；⑤通过多边贸易协议，互利互惠，逐步降低关税，取消非关税壁垒，消除歧视待遇。世界贸易组织宗旨的核心是反对新旧贸易保护主义，提倡全球贸易自由化。

世界贸易组织的基本原则有：①非歧视的贸易，即一国不应在其贸易伙伴之间造成歧视，它们都应被平等地给予“最惠国待遇”，一国也不应在本国和外国的产品、服务或人员之间造成歧视，要给予它们“国民待遇”；②更自由的贸易，即通过谈判使贸易壁垒不断减少，包括关税、进口禁令和配额等；③透明度和可预见性原则，即越来越多的关税税率和市场开放承诺将得到履行，外国公司、投资者和政府有理由相信贸易壁垒不会随意增加；④促进公平竞争，如出口补贴和为获得市场份额以低于成本的价格倾销产品等行为都将被禁止；⑤增加对发展中国家和最不发达国家优惠待遇原则，给予它们更多的时间进行调整，以及更多的灵活性和特殊权力。

世界贸易组织的基本职能在关贸总协定的基础上也有了较大改进。其基本职能是：①督促世界贸易组织协定的实施和运作，同时提供组织制度框架；②作为成员多边贸易谈判的场所；③实施争端解决规则；④监督各成员贸易政策；⑤与国际货币基金组织、世界银行及其附属机构进行合作，以使全球经济决策更趋和谐和一致。

世界贸易组织虽然脱胎于关贸总协定，但并不是关贸总协定的简单延续，而是有

了更大的发展。与关贸总协定相比，世界贸易组织具有以下特点：

第一，世界贸易组织的法律地位更加确定。关贸总协定从法律地位上讲只是一个临时生效的国际协定，而世界贸易组织是一个正式的、具有法人地位的国际机构。另外，关贸总协定中有许多仅适用于数个成员的所谓“简单多边协议”，从而使其成为具有自愿选择性质的体制，导致各成员的权利与义务不平衡。而构成世界贸易组织的协议几乎都是多边的，全体成员必须“一揽子参加”，均受其约束。这无疑增加了世界贸易组织的权威性。

第二，世界贸易组织的内容更加广泛，适用范围明显扩大。关贸总协定规则只涉及国际货物贸易，而世界贸易组织在传统货物方面不仅修改了《1947 年关贸总协定》并充实内容成为《1994 年关贸总协定》，还就长期游离在《关贸总协定》之外的农产品、纺织品和服装贸易分别签订了协议。另外，它还就“乌拉圭回合”的三个新议题分别签订了《服务贸易总协定》《与贸易有关的知识产权协议》及《与贸易有关的投资措施协议》，这些协定都是关贸总协定调节范围之外的。世界贸易组织涉及范围的明显扩大，增强了其多边贸易体制作用的发挥。

第三，世界贸易组织改进了关贸总协定的贸易争端解决机制。关贸总协定主要通过协商和协调来解决争端，其争端解决时间往往拖得很长，裁决也得不到有效执行。世界贸易组织改进了关贸总协定的争端解决机制，将其建立在一整套较为严谨的条款基础之上，使其运作更加有效。这主要表现在：①设立了专门的争端解决机构，建立了统一的争端解决程序；②确定了各环节严格、明确的工作时限；③增设了上诉程序；④在通过纠纷处理决定时，改“一致同意”原则为“除非一致同意反对”原则，加大了裁决的执行力度。

第四，世界贸易组织建立了贸易政策审议机制。世界贸易组织的贸易政策审议机制要求其所有成员的贸易政策和实践都必须受到评审。根据各成员在某一时期内的世界贸易中所占份额的大小，不同的成员可以有不同的审议周期。其中贸易额占世界前四名的欧盟、美国、日本、加拿大每 2 年审议 1 次；排列其后的 16 个经济实体每 4 年审议 1 次；20 名以后的成员每 6 年审议 1 次；最不发达成员审议周期可以更长。贸易政策审议机制的建立不仅促进了各成员贸易政策的透明化，还有利于各成员之间协调关系，加强了世界贸易组织作用的发挥。

世界贸易组织的建立与运行，对新旧格局交替时期的世界经贸发展产生了重大影响：

第一，世界贸易组织的运作，使国际上首次出现监管全球商品贸易、服务贸易、投资措施、知识产权与世界环卫规则的“世界经济联合国”，这有助于世界经济和国际贸易的稳定与发展，为国际经济贸易新秩序的建立奠定了基础。

第二，世界贸易组织的运作，使世界多边贸易体制得以进一步加强，从而不仅能监督和促进有关成员逐步消除其与多边规则不符的关税和非关税措施，而且还为今后把众多的原关贸总协定难以监管的“灰区措施”有效地置于世界多边贸易纪律的约束之下创造了法律条件。

第三，在世界贸易组织多边纪律的管理与监督之下，“乌拉圭回合”一揽子最终协议将得以更加有效地实施。各成员在商品、服务、投资等领域中的贸易壁垒与非贸易壁垒将进一步受到约束，统一规则也将确立，共同市场的范围会进一步扩大，从而促进各成员间出口贸易的增长。

第四，世界贸易组织的运作，将给世界贸易自由化带来多层次的影响。各成员之间贸易依存度的提高，使各国在商品、服务方面的分工将进一步加强。而且在市场机制作用下，全球范围内的经济竞争会更趋激烈。竞争压力将迫使各国加速产业结构的优化与改革，加强科学研究与新产品开发，其竞争方式与手段也会有所变化，各成员间的竞争将更多地依靠经济贸易集团，尤其是跨国公司联盟来进行。

与关贸总协定相比，世界贸易组织虽然有了很大的进展，并对国际经贸产生了重要影响，但是，受现实的国际政治经济环境和条件的制约，世界贸易组织在实际运作过程中还面临着诸多矛盾：

第一，实现贸易自由化与新贸易保护主义盛行的矛盾。世界贸易组织以推进“世界贸易自由化”为宗旨，并且关贸总协定已经在削减关税方面取得了巨大的成就。但是，另一方面，由于关税水平的大幅削减，各国尤其发达国家转而使用各种非关税措施。目前全世界非关税措施已达2 700多种，成为贸易自由化的最大障碍。如何应对复杂多样的非关税措施成为世界贸易组织面临的一大难题。

第二，多边贸易体制与区域集团加强的矛盾。《关贸总协定》第24条有关关税同盟和自由贸易区的条款规定：区域集团其内部所相互给予的优惠待遇可以作为无条件最惠国待遇原则的例外，不给予集团外国家。而20世纪80年代末、90年代初以来，世界范围内区域经济集团化趋势不断加强，各种区域集团不断出现。它们对内实行开放和优惠，对外实行区域保护，为集团各国谋求共同利益。区域集团的这种排他性对多边体制是一个极大的挑战。如何处理二者之间的关系，世界贸易组织至今尚未作出明确规定并找到有效的解决办法。

第三，争端协调机制本身缺陷造成的矛盾。其中最引人注目的是国际裁决与国内法的关系问题，即国内法能否凌驾于国际裁决之上。世界贸易组织要求成员保证它们国内法的实施与国际有关协议相一致，但其协议却又是在承诺不具备推翻美国贸易法权力的前提下通过的。这就留下了极大的隐患。就在“乌拉圭回合”达成最终协定前不久，美国政府还曾发布行政命令，恢复使用“超级301条款”；“乌拉圭回合”结束后又特地声明仍有权实施这一条款。显而易见，美国带有强烈保护主义色彩的“超级301条款”与贸易自由化原则是不相容的。针对美国的做法，欧盟在法国的要求下也在寻找类似的单边报复手段。如果世界贸易组织不能有效地对个别国家（集团）的国内法适用范围和适用程度加以约束，则不仅“乌拉圭回合”达成的目标会部分落空，而且它也不可能在协调国际经济关系方面获得真正的成功。与此相联系，当越来越多的区域经济集团在世界范围兴起，极有可能使这些集团内部形成的协调机制，相对独立或游离于世界贸易组织之外，从而对世界多边贸易体制造成威胁和破坏。

第四，加强民主决策与大国强权操纵的矛盾。尽管世界贸易组织制定了一系列对发展中国家的优惠条款，但是就总体而言，发展中国家在世界贸易组织中是处在不利地位的。从形式上看，世界贸易组织的有关协议和规则是由包括发展中国家在内的世界贸易组织成员，通过磋商、投票等方式来制定和产生的，但是发达国家和发展中国家的经济力量相差过于悬殊，因此，发展中国家在世界贸易组织的谈判中处于明显的劣势，世界贸易组织制定出来的游戏规则更多地反映和符合了西方发达国家的利益，从而具有较为一定的片面性和不公平色彩。

二、服务贸易的发展趋势

20世纪90年代以来，当代世界市场的竞争正从以产品为基础的竞争转向以服务为基础的竞争，服务贸易已成为国际化大生产的必要条件和国际经济生活的一个重要方面。目前，国际服务贸易已超出了一般意义上的服务交换的含义，而发展成为国际信息流动的主要渠道，并且具有世界信息、技术、金融的再分配机制，是各国进行商品生产和销售、实现商品价值、进行扩大再生产的不可缺少的环节，是世界市场存在和发展的枢纽。对于一个国家来说，服务业在维护国家经济和政治利益方面越来越具有战略性的作用和地位，一个国家在国际市场竞争中能否占据优势，在很大程度上取决于它是否能为商品交换提供高水平的国际服务。

具体来说，当前国际服务贸易主要有如下发展趋势：

1. 加速化发展的趋势

当前服务贸易发展的第一个重要趋势是加速化发展的趋势。这个趋势的主要表现是：

（1）贸易规模急剧扩张。据世界贸易组织的统计，1970年国际服务贸易出口额为634亿美元，到1980年和1990年即分别增长到3 813亿美元和8 080亿美元。而2010年已高达36 950亿美元，40年间增长了58倍，同时，国际服务贸易在整个国际贸易中的比重也从1970年的约10%上升为目前的约25%。按照目前的发展态势，只要几十年时间，服务贸易就很有可能会赶上并超过货物贸易，占据国际贸易总额的“半壁江山”。

（2）随着各国政府对市场准入、国民待遇等限制的逐渐放松，国际服务贸易范围也得到了空前的扩展。早期的国际服务贸易范围仅限于移民、运输、建筑、教育等有限的几个领域，而当前的国际服务贸易范围，按世界贸易组织统计与信息系统局的标准，已遍及商业服务、通信服务、建筑及有关工程服务、销售服务、教育服务、环境服务、金融服务、健康与社会服务、旅游服务、文化与体育服务、运输服务与其他服务12个部门。实际上，限于统计水平，当前有关国际服务贸易规模的统计仅能涉及《服务贸易总协定》（GATS）中商业存在和境外消费两类服务贸易定义下的统计，对跨境交付和自然人流动等定义下的统计迄今尚未开展。将来如能开展，国际服务贸易加速化发展的趋势将更为明显。

2. 自由化发展的趋势

作为一种以全球服务业迅速发展为基础，以经济全球化为动力的逐步自由化过程，近年来，国际服务贸易自由化浪潮日益明显，其主要表现是：

（1）《服务贸易总协定》成为推动全球服务贸易自由化的法律基础。作为“乌拉圭回合”谈判主要成果之一的《服务贸易总协定》，首次将国际贸易的规则扩展至服务业，它不仅对服务贸易的定义和范围作了统一规范的表述，还对多边贸易体制下各方应遵循的基本原则与规则进行了详细的规定，成为世界贸易组织各成员就服务业开放达成具体承诺的法律基础。

（2）服务贸易自由化的范围和影响地区不断增多。1995年世界贸易组织服务贸易理事会正式运转后，积极推进“乌拉圭回合”结束后相关领域的后续谈判，落实各成员承诺的服务市场准入的实施，并在1995年达成《自然人流动服务协议》和《海运协议》，1997年达成《基础电信服务协议》和《金融服务协议》，先后共有100多个成员承诺在这些领域逐步实现自由化。

（3）国际服务贸易正在取代国际货物贸易成为世界贸易组织“多边回合”谈判的中心议题。由于“乌拉圭回合”中各成员向国际服务贸易自由化迈出的只是最初的步伐，《服务贸易总协定》要求今后将进行连续多轮的更深入的谈判，来不断提高承诺水平，降低政府措施对服务贸易的不利影响，逐步推进全球服务贸易自由化的进程。

（4）发展中国家还能得到一定的优惠待遇。例如，《服务贸易总协定》的最惠国待遇条款规定，发展中国家在10年过渡期内通过开列例外清单，可以暂时维持与最惠国待遇原则不符的措施，维持较高的保护水平，而且发展中国家可以不开放所有服务部门，允许他们在有限的部门中作出承诺。此外，《服务贸易总协定》还提出了发展中国家更多地参与和逐步自由化的原则，呼吁发达成员对发展中国家成员具有出口利益的服务部门给予优先的准入，使之具有更大的灵活性。

（5）随着电子商务和电子政务的发展，各成员对国际服务贸易的管理和干预、歧视被限制在一定的范围内，国际服务贸易管理正在日趋规范化、透明化。

3. 不平衡化发展的趋势

当前国际服务贸易的发展不平衡的趋势主要表现在两个方面：

（1）国际服务贸易在地区分布上存在着明显的不平衡。目前，服务贸易主要集中在发达国家和少数新兴工业化国家，且其集中程度超过国际货物贸易。根据 WTO 年报的统计，2010 年北美和西欧两个服务贸易最发达地区占全世界总额的 63.5%，拉美、非洲、中东和东欧转轨国家合起来仅占 10%；而在当年的全世界货物贸易总额分布中，二者的份额分别为 57.3% 和 13.7%。其中，单美国一国的服务贸易出口总额即达 5 183 亿美元，占全球服务贸易出口的 14%，而入围全球服务贸易出口 30 强的全部 15 个发展中国家和地区加起来也只有 5 639.7 亿美元，相当于与美国持平。同时从国别上看，美国、法国、英国是主要的服务贸易顺差国，日本、俄罗斯、巴西是主要的逆差国。尤其美国，虽然自 1997 年来出口速度下降，但每年服务贸易盈余仍保持在 750 亿美元的较高水平上。而日本每年则维持着 400 多亿美元的服务贸易赤字。颇富戏剧性的是，美国、日本这种互为最大贸易顺差、逆差国的情况在国际货物贸易中却刚好掉过头来了。

（2）世界各地区的服务贸易发展的速度存在着明显的差异性。据世界贸易组织统计，在 1990 ~ 2010 年期间的服务贸易出口方面，北美、拉美、中东、亚洲地区服务贸易出口增长率分别超过全世界平均增长率 1、2、4、6 个百分点，尤其中国和印度两国，其服务贸易出口增长率分别高达 32%、33%，超出全世界服务贸易出口平均增长速度 7 个和 8 个百分点。但是占全球服务贸易额近一半的西欧国家，近十年来其服务贸易平均增长率均落后于全球服务贸易的增长率，导致其占全世界服务贸易总额的比重由 1990 年的 48.1% 下降到 2010 年的 47.1%，这种趋势在 20 世纪 90 年代中后期以来随着其汇率的贬值显得尤为明显。

从将来的发展趋势来看，随着一些新型服务贸易门类的迅速发展，基于在服务贸易的领先地位和重要利益，美国等发达国家将会更积极地致力于在世界市场上推行服务贸易的自由化，而这也必将进一步推进其服务贸易出口，深化国际服务贸易的不平衡发展趋势。

4. 知识化发展的趋势

20 世纪 80 年代以来，随着第三次科技革命的深入发展，技术进步日益成为当代服务贸易发展的第一推动力，并使世界服务业开始发生本质的变革，许多服务行业逐渐从制造业中和流通产业中分离出来，形成独立的行业，其中技术、信息、金融、运输、贸易、管理咨询等知识、技术、资本密集型服务行业，由于更多地运用了先进的技术手段而得到全球性的扩展，日益发展成为各国服务贸易竞争的“主战场”。美国“信息高速公路计划”等国民经济信息化计划的出台不仅推动了这些信息技术及相关产业的飞速发展，而且产生了大量新的服务贸易门类，增强了服务活动过程的可贸易性。目前，众多新型服务业不断涌现，贸易量不断扩大，并促使运输、旅游等传统服务部门发生蜕变。可以说，当前国际服务贸易的迅速发展，主要是建立在迅速增长的以高新技术为载体的服务产业基础上的。

5. 在整体自由化的背景下出现了保护化发展的趋势

按照“配第—克拉克”定律，服务贸易的大发展是世界范围内产业结构演进规律的结果，在产业由第一产业向非农产业演进的过程中，必然会促使世界各国废除封闭发展战略，加快服务的生产与消费的国际化，促进世界范围内服务产业的专业细化、服务项目的增多和服务贸易规模的扩大，进而采取更高水平的对外开放政策，提高国际服务贸易发展的开放程度。但是实行这种“门户开放”政策是会局限于种种现实条件，由于发展中国家在银行、保险、通信、数据处理等国际化倾向最强的知识、技术和资本密集型服务领域中难于与发达国家相匹敌，这样，发达国家的跨国公司就会占据极大的市场份额而具有一定的垄断性。不仅如此，由于服务市场的开放经常会涉及一些关系到主权、政治、经济、文化等方面的敏感问题，发展中国家一般对邮电、通信、铁路、广播等部门实行垄断经营，从而使国际服务贸易领域中的保护主义程度远远超过国际商品贸易领域的保护主义，形成诸如人员、资本、信息及与服务贸易有关的货物的流动壁垒，使国际服务贸易表现出很强的垄断性和保护性。

三、EDI 贸易形式和国际电子商务迅速发展

“冷战”结束后国际贸易的另一大特点，是贸易方式和渠道的创新。这一创新首先是由 EDI 贸易形式的出现引起的。

EDI 是电子数据交换（Electronic Data Interchange）的缩写。联合国对其的定义为：“用约定的标准编排有关的数据，通过计算机向计算机传送业务往来和信息”。EDI 是一种计算机应用技术，应用这种技术的贸易伙伴根据事先达成的协议，对经济消息按照一定的标准进行格式化处理，并把这些数据通过计算机网络，在它们的电子计算机应用系统之间进行交换和自动处理。贸易伙伴可以通过 EDI 发出订单询问有关商品信息、接受订单、办理货物运输和银行结算等事项。即是说，和贸易有关的手续都可以在不使用纸制单证的情况下完成，所以 EDI 也被普遍地称为“无纸贸易”。

“无纸贸易”最早始于 20 世纪 60 年代，当时仅用于海陆空等各种运输业，80 年代后逐渐扩大到其他行业，90 年代初被用于处理国际贸易业务。1992 年，在哥伦比亚的卡塔纳召开的联合国贸易与发展大会上提出的“TE2000 贸易效率计划”是国际组织

首次在国际贸易方面推广“无纸贸易”。1994 年联合国在美国俄亥俄州召开的贸易与发展大会上，该计划再次得以确认，EDI 贸易从此在国际上迅速发展。美国从 1992 年开始全面采用 EDI 技术处理海关通关业务，对不采用该方法的客户处以延迟清关手续、提高收费，直至不被选择为贸易伙伴。在此基础上，美国国内的 EDI 用户急剧增长。1999 年，在美国最大的 100 家企业中，毫无例外地都采用了 EDI 技术，另约有 2 万家大企业也采用了 EDI 形式来进行贸易。在欧盟，各国也纷纷应用 EDI 办理海关手续，目前，法国 50% 的海关手续、英国 90% 的海关手续都用 EDI 系统完成。亚洲国家中，日本结合 EDI 的应用开发了“战略信息系统”（SIS）；韩国为此建立了“韩国贸易网”（KT—NET），并于 1993 年投入运行。此外，新加坡、马来西亚、印度等国家也都出台了自己相应的计划。

在 EDI 推广的基础上，一种全新的信息交换方式——互联网也随即出现，互联网起始于蒂莫西·伯纳斯·李于 1991 年设计的万维网（World Wide Web，WWW）。在互联网的基础上，产生了一种全新的交易方式——电子商务（Electronic Commerce），这为贸易方式的变革又带来了新的内容。短短的几年间，电子商务迅速发展。1994 年，全球电子商务销售额为 12 亿美元；1997 年增长了 1 倍多，达到 26 亿美元。1994 年全球电子商务交易额为 12 亿美元；1998 年猛增到 500 亿美元，比 1997 年增长了近 20 倍；到 2000 年，全球在线的消费者从 1997 年 1 700 万人增加至 1.2 亿人，市场规模也增加至 5 950 亿美元。2011 年，全球电子商务市场总规模将达到 6 800 亿美元，同比增长 18.9%。据摩根大通高级分析师伊姆兰·卡恩预计，2013 年全球电子商务销售将达 9 630亿美元，是 1994 年的 802 倍。

国际电子商务的应用，使传统的贸易方式发生了巨大变化：

第一，传统的书面磋商将发生在互联网上，交易双方甚至不用见面，就能达成协议，所有中间环节将一律被简化。在传统贸易方式下，国际贸易流程一般需要 20 个环节，而在电子商务条件下，只需要 8 个环节，这使贸易成本大大降低，贸易机会大大增加。例如，新加坡建立 EDI 贸易网络后，进出口报关时间由原来的 3 ~ 4 天缩短到 10 ~ 15分钟，审批一份进出口许可证也仅需 15 分钟，每年因此而为新加坡节省约 6 亿美元的文件处理费用。

第二，由于贸易双方直接在网上谈生意，中间无须经过第三者，直接贸易将成为主要贸易方式。

第三，电子商务能够超越时间和地域的限制，解除了传统贸易活动中物质、时间、空间对交易双方的限制，从而可以帮助外贸公司改变在传统国际贸易运行机制下难以克服的区位劣势和竞争劣势。

第四，在电子商务条件下，世界市场上的信息透明度将得到进一步增强，因不完全信息或信息不对称而产生的世界市场垄断现象将得到一定程度的抑制，市场机制将会更好地发挥作用。

第五，在国际贸易的支付工具方面，出现了电子钞票代替现金和信用卡的局面，所有的贸易支付将由贸易双方相关的业务银行来办理，这中间将既不出现有关纸上单证，甚至不见钞票，贸易双方的交割就能完成。这样既节省费用，又使结算更快速、安全。

贸易方式的这种变革，为国际贸易的加速发展创造了条件。在国际贸易总额中，成本大约占7%～10%。利用电子商务方式，这部分费用将大大降低，由于人为因素而造成的单证错误、时间延误而导致的40%的损失将可以被减少，全球将节省25%的纸张处理费用和人力资源投资，全球文件及文件处理成本则可以分别降低44%和38%。据联合国贸发会议估计，全球每年适当删减国际贸易活动中的贸易单证及其相应行政文件，将会减少1 000亿美元的费用。

由此可见，作为21世纪的主导商务模式，国际电子商务必将有力地加速国际贸易的发展和变革，并在世界经济的相互融合和相互渗透方面发挥重大作用。

从现在电子商业革命的迅猛发展及传统流通业的变革与发展的逻辑来看，国际电子商务的未来可能呈现如下的趋势：

第一，近几年电子商务的发展走过了概念炒作、泡沫破裂、与传统产业结合并重新稳步发展的一个过程。现在EDI贸易的基本发展模式已经成型，而在销售这一核心环节电子商务将得到更大的发展。

第二，在物流业，批发与零售之间的界限将变得模糊。网络营销基于互联网的这种转变使得传统物流体系受到了相当大的挑战，如何保持库存的最优量以适应网络订货和生产的灵活性，以及针对小批量订货甚至是单件订货来建立和改造自己的配送体系是厂商成败的关键。零售业中，盈利能力主要由两个因素决定：商店所赚的差价和其存货周转的频率。零售商的核心经营理念必将随着一系列技术进步而变化。凭借互联网，最终消费者与厂商间的“价格距离”较以往任何时期都更为接近。任何人在任何时候都可以注册一个网页，变成一个全球性零售商。在零售业的产品、地点、价格、时间四大因素方面，关于前三个因素互联网都会有相当出色的表现：在产品方面，网店可以提供从书籍到化学原料等各类产品，使实体店无法类比；在价格方面，网店具有绝无仅有的减价灵活性；在地点方面，互联网使得交易地点变得更为有利于消费者。

第三，在销售环节上将呈现“头脑简单，四肢发达”的发展趋势。这里的头脑简单是指：在网络的辅助下，负责订货及发货指令及仓储管理机构的组织出现柔性化、小型化和扁平化趋向。电子商务的发展要求配合发育完善的物流体系，负责货物配送的“四肢”必须健全、发达。由于消费者在网络上进行询价的成本比较低，“货比三家”变得更加容易，这在一定程度上压缩了供应商的利润。在货物配送上能否实现规模效益，可能会成为一个企业的损益点。

第四，传统零售业中的专业性在电子商务中得以延续。早期的零售业中的综合商店和目录销售最终被专业零售商场取代。新形势下的销售使适用范围更窄、产品梯次更深的同类商品汇聚在一起形成整体效应成为可能。现在，网络销售中这种格局已逐渐体现出来。处于行业领先地位的网络零售商，已经快速向专业商场进行战略转移。今天最好的网页搜索引擎也只能搜集到现存各网站的一小部分，并且搜索结果可能还不十分准确，人们几乎无法记住各网站具体提供什么产品或服务。网页的专业商场战略，使消费者在查找某个产品时，不需要整个网络。网络商场在理论上可以具备专类商场的深度和综合商场的广度。

第五，向上游市场拓展的趋向。网络商最初集中销售简单产品，如书籍、股票、个人用品、商用化学原料等，但已表现出向上游市场转移的趋向。一些网络零售商开始建立自己的仓库和商店，使客户能更快地接近实物，并能更方便、更具人情味地处理退货和售后服务。当简单产品竞争加剧后，有能力的经营者会向价位更高、增值更大的产品转移，以保持其利润水平。互联网可以使零售商向广大客户提供大量的产品信息，这种交流能力可以帮助网络销售商更快地向上游市场转移，由边缘商业方式向主导商业方式转化。

网络经济的发展战略应该是新旧经济的融合发展，以互联网作为制度基础在更高的层次上整合传统的商业生产方式和市场运行机制，从而转变经济增长的模式。电子商务的发展对我国来说是一个很好的历史机遇，主要体现在：①可以以较低的成本开拓全球市场——任何人要成为网络商人，仅需在基本计算机和连接费方面进行为数不多的投资，开一家可进入全球市场的网络商店比开一家实体店的成本要低得多；②随着非英语互联网用户的增加，网上使用的语言将日趋多样化，今后网上的语言障碍将逐步减小；③技术创新和应用有助于我国跳跃式进入电子商务发展阶段；④还可提供更多的创业和就业机会，如与电子商务相关的物流配送业，可充分发挥我国劳动力资源优势。

但同时我们也要看到电子商务已对商业营销、采购和物流等提出了全新的概念和挑战。在现实中，我国电子商务的发展仍存在不少障碍：①从事电子商务的主体——我国企业的信息化建设远未完成，仅处于起步阶段，而且企业对互联网上所蕴含的巨大商机认识不足；②我国网络基础设施较落后，远远不能适应电子商务所要求的网络环境；③我国网络支付、配送体系和安全认证体系远没有完善；④我国有关电子商务的法律和规则尚未制定；⑤我国还面临征税的难题。关于电子商务征税问题，迄今连发达国家之间也未取得共识。

四、国际贸易与直接投资的关系日益密切

传统上，人们将国际贸易与国际投资（主要表现为国际直接投资）视做两种不同的经济现象，并分别加以研究。但是随着经济国际化的日益深入，二者之间的联系越来越为密切，表现出相互促进和相互补充的关系特征。从发展趋势来看，贸易与投资的联系将会得到进一步加强，并且作为经济全球化的两种重要表现而具有越来越强的不可分割性。

1. 国际直接投资直接带动了企业内贸易的发展，并通过技术、制度和市场结构的创新效应，扩大了东道国的对外贸易

在国际直接投资和跨国公司大量扩张的条件下，母公司与子公司、子公司与子公司之间的企业内部贸易量也在不断扩大，在当代国际贸易中占有相当大的比重。比如，20世纪90年中期，在日本，企业内贸易占日本总出口的24%，进口的14%，在瑞典分别为38%左右，在美国占43%的出口，某些制造业跨国公司企业内贸易的比重甚至高达80%~90%。

国际直接投资不单纯是货币资本的流动，还包括技术设备和管理经验及知识产权等相关要素的整体输出。其外部性，或者知识的外溢效果，已经被看成是东道国从国际直接投资中获得的主要利益。对于发展中国家利用国际直接投资来讲，它往往同时产生资本形成效应、技术转移效应和产业结构调整效应。具体来讲，外商直接投资对于发展中国家的东道国，其发挥的作用除了能弥补发展中国家储蓄缺口的直接效应，更重要的是在当地会产生规模经济和外部经济效益。具体说来，一方面，东道国通过吸收随外资一起转移的技术、管理经验，迅速提高本国的生产力水平，提升商品的技术含量，改善贸易的商品结构，增强其国际竞争力；另一方面投资于东道国优势出口产业的外国资本，会促进发展中国家出口产业的成长，并可利用外商的销售网络迅速进入国际市场，进而扩大它们的对外贸易量。

直接投资对国际贸易的严格意义上的系统影响，包括直接影响和一般均衡意义上的间接影响，应当采用计量经济学方法进行定量测量和检验。联合国贸发会议所做的一个定量研究成为一个很好的佐证（该项研究工作刊载于联合国1999年的《世界投资报告》中）。该研究旨在发现外商直接投资的流入与对外贸易绩效的关系。其采用了静态多元回归位统计分析，对52个发达国家和发展中国家的样本进行观测和处理。解释变量为制成品出口值，被解释变量为人均直接投资流入额、生产企业研究开发支出占国内生产总值百分比以及人均制造业附加值，数值为1995年数据。由样本国家回归分析的结果得知，人均直接投资水平对制成品出口产生的影响都是积极的，人均直接投资水平每增加1%，会使高技术产品出口增加0.55%，中技术产品出口增加0.31%，

低技术产品出口增加 0.28%。这反映了总体上对外直接投资对国际贸易是起促进作用的。

另据对 1983—1999 年我国利用外商直接投资和国际贸易关系实证分析，外商直接投资对进出口的乘数效应为0.784 40，对出口的乘数效应为0.782 56，对进口的乘数效应为0.523 05。

值得注意的是，对于一个国家来说，根据美国经济学家帕特瑞的研究，不同外商投资企业的投资动机不同，对一国对外贸易的影响不同。市场导向型国际直接投资由于考虑的是对东道国的产品销售市场的需求，因此会形成对国际贸易的替代；生产导向型国际直接投资由于考虑为降低生产成本而进行的区位选择，会促进国际贸易；贸易促进型国际直接投资由于考虑的是为企业出口提供便利条件，因此同样会促进国际贸易。进一步的研究表明，低水平的贸易保护，会更多地吸引生产导向型和贸易促进型的国际直接投资，相反情况，会是市场导向型国际直接投资的涌入。

同时，还应当看到引进外资和对外投资以及它们的流向对其进出口的影响也是不尽相同的。一般而言，国际直接投资规模增加与进口增长呈正相关关系，即国际直接投资增长会在一定程度上使进口数量增加，其原因在于国际直接投资可能导致产业内贸易量增加或直接投资伴随进口贸易增加。而当国际直接投资流入大于流出时，如果国际直接投资不是流向生产性产业，而是更多地流向非生产性产业，如房地产和证券业等，则有可能促进国内泡沫经济的产生和形成，从而减弱本国出口产品的竞争能力，对出口增长产生负面效应。因此，国际直接投资对贸易收支平衡影响是正负效应并存，关键取决于国际直接投资的产业结构是否合理。

2. 国际贸易的发展为世界各国建立开放的经济环境创造了条件，从而有利于增强对国际直接投资的吸引力

世界大部分国家都是从贸易领域开始着手逐渐推进开放和经济自由化的。通过贸易自由化的改革，这些国家日益融入国际经济体系，进而推动金融等其他领域的开放。一个开放的经济环境是一个相对稳定的发展环境，而一个经济自由化的国内经济基础是国际直接投资收益较为安全的条件。因此，一个开放、宽松的经济环境是吸引国际直接投资的必要条件。例如，北美自由贸易区（NAFTA）形成后，美国、加拿大和墨西哥贸易实现了自由化，使墨西哥占美国出口份额由 1990 年的7.2%上升到 1998 年的11.6%，同时进口份额由 5.9%上升到 10.2%，原因是墨西哥加入北美自由贸易区后，开放的市场使美国跨国公司以及其他的跨国公司纷纷到墨西哥投资与生产并出口到美国市场。反过来，国际直接投资的涌入，又促进了这些国家贸易等领域的进一步开放。可以说，国际贸易的高涨是国际直接投资涌入的重要诱因，而国际直接投资的活跃又是国际贸易进一步发展的助推器。

3. 从产业国际化的演变历程角度来看，国际直接投资与国际贸易的关系具有逐步推进的国际化特征，但在不同的产业部门内国际直接投资对国际贸易的影响是有所不同的

总的来看，制造业领域内的国际直接投资所带来的贸易创造效应要大于贸易替代效应。因为尽管有不少跨国公司遵循出口→许可或其他契约安排→对外直接投资这一顺序来开始其国际化进程，这种模式意味着国际直接投资是对贸易一定程度的替代。但是越来越多的跨国公司为了提高其生产效率和改善公司业绩，往往将国际直接投资作为其国际化经营的开端，而且这些跨国公司常常选择兼并和收购等形式进入目标市场，由于目标市场应具有与跨国公司相同或相近的产品，因此这种类型的国际直接投资具有明显的贸易创造性质。联合国曾对发达国家吸收外资对制造业贸易的影响进行了研究，结果表明，在现代条件下，国际直接投资越来越倾向于进入贸易密集度较高的行业，特别是那些在东道国具有比较优势或潜在比较优势的行业，从而使东道国的进出口得到明显增加。

自然资源开发部门的国际直接投资也具有贸易创造的效应。这里有两种情况：一种是从进口外国资源开始，当进口成本增加或不能有效保证国内的需求时，企业便选择国际直接投资，在东道国开发资源，这种投资会促进东道国资源出口的扩大；另一种是资源导向型企业先从国际直接投资开始，然后进口，这种形式也会带动东道国出口贸易的发展。

相比较而言，服务业领域内的投资与贸易之间的关系比较特殊。长期以来，由于服务的不可储存性及较低的可贸易性，使许多服务无法运送或对外贸易。但随着世界经济与科技的发展，服务的可贸易性得到大大增强，从而有力地促进了服务业领域内国际直接投资的发展。19 世纪 80 年代以来，由于各国产业结构的高度化，特别是西方发达国家，服务业在三次产业中的比重超过了第一、第二产业，从而使服务业直接投资增长迅速。据估计，世界直接投资存量的一半和直接投资流量的 60% ~65% 投资于服务业。国际直接投资的发展又反过来带动了国际服务贸易的大量增加。

五、隐性非关税措施存在蔓延的趋势

一般来说，非关税措施可以分为显性和隐性两大类。所谓显性非关税措施，有时也叫做直接非关税措施，主要是指对进口数量产生直接限制作用的措施，如进口配额、“自动”限制出口、进口许可证、指定经营、行政控制及外汇管制等；隐性非关税措施，也称为间接非关税措施，则主要是指那些虽不直接限制进口数量，但在实际上却能起到阻碍进口作用的措施，如国内立法、技术标准、卫生安全要求、政府采购政策等。

20世纪八九十年代以来，许多国家的保护策略已从显性非关税措施逐步转向隐性非关税措施。例如，西方发达国家从20世纪90年代以来采用的新贸易保护措施就有10多类，它们都表现出了浓厚的隐性非关税手段色彩，如地区经济主义、劳工标准、环境保护、强化反倾销、知识产权、人权标准等。究其主要原因，一是显性非关税措施较为明显地违背了世界贸易组织的基本原则。在世界贸易组织的八大原则中，取消数量限制原则即是其中之一，而且《1994年关贸总协定》第11条明确规定："不得设立或维持配额、进口许可证或其他措施，以限制或禁止其他缔约方领土的产品的输入，或向其他缔约方领土输出或销售出口产品"，而对于其他非关税措施，"乌拉圭回合"谈判中则规定了"维持现状和逐步回退"的原则。因此过多地实施显性非关税措施，容易遭到世界贸易组织其他成员的反对和报复，而推行隐性非关税措施则仍有一定的生存空间。二是在显性非关税措施条件下，往往表现为一种强烈的政府行为，尤其是进口配额、进口许可证和行政控制，其政府干预的痕迹就更为明显，这些措施在对国内市场起到一定保护作用的同时，也导致了严重的寻租行为，从而造成资源的扭曲和低效使用。对此，美国经济学家安妮·克鲁格在《寻租社会的政治经济学》一文中从理论上令人信服地证明了，实行进口许可证等数量控制会使一国的经济福利损失超过关税进口限制条件下的福利损失。

根据国际上的有关实践和经验，结合我国的实际情况，从紧迫性和重要性出发，我们认为在我国加入世界贸易组织后的相当一段时期内，下面三种隐性非关税措施是特别值得我们认真研究、对待和逐步推行的。

1. 国内立法特别是反倾销法律

众所周知，反倾销本来是世界贸易组织为了防止一方产品的低价倾销、进而保持世界贸易的公平进行而允许施用的一种保护性措施，但是在实际操作中，许多国家尤其西方发达国家都制定了反映自身利益的反倾销法律，从而形成了对自己有利的格局，反倾销也逐渐演变为一种重要的非关税手段。由于美国等西方国家在各自的反倾销法律中把我国当做非市场经济国家来对待，在确定判断是否构成倾销行为的重要因素"国内正常价格"方面采取替代国的办法，加之我们自身存在的一些问题，使我国在愈演愈烈的反倾销浪潮中成为了最大的受害者。从1995—2009年的15年间，我国共遭遇反倾销调查746起，从1995年的20起逐年增加到2009年的75起。国外对华反倾销调查总数占全球反倾销发起总数的比重也由1995年的12.73%上升到2008年的35.1%。据有关部门的保守估算，20年来国外对华反倾销案给我国出口造成的损失已累计达到上百亿美元。但是在另一方面，我国针对国外进口产品发起的反倾销调查却很少，"入世"以前总共不到20起，仅为我国所遭遇的国外反倾销案件的4%。而法律上的欠缺可以说是导致我们在应对国外反倾销指控以及对国外进口产品进行反倾销方面处于被动和不利地位的主要原因之一。

从国际经验来看，不少国家尤其是发展中国家在加入关贸总协定或世界贸易组织的时候，就制定了严格和完备的反倾销法律体系。比如墨西哥，其“宪法”第131条就有反倾销问题的规定，1985年“入关”后，即以该条款为依据制定了专门的《外贸法》，规定了反倾销行政调查程序的内容，同时还制定了《不公平国际贸易规定》，对《外贸法》有关反倾销的内容作了补充和完善；韩国反倾销立法始于其加入关贸总协定后通过的1967年《关税法》，后又颁布了实施细则性质的《总统法令》和《财政部规则》；土耳其在“入关”后也于1989年制定了《关于制止进口中不合理竞争法》《关于制止进口中不合理竞争决定》和《关于进口中不合理竞争的规则》三个法律法规，构建起了较为完备的反倾销法律体系。这些法律的制定与推行，对这些国家“入关”后抵制国外产品不合理竞争、保护国内市场起到了重要作用。

从我国的情况来看，1997年颁布了《中华人民共和国反倾销和反补贴条例》，其规定大多为原则定性化概念而不是定量化表达，因而缺乏较大的操作性。2001年，我国按照国际惯例，在原有条例的基础上，分别制定了《中华人民共和国反倾销条例》和《中华人民共和国反补贴条例》，并于2002年1月1日正式施行。与原条例相比，尽管新条例在与世界贸易组织《反倾销协议》的基本衔接、注重结合我国的实际情况、重视累积评估、严格时间限制以及确立相关职能部门的工作职责等方面有了较大的进展，但是严格来说，现在施行的新条例仍然是一个行政性法规，而不具备真正意义的法律效力。另外，在某些具体条款方面也还存在需要进一步完善的地方。比如关于损害的确定，世贸组织《反倾销协议》中的“损害”包括实质损害及实质损害威胁两种情况，但其在确定损害因素时却是要求分开进行审查的，我国《中华人民共和国反倾销条例》则将二者捏合为一，混合了两种损害因素的区别，这既可能使申请人对自己所要申请的反倾销类别缺乏把握，也可能导致相关人员因对各自独立的两种损害因素缺乏研究和重视，从而产生审查上的困难或不负责任的裁决。因此，我国应在原有和现有反倾销及反补贴条例的基础上，制定独立的反倾销和反补贴基本法，对实质损害及实质损害威胁的区别、司法审查程序、正常价格的确定方法、国内产业范围的界定等问题的规定进一步明确和细化，改变目前法律滞后于实际的状况。

与此相应，还应尽快建立我国的反规避立法。反规避是指进口国为限制国外出口倾销商采用各种方法排除进口国反倾销税的适用，而对该行为给予相应处置的法律行为，这是世界贸易组织所许可的一种用以消除价格歧视、保护国内产业合理利益的法律手段。我国目前有关反规避的内容只在《中华人民共和国反倾销条例》中作了简单而模糊的说明，与实际操作的距离还很远。因此在这方面还有待于认真研究并予以进一步的改进和完善，特别是可以借鉴国外的有关经验。另外，同反倾销一样，反规避条款也应该规定具体调查时间的限制，因为如果在一定的时间期限内，不能迅速、有效地制止国外出口商对反倾销税的规避，则极有可能使得国内同类产业受到损害。加入这样的规定有利于提高反规避行动的效率，防止反规避的调查无限期地延续下去，从而更好地保护国内相关产业。

当然，对于企业来说，则应加强保护自己利益的意识。当国内产业因进口冲击而受到影响时，首先应认真分析这种影响究竟是由正当竞争还是由不公平竞争所造成的。如果是后者，即进口产品的价格较大幅度地偏离了其国内的正常销售价格，并且这种低价倾销倾向与我国产业受损之间确实存在着某种因果关系，就应该积极寻求法律援助，向国家有关部门提出反倾销调查申请。

2. 技术标准

通过制定各种严格的技术标准来限制进口商品的流入，是目前世界范围内通行的一种做法。世界贸易组织规定在制定技术标准时应遵循五项原则，即科学上的合理性原则、国民待遇和非歧视原则、统一性原则、透明度原则以及注重对发展中国家的差别待遇和对口技术支援原则。但在实际操作中仍有较大的灵活性。比如美国规定：所有运货船和气压容器在制造过程中，必须在美国测试和检验；家用电器必须符合美国有关部门制定的标准，并获得进口许可；家用消费品要符合消费和安全委员会制定的《日用消费品安全法》；汽车零部件要符合美国汽车安全标准等。更有甚者，为了限制墨西哥土豆的进口，美国还专门制定了土豆的“成熟度”标准。由于考虑到运输和销售要花费较长的时间，墨西哥出口到美国的土豆往往在完全成熟前就被采摘，因此很难满足美国的成熟度要求。

特别应该提到的是，一些国家在“入关”或“入世”后，为了减轻“入关”所带来的冲击，也采取了制定技术标准的非关税手段。例如日本，1955 年“入关”后，不久便对汽车的安全性、污染排放、燃油经济性等方面制定了严格的技术标准和法规，其要求之苛刻，以致日立和丰田这两家日本最大的汽车公司都声称它们的车型大部分不可能在法律执行期内达到标准，在 1978 年美国通用汽车公司生产的 23 种车型中，也只有 15 种才能达到日本颁布的汽车标准。韩国“入关”后，也曾参考美国和日本的各种标准规范和法规，对进口汽车和性能检测进行了立法，而当时韩国的国产汽车并未达到这些标准的要求和水平。不仅如此，韩国政府还制定了国内税法来限制汽车进口。按 1976 年 12 月颁布的《特别消费税法》的规定，根据轿车排量的大小，加征 15% ~ 40% 的特别消费税，这使进口车的税后价格比国产同类车高出 1.5 万美元。

我国“入世”后，运用技术标准措施来保护国内市场、提升产品竞争力的空间很大。对发达国家来说，国际标准常常是他们所要求的最低标准。而目前我国的很多技术标准还大大低于国际标准。1980—2000 年，我国使用的技术法规中国际标准的含量从12%上升到40%。为此，我们要加快国内技术法规标准和措施的国际标准化进程，使更多的企业和产品取得国际质量认证，达到国际标准和出口市场的要求。

与此同时，我们要积极参与国际标准的制定，使国际标准尽量反映我国的意见和要求，特别是争取把具有中国国情特点的文化、传统工艺品、名品等纳入国际标准，将我国在国际上处于领先地位的科研成果及重大的技术变化及时转为技术标准，并推荐制定为国际标准，在国际贸易中采用，使其得到更大的发展。建立我国的技术贸易保护体系，需要社会各界的努力，政府的责任尤其重大。从目前来说，我们需要做的工作是对我国已有的技术法规和标准进行分类，研究其中哪些标准已达国际水平，哪些标准还与国际标准存在差异，进而确定接纳或采用这些国际标准的时间。此外，对某些对国民经济具有特殊意义的部门，我们还可以制定专门的技术要求和标准。比如汽车业，尽管实现规模经济，提高劳动生产率和国际竞争能力是我们应对“入世”的根本之策，但是在一定时期内，也可借鉴别国的实践，制定较高的技术水平标准和不同税法标准，来适当保护和扶植我国汽车工业的发展，使之发展链条不至于因外部过度冲击而断裂。

3. 卫生安全要求

卫生安全要求是进口国以维护人类健康为名实行进口限制的另一种典型的隐形非关税措施，在现代国际贸易中的运用已越来越普遍。例如，美国对食品、药品和化妆品的进口规定了苛刻的卫生检验标准，如发现不符上述规定，海关将予以扣留和销毁；日本、加拿大、英国等国则对花生的进口规定含黄曲霉素不得超过0.002%等。

在众多的卫生安全要求中，绿色壁垒已成为近年来贸易保护的一个重要手段。20世纪90年代以来，发达国家纷纷制定了与国际贸易有关的“绿色关税和市场准入”“绿色技术标准”“绿色环境标志”“绿色包装制度”和“绿色卫生检疫制度”等形形色色的绿色贸易壁垒。例如，欧盟于1993年7月正式推出“欧洲环境标志”，规定有此标志的商品方可在欧盟成员国间自由通行；美国食品与药品管理局规定从1995年6月1日起，凡是出口到美国的鱼类及其制品，都必须贴上有美方证明的来自未污染水域的标签；德国、日本、加拿大、法国、挪威、瑞典、瑞士、芬兰、澳大利亚等发达国家也都先后建立了“环境标志制度”。由于绿色贸易壁垒具有名义上的合理性、形式上的合法性、保护内容的广泛性和保护方式的隐蔽性等特点，越来越多的发展中国家也开始注重运用此种手段来保护国内生产和市场。比如，巴西实施南方共同市场动植物检疫委员会的检疫标准，从1998年开始要求对非自动进口许可的商品进行额外的卫生检验和检疫。2001年7月19日，巴西政府发布第3871号令，规定在包装食品中最多只能含有4%的转基因成分。

加入世界贸易组织后，我国一方面要提高企业绿色意识，顺应世界绿色贸易潮流，并促进科技进步，推进环保产业发展，突破国外绿色贸易壁垒；另一方面则要加快制定和完善我国的环境标准和技术标准，构筑起我国自身的绿色贸易壁垒，以防止国外严重污染和低质量的产品流入我国，冲击有关产业。这一点对于我国农产品来说具有特别重要的意义，因为卫生检疫以及绿色壁垒的主要适用对象就是农副产品及其制品。我国在2002年6月颁布了对转基因大豆进口的监管要求后，对保护我国的大豆及相关制品起到了积极有效的作用，美国曾对此表示极大的不满，但因这并不违反世界贸易组织的有关规定，美国也无可奈何。但是从总体来看，目前我国对进口农产品采用的检验检疫标准要求相对较低。比如，我国1991年10月通过的《国家进出口动植物检疫法》规定："为防止动物传染病、寄生虫病和植物危害性病、虫、杂草以及其他有害生物传入、传出国境……"这里就没有提到农残和重金属等有害物质，要求明显偏低。不仅如此，我国的检疫标准还很不统一，既有国家标准，也有专业标准，甚至还有企业标准。由于缺乏针对性和高标准，结果无法有效抵制进口商品的冲击。因此我们应当修订和适当提高卫生检疫标准，并实现标准的统一化，以合理保护国内农业和农产品市场。

总之，在加入世界贸易组织后的相当长的一段时期内，并不意味着我们只能全盘接受他国提出的条件，被动遭受冲击。相反，只要我们认真研究世界贸易组织的有关保障条款，学习借鉴他国的实践经验，在运用非关税措施尤其隐性非关税措施来保护国内产业和市场以及占领世界市场方面，仍有相当大的回旋余地和发展前景。

【本章关键术语】

行情　一般经济行情　具体商品市场行情　世界贸易组织　EDI贸易形式
隐性非关税措施

本章复习思考题

1. 行情具有哪些基本特征？
2. 运用世界市场行情的一般分析程序，选择某个具体的商品市场进行分析。
3. 结合实例阐述当代世界市场行情的发展趋势。

本章延展阅读书目

[1] 杨逢华. 世界市场行情［M］. 北京：中国人民大学出版社，2005.
[2] 张小奇. 世界市场行情［M］. 海口：三环出版社，1990.
[3] 杨国昌，赵春明. 世界经济概论［M］. 北京：北京师范大学出版社，1997.
[4] 伊斯贝尔·杜尔，罗宾·劳尔，克利斯·菲利普斯. 国际营销战略教程［M］. 英文版. 大连：东北财经大学出版社，1998.

第二章
世界市场行情变化的因素分析

【本章学习要点】

- 经济周期的概念
- 马克思主义的经济周期理论
- 非周期性因素的种类
- 第二次世界大战后影响行情的主要非周期性因素
- 行情国际传导的主要渠道

第一节　周　期　因　素

一、经济周期的概念

在市场经济条件下，经济总是呈波浪式发展的，表现出明显的周期性。从 1825 年英国爆发第一次经济危机到现在，资本主义经济的发展呈现出相当显著的周期性。经济周期就是国民收入及经济活动的周期性波动，它是市场经济的一个重要特征。经济周期的定义通常有两个方面：一是从逻辑和理论分析的角度，把经济周期定义为经济运行偏离均衡状态的反复出现；二是从统计分析的角度，有人把经济周期定义为积累性扩张和收缩的反复出现，有人把经济周期定义为经济变量对经济增长一般趋势或长期趋势的偏离。

美国著名经济学家密切尔（W. C. Mitchell）和伯恩斯（A. F. Burns）在 1946 年为经济周期（Business Cycles）下了这样一个定义：“经济周期是在主要以工商企业形式组织其活动的那些国家中所看到的总体活动的波动形态。一个周期包含许多经济领域在差不多相同时间所发生的扩张，跟随其后的是相似的衰退、收缩和复苏，后者又与下一个周期的扩张阶段相结合，这种变化的序列是反复发生的，但不是定期的；经济周期的持续期间从一年以上到十年、二十年不等；它们不能再分为性质相似、振幅与其接近的更短的周期。”这一定义大体被一般西方经济学家所接受。

与经济周期定义密切相关的是关于周期、波动、循环和危机等概念。任何经济周期都不是机械的、完全规则的形态，只能从平均的、概率的意义上去把握，因此，经济周期定义显然不包含等间隔性的含义，只强调再现性和重复性。因此，经济中的周期和循环就是同义语。经济波动，有广义的经济波动和狭义的经济波动：广义的经济波动包括周期性波动（循环波动）、季节波动和随机波动；狭义的波动仅指周期性波动。实证分析中研究的是广义波动，理论研究中应以周期性波动为主要对象。因此，在经济波动理论中，狭义的波动与周期、循环含义一致。经济危机与经济萧条和经济衰退概念的含义基本一致，但程度较为严重，只是指经济周期性循环波动中的一个阶段而已。由于危机、萧条和衰退的出现必然伴随有经济的扩张和过热，因而人们有时将其混用。

我们把从一次经济危机的开始到下一次经济危机的开始，看做是一个经济周期，它要经过危机、萧条、复苏和高涨四个阶段。经济周期阶段性的变化，影响着世界市场行情的发展与变化，因而，分析和研究资本主义经济周期的客观存在、类型、进程和发展变化，以及对这一过程施加影响的各种因素，是准确地分析与预测世界市场行情的基础。

经济的周期波动主要通过经济增长率、通货膨胀率、就业率、利率、投资率、工业生产指数等综合经济指标的波动显示出来。在周期的扩张阶段，生产、就业、投资、利润、价格等各类经济活动活跃，呈现出繁荣的景象；在周期的收缩阶段，经济增长速度放慢甚至停滞或负增长，失业率上升，劳动生产率下降。从经济的周期性波动我们可以看出，它是总体经济和各个部门的周期性变动过程，不仅实际生产部门的生产指标发生波动，而且交通、建筑、服务业等也随之发生波动；同一经济体内各部门的波动幅度、波动时间有一定的差别，但关联性很强，基本在同一时间按照同一方向变动。

二、经济周期的种类

1\. 长周期

长周期也称为康德拉季耶夫周期，是指时间长度平均为 50 ~ 60 年的长期繁荣与长期萧条交替的经济周期。俄罗斯经济学家康德拉季耶夫在《经济生活中的长波》一书中根据美国、英国、法国 100 多年内批发物价指数，利息率，工资率，对外贸易量，铁、煤炭、棉花等产量的动向推算出50～60年周期的长期波动。他指出从18世纪末以后存在着三个长周期：1789—1849年为第一个长周期；1849—1896年为第二个长周期；1896年以后为第三个长周期（他没有指出第三个长周期何时结束）。关于长周期产生的原因，经济学家一般认为是科技进步和革新。

2. 中长周期

中长周期也称为库兹涅茨周期，时间长度大约为17～20年，它与建筑业的伸缩关系密切，又称建筑周期。美国经济学家库兹涅茨在1930年出版的《生产和价格的长期运动》一书中，研究了美国、英国、德国、法国、比利时等国家从19世纪初叶或中叶到20世纪初期60种工、农业主要产品的产量和35种工、农业主要产品的价格变动的时间序列资料。他剔除了其间短周期与中周期的变动，发现存在着15～25年周期的中长期循环。这种类型的经济周期称为"库兹涅茨周期"。一般认为库兹涅茨周期是由于建筑活动的循环变动而引起的。

3. 主周期

主周期即固定资本投资周期，时间长度约10年左右，西方学者也称之为朱格拉周期。法国经济学家朱格拉于1862年在《法国、英国、美国的商业恐慌与其周期的再现》一书中，基于银行贷款的数字、利率、物价的统计资料，研究了英国、法国、美国等国家工业设备投资的变动情况，发现了9～10年的周期波动。这就是中周期，也称为"朱格拉周期"。西方经济学家认为，朱格拉周期的产生是由于失业、物价随设备投资的波动而发生变化，从而导致10年左右的周期波动。

4. 短周期

短周期也称基钦周期，平均时间约40个月，主要是由于库存调整引起的，又被称为库存周期。美国经济学家基钦在1923年的论文《经济因素中的周期与倾向》中，以1890—1923年的英国与美国之间的票据清算额、批发物价、利率为资料，证明了经济周期实际上有大周期（Major Cycle）与小周期（Minor Cycle）两种，小周期平均持续期间约为40个月，一个大周期包括两个或三个小周期。一般认为，基钦周期主要是由企业库存投资的循环而产生的。当经济摆脱萧条期开始复苏时，订购开始增加，企业的销售量开始上升。但由于商品的生产需要时间，所以企业面临的问题是清仓向外发货。如果库存依旧在不断减少，为恢复企业认为合适的库存量，就得扩大生产。当经济步入繁荣阶段时，一般收入会随之增加，企业认为合适的库存水平将不断上升。所以再度进行库存投资，只要销售量有所增加，经济扩大的压力就会不断存在。如果景气一旦达到顶峰，就将出现相反的现象。企业以经济繁荣时的销售量为基础继续进行库存投资，而实际发货已开始减少，故出现了预料之外的库存增加。如果库存增加一直持续到景气开始衰退之时，那么速度就会放慢，之后库存开始减少。这样，如果库存调整一结束，就开始再次库存投资，又进入下一轮库存循环。

现实生活中的经济波动一般被认为是四种周期自然叠加的结果，如果几种周期都处于下降阶段，则经济将陷入大萧条之中；如果几种周期阶段不同步，尤其在长周期及中长周期处于上升波阶段时，经济危机的深度比较轻缓。

三、马克思主义的经济周期理论

为什么经济运行具有周期性？这是市场经济产生以来许多经济学家都在探讨和研究的问题。现代许多西方经济学家通过建立经济模型的方式对经济周期产生的原因和机理进行了解释，并提出了熨平经济波动可采取的政策。应当说，这些理论对于我们理解经济波动和经济周期，也为我国政府在市场经济条件下对经济进行宏观调控提供了有益的参考。但这些理论并没有很好地揭示经济周期的本质及其产生的根源，只有马克思主义的经济危机和经济周期理论科学地阐述了经济周期的本质。

由于资本主义基本矛盾贯穿于资本主义社会发展的始终，因此，资本主义社会每隔若干年就会爆发一次经济危机，马克思把这种经济现象称为经济危机的周期性。马克思主义的周期理论包括以下主要内容：

1. 经济危机周期爆发根源于资本主义的基本矛盾

马克思主义者认为，在简单商品经济条件下，货币作为流通手段和支付手段，就存在了经济危机的可能性。经济危机的可能性发展成为现实的危机，根源在于资本主义基本矛盾，即生产的社会化与生产资料的资本主义私人占有形式之间的矛盾。资本主义商品生产是社会化的大生产，这种社会化大生产要求社会占有生产资料，要求对全社会的生产进行统一的组织和管理，要求对产品按照劳动者的利益进行分配。但在资本主义生产方式下，生产资料和劳动产品被资本家私人占有，生产、分配和交换服从于资本家追求剩余价值的需要。因此，生产的社会化与资本主义私人占有形式之间存在对抗性质的矛盾。这是生产力与生产关系这一社会基本矛盾在资本主义社会的具体体现，它贯穿于资本主义制度的始终，在资本主义各种矛盾中起主导的、决定的作用，是资本主义社会一切冲突的根源，是资本主义经济危机产生的根源。

一方面，资本主义基本矛盾表现为个别企业内部生产的有组织性和整个社会生产的无政府状态之间的矛盾。资本主义生产是社会化大生产，各个部门、各个企业之间的相互联系非常密切。但资本主义私有制又将整个社会的生产割裂开来。从单个企业来看，企业内部的生产是在资本家的监督和指挥下有计划、有组织进行的，资本家为了获得更多的剩余价值，严密组织生产，加强科学管理，从而使个别企业内部的生产具有严密的组织性。但是，由于每个企业生产什么、生产多少、怎样生产完全由各资本家自己分别决定，因而每个企业生产的商品是否符合社会需要，是否都能卖出去，他们自己无法知道，企业的生产只能在价值规律和剩余价值规律的作用下盲目地进行，从而加剧了社会生产的无政府状态。个别企业内部生产的有组织性和整个社会生产无政府状态之间的矛盾，导致资本主义各个生产部门之间的比例关系失调，这种比例关系失调累积到一定程度，就会导致经济危机的爆发。

另一方面，资本主义基本矛盾表现为资本主义生产无限扩大的趋势与劳动群众有支付能力的需求相对缩小之间的矛盾，即生产与消费或生产与市场的矛盾，它是经济危机爆发的直接原因。因为追逐剩余价值的内在动力和竞争的外在压力，使每个资本家不断地扩大生产规模，而生产的社会化又为资本家扩大生产规模提供了物质基础。生产的扩大必须以市场的扩大为基础，而市场的扩大取决于有支付能力的需求的增长。但在资本主义社会，由于剩余价值规律的作用，劳动群众的购买力相对于生产无限扩大的趋势呈现出相对缩小的趋势，当这个矛盾累积到一定程度，生产与市场或消费严重脱节，就会导致经济危机的爆发。

2. 资本主义经济周期由若干阶段组成

马克思和恩格斯对经济周期阶段的论述比较多，而且表述不完全一致。例如，1847 年马克思在《哲学的贫困》中指出：由于自然规律的必然性，生产一定要经过繁荣、衰退、危机、停滞、新的繁荣等周而复始地更替。他在《资本论》第一卷中把经济周期阶段简要地概括为：工业的生命按照活跃、繁荣、生产过剩、危机、停滞这几个时期的顺序不断地转换。而在《资本论》第三卷中马克思又将经济周期阶段详细叙述为：沉寂状态、逐渐活跃、繁荣、生产过剩、崩溃、停滞、沉寂状态等。

后来的马克思主义者根据马克思和恩格斯的各种表述，把经济周期分成四个阶段，即危机、萧条、复苏和高涨。危机是周期的决定性阶段，它是上一个周期的终点，又是下一个周期的起点。危机阶段商品销路突然缩小，生产猛烈下降，工商企业竞相抛售商品，竞争空前激烈，在竞争中，企业纷纷倒闭，大批工人失业，在业工人的工资被压到最低点。危机持续一段时期以后，接着就是萧条阶段。萧条阶段生产下降已经停止，失业工人不再增加，商品价格也停止下跌。但是，社会生产处于停滞状态，大批失业工人没有就业，销售困难，整个社会的经济生活呈现一片萧条景象。经过一段时期的萧条以后，市场情况开始好转，有些资本家开始更新固定资本，以期进一步推动生产恢复和发展的步伐。在复苏阶段，投资继续扩大，就业人数开始增加，物价回升。工商企业的活跃，推动了信用事业的发展，社会生产逐渐恢复到危机以前的水平。当整个社会生产超出危机前的最高点时，经济周期从复苏进入高涨时期。在高涨阶段，生产不断扩大，市场兴旺，信用关系也随之扩展，生产水平向前突飞猛进。但在经历一个时期的迅速发展以后，又会重新陷入危机的泥坑。资本主义的经济周期就是循着危机——萧条——复苏——高涨——危机这些阶段逐步前进的。

3. 更新固定资本是危机周期性的物质基础

马克思认为，经济危机由可能性发展为现实，必须有一系列的关系，其中具有物质性和本源性的关系是机器大工业的产生及其所特有的物质技术关系。马克思在《资本论》第一卷中指出：随着积累和伴随积累而来的劳动生产力的发展，资本的扩张力也突然增长了，这不仅是因为执行职能的资本的伸缩性和绝对财富——资本不过是其中一个可伸缩的部分——增长了，也不仅是因为信用每当遇到特殊刺激会在转眼之间把这种财富的大部分作为追加资本交给生产支配。这是因为生产过程本身的技术条件、机器、运输工具等，有可能以最大的规模最迅速地把剩余产品转化为追加的生产资料。同时，生产规模突然的跳跃式的膨胀是它突然收缩的前提；而后者又引起前者。

马克思认为，资本主义经济危机周期爆发的物质基础是固定资本的更新。固定资本的更新是指以厂房、机器设备等物质形态存在的资本，由于生产过程中的磨损，经过一定时间后要用新的物质形态来替换。固定资本的更新既包括物质的替换，也包括价值的补偿。固定资本的大规模更新，既是资本主义经济暂时摆脱危机、重新走上复苏和高涨阶段的物质基础，又是下一次经济危机到来的物质基础。

固定资产投资是一个社会扩大生产规模的基础和必要条件。固定资产投资的变化直接关系到经济的伸缩。在萧条阶段，物价低落，商业萎缩，资本家为了在市场竞争中占据有利的地位，就开始更新固定资本，即采用新技术，用较新式的机器设备更换原有的机器设备。固定资本的更新引起了对机器设备等生产资料的大规模需求，推动了生产生产资料部门的发展。生产生产资料部门的恢复和发展，增加了对劳动力的需求，从而扩大了对消费资料的需要，反过来又促进了消费资料的扩大生产和就业的增加。可见，固定资本的更新使资本主义经济逐步摆脱危机，为复苏和高涨阶段的到来提供了条件。同时，固定资本的大规模更新，又为新的经济危机创造了物质条件。因为固定资本的大规模更新，推动了资本主义生产的巨大增长，经过一段时间，社会生产的巨大增长又会重新超过有支付能力的需求，就会导致新的经济危机的爆发。

四、经济行情的变化与周期变化的关系

1. 总体性的经济行情波动本质上是经济的周期性运行

经济周期不同阶段之间的转变必然导致行情的变化。行情作为再生产的具体发展过程，其趋势和主流则是与周期运动一致的。当经济处于危机阶段时，行情的趋势和主流也是下降的；而当经济处于高涨阶段时，行情的趋势和主流则是上升的。在世界市场上，各国经济的景气与不景气是影响行情变化的根本因素，是研究行情首先应考虑的因素。周期从一个阶段转入另一个阶段，意味着行情将会发生重要的、有时甚至

是转折性的变化。这在经济由高涨转入衰退以及在经济的复苏阶段表现得最为明显。经济由高涨转入停滞或衰退，首先就会表现出大多数消费品的供给超过需求，并引起价格下降；消费品行情的下降必然导致厂商的利润下降，进而减少投资，导致生产资料行情下降；而由于厂商减少投资，又会导致就业减少，使消费者购买能力下降，从而进一步减少需求，使行情进一步下降。在从萧条转入复苏的过程中，行情则与衰退阶段正好相反，表现出商品需求上升、价格上涨、就业率提高。

2. 行情的变化比经济周期的变化更加错综复杂

虽然经济周期制约着行情，但行情作为一个具体的现象，要复杂、丰富得多。例如，虽然在危机阶段行情的主流是趋于下降的，但并不排除行情会出现在一定程度上、一定时间内的回升。行情的错综复杂性表现在两个方面：

第一，行情的发展是极其不规则的。这是因为经济的周期性本身只是平均意义上的。具体到每一个周期，其时间长度和阶段更替又受到当时具体因素的影响，而这些具体因素并不具有严格的普遍性。事实上，历史上尚没有两个经济周期是完全一致的情况，因此行情的未来发展总含有较大的不确定性，行情的发展很难进行模式化，这就为行情的准确预测增添了很大的困难。

第二，行情不仅受经济周期的制约，而且还受非周期性因素的影响。行情是周期性因素和非周期性因素综合作用的结果，有时非周期性因素往往还起到主导作用。这就可能造成在经济周期的不同阶段，行情的变化会暂时与周期的变化不一致。

五、运用马克思主义经济周期理论分析世界市场行情

1. 马克思主义经济周期理论对于我们分析世界市场行情仍然具有指导性作用

马克思主义的经济周期理论是在深入分析资本主义生产方式的基础上提出来的，它揭示了资本主义经济周期的本质和根源。从这一理论我们可以得出一条基本结论：只要资本主义生产方式没有改变，经济的周期性波动就不会消失。因此，这一理论是对资本主义生产方式的一种批判。当前，资本主义仍然有很强的生命力，尤其是第二次世界大战后资本主义经济的发展表现得比战前更加平稳，世界主要资本主义国家的政府和经济学家似乎找到了一套如何对付经济危机的方法，再也没有发生类似于1929—1933年的“大萧条”。这表明，资本主义的生产方式在全球范围内将会长期存在，并占主导地位。但马克思主义的经济周期理论也并没有过时，战后资本主义国家的经济发展仍然呈现出明显的周期性，且各阶段表现出的特征与马克思、恩格斯所描述的也没有根本上的区别。这表明，运用马克思主义的经济周期理论分析世界经济的走势仍然是非常有效的。我们在从事国际经贸活动和分析世界市场行情时，始终应当把握经济的周期性变化规律，不被纷繁复杂的经济表象所迷惑。

2. 如何看待我国市场经济条件下的经济周期

我国是一个社会主义国家，从马克思主义的基本理论理解，社会主义社会克服了资本主义社会的基本矛盾，不再具有产生经济周期的基础。但从改革开放以来的现实来看，我国的经济发展同样具有明显的经济周期，而且我国的经济周期与世界经济周期具有明显一致的步调。要理解这一点，需要从以下两个方面来认识：

第一，从经济基础来看，我国的生产资料所有制不是完全的公有制，生产的社会化和生产资料的私人占有之间的矛盾依然存在。我国还处于社会主义初级阶段，生产力水平比较低，这决定了我国在生产资料所有制上不能实行单一的公有制，而只能实行以公有制为主体、多种所有制经济共同发展的基本经济制度；不能实行完全的计划经济，只能实行社会主义市场经济。我国当前所实行的基本经济制度和经济运行方式，极大地促进了我国经济社会的发展，但也决定了生产的社会化和生产资料的私人占有之间的矛盾必然在一定范围内存在。因此，经济的周期性波动在我国同样难以避免。当然，我国的所有制是以公有制为主体的，国有经济在国民经济中起着主导作用，我国政府对宏观经济的调控能力比资本主义国家的政府要强得多，因此经济波动的幅度会比较小。

第二，在经济全球化背景下，我国的经济与世界经济密切相关。我国自改革开放尤其是加入世界贸易组织以来，国际经济交往日益密切，已成为世界经济中不可或缺的部分。2010 年，我国的进出口贸易总额达到 3. 335 万亿美元，居世界第二位，仅低于美国；实际使用外贸金额 1 057. 35 亿美元，同比增长 17. 44%；国际贸易和国际投资对我国的经济发展起着巨大的推动作用，也使我国经济与世界经济具有很强的关联性。世界经济的波动，尤其是美国、欧盟、日本等国家和地区的经济波动，必然影响国际贸易和国际投资的数量、结构和方向等，我国经济必然呈现出与世界性的经济周期同步的趋势。

3. 把握经济周期不同阶段的市场行情

准确把握经济周期与市场行情的关系，并对世界市场行情的变化趋势作出正确判断，对于我国政府部门制定对外贸易政策和具体的策略、措施的运用有重要的意义。经济发展的周期性变化会影响各国的出口和进口贸易。当西方发达国家经济处于衰退阶段时，各国的投资需求和消费需求都会下降，从而减少进口；为了促进经济增长，政府往往采取鼓励出口、限制进口的政策措施，以保护国内工商业和国内市场。这种情况会对我国的出口带来不利的影响，出口商品的市场竞争可能更加剧烈，出口价格可能趋跌；进口可能比较容易，进口价格也会有所下跌。当西方发达国家处于经济高涨阶段时，则情况基本相反，其对外贸易比较活跃，价格趋涨，进口限制趋向放松。这种情况对我出口有利，而进口则相对困难一些，进口价格一般要上涨。

第二节 非周期性因素

一、非周期性因素的概念

经济周期的产生是由资本主义经济内在的运行机制决定的，它是影响世界市场行情发展变化的决定性因素。资本主义经济除了受周期作用外，还受到许多外来的、偶发性因素的影响，从而使每个经济周期都有自己的特殊性，使得行情的发展变得纷乱而复杂。正因为非周期性因素的作用，迄今为止，没有两个经济周期是完全相同的。非周期性因素有经济的、政治的、自然的因素；有的因素有规则地起作用，有的则带有偶发性；有的作用时间较长，有的则非常短暂。这些因素不是固定地在各个经济周期中或经济周期的某一个阶段出现，有的能促进经济增长，有的则会阻碍经济增长，因此干扰了经济周期性的正常波动。

具体地说，非周期性因素对资本主义经济周期的作用有以下五个特点：

第一，非周期性因素具有偶发性、不规则性和一定的历史性，从而使经济周期具有特殊性和不规则性。

第二，非周期性因素作用的范围有很大不同。有一些非周期性因素广泛影响到各个国家或地区的各个经济部门，另外一些非周期性因素只作用于个别国家或地区，还有一些非周期性因素只作用于个别经济部门。

第三，非周期性因素作用的程度和方式有很大不同。有一些非周期性因素直接地、迅速地、普遍地影响各个经济部门，其他一些非周期性因素通过直接作用于部分经济部门或总供给、总需求的某一方面，再对其他经济部门产生影响。

第四，非周期性因素作用的时间有很大不同。许多非周期性因素只在较短的时间内影响经济周期，但有一些非周期性因素能对经济周期产生长期的影响，如政治局势的变化、科学技术的发展、经济结构的变化、国家垄断资本主义的发展等。

第五，非周期性因素的影响具有一定的局限性。由于非周期性因素是通过内在机制的相互联系而发挥作用的，它只会改变经济周期的波动形式，不会取消经济周期。

二、非周期性因素的种类

对于非周期性因素，可以有很多种分类方法。例如，根据对行情的影响范围，非周期性因素可以分为地区性因素和世界性因素，前者主要对某些地区的市场行情产生较大的影响，后者对整个世界市场的行情产生影响。再如，根据各因素对不同商品行情的影响，非周期性因素可分为影响单一商品的非周期性因素、影响多种商品的非周期性因素以及影响经济整体波动的非周期性因素。一般地，我们按照非周期性因素影响时间的长短，把它们分为长期因素、季节性因素和偶发性因素。

1. 长期因素

长期因素通常是指对市场行情的影响超过1年的因素，如重大的技术突破、人口增长、经济区域化的发展、全球范围的产业结构调整、大国间关系的变化、历时较长的战争、全球气候的变化等。长期因素对行情的影响比较大，而且影响的时间长，有的因素造成的影响可能长达数年，甚至十几年。但长期因素的发生一般具有一定的先兆，而且它对行情的影响通常是逐步体现出来的，市场参与者可以有较长的时间研究这些因素的影响，因而往往也较容易把握。

2. 季节性因素

季节性因素是指导致市场行情发生季节性（以四季为周期）波动的各种因素。它包括时令、民俗节日等每年在固定时间对行情产生影响的因素。季节性因素实际上也是一种周期性因素，但由于通常我们所说的周期性因素是指具有特定含义的经济周期，因此我们把它归类到非周期性因素。季节的变化导致了生产和消费的淡季和旺季，从而使世界市场上受季节因素影响较大的许多商品在供给和需求方面也出现了淡季和旺季。

季节性因素一般分成两类。一类是纯粹的季节交替引起的天气、温度、降水、动植物活动和生长状况的变化。这些变化能够从供给和需求两个方面影响着市场行情。从供给方面来看，季节的交替改变了一些产品的生产条件，使得一个地区某些产品的生产成本上升，而有些产品的生产成本下降，因而使这一地区的产品供给产生波动。例如，农产品的生长与季节有很大的关系，其市场行情受季节影响较大。从需求角度来看，在不同的季节，人会有不同的需求。例如，夏天人们需要夏装、冷饮、空调，而在冬天人们更需要冬衣、取暖用的能源等。另一类季节性因素是固定时间的民俗习惯、节日等。不同的国家和民族有不同的民俗习惯和节日，这些民俗习惯和节日不仅形成了不同国家和地区的人们特有的消费习惯，而且往往也决定了主要假日。因此在节日期间一些国家对某些商品和服务会有较大的需求，尤其是食品、旅游等。

季节性因素对行情的影响是可以被识别并加以控制的。为了控制许多初级产品现货价格季节性波动的风险，初级产品期货交易得到了长足的发展。目前，欧洲、北美等一些大的商品期货交易所都有农产品的期货交易，我国的郑州期货交易市场主要开展的也是农产品的期货交易。随着科技的发展，许多商品的反季节性生产已经成为可能，并且成本在不断下降，反季节消费日益发展。同时，由于不同地区间的交通运输在不断发展，不同地区的季节性产品的流动更加自由，在总体上扩大了市场，推动了国际贸易。

3. 偶发性因素

偶发性因素也称为随机因素，是指那些对经济会有较大影响，但又难以预料的因素，如自然灾害、政治动荡、战争的爆发、大罢工等。偶发性因素的作用时间一般少于1年，它具有两个基本特征：一是难以事先预料，其出现带有突发性；二是不可控制性，对于偶发性因素作用的后果是不可能加以控制的。偶发性因素往往在极短的时间内完全改变市场供求的基本态势，使行情完全背离周期的方向，创造出巨大的盈利机会及风险。例如，2004年印度洋大地震引发的海啸，严重地影响了东南亚旅游市场行情。行情研究的一个重点就是要把握偶发性因素可能会带来的机会，争取最大化地获得利益及避免损失。

三、第二次世界大战后影响行情的主要非周期性因素

1. 科学技术的发展

科学技术的发展，能提高劳动生产率，降低生产成本，提升企业的竞争能力，从而使企业继续扩大生产规模，有助于较长时间地维持和加强经济扩张。新技术应用于生产过程，主要表现为新的先进设备和新厂房的投资，而投资正是经济周期波动的枢纽因素。在经济繁荣时，用于科学技术发展的投资能促进经济的持续扩张，并成为以后经济发展的重要潜力。在经济危机时，科学技术发展投资的增长能抵消一部分传统产业投资的下降，从而可以缓和经济危机。

科学技术的发展对市场行情的长期影响主要表现在以下三个方面：

第一，通过产业结构因素，即通过产业结构的优化来影响市场行情的变化。产业结构不同，经济波动的基本的状态特征就不同。工业化初期的产业结构使这一时期的市场行情波动呈现出中度波动的特点；工业化中期的产业结构使这时的市场行情波动呈现出强度波动的特点；工业化后期的产业结构使这时的市场行情波动呈现出低幅波动的特点，这包括波动高度下降，波动深度变浅，波动幅度大大缩小，扩张期延长；后工业社会的产业结构使这一时期的市场行情波动进一步表现为低幅波动的特点。

第二，通过资源供给因素，即通过提高资源利用效率、劳动生产率和产品的高科技含量等，来提高资源供给能力，缓解资源瓶颈制约，使生产潜力线向上移动，延长经济周期的扩张阶段。

第三，通过经济组织制度因素，即通过提高市场组织制度、金融组织制度、企业组织制度等包括管理方面的成熟度和现代化水平，来影响市场行情。

第二次世界大战以后，人类历史上的第三次科技革命大大促进了主要资本主义国家生产能力的提高和经济的增长，对世界市场行情产生了重要影响。一方面，科学技

术不断进步，生产能力不断提高，市场竞争日益剧烈，加剧了世界经济的不稳定性；另一方面，新产品层出不穷、日新月异，又使生产能力的发展较易适应市场需求的变化，因而使经济危机一般比较缓和、短暂，萧条阶段不明显，复苏和高涨阶段较长。此外，由于科技的进步，现代产品的价值构成中，技术含量不断上升，而原材料的比重则日趋缩小，这种趋势，一方面加剧了发达国家在研究与开发（R&D）投入方面的竞争；另一方面也严重打击了依赖初级产品的生产与出口的发展中国家，使世界初级产品的贸易条件长期恶化。

2. 区域经济一体化

区域经济一体化始于20世纪50年代，以欧洲经济共同体的建立为标志，是指地理位置相临近、经济发展水平相当的两个或两个以上国家（地区），为取得区域内国家（地区）间的经济集聚效应和互补效应，实行统一的经济政策，实现商品、劳务和生产要素在区域内自由流动和重新配置而建立的跨国性区域经济组织。当前，区域经济一体化在世界各地特别是亚洲得以迅速推动。这一趋势的出现，其主要原因在于当前多边贸易谈判困难重重，进展迟缓。长期以来，在世界贸易组织的框架内，区域经济一体化与全球多边贸易合作一直是并行不悖的，甚至是相互促进的。如果多边贸易谈判出现停滞，两者间就可能会演变为相互替代的关系。

区域经济一体化对世界市场行情的影响是非常深刻的。一方面它使集团内部生产要素、商品、服务的自由流动得到加强，促进了集团内部贸易的增长，扩大了区域内部市场，增强了区域经济实力。例如，1989年1月1日《美加自由贸易协定》生效后，加拿大对美国的出口占其出口总额的比重不断上升，1988年为72.8%，1989年为73.5%，1990年为73.7%，1991年为74.9%，直到2006年发展到顶峰所占比重达到79.6%。虽然从2007年起，该比重逐年下降（2007年为76.8%，2008年为75.7%，2009年为73.4%，2010年为73.2%，2011年为72.2%），但每年加拿大对美国的出口依然可以占据其总出口70%以上的比重。另一方面，区域经济一体化会产生贸易替代效应，成员国从区域外国家的一部分进口将被从其他成员国进口所代替，使其他国家失去一部分市场，损害了区域外一些国家的利益。因此，区域经济一体化事实上也是贸易保护主义的一种表现。

3. 主要国家政府经济政策的变动

第二次世界大战后，由于国家垄断资本主义的迅速发展，政府经济政策已成为影响经济发展的经常性因素。政府经济政策最直接的目的是保证经济均衡、稳定地发展，熨平经济周期波动。国家对经济实行干预，主要运用财政政策和货币政策。

财政政策包括财政收入政策和财政支出政策。它通过增加或减少财政收入和财政支出来影响社会消费总量和投资总量，使总需求与总供给保持平衡，维持经济的稳定增长。财政收入的主体是法定税收，政府通过调节税种和税率，可以影响供给量和需求量。为了刺激经济增长，政府部门可以进行减税，以促进消费和投资。相反，为了抑制经济过热，政府可提高税率。财政支出主要由国家投资、政府采购和转移支付等部分构成。国家投资通常是最重要的财政调控手段，其重点主要用于社会公共工程和公用事业的建设，如大型水利工程、交通设施、文化教育事业、环保项目、重大科研项目、国防设施等。政府采购的对象包括政府办公用品、军备物资等，一些发达国家的政府采购占国内生产总值的比重达到15%～20%。转移支付既包括社会保险和社会福利开支，又包括政府给予企业和个人的各种补贴。

货币政策是指一个国家的中央银行利用一定的金融工具来调节商业银行的经营行为，进而影响投资和消费。其中主要的金融手段有：

（1）调整存款准备金率。按各国法律或中央银行的规定，各商业银行必须将一定比例的储户存款存进中央银行，这就是存款准备金。中央银行通过调整存款准备金比率，可以控制商业银行可贷款的数量。

（2）调整再贴现率。再贴现是商业银行将持有的票据向中央银行贴现，以获得资金的行为，商业银行获得的资金是票据面值扣除按照一定的贴现率计算的利息。如果中央银行降低再贴现率，商业银行获得资金的成本就低，使货币供应量增加，刺激经济增长；反之，则抑制经济增长。

（3）公开市场操作。它是指中央银行在公开的证券市场上买卖有价证券，以调节货币供应量。中央银行买进有价证券，就把货币投进了市场，使货币供应量增加；卖出有价证券则使货币供应量减少。由于公开市场操作对货币市场的调节作用不如前两个手段剧烈，而且中央银行采取这一手段所需要采取的程序比其他手段要简单，因而成为各国央行最常用的货币政策。

一般来说，因经济过热而使通货膨胀加剧时实行紧缩性财政政策和紧缩性货币政策；经济衰退时实行扩张性财政政策和扩张性货币政策。具体地说，当经济周期的收缩阶段运行了一定时间后，政府可以采取逆周期的、扩张性的财政政策和扩张性的货币政策，以结束收缩，发动扩张。当经济开始扩张运行时，政府可以进一步采取顺周期的扩张性财政政策和扩张性货币政策，以进一步推动经济扩张。当经济扩张到一定程度时，政府可以采取逆周期的、紧缩性的财政政策和紧缩性的货币政策，以抑制经济的过度扩张。

由于政府经济决策难免出现偏差和错误，加上政治等问题也会左右政府经济决策，政府经济政策就会产生与通常的反周期原则不一致的意外行为，而这种意外行为往往会走向反周期的反面，从而加剧经济的周期波动。当然，政府的一些意外政策行为也会强化政府经济政策的反周期作用，在一定时间内较大程度地扭曲经济周期的进程。

4. 政治局势变化

政治局势变化对世界经济的影响是非常明显的，一般说来，和平的国际环境有利于各国经济的发展，但一定条件下国民经济军事化同样也能促进一定程度上的经济繁荣。第二次世界大战后，美国一直保持着庞大的军备开支，国民经济的军事化对刺激经济发展、缓和经济危机起到一定作用。“冷战”结束后，美国庞大的军备开支尽管已在一定程度上降低了维护安全方面的意义，但对支持美国经济的发展仍然意义重大。此外，战争的爆发会增加对军需物资及战后重建所需资源的需求，从而创造出“战争景气”。

战争作为一种外来的冲击因素，会干扰内生因素的作用。因为战争会引起社会震荡，每次战争还要动员大量的社会经济资源，并引起经济结构的变化。因此，战争能对经济周期产生很大的影响。但是，由于每次战争的规模和烈度不同，动员的经济资源及涉及的地域有差异，因而对经济周期产生的影响也不同。把所有发达资本主义国家都卷进去的世界大战如第二次世界大战对经济周期的影响巨大，从整体上改变和打乱了经济周期运行的轨迹。有一些局部性战争只对世界经济周期产生轻微的影响，但对直接参战国产生很大的影响。对于受害国来讲，战争会严重破坏经济的发展；对于受益国来讲，战争会刺激军事需求，形成“战争景气”，从而会延长经济周期中的高涨阶段，延缓或逃避经济衰退。例如，20 世纪 60 年代的越南战争，使美国经济周期发生了重大变化。

但是，战争刺激起来的经济繁荣是一种不正常的经济扩张现象。这是因为：第一，由于战时经济的超负荷运转，其产出水平大大超过了充分就业水平，从而直接产生了巨大的通货膨胀压力；第二，为了维持民族国家的生存和延续，战时的军事生产经常不顾及经济效率，这从长期来看是资源条件所不能允许的，会带来许多不良后果；第三，在军用品生产迅速发展的同时，民用品生产萎缩，生产结构畸形化。因此，战时不正常的经济繁荣是无法长期维持的，即使勉强维持到战争结束，接踵而来的是进行结构调整的战后萧条。而且，战时经济越高涨，战后经济越萧条。

在战后经济萧条中，最引人注目的问题是消费品短缺和价格上涨，其背后实际隐藏着深层次的结构性生产过剩问题。战争一结束，庞大的军工市场大大缩小，军工部门的生产能力和产品大量过剩，工人大量失业，经济结构开始进行调整。同时，随着战时管制措施的解除，各个经济单位一时不知所措，社会总体也很难一时进入新的平衡状态，这就必然造成经济秩序的混乱，加剧结构性生产过剩。

总之，战争会形成一种特殊的战争经济行情，战争爆发会带来战时的经济景气，战争结束会带来战后的经济萧条。战争的规模决定着国民经济军事化的程度和深度，进而决定着战时景气和战后萧条的程度和广度。

5. 自然条件的变化

影响资本主义经济周期的自然条件主要是气候变化、自然灾害(如洪水、干旱、地震)等。气候变化及自然灾害对经济周期产生影响，主要是通过影响农产品等初级产品的产量、改变短期内的农产品等初级产品的供给状况来实现的。农业的大丰收，能成为经济周期扩张阶段的一个重要的发动和加强因素；农业的歉收，能成为经济周期扩张阶段的阻碍因素或收缩阶段的发动和加强因素。

初级产品的供给对经济的正常波动产生冲击，必须具备下面两个前提条件。第一，这种初级产品及其生产部门在国民经济中占有重要地位。其中一种情况是，某一种初级产品(如石油)是国民经济各个部门的原材料和能源的来源；另一种情况是，某一种初级产品尽管是个别部门的原料来源，但这个部门是国民经济的主导产业，如19世纪末以前的棉花种植业和棉纺织业。第二，从产品的需求方面来看，这种初级产品具有不可替代性，需求弹性较小。从产品的供给方面来看，这种初级产品的生产受自然条件的影响较大。在一定时期内，这种初级产品的供给量有一个上限，当产量接近这个上限时，其供给弹性会越来越小；超过这个供给上限的需求只会拉动价格的超常上涨。只有在上述两个前提条件下，自然条件变化引起的农产品等初级产品的供给变动，才会对资本主义经济周期产生较大的影响。

在重要的农产品等初级产品因自然条件的变化而产生严重供给短缺的情况下，其价格必然会大幅度上涨，有关部门的生产成本提高，产品价格上涨。随着初级产品及其工业制成品价格上涨的传递，各种商品价格全面上涨，消费者的实际收入随之下降。此时，利息率却呈上升状态，使贷款成本上升，生产和消费信贷缩减。最终是全社会的投资和消费减少，社会总供给和总需求水平降低，生产下降，失业增加。总之，因自然条件变化而引起的初级产品供给短缺，在经济周期内在因素的共同作用下，会使经济周期变形。

6. 恐怖主义的影响

在经济全球化时代，国际恐怖主义不仅对地区局势乃至国际和平与安全构成严重的威胁，而且正日益成为影响世界经济稳定和增长的一个新因素。

(1) 恐怖袭击的破坏性会给遭受恐怖袭击的国家造成巨大的经济损失。这一损失不仅包括直接的财产损失，而且包括打击消费者、投资者的信心，以及对交通运输业、旅游业等的间接损失。据美国媒体报道，“9·11”事件导致华尔街股市休市一周，道·琼斯指数狂泻近700点，跌破9 000点大关。尽管美联储连续采取降息措施，美国政府及时出台400亿美元的减税方案，仍出现长达18个月的股市滑坡。2002年10月发生在印度尼西亚巴厘岛的恐怖爆炸不仅给当地航空、旅游、海运和保险行业造成巨大的损失，而且严重影响了东盟经济的复苏进程。2005年7月，英国伦敦发生连环恐怖袭击爆炸，欧洲主要股市迅速全线暴跌。伦敦 FTSE 指数跌幅达到 3.97%，法兰克福 DAX 指数和巴黎 CAC40 指数当日的最大跌幅分别达到 3.7% 和 4.46%。

（2）恐怖袭击会造成当地居民恐慌，影响居民正常的购物行为，从而影响国际贸易。"9·11"事件使我国的出口贸易受到重大影响，一个突出表现是当年我国圣诞用品出口锐减。当然，恐怖主义也会导致防恐物资需求增加，推动这些物资的生产和贸易。

（3）恐怖袭击的突发性和任意性，加大了货物贸易的风险，保险费和国际运费也随之会上涨，这引起外贸进出口产品的生产成本和运输成本同时增大，从而引起进出口贸易量的下降。另外，国际恐怖活动的频发将使各国对人员和货物进出口的管理趋严，人员流动和货物贸易比以前更加困难，从而影响国际贸易的增长和开放程度。

7. 重大恶性传染病的影响

重大恶性传染病从来都是人类社会发展的大敌，无论何种恶性传染病，都会引起全球广泛而强烈的关注。从经济学上看，是因其具有典型的负外部性，加上病原的传染性特征，无论原发于哪个国家或地区，它都具有全球性特征，给这些地区甚至全球带来巨大灾难。例如，1918 年在西班牙爆发的世界性流感造成至少 2 000 万人死亡，1957 年的亚洲流感和 1968 年的我国香港地区流感共造成全世界 150 万人死亡。恶性传染病的爆发及迅速传播既是全球环境变化的结果，也是全球化的副产品。科学家们认为，病毒并不是在这几年突然变得强大了；然而，不断变化的地球环境意味着新病毒可以在世界各地以前所未有的速度传播。随着人口流动规模越来越大、人员往来越来越频繁，在一国内部爆发的传染病会在全球范围内迅速传播，由一国的危机传导为全球性危机。为了解禽流感可能造成的经济杀伤力的规模，一些经济学家正在研究 2003 年爆发的"非典型性肺炎"的影响及经济后果。尽管与流感相比，"非典"是一种传染范围小得多的疾病，当时它使 25 个国家的 8 000 人被感染，死亡 775 人。一些科学家认为，禽流感有可能引发类似 1918 年那样的大规模流行性传染病。由此造成旅游与贸易中断而带来的损失将无法估算，一个国家、一个地区乃至全球经济都可能面临突然停滞的危险。流行性传染病可能造成大量人员死亡，无疑会使经济产出大幅下滑。人们由于担心传染，可能改变生活与工作模式，这将导致巨大的经济损失。

上述影响世界市场行情的非周期性因素，都会使经济周期变形。具体地说，这些因素对经济周期产生作用的结果有以下两种情况：

第一，能使经济周期波动的幅度发生变化。虽然一些非周期性因素既不会使经济高涨或使经济危机发生逆转，也不会改变经济周期的转折点，但会使整个经济周期的波幅缩小，或者使经济周期波动中原有的扩张或收缩势头发生减弱或加强的变化。

第二，非周期性因素能使经济扩张或收缩的持续时间发生变化。例如，在经济临近或处于转折点时，非周期性因素使经济朝与此前相同的方向变化，从而使经济扩张或经济紧缩延续下去；在经济没有到达转折点时，非周期性因素对经济产生出与经济周期方向相反且力量足够大的推动力，使原来的经济周期波动变形。

第三节 行情的国际传导

20世纪80年代以来，世界经济以前所未有的规模和速度向市场化、网络化和自由化纵深推进，从而使当代整个世界经济出现了一种势不可当的全球化趋势。世界范围内日益广泛而又深入地流动和配置经济资源，使各国之间在经济上越来越多地相互依存和融合，各国之间的经济联系日益密切。世界经济全球化的这一趋势和现象深刻地反映在当今世界的国际贸易、国际金融、跨国公司、国际分工等这些世界经济最主要的经济活动中。一个国家出现的各种经济行情，会通过各种途径传导到另一个国家，从而引起其他国家的经济行情的变化。对行情的各种国际传导渠道进行深入了解，是我们分析行情变化原因和趋势的重要基础。

一、国际贸易对国际行情的传导

国际贸易的迅猛发展是经济全球化的重要表现和主要内容之一。第二次世界大战结束以来，世界范围内的国际贸易总量急剧增长。世界国际贸易总额1950年约为602亿美元，到1980年约为1.86万亿美元，而2010年世界贸易总额达到37.133万亿美元。国际贸易的迅猛发展使它在行情传导中发挥着越来越大的作用。

1. 国际贸易对经济状况的传导

如果世界主要的经济大国宏观经济状况发生了变化，会通过国际贸易把这种经济状况的改变传导给其他国家。这种传导主要是通过这一国家需求的变化引起进口的变化，这意味着其他国家商品的供给和需求关系发生变化，从而经济状况发生改变。通常对于像美国、欧盟、日本这样的经济体，如果经济状况发生改变，对其他国家乃至整个世界经济的传导非常明显。而一些发展外向型经济的中小国家和地区，如东南亚国家等，则很容易导入其他国家的经济景气状况。例如，美国的宏观经济从衰退转向复苏，其国内的有效需求会增加，引起进口的增长。美国进口增加意味着与美国贸易关系密切的其他国家的出口增加，这些国家的总供给也将得到增长。这样，美国的经济行情就传导到了这些国家。

2. 国际贸易对商品价格的传导

商品价格是由供求关系决定的。由于不同国家之间资源禀赋、技术水平等存在差异，使生产某种产品的成本存在差异，导致各国间各种产品的相对价格不同，这正是国际贸易产生的一个重要原因。而国际贸易则改变了一国商品的供给，使贸易品的国内价格发生改变，趋向于与世界市场的价格一致。每个国家出口自己成本相对较低的商品，进口成本较高的商品，获得比较利益。同时，国内原来价格相对较低的商品价格提高了，而价格较高的商品价格下降了。

如果世界上一些主要的发达国家发生了通货膨胀，即整体上的市场价格大幅度上升，也会发生通货膨胀的传导。尤其在固定汇率制度下，这种传导更加明显。如果汇率保持不变，意味着国外价格相对下降，这个国家将增加进口，引起国外市场供求失去平衡，价格上升。在一个国家内首先受到影响的是开放部门，开放部门就会提高或降低本部门商品价格，增加或减少本部门生产量等。传导的作用通过开放部门向非开放部门渗透，那些向开放部门提供原料、燃料、辅料、中间产品或吸收开放部门产品的部门，也会随之调整自己产品的生产与价格。

如果世界市场中总供给与总需求并未发生变化，但某些十分重要的商品（如粮食、石油等）的供求发生了根本性变化，世界市场因而出现了这些产品较为严重的过剩或短缺，价格的下跌或上涨，这种情况也会通过一国的开放部门影响国内其他部门生产成本的变化，并进而引起价格的调整。

3. 国际贸易传导行情中的乘数效应

国际贸易的乘数效应是指一个国家的净出口不仅仅带动了同量的国民收入增加或减少，而且带动了国民收入数倍于国际贸易量的影响。国际贸易之所以具有乘数作用，是因为它的变化会带来新的消费支出的变化，引起总支出数倍的变化，从而最终导致国民收入数倍的变化。国际贸易的乘数决定于边际消费倾向，它们之间的关系为

$$K=\frac{1}{1-MPC} \tag{2-1}$$

式中，K 表示乘数；MPC 表示边际消费倾向。

如果边际消费倾向是80%，由式(2-1)可算出乘数是5，即代表1美元国际贸易的增加将带来5美元国民收入的增加。

假定一个国家的边际消费倾向是80%，这个国家新增某种商品出口100万美元。现在生产这一商品的厂商增加100万美元的产出，这样，国民收入将增加100万美元。这是国民收入第一轮的增加。但是国际贸易增加的影响并没有完结。当生产出口产品的厂商通过出售产品得到100万美元以后，他必须以工人工资、利息、租金等进行分配，总之，这100万美元被这个国家的国民所得到。在边际消费倾向等于80%的前提下，这些人将把其中的80万美元用于购买消费品。生产消费品的厂商将增加价值80万美元产品的生产，以满足这80万美元的消费增加。当国民收入增加了80万美元以后，

其中的64万美元又用于购买消费品，因而消费品的生产又再将增加。当这个过程一直继续下去的时候，便导致国民收入数倍的增加。根据乘数效应，最终将带来共500万美元的国民收入增加。当然，在乘数作用的这一过程中，如果消费者不是把80%的新增收入完全用于购买国内产品，而是把其中的一部分用于购买进口产品，那么对国内经济的拉动作用将减小，但它会转为对其他国家经济的拉动，而对其他国家的拉动也同样是按照乘数方式进行的。这说的是出口增加的情况，如果出口减少，则乘数的作用将使国民收入减少。

二、跨国公司国际直接投资行为对行情的传导

20世纪80年代后，世界经济发展的一个重大又明显的变化和趋势是国际经济活动的主体已从国家(地区)转向了跨国公司。根据联合国贸发会议的解释：跨国公司是在两个或更多国家建立子公司或分公司，由母公司进行有效控制和统筹决策，从事跨越国界生产和经营活动的经济实体。跨国公司是现代企业发展到国际化生产和经营的产物，是企业为适应高度复杂化的生产技术和国际交换、国际金融在世界范围内合理、有效地配置资源而采用的运作方式。跨国公司的国际直接投资主要有三种形式：一是在国外创办新企业，包括建立合资企业、独资企业和跨国公司；二是购买外国企业股权达到控制的比例；三是以利润进行再投资，即投资者把通过直接投资所获得利润的一部分或全部用于对原企业的追加投资。

据联合国贸发会议的统计，截至2009年年底，全球共有跨国公司8.2万家，海外分支机构80万多家。《2012年世界投资报告》中显示，2011年跨国公司的外国子公司聘用了6 900万名员工，创造销售额28万亿美元，增值7万亿美元，比2010年约高9%。跨国公司内部贸易占世界贸易总额的1/3以上。

1. 跨国公司的投资活动对生产能力的传导

对东道国来说，跨国公司的直接投资带来了新的设施，增加了东道国的资本存量，扩大了生产和就业。通过购买和私营化而进行的国际直接投资是发达国家中较为普遍的国际投资形式，这对东道国企业的资产重组及产业结构的调整起到间接的推动作用。

2. 跨国公司的直接投资对国际贸易的促进

目前，全球贸易的2/3以上来自跨国公司内部贸易。跨国公司对外投资不仅可以通过跨国贸易，还通过国外分支机构的销售来增强跨国公司扩大国际市场的能力。与此同时，通过对外投资，跨国公司在企业内建立起贸易网络。这些网络将跨国公司体系的生产单位联系在一起，并保证每一具体单位能优先获得体系内其他单位的资源和市场。

3. 跨国公司对技术、管理水平和研发能力的传导

跨国公司拓展了新的产业空间，如果没有跨国公司的投资，单纯依靠民族企业或现有的产业，许多发展中国家是不可能引进这些新产业或创新其经营方式的。吸收外国直接投资也是东道国获取新技术和先进技术、技能的主要途径。涉及组建R&D分支机构的外国直接投资可以增强东道国技术发明的能力；跨国公司的技术溢出效应和外在效应还会对东道国技术进步产生间接影响。

三、通过国际金融市场进行的行情传导

经济全球化不仅包括世界贸易关系的加强，也包括国际金融的全球化。国际金融的主要内容包括国际收支、国际汇兑、国际结算、国际信用、国际投资和国际货币制度等。国际金融市场是进行各种国际金融业务活动的“场所”，一般由资本市场、外汇市场和黄金市场组成。随着国际金融的发展，国际金融业对世界经济各领域发挥着越来越重要的作用，世界各国为此对资本国际移动的限制大为放松。尤其是西方发达国家于20世纪70年代末以来加速或强行推行“金融解除管制”，对国际资本流动实行开放政策，并对非本国居民开放资本市场等，使国际金融市场越来越成为一个世界性的紧密联系的整体，成为一种超越国界的经济力量。进入20世纪90年代，在“冷战”结束后的全球经济高涨、金融管制放松、世界范围内金融市场体系不断完善和新信息传输技术革命、国际信息网络化新技术等因素的有力推动和支持下，国际金融出现了迅速全球化的趋势。进入21世纪，新兴市场和发展中经济体通过有步骤地放松金融管制，开放金融市场，增加了资本的流动性，加速了统一的全球金融市场的形成。

金融市场对经济行情的传导作用也是非常明显的。这种传导作用体现在两个方面：一方面使资金向最有效率的国家和领域流动，解决这些国家发展资金不足的问题，推动世界经济的发展；另一方面可能对某些国家的金融系统造成冲击，造成金融系统的不稳定，甚至引发金融危机。20世纪90年代中期到21世纪初，世界范围内金融危机频繁发生，而且在各国之间传导非常迅速，对一些国家的经济造成了很大的破坏。

金融市场对国际行情传导的情况大体有以下三种：

1. 通过汇率渠道进行的传导

自布雷顿森林体系解体后，国际货币制度从以美元为中心的汇率制度发展为以多种国际储备货币为中心的浮动汇率制度。部分发达国家的货币联合对美元浮动，部分发达国家的货币单独对美元浮动，部分国家的货币在政府较多的管理下浮动，部分国家仍维持它们的货币与美元、英镑、法郎之间的汇率。在这个阶段中，汇率主要是由外汇市场上的供给和需求决定的，但各国政府仍然在一定程度上对外汇市场加以干预，以减轻汇率的波动和影响汇率的变化趋势。这种在政府干预下的浮动汇率体系叫做有管理的浮动（Managed Floating）。

从理论上说，实行浮动汇率制度比实行固定汇率制度导致的国际行情传导要小，其主要原因在于，相对于固定汇率而言，浮动汇率不利于扩大世界贸易和促进国际投资。浮动汇率使国际贸易和国际投资产生的收益具有不确定性，因而参与者面临着风险。

此外，浮动汇率通过对对外贸易变化的阻碍作用，而对行情的国际传导形成缓冲。从理论上看，当一国出口贸易迅速提高而可能会对东道国市场造成冲击时，出口国货币的汇价会有上浮压力。当这种市场压力最终兑现为对进口国货币汇率的变化时，则会对本国出口的进一步上升形成阻碍。反之，当一国进口贸易迅速提高而对出口伙伴国经济形成拉动时，本国货币的汇价会有下浮压力。而当这种市场压力最终兑现为对出口国货币汇率的变化时，则会对本国进口的进一步扩大形成阻碍。由此，无论是国际间的“景气”传导，或是“不景气”传导（即经济衰退的转嫁），都会受到浮动汇率某种程度上的遏制。

除了贸易水平会潜在减少以外，浮动汇率制下长期外国直接投资的数量也会小于固定汇率制下的水平。比如说，任何一个想要在海外建厂的企业，都会考虑将来能有多少的利润回报。如果汇率可变，那么，收益回报的实际值在兑换成本国货币值时就可能小于最初决策投资时的预期水平（如果两国间的价格水平不与汇率同比率变化的话）。从这个角度来看，企业就会更加谨慎地选择海外投资，结果，资本就可能不会流向那些回报率真正最高的行业，投资对行情的传导作用下降了。

目前，大多数国家采取有管理的浮动汇率制度，汇率对世界经济行情传导的作用是明显的。有管理的浮动汇率传导世界经济行情的作用机制是：当一个国家的经济出现不景气征兆时，这个国家就会设法增加出口以提高总需求，通常可行的办法是对汇率进行干预，使本币贬值。本币贬值的结果是本国出口产品在世界市场上的价格相对较低，出口增加；但这个国家货币的贬值就是其他国家货币升值，这些国家的产品因货币升值导致在价格上的竞争力下降，出口变得困难，经济增长速度放慢。

2. 通过利率渠道进行的传导

利率是资金的价格，在开放条件下，利率本身在不同国家之间具有很强的传导性。假定资本能自由流动，那它必然要追求尽量高的盈利率。如果 A 国的利率水平高于 B 国，那资金就会流向 A 国，其结果是 A 国的利率水平下降，B 国的利率水平上升，实现了高利率从 A 国向 B 国传导，低利率从 B 国向 A 国传导。

但利率对经济行情的传导通常起着一种阻碍和隔绝作用。当一个国家的经济状况发生变化时，会引起国内资金的过剩或短缺，因而造成国内利率的变动。如果利率有较大变动，资金将从利率较低的市场流向利率较高的市场，从而影响国际市场利率，使其他国家经济受到影响。但这种影响是一种负面影响。例如，美国经济进入高涨阶段，必然导致利率上升，如果美国的利率高于其他国家，就会吸引其他国家的资金，造成其他国家资金紧张、利率上升，这会抑制其他国家的经济增长。

在开放条件下，一个国家的宏观经济政策会通过利率渠道传导到其他国家。如果一国政府在经济高涨阶段采取紧缩的货币政策，防止经济过热，使利率得到提高，较高的利率会传导到其他国家，因此对其他国家的经济也产生了抑制作用。

3. 通过国际间接投资进行的传导

国际间接投资主要包括国际信贷、购买外国公司的股票和其他证券。国际信贷资金和有价证券投资规模日益扩大，资金在各国间频繁流动，使各国的资金市场在利率、交易方式、交易条件等方面越来越趋于一致，从而使各国在资金市场上的业务联系也越来越密切，并通过世界主要金融中心把各国资金市场连接成一个有机整体。这使得国际间接投资对世界行情有重要的传导作用。当然，国际间接投资的本质是资本追逐利润，它的流向和流量在很大程度上要受利率和汇率的制约。

国际间接投资引起资金从资金充裕的国家流向资金不足的国家，为各国经济发展提供了资金来源，尤其是为广大发展中国家的经济发展提供了重要的资金来源。第二次世界大战后初期，西欧国家急于恢复和发展经济，又苦于资金短缺，而美国以“马歇尔计划”为主的对欧援助和贷款弥补了西欧资金的不足，对西欧经济的迅速恢复和发展起了重要作用。一些发展中国家对国际间接投资的依赖程度也很大，国际金融市场上的信贷资金和证券投资是它们发展民族经济的重要来源。

同时，国际间接投资的扩大也加剧了国际金融市场的波动，尤其是加剧了金融投机活动，使金融风波一旦产生就迅速在不同的国家之间传导。例如，国际间接投资中的大部分资金投放是通过国际货币市场进行的。由于资金经常地通过货币市场从一种货币变动为另一种货币，从一个国家流向另一个国家，使国际信贷资金的流量常处于不规则变动之中，迫使一些国家的货币汇率发生频繁变动，导致经济行情的不稳定。

四、国际行情的其他传导渠道

1. 金融危机对世界市场行情的传导

20 世纪 90 年代以来，世界范围内金融危机不断，其中影响比较大的有：1992 年欧洲汇率机制危机、1994 年墨西哥金融危机、1996 年俄罗斯银行倒闭风潮、1997 年亚洲金融危机、1998 年俄罗斯金融危机、2001 年阿根廷金融危机，以及 2008 年由美国次贷危机演变成的席卷全球的金融危机等。

频繁发生的金融危机给这些国家和地区带来了巨大的经济损失，也使整个世界经济产生了剧烈的震荡。金融危机不仅表现出强大的破坏力，而且表现出很强的传导性。世界金融危机频繁发生并在国家之间迅速传导的一个重要原因在于金融的全球化和自由化，表现为各国金融市场日趋开放、货币自由兑换和自由出入、外国金融机构自由活动、现代信息技术大量用于金融交易等。在这样的条件下，金融市场上金融交易数额巨大，资本流动迅速。国际资本的流动能很快击垮一个中小规模国家的金融制度，并引起其他国家金融恐慌，资金外流，使金融危机迅速传染。

2. 劳动力的国际流动对世界市场行情的传导

劳动力的国际流动主要有两种情况：一种是从发展中国家向发达国家的永久性劳动力国际迁移；另一种是以临时赚取较高工资收入为目的的劳动力国际流动，即劳务输出。据国际劳工组织数据库显示，2005 年以来全球每年劳动人口流动超过 6 000 万人，而且在不断增加。前一种劳动力的流动改变了不同国家的劳动力数量和结构，从而引起就业水平、工资水平、生产能力、技术水平的变化。例如，美国的高科技产业的发展与引进世界各国高素质的劳动力不无关系。后一种劳动力的流动不仅涉及就业水平和结构的改变，而且涉及资金和技术的流动，这对一些国家的经济发展起着不可忽视的作用。例如，2004 年菲律宾 800 万名海外劳工创造的外汇收入达 80 亿美元，创汇占其外汇总收入的 85%。这项外汇收入对于菲律宾保持汇率稳定、拉动内需促进经济发展发挥着重要作用。

3. 技术的转移对世界市场行情的传导

技术是一种重要的生产要素，它们的国际传递提高了输入国的生产能力，在一定程度上能改变各国的产业结构、消费结构，并改变商品的国际流向和流量。技术主要是从发达国家向其他国家传递，可能传到其他发达国家，但更多的是传到发展中国家。发展中国家引进技术，可能因优越条件，如原材料丰富、市场较大、劳动力价格低廉等，而使其产品具有相当的竞争力，不仅占领国内市场，甚至占领技术输入国在内的国际市场。

4. 信息技术对世界市场行情的传导

信息技术的发展对经济行情的传导有多方面的影响。从传播知识和技术的角度来看，它是生产能力的传导，提高了信息接收国家的生产力水平；从市场信息的传播来看，它增加了交易机会；从交易的过程来看，信息技术的发展和运用降低了交易成本，使一些原本无利可图的国际贸易和投资成为可能。此外，信息技术对消费也有很大的影响。在信息技术高度发达的条件下，一个国家流行某种新的消费品或某种消费方式（如汽车、家用电器、旅游等），能够迅速通过互联网、电视、报刊、书籍、广播等途径传到其他国家，推动相应产品和服务的国际贸易或相关产业的发展。

应当指出，影响经济行情的渠道很多，它们在传导中是相互影响、相互作用的。因此，行情传导的分析应当是有重点的综合分析：既要尽量了解各种传导渠道的作用机理和效果，又要根据实际情况判断哪种渠道起着主导作用，才能对行情传导的方向、程度、范围有比较准确的判断。

【本章关键术语】

经济周期　　经济危机　　马克思主义的经济周期理论　　非周期性因素
行情的国际传导　　传导渠道　　乘数效应

本章复习思考题

1. 密切尔和伯恩斯对经济周期下的定义是什么？
2. 经济周期有哪几种？
3. 马克思主义经济周期理论认为经济危机周期性爆发的根源是什么？
4. 经济行情的变化与周期变化有什么关系？
5. 第二次世界大战后影响世界经济行情变化的非周期性因素主要有哪些？
6. 科学技术发展对市场行情的变化有什么影响？
7. 区域经济一体化对世界市场行情有什么影响？
8. 国际贸易是怎样传导经济行情的？
9. 国际金融市场是怎样传导经济行情的？

本章延展阅读书目

[1] 赵春明，等．经济发展与金融现代化［M］．北京：党建读物出版社，2003.
[2] 张幼文，金芳．世界经济学［M］．上海：立信会计出版社，2004.
[3] 庄起善．世界经济新论［M］．上海：复旦大学出版社，2005.

第三章 西方行情波动理论

【本章学习要点】

- 凯恩斯以前的行情波动理论
- 凯恩斯的三个基本心理因素
- 乘数—加速数模型
- 第二次世界大战后世界经济发展的五个阶段
- 第二次世界大战后主要的经济周期理论

为什么市场经济会波动？许多西方经济学家对这一问题进行了深入研究，并提出了一系列的理论。这些理论从不同角度对经济周期的产生进行了解释，各自强调了造成经济周期性波动的因素。萨缪尔森和诺德豪斯对此进行了总结，将这些不同的因素划分成两类，即外生的和内生的。外因论是在经济体系之外的某些要素的波动中寻找商业周期的根源——如战争、革命、选举、石油价格、发现金矿、移民、新土地和新资源的发现、科学突破和技术创新，甚至太阳黑子活动和气候等。与外因论不同，内因论则在经济体系内部寻找商业周期的机制。这种理论认为，任何一次扩张都孕育着新的衰退和收缩，任何一次收缩也都包含着可能的复苏和扩张。经济生活正是以这种近乎规律的方式不断循环往复。商业周期的内因论显示了一种类似钟摆运动的机制，外部冲击通过一种循环方式在经济内部延绵传递。

本章按照时间顺序分三节分别介绍凯恩斯以前的行情理论、凯恩斯的经济周期理论和第二次世界大战后的经济周期理论。

第一节 凯恩斯以前的行情波动理论

一、古典经济学与古典主义经济周期理论

在20世纪30年代的经济“大萧条”出现之前，资产阶级经济学已经经历了200多年的发展，形成了比较系统的经济理论。

古典经济学产生于17世纪中叶，在英国是由配第开始，经亚当·斯密发展为完整的体系，最后被大卫·李嘉图推向最高峰；在法国则由布阿吉尔贝尔开始，经过魁奈和杜尔哥的进一步发展，到西斯蒙第而告完结。古典经济学是西方资产阶级成长时期的经济学说，它批判封建主义的生产方式，对资本主义的生产方式进行了认真的研究。古典经济学家认为，市场经济具有一种内在的自我调节机制（亚当·斯密把它称作“看不见的手”），它可以将经济稳定在均衡状态，使资源得到充分利用，不存在非自愿失业。当某种商品的生产出现过剩时，市场价格会自动下跌，结果是需求上升，供给下降，市场又重新恢复到平衡状态。同样，工资的波动可以保证劳动力市场供求的平衡。

随着资产阶级确立了政治统治地位，法国经济学家萨伊和英国经济学家马尔萨斯等人的学说得到广泛传播，形成了传统经济学，并在西方各国出现了形形色色的经济学流派，其代表人物还包括李斯特、庞巴维克、克拉克、凡勃仑、马歇尔等人。与古典经济学相区别，传统经济学不是探索资本主义生产方式的内部联系，透过经济现象寻求客观经济规律，而是研究本主义生产方式的外在联系，把资产阶级生产和经营当事人的观念加以系统化和理论化。杰文斯、门格尔、瓦尔拉斯提出了边际效用价值论和边际生产力论，并以此为依据，用商品市场和要素市场的需求和供给的平衡来说明商品和要素的价格决定；马歇尔、庇古等人把供求论、生产费用论与边际效用论、边际生产力论相结合，形成了均衡价格理论。传统经济学主张自由竞争、自行调节和自由放任的经济原则，认为在自由竞争的条件下，资本主义市场体系的调节能够自行实现社会资源的有效配置，保证资本主义经济在充分就业的条件下均衡地发展。例如，萨伊认为：供给都会创造其自身需求，局部过剩只是暂时的现象，从长期来看，总供给同总需求总是相等的，因此，政府不必干预经济，应该信守自由放任的原则。

最先开始和最先完成工业革命的英国，1825年发生了第一次普遍性的生产过剩的经济危机。随着主要资本主义国家先后完成了工业革命，经济的周期性越来越明显，这就促使资产阶级经济学家开始重视经济周期问题的研究。从根本上说，无论古典经

济学还是传统经济学，从根本上是否定资本主义经济会出现危机的。以古典经济学均衡理论为基础的各种经济周期理论，一般不是从总供给和总需求角度去考察资本主义经济所出现的波动，当出现普遍的生产过剩或失业时，古典经济周期理论的注意力通常是放在个别产品或劳动力市场上，试图用微观经济学来进行解释。

二、凯恩斯以前的主要商业波动理论

面对资本主义世界频繁爆发经济危机这一事实，许多西方经济学家，包括一些古典经济学家试图解释危机产生的原因。但西方古典经济学家相信市场机制能自动地实现供给和需求的平衡，因此，他们不是从市场机制内部寻找经济周期产生的原因，而是把经济波动归因于外力的作用。

1. 太阳黑子理论

英国经济学家杰文斯（W. S. Jevons）于1875年提出了太阳黑子理论，该理论把经济的周期性波动归因于太阳黑子的周期性变化。他认为，太阳黑子的周期性变化会影响气候的周期变化，而这又会影响农业收成，而农业收成的丰歉又会影响整个经济。太阳黑子的出现是有规律的，大约每十年左右出现一次，因而经济周期大约也是每十年一次。与杰文斯从地球外寻找导致经济波动的原因相似，1914年美国经济学家穆尔（H. L. Moore）又创立“雨量说”，认为金星每八年一次运行到太阳和地球之间，使阳光不能充分照射到地面，从而使雨量变化，影响农业收成。

2. 消费不足论

这种理论的出现较为久远。早期有西斯蒙弟和马尔萨斯，近代则以霍布森为代表。该理论把经济的衰退归因于消费的不足，认为经济中出现萧条是由于社会对消费品的需求赶不上社会对消费品生产的增长，这种不足又根源于国民收入分配不公所造成的过度储蓄。

消费不足论有许多不同的理论，早期的消费不足理论主要是解释经济为什么会发生萧条，而不是解释整个周期。这些理论一般认为：随着人口的增加，新发明的出现，工具和其他生产手段的改进，生产量有一种长期增长的趋势，这就要求有相应的消费能力相适应。但由于购买力本身不足，或者由于收入分配的不均导致过度储蓄，使得人们的消费能力相对下降，出现消费不足，从而导致经济萧条。

例如，西斯蒙第认为，年收入的总量必须用来交换年生产的总量，如果年收入不能购买全部年生产，那么一部分产品就要卖不出去，积压生产者的资本，甚至使生产陷于停顿。西斯蒙第论证说，在资本主义社会，一方面，必然出现的贫富悬殊会使国内市场日趋缩小；另一方面，竞争迫使生产盲目地无限扩大，结果必然出现商业危机。

马尔萨斯在其《政治经济学原理》中，讨论了刺激财富增长的因素，认为资本积累、土地肥力和技术进步对财富的增长具有重要意义，但仅有这些增加供给的要素，而没有需求的相应增长，则不能保证经济持续、稳定的发展。如果社会的有效需求不足，有利于生产的因素会因缺乏刺激而得不到发挥，市场上的商品会因缺乏需求而出现生产过剩，财富的生产就会停滞甚至倒退。

英国经济学家霍布森 1889 年出版了阐述“储蓄过度论”的著作《产业生理学》。霍布森认为，会发生危机和萧条，并不是人们没有充分的购买力，而是在现时收入内储蓄的比重过大，人们的购买力未能充分地用于消费，正是储蓄以及过度储蓄打乱了生产和销售之间的平衡。霍布森更进一步认为，过度储蓄的起因是在于收入分配的不均等，储蓄的来源多数是出于那些高收入阶层。因此，要解决问题，消除危机和失业，就要通过资本主义国家的政府制定措施来实现财富和收入的再分配。

消费不足理论一个很大的缺陷是，它只解释了经济危机产生的原因，而未说明其他三个阶段。因而在周期理论中，它并不占有重要位置。但是，其中的储蓄过度论在社会上则流传甚广，许多政府甚至将它视为收入再分配政策的理论基础并加以使用、推广。

3. 纯货币理论

该理论主要由英国经济学家霍特里（R. Hawtrey）在 1913—1933 年的一系列著作中提出的。纯货币理论认为货币供应量和货币流通速度直接决定了名义国民收入的波动，而且极端地认为，经济波动完全是由于银行体系交替地扩张和紧缩信用所造成的，尤其是短期利率起着重要的作用。在霍特里的理论中，消费者支出是指来自收入的总货币支出，既包含对消费品的支出，也包括对新投资品的支出。消费者支出的变动主要是由于货币量变动。如果通货有了明显的收缩，对经济活动将产生不利的影响，相反，如果通货有了增长，则会形成通货膨胀，对经济活动产生刺激作用。周期中的萧条阶段是由于通货量萎缩造成的消费者支出减退而引起的，而繁荣阶段，通货膨胀过程则是占优势的。

信用扩张会引起经济高涨。霍特里认为，在扩张过程中，商人起着很重要的作用，商人的利息支付是其成本中的较大部分，因此他们对利率的细微变动非常敏感。一旦利率有所降低，商人就会向银行增加借款，从而增加向生产者的订货。这样，生产的增加必然引起消费者的收入与支出提高，一般商品的有效需求随之增长，而存货则更加减少。需求的提高反过来又会刺激生产活动，使生产活动进一步扩张，推动经济进入繁荣阶段。在这一过程中，价格不断提高，商人的利润不断增加，他们将进一步增加借款多备存货，生产者也会进一步扩大生产，更加大胆地借贷。这种累积性的扩张就这样随着价格的累积上涨而加速。

然而，在金本位制下，信用扩张的能力是有限的，银行资金紧缺时，信用扩张就会中断。商人难以得到借贷，只能减少订货。这时，消费者收入与支出会降低，需求减少意味着生产出现过剩，经济进入萧条阶段。在萧条时期，贷款陆续清偿，资金逐渐向银行回笼，利息率降低，价格下跌，投资、消费进一步收缩。当利率降到一定程度，而消费和投资不再继续下降时，信用扩张的条件重新具备，经济就会进入复苏阶段。

霍特里把经济周期完全归结为是一种货币现象，显然并没有抓住经济周期产生的根源。但他强调货币因素在经济扩张、收缩中的作用，这在经济周期研究中有很大的价值，20 世纪 80 年代货币主义的兴起实际上就是纯货币理论的继承和发展。

4. 投资过度理论

投资过度理论把经济的周期性循环归因于投资过度。由于投资过多，与消费品生产相对比，资本品生产发展过快。资本品生产的过度发展促使经济进入繁荣阶段，但资本品过度生产从而导致的过剩又会促使经济进入萧条阶段。

投资过度理论的一个重要代表人物是英籍奥地利经济学家哈耶克，他因“货币理论和经济周期理论方面的首创性工作”而荣获 1974 年诺贝尔经济学奖。哈耶克的投资过度理论被称为货币投资理论。他继承了霍特里的纯货币理论的基本观点，一方面假设存在一种有弹性的货币供应，并认为在现代社会中，流通的媒介主要是银行货币（存款），而银行是运用变更贴现率与进行公开的市场法来调节货币量的。另一方面，他又从生产结构入手，追寻银行信用与生产结构失调之间的联系，进而寻找经济周期发生的原因。

这种理论认为，周期的高涨阶段的出现，是由自然利率与货币利率两者之间的差异而引起的。自然利率是指当贷放资本需求正好与储蓄供应相均等时的利率，而货币利率即市场利率。如果货币利率低于自然利率，就会产生信用扩张。信用的扩张会引起投资增加，这种投资的增加首先表现在对资本品需求增加以及资本品价格的上涨上。这时的价格具有加速作用。一旦资本品价格开始上涨，由于利息率与价格水平两者之间存在着双重因果关系，因此上涨过程就会变成了累积性的。较高的价格以及预期将继续上涨的价格，促使企业更热切地去借款，对信用的需求更为强烈。这时，难以避免的情况是，消费品需求的增长，并不能与信用创造与资本品需求的提高保持同样的速度。资本品生产的扩张，资本品价格的上涨，必然使一部分用于生产消费品的资源转而用于资本品的生产，于是消费将萎缩，消费品生产相对下降，消费品短缺不断增长。消费品的缺乏必然引起消费者的强迫储蓄，这就出现了“强制储蓄”的现象。

经济扩张发展到一定程度之后，生产结构可以说已处于头重脚轻的状态，经济的均衡已经被严重干扰。于是，银行、生产企业和消费者等各方面的力量，都要求事态恢复到原来的状态。特别是消费者被迫抑制了消费，他们会时时不忘要求恢复到原有的消费水平，这就引起消费品价格上升，消费品生产又成为有利可图的，生产资源产生了回流转向到消费品生产的可能性。这种可能性对处于资本品生产部门的生产者具有重要意义，他们要保住必要的生产资源不至于回流到消费品生产部门，必须支付更高的价格。要做到这一点，银行信用具有关键作用。如果银行能够进一步提供追加的信用，那么生产结构的反向运动过程就会得以避免，因为银行可以为资本品的生产提供资金，防止生产资源的回流，但这种方法不可能持续使用，因为无论在金本位制还是纸币本位下，银行信用的扩张都是有一定限制的。一旦银行方面无力或不愿意继续扩张信用，它就会通过提高利率等方法停止信用扩张或实行紧缩政策。于是，生产资源回流到消费品部门的可能性成为现实。在生产结构回复到原有状态即适合自愿储蓄的过程中，所涉及的各种困难形成了危机和萧条。

除了哈耶克的投资过度理论，还有另外一种投资理论，即非货币投资理论。这种理论的主要代表人物是德国经济学家施皮特霍夫和瑞典经济学家卡塞尔。非货币投资理论在理论上并不以货币为依据，他们也提到货币力量，但把它放到了从属的、被动的地位，对他们来说，货币因素可以看做是当然现象而不是一种推进力量。他们所看重的是属于生产范围内的那些因素，如新发明、新发现、新市场开辟等，也就是为新投资提供机会的那些环境。

该理论所描述的扩张过程与货币投资过度学派的论调大致相同。投资活动的恢复产生了收益和购买力。需求增长了，首先是资本品和投资资料的需求增长，然后是消费品需求的增长。价格上涨了，主要是资本品和投资资料（钢、铁、水泥、木材、砖瓦等）价格的上涨。这就促进了投资，经济从而迅速进入繁荣阶段。

繁荣阶段并不能无止境地继续下去，它必然要走向崩溃和向下转折。但非货币投资过度学派在经济周期理论方面的最大贡献，正是繁荣走向崩溃这一转折过程的解释。斯庇索夫认为，之所以会发生危机，是由于资本在实际上的不足。他进一步指出所谓资本不足的意义，并不只是货币资金的缺乏，而是在一定的有限种类的商品生产中发生了严重不均衡的征象。繁荣走向崩溃的造成，不是由于储蓄过度，而是由于储蓄不足；引起资本不足并使繁荣终止的原因，并不是消费不足，而是在某种意义下的消费过度。

进入萧条时期以后，普遍存在的是悲观情绪。悲观情绪和对投资的厌恶，使购买力的量趋于萎缩。资本并不用于投资或购买生产品，却都被储存了起来，或用以填补亏损。萧条持续一段时期以后，由于工资削减、原料价格下跌、利息率下降、生产方式改进等原因，使资本设备的建造成本降低，因此新投资受到了鼓励。新投资的出现，形成了促成萧条走向复苏的力量。但斯庇索夫认为，萧条时期自动形成的这类调整，本身并没有足够的力量可以打破萧条下的僵局，他认为还必须借助于如新发明、新发现、农产品收获量增加等外来的突出的刺激力量，才能打开投资的新局面，提高预期利润率。在种种新发现和新发明等外生因素刺激下，经济又进入了另一轮繁荣阶段。

5. 创新论

在众多的解释经济周期的理论中，另一个颇有影响的是熊彼特（1883—1950）的"创新论"。虽然熊彼特的《经济周期》一书出版于1939年，比凯恩斯1936年出版的《就业、利息和货币通论》要晚，但其以创新理论解释经济周期的思想早在1912年出版的《经济发展理论》一书中就已体现出来。熊彼特反对新古典经济学中关于资本积累过程是平稳和具有连续性的观点，认为创新活动使得投资和资本主义经济处在波动之中。他所说的创新指的是企业家所进行的引进新产品和新的生产方法、开拓新市场、发掘新的原料来源、建立新的企业组织形式等活动。

熊彼特认为，经济周期的形成，是由于创新活动引起了原有均衡状态的破坏和新的均衡状态的出现而产生的。在熊彼特看来，经济周期不是对经济的破坏，它是经济发展的形式。创新的出现使得经济出现投资的高潮，随着市场的饱和，投资机会的逐渐消失，资本主义经济便转入衰退，从而形成了经济周期。经济领域是相当广泛的，生产部门各不相同，因此存在多种创新，不同创新所需时间不同，对经济影响程度和范围也不同，许多创新相互依存构成一个广泛、较大的创新过程，从而有了各种经济周期之分，且周期的时间有长有短。

熊彼特总结了前人有关经济周期的研究成果，认为长、中、短三种周期理论都与创新活动有关。长周期变动根源在于影响深远、实现期限较长的创新，他将各时期主要技术发明应用及生产技术发展视为划分长周期的标志。认为20世纪20年代末以前，资本主义经济经历了三个长周期的波动：第一个长周期是从18世纪70年代到1842年的"产业革命时期"，纺织工业的创新起到主要作用；第二个长周期是1842—1897年，为"蒸汽和钢铁时代"；第三个长周期是指1897年后，所谓"电气、化学和汽车时代"。据资料显示，长周期同技术革新发展有密切关联。熊彼特对中周期也是据资本主义社会中创新作用的扩展过程加以解释。影响较小和实现较短的创新是短周期的根源。这三种周期是彼此关联的，大致说来，一个长周期包括六个中周期，一个中周期包括三个短周期。虽然这种划分并不是一个规律，但三种周期是有联系的，较长周期影响着较短周期的经济波动，较短周期的繁荣和衰退程度取决于它们是在长周期的哪一阶段上发生的。由于短周期次数较多，持续时间短，所以尽管一切周期根源在于创新，很难把某个特定的短周期同某项特定的创新活动从历史上联系起来，这样短周期可能只是一些适应性波动。从宏观角度来看，中周期特别是长周期起着对资本主义经济运动过程的制约作用。

创新固然可以引起投资的变动，但将它作为资本主义经济周期产生的原因，在理论上是站不住脚的。实际上，创新出现的原因可以是多种多样的，可以是由于危机和竞争的压力，也可以是战争、工潮、农业歉收、政府政策的失误等其他众多因素的影响，因此，可以说熊彼特未能解释资本主义经济周期产生的根本原因。

第二节　凯恩斯主义经济周期理论

一、凯恩斯主义理论的产生及意义

19 世纪末至 20 世纪 30 年代，主要资本主义国家已相继完成了从自由竞争向垄断的过渡。垄断已成为资本主义经济生活的本质特征。随着垄断资本主义经济制度的确立和发展，资本主义的基本矛盾进一步加剧，最终爆发了资本主义世界空前严重的 1929—1933 年的大危机。这次大危机给古典经济学理论一次沉重的打击。古典经济学认为，价格和工资是有弹性的，经济通常是处于均衡状态的。古典经济学家也认识到经济周期的存在，但认为市场经济具有自我矫正能力，经济波动只是暂时的，并且不会偏离均衡状态很远，持久的失业不会存在。但 1929—1933 年的这场危机却空前严重，破坏面广，不仅席卷工农业和商业，而且波及金融市场、资本市场和货币制度等领域。资本交易所宣告破产，金融市场猛烈而持续地爆发挤提存款、抢购黄金的风潮，许多银行倒闭，第一次世界大战后恢复过来的金本位制，也在这次危机中再度垮台。所有的古典经济学家对此无能为力，自由放任式的宏观经济政策受到了极大的挑战。

在这样的经济背景下，1936 年凯恩斯出版了《就业、利息和货币通论》（以下简称《通论》），向古典经济理论的基础发起了猛攻，以至于改变了人们对宏观经济问题的思维，后人将之称为“凯恩斯革命”。

凯恩斯放弃了传统的微观经济分析方法，着重把国民收入的决定作为研究的中心。凯恩斯认为，国民收入就是社会总产品的总价格，它决定于社会的总需求，国民收入不能增加和出现失业的原因就在于消费需求和投资需求不足。古典经济学所信奉的萨伊定律认为，供给自身会创造需求。但凯恩斯否定了这一定律，提出了有效需求不足原理（有效需求是指有支付能力的需求）。他认为，由于有效需求不足，从而产品销售困难，厂商不再增雇工人，就会出现非自愿失业，传统理论所断言的失业只有摩擦失业和自愿失业不符合现实。凯恩斯认为，有效需求不足是一种常态，因而通常情况下宏观经济的均衡是未达到充分就业的均衡。对于为什么会出现有效需求不足，《通论》进行了系统的阐述，并形成了自己的理论体系。

根据凯恩斯的追随者、诺贝尔经济学奖获得者托宾的总结，《通论》在以下六个方面为现代宏观经济学奠定了基础：

第一，突破了传统的充分就业均衡理论，建立了一种以存在失业为特点的经济均衡论。传统的新古典宏观经济理论以萨伊定律为核心，是充分就业均衡的理论。根据这一理论，经济中可以通过价格的调节来实现资源的充分利用。这就把研究资源利用的宏观经济问题排除在经济学考察的范围之外。凯恩斯批判了萨伊定律，承认西方社会中自愿失业的存在，这就把资源利用问题提到议事日程上来了。

第二，把国民收入的决定作为宏观经济学研究的中心。《通论》的中心是研究总就业量的决定，进而探讨失业存在的原因。他认为，总就业量是由总产量所决定的，因此，他着重研究了到底是哪些力量使得总产量和总就业量发生了变化。这里所说的总产量就是国民收入。把国民收入的决定作为中心，进而展开对各个总量及其相互关系的研究，正是现代宏观经济学的特点。

第三，建立了以总需求分析为基础的宏观经济学体系。凯恩斯以前的宏观经济理论实际上是以总供给分析为基础的。而在《通论》中凯恩斯采用短期分析法，在假定生产设备、技术、资源等不变，从而总供给不变的条件下，来分析总需求如何决定国民收入，并以总需求不足来解释失业的存在。在进行总需求分析时，他把总需求分为消费需求和投资需求，相应地提出了消费函数理论和投资函数理论，论述了储蓄与投资、货币需求与货币供给、利息率与国民收入之间的关系，从而建立了以总需求分析为基础的现代宏观经济学体系。

第四，用总供给与总需求的均衡来分析国民收入的决定。凯恩斯在《通论》中认为，有效需求决定总产量和总就业量，并用总供给函数和总需求函数来说明有效需求的决定，还运用总需求与总供给的均衡关系来说明国民收入的决定及其他宏观经济问题，从而为现代宏观经济学提供了基本的分析方法。

第五，提出对实物经济和货币进行总体分析的货币理论。传统的经济学把经济分为实物经济和货币两部分，经济理论分析实际变量的决定，货币理论分析价格水平的变动，两者之间并无联系，这就是所谓的“二分法”。凯恩斯用总量分析的方法把货币与生产联系起来，建立了一种生产货币论。他分析了货币对利率进而利率对经济的影响，从而把实际经济与货币结合在一起，形成了统一的经济理论。这对宏观经济分析产生了重大影响。

第六，明确提出国家干预经济生活的政策主张。古典经济学和新古典经济学都是以自由放任为特点的，而凯恩斯则强调了国家对经济生活的干预。他论证了国家干预经济生活的必要性，提出了充分就业的目标，以及以财政政策和货币政策为中心的需求管理政策。这些都成为以后宏观经济政策的基础。

二、凯恩斯的三个基本心理因素

凯恩斯认为，有效需求不足主要是由三个基本心理因素造成的——边际消费倾向、资本边际效率和流动性偏好。

1. 边际消费倾向递减规律

凯恩斯认为，消费需求取决于收入水平，它们呈正相关关系，但不相等；人们在获得收入后，并不是全部用于消费，他还会把其中的一部分用于储蓄。根据这一思想，可建立消费支出与收入水平之间的函数关系为

$$C=f(Y) \tag{3-1}$$

式中，C 表示消费支出；Y 表示国民收入。

dC/dY 表示消费倾向，它是一个正数，但小于1，而且随着 Y 的增大而减小。如果国民收入 Y 值比较小，消费 C 可能大于 Y，也可能二者相等，但在一般情况下，C 小于 Y。但是 Y 的增加值总是小于 C 的增加值。

2. 资本边际效率递减规律

凯恩斯认为，投资收益属于未来收益，需要把这些未来收益折成现值，才能与资本资产的重置成本相比较，而折成现值要求有一个折现率。他认为，资本的边际效率就是这样一种折现率：按它将资本资产未来各期的预期收益折成现值，这一现值恰好等于该资产的供给价格。所以资本的边际效率实际上就是预期利润率。资本边际效率会随着投资的增加而递减。这是因为投资越多，对资本需求就越多，设备的价格会越高，为添置资本设备的成本就越大；此外，投资越多，产品未来的供给越多，产品的未来销售会变得困难，产品价格会下降，因此，预期利润率会下降。

3. 流动性偏好规律

凯恩斯所说的流动性，是指在不损害其原有价值的条件下，把一种资产变成货币的难易程度。凯恩斯认为，人们的货币需求行为是由三种动机决定的，即交易动机、预防动机和投机动机。由交易动机和预防动机决定的货币需求取决于收入水平，它们之间存在着稳定的关系。但人们所保有的依赖于收入水平的货币需求不仅出于交易动机，而且还出于预防动机。所谓的预防动机是指为了应付可能遇到的意外支出等而持有货币的动机。人们保有货币除去为了交易需要和应付意外支出外，还为了投机，即用于可能出现的投机机会。出于这三个动机，人们要持有货币。但持有货币是有一定机会成本的，因为货币是不能产生利息收入的资产；而如果人们持有债券，则能带来利息收入。因此，货币需求则取决于利率水平。由于应付日常开支、意外开支和投机活动的需要，人们有一种愿意保留一定的货币在手中的心理动机，这就是凯恩斯所说的“流动偏好”。凯恩斯还提出了著名的“流动性陷阱”假说：当一定时期的利率水

平降低到不能再低时，人们就会产生利率上升从而债券价格下跌的预期，货币需求弹性就会变得无限大，即无论增加多少货币，都会被人们储存起来。

以上三个基本心理规律是如何影响总需求的呢？首先，按照边际消费倾向递减规律，随着社会收入的增加，增加的收入中，消费所占的比例越来越小，于是就引起对消费品需求的不足，即引起消费需求不足。其次，就投资需求来说，厂商投资是取决于对投资获利性的估计，或者说，取决于资本预期利润率，即资本边际效率和利息率之间的差额。这个差额越大，即利润越大，厂商越愿意投资。但是，由于流动偏好的作用，利息率不会降得太低，而另一方面又存在资本边际效率递减的趋势。这样，对投资的吸引力减少，引起投资需求的不足。在有效需求不足的情况下，还在充分就业实现以前，不管是消费品还是投资品的生产都不能继续增加，这样就造成了非自愿失业。

由于消费倾向规律的作用，消费品的有效需求与总供给价格之间存在的缺口增大，同时，由于消费倾向是一个比较稳定的函数，在收入不变时，消费需求也相对稳定。因此，凯恩斯特别强调投资的重要作用，认为投资是填补上述缺口、扩大就业量的主要因素。但是，如上所述，在资本边际效率递减规律和流动偏好规律的作用下，资本预期利润率和利息率之间的差额却不足以诱使厂商继续扩大投资。这就是说，在自由竞争的条件下，通过市场调节所实现的总需求和总供给的均衡，一般不能达到充分就业的均衡。

凯恩斯在强调投资对就业量和收入变动的作用时，提出了“乘数原理”。根据乘数原理，一定量的投资增加会引起数倍的收入增加。乘数的大小，取决于边际消费倾向数值的大小，边际消费倾向越大，则乘数之值越大。所以，乘数原理是建立在边际消费倾向概念的基础上。在凯恩斯看来，增加一笔投资，最终引起的总收入的增加额，不仅包括因增加这笔投资而直接增加的收入，而且还包括间接引起的消费需求的增加而增加的收入。乘数理论说明，增加一笔投资，可以产生若干倍的收入从而若干倍的就业，这就为凯恩斯的扩大政府开支政策的有效性提供了论据。

因此，凯恩斯断定，要实现充分就业，扩大国民收入，就必须由国家出面干预经济，最主要的就是国家要扩大财政支出，通过举办公共工程等方式，增加投资需求，使总需求和总供给的均衡达到充分就业的均衡。

三、凯恩斯的经济周期理论

凯恩斯的《通论》主要是为了解决失业问题，他的经济周期理论则是就业通论在经济周期方面的应用。

凯恩斯认为，边际消费倾向递减规律、资本边际效率递减规律以及流动性偏好规律对经济周期的产生都会发生作用，但是经济周期形成的主要原因是资本边际效率递减规律产生的投资波动。

在经济繁荣的后期，人们对资本品的未来收益作乐观的预期。这时，资本品不断增多，生产成本不断上升，利率或许也已提高。但是，这一切都被乐观预期所抵消。在有组织的投资市场上，投机者更为关心的并不是对资本资产的未来收益作有理性的估计，而是对市场的近期变动进行预测。当过度乐观、过度购买的市场幻想破灭时，与资本边际效率伴随而来的是对未来的沮丧和不确定性，这自然使流动偏好急剧增强，从而使利率上升。因此，资本边际效率崩溃常常连带着利率上升这一事实，使投资的下降更为严重。不过，凯恩斯并不同意着重用利率上升来解释危机的传统观点，而主张用资本边际效率的崩溃来解释危机。他说，危机主要不是由于利率的上升，而是由于资本边际效率的突然崩溃。只是在资本边际效率崩溃之后，流动偏好才会增加。凯恩斯把资本边际效率崩溃看做是从扩张进入紧缩的转折点。

据解释，当繁荣还在持续时，由于人们对未来收益的可靠性突然发生怀疑，或者由于新生产的耐用品存货不断增加使现行收益出现下降的征兆，因而幻想破灭。这时，资本边际效率下降。如果人们认为当前的生产成本比未来的高，资本边际效率就会进一步下降。从繁荣转入萧条时，许多资本的边际效率变成微不足道，甚至是负数。经过一段时间，由于使用、消耗和废弃，资本出现短缺，资本边际效率提高。这段时间也许是一个资本的平均持久程度的稳定函数。这是经济周期的第一个时间因素，即决定萧条的持久期的第一个因素。

经济周期的第二个时间因素，即决定萧条的持久期的第二个因素，在于剩余存货的存储成本。存储成本很高，就必须降价处理剩余存货，压缩产量，直到剩余存货被吸收为止，这大约需要3~5年时间。吸收存货等于负投资，在吸收过程中，就业量会进一步下降。只有在剩余存货被吸收完毕以后，就业量才会上升。此外，产量下降时，流动资本（如用于原材料的资本）必然随产量的下降而减少。这也是一项负投资，而且数量很大。

在衰退期间，存货和流动资本两者的变化趋势在不同阶段有不同的表现形式。在衰退的最初阶段，存货投资可能增长，这有助于抵消流动资本的负投资；在下一阶段，存货和流动资本两者在短期内都可能出现负投资；在通过最低点以后，存货很可能还是负投资，部分地抵消了再投资；最后，在复苏时，两者对投资同时起促进作用。

在经过一段时间之后，资本、剩余存货和流动资本的减少，导致它们的稀缺性明显恢复，因而资本边际效率提高。在萧条期间，出于交易动机（包括收入动机和商业动机）所需要的货币数量减少，利率因而下降，利率下降又导致成本下降。这一切促使投资增加。又由于收入下降的边际消费倾向高，就业乘数大，所以产量、就业和收入增长快。经济在经历了萧条和复苏之后，又进入繁荣阶段。到了繁荣后期，当资本边际效率重新崩溃时，危机又会突然发生。这就是资本主义经济的周期性。

四、乘数—加速数模型：凯恩斯主义对经济周期的动态描述

凯恩斯研究经济采取的是比较静态的方法，它通过有效需求不足解释了未充分就业状态的存在和商业波动的原因，但他对宏观经济的波动缺乏动态的描述。《通论》出版后，凯恩斯的一些支持者，如卡尔多（N. Kaldor）、哈罗德（Harrod）、汉森（A. Hanson）、萨缪尔森（P. A. Samuelson）、希克斯（J. Hicks）等人都致力于把凯恩斯的理论进行长期化和动态化，建立了一些动态循环周期模型。其中，汉森和萨缪尔森所建立的乘数—加速数模型是影响最大的，他们把乘数原理与加速数原理结合起来解释经济周期。

加速原理是指生产一定数量产品需要的资本越多，即资本—产出比率越高，则收入变动对投资变动影响越大，因此，一定技术条件下的资本—产出比率被称为加速系数。加速原理的论点很容易与投资过度解释结合在一起，并且为投资过度理论增加了许多力量，因此加速原理应该同货币投资过度理论和非货币投资过度理论一样，同属于投资过度论。

通过汉森和萨缪尔森的乘数—加速数模型，可以动态地对经济周期的产生进行描述和解释。这一模型可以表示为

$$Y_t = C_t + I_t \tag{3-2}$$

$$C_t = C_a + cY_{t-1} \tag{3-3}$$

$$I_t = I_a + w(Y_t - Y_{t-1}) \tag{3-4}$$

式中，Y、C、I 分别表示产出、消费、投资；c 表示边际消费倾向；w 表示加速数；t 表示本期；$t-1$ 表示上一时期；C_a 和 I_a 分别表示与时间无关的自发消费和自发投资。

式(3-2)表示总收入或总产出等于消费加上投资，式(3-3)说明消费与收入的关系，式(3-4)即加速原理。由这三个方程可得

$$Y_t = C_a + cY_{t-1} + I_a + w(C_t - C_{t-1}) \tag{3-5}$$

式(3-5)每一期的国民收入等于自发消费、自发投资、由边际消费倾向决定的消费增量和由加速数决定的投资增量之和。这样，如果已知边际消费倾向 c、加速数 w、自发消费 C_a，自发投资 I_a、现期和前期消费 C_t 和 I_{t-1}，就可以推算出每一期的国民收入。表 3-1 是对根据这一模型对经济周期的模拟。通过这一模拟，可以清楚地看到在第 4 期经济达到高峰，而在第 9 期为低谷。

表 3-1　乘数—加速数模型

时　期	自 发 消 费	引 致 消 费	自 发 投 资	引 致 投 资	国 民 收 入
t	C_a	cY_{t-1}	I_a	$w(C_t - C_{t-1})$	Y
1	10	60.0	40	0	110.0
2	10	66.0	40	9.0	125.0
3	10	75.0	40	13.5	138.0
4	10	83.1	40	12.1	145.2
5	10	87.1	40	6.1	143.2
6	10	85.9	40	−1.8	134.1
7	10	80.5	40	−8.2	122.3
8	10	73.4	40	−10.7	112.7
9	10	67.6	40	−8.6	109.0
10	10	65.4	40	−3.3	112.1

乘数—加速数模型对经济周期的动态描述是这样的：

假定萧条过后进入复苏阶段，投资需求逐渐恢复，修建厂房，安置机器设备，资本品工业部门的就业增加，从而提高对消费品的需求，产生乘数过程，创造了消费品工业部门新的就业。随着就业的增加，对消费品的需求水平进一步提高。通过加速过程，又增加了对资本品的需求。一旦各个行业现有生产能力被充分利用以后，便需要增添新的机器设备，这时加速数就成为决定投资支出的主要因素。投资支出的增加，提高了资本品工业部门的需求，又会引起乘数过程。乘数与加速数的相互作用使一国经济迅速膨胀，进入经济繁荣阶段。

乘数与加速数的相互作用，又能使繁荣转变为萧条。一国经济迅速膨胀不能维持太长的时间，最后会由于某些资源的稀缺而产生瓶颈现象，阻碍经济的继续扩张。一些部门超速发展会造成供应原材料的部门生产跟不上。投资需求的长足增长，导致投资资金来源减少，利率上升。这些因素的存在势将提高生产成本，降低利润率，放慢生产增长速度，从而减缓真实收入和就业的进一步增长。一旦生产增长速度放慢，又将产生加速过程，引起厂房设备投资的减少，资本品工业部门就业率下降，收入减少，通过乘数作用，降低了消费需求。消费需求一旦降低，通过加速过程，使厂房设备投资下降到非常低的水平，甚至成为负数，因为原有生产能力已有一部分闲置起来了。于是失业迅速增加，一国经济处于衰退，甚至萧条的境地。

加速数与乘数的相互作用还能说明由衰退走向复苏的过程。假定一国经济正处于周期最低点的萧条阶段。家庭和企业尽量推迟并降低支出水平，但总需求不会降低为零。因为当个人可支配收入降低时，该项收入用于支出的部分越来越大。不但该项收入可以全部用于支出，而且还会发生负储蓄。在这种情况下，投资支出更容易推迟进行。但是由于市场上还有一定的销售量，重置投资还是需要的。在这种情况下，还维持着最低水平的国民收入。如果这时没有其他引起复苏的因素，但由于现有机器设备的磨损报废，为了满足现期生产水平的需要，重置投资最终还是要增加的。资本品工业部门生产水平的提高，通过乘数过程进一步增加收入，提高需求，加速过程的作用又增加了资本品工业部门生产活动的水平，于是一国经济走出谷底。经济一旦开始扩张，就会像刚才说过的那样加速地向上运动，形成新一轮经济周期。

第三节　第二次世界大战以后经济周期理论的发展

一、第二次世界大战以来世界经济的发展状况

第二次世界大战后世界经济的发展可以分为六个阶段。

1. 战后的恢复阶段（第二次世界大战结束—20 世纪 50 年代初）

第二次世界大战给世界各国经济造成了巨大的破坏，最严重的是日本和欧洲各国。据统计，日本的工厂建筑物破坏约 1/4，设备破坏约 1/3。原联邦德国毁于战争的固定资产至少有 17.5%，意大利的固定资产约有 8% 被毁，法国工业的固定资产损失 10%。但在第二次世界大战中，美国本土不但没有遭受战争的破坏，而且其生产能力还出现了极大的增长。1940—1945 年，美国私人投资累计达 642 亿美元，固定资产总量有了可观的增长，国民生产总值从 1940 年的 997 亿美元增加到 1945 年的 2 119 亿美元。

第二次世界大战结束后，对遭受战火严重破坏的欧洲国家和日本来说，首要任务是医治战争创伤，恢复经济，稳定社会生活；对美国等少数未受到战争直接破坏的国家来说，是将经济生活从战时转到和平时期的轨道。

第二次世界大战后，世界经济尽管困难重重，但迅速得到了恢复。到 1948 年，除战败国原联邦德国和意大利外，西欧各国的经济都已恢复并超过了战前水平。就整个欧洲来说，到 1950 年，已完全恢复到战前水平。一般认为，各国经济能如此迅速地恢复，一是因为欧洲、日本等国家劳动力的素质较高；二是与美国的扶植政策密切相关。战争一结束，美国即开始实行扶植西欧和日本政策。美国实施了“马歇尔计划”，向日本援助占领区救济基金和占领区经济恢复基金 24 亿美元。三是战后初期，西欧各国以凯恩斯的有效需求理论为基础，普遍开始干预私有经济。

2. 高速发展阶段（20 世纪 50 年代—1973 年）

世界经济经过短暂的恢复阶段后，就进入长达 20 多年的高速发展期。1953—1972 年，除美国和英国外，世界主要资本主义国家的经济增长速度都接近或超过 5%，各国

的工业、农业、商业、建筑业、金融业和对外贸易等都得到了高速发展。尤其是日本，1952—1973 年，其平均经济增长率达到 9.5%。主要资本主义国家的产业结构也在此期间进行了深刻的调整，作为第一产业的农业在经济中的比重显著下降，工业基本保持不变，而第三产业的比重明显上升。通常认为，这一阶段的高速发展主要得益于第三次科技革命，以电子计算机、核能和空间技术的广泛应用为标志的新科技革命极大地提高了生产力。

3. “滞胀”阶段（1973 年—20 世纪 80 年代初）

在通常情况下，资本主义市场经济国家经济萧条时，失业增加、物价下跌；经济繁荣时，失业减少、物价上涨。但 20 世纪 70 年代以后，以美国为主的资本主义国家出现了“生产下降、失业增加”与“物价上涨”同时并存的局面，人们称之为“滞胀”。美国的经济增长率由 1947—1973 年的 3.85% 降为 1974—1983 年的 2.3%，但通货膨胀率从不到 3% 上升到近 10%。“滞胀”时期，由于生产增长的停滞，失业人数大增。在上一阶段，美国的失业率略高于 5%，但这一阶段的一些年份接近了 10%。西方其他主要资本主义国家也基本出现了类似的现象。

一般认为，出现“滞胀”主要有两个原因：一是第二次世界大战后资本主义各国普遍实施凯恩斯主义，增加政府支出，扩大货币供应量，导致财政赤字扩大、物价上涨；二是 1973 年中东战争爆发，石油输出国组织（OPEC）大幅度提高油价，从此前不到 3 美元一路提价，到 1981 年 3 月接近 35 美元，大大提高了西方发达国家的生产成本，并带动其他商品价格上涨。

4. 低通胀、低增长阶段（20 世纪 80 年代初—20 世纪 90 年代初）

在这一阶段，西方国家的高通货膨胀得到控制，通胀率逐步下降，1987 年所有发达国家的通货膨胀率平均下降到 3% 以下。但经济增长率仍然保持在较低速度，主要发达国家除日本以外，都没有超过 3%。一般认为，出现这样的经济状况，是因为发达国家普遍采取了压缩政府财政支出、实行紧缩性的货币政策、推进企业私有化以及降低个人所得税等政策。

5. “新经济”阶段（20 世纪 90 年代初至 2006 年）

1991 年 4 月，美国经济从衰退中走出来，开始持续、稳定、较快地复苏和增长，这次美国经济的扩张长达十年之久，直到 2001 年才进入衰退。这是美国历史上持续时间最长的经济增长周期。1992—1997 年美国经济年均增长率为 2.0%，1998 年达到 3.5%，1999 年达到 4%；失业率从 1991 年的 6.7% 降为 1999 年的 4.2%，同期通胀率则由 5% 降至 1.9%。另外，政府财政赤字也由 1992 年近 3 000 亿美元高位回落到 1997 年首次财政盈余。而且美国 2001 年的衰退仅仅是个别季度的负增长，第四季度又已进入复苏，从整个年度来看依然为正的增长。美国 GDP 的增长率在 2000—2004 年分别为

3.75%、0.5%、2.2%、3.1%、4.4%，增长非常强劲。一些经济学家认为，美国已进入了以知识经济尤其是信息产业作为主要推动力，以高经济增长率、低通货膨胀率和低失业率并存为特征的“新经济”时代。

但这一阶段欧洲和日本的经济表现并没有美国那么好。20 世纪 90 年代初以来，欧洲经济增长乏力、失业率居高不下，日本经济近 10 年在低谷徘徊。1991—1996 年欧洲实际 GDP 平均增长只有 1.5%。在 20 世纪 90 年代，除 1991、1995 和 1996 三个财政年度日本实际 GDP 增长率为 2.5% 以上外，其他财政年度都在 2% 以下，1998 年出现了 1.1% 的负增长。1991—2000 年日本的完全失业率从 2.1% 上升到 4.7%；失业人口已经从 1990 年的 134 万人增加到 1999 年的 317 万人。

6. “危机下发展”阶段（2007 年至今）

2007 年年底，美国的次贷危机爆发，引发全球金融海啸，并导致华尔街多间大型金融机构倒闭或被政府接管。2008 年美国经济出现负增长，GDP 增长率为 -0.3%，2009 年更是达到 -3.5%，失业率也从 2008 年的 5.8% 骤增为 2009 年的 9.3%，通胀率从 3.8% 下降到 -0.4%，政府的财政赤字也逐步扩大。金融危机造成的影响尚未复原，2009 年欧洲主权债务危机爆发，又使全球经济的发展雪上加霜。欧债危机当年（2009 年）欧元区国家实际 GDP 增长率降至 -4.4%，受其影响日本同年 GDP 增长率也降至 -5.5%。

为促使经济尽快复苏，各国都采取了必要的财政政策或货币政策。美国连续实行数轮量化宽松货币政策，欧洲央行多次召开特别会议，并在 2011 年年底达成一致，决定在欧元区建设“财政联盟”，实施统一的财政政策，从欧盟层面对成员国加强财政监管。2010 年起各国经济逐渐恢复正增长，全球经济开始了新一轮的复苏与发展。

二、第二次世界大战后经济行情的特点

1. 经济波动幅度减小，出现萧条缺失

第二次世界大战后经济危机所造成的破坏力大大下降。当代资本主义经济已经很少有 20 世纪二三十年代经济产值下降一半那样的大起大落。由于西方发达国家采取一系列政策和措施，使经济危机爆发后所造成的生产大幅度下降现象有所缓和。据统计，第二次世界大战后经济危机期间，下降幅度不超过 15%，而在第二次世界大战前的历次经济危机期间，工业生产下降幅度一般都在 20% 以上，有些国家竟高达 40% 以上。可见，第二次世界大战后经济危机的冲击力明显减弱。同时经济危机间隔的时间也延长了，战前每个经济周期的时间长度为 50 个月，第二次世界大战后则延长为 75 个月，而且每个周期中经济增长的时间也延长了。自 20 世纪 60 年代以来，美国经济有两个增长期超过 100 个月，1961 年 1 月—1969 年 10 月，美国经济增长了 106 个月。90 年代的

经济周期中，美国经济保持了长达120个月的持续增长。

2. 危机阶段，普遍存在物价上涨现象

第二次世界大战后第一次世界经济危机（1948—1952年）来临时，物价曾一度下跌，但幅度不大。可是，从20世纪50年代末，特别是60年代起，各主要资本主义国家一直用财政赤字增加社会总需求，以刺激经济增长，实现“充分就业”，结果财政赤字几乎连年不断，赤字额越来越大。世界性通货膨胀越深越烈。70年代更是出现了“滞胀”现象。

3. 泡沫经济对经济行情影响深远

20世纪80年代以后，全球经济周期越来越显现一个重要特点：周期扩张往往伴随有经济泡沫的急剧膨胀，而泡沫破灭往往成为周期衰退的最大诱因。导致这一现象出现的主要原因是：金融自由化在全球范围的盛行；资金的流动更加自由和迅速；国际游资的数量急剧扩大。大量的资金能在短时间内涌入某个国家或某些地区，逐利于金融市场、房地产市场、网络行业等，迅速形成“经济泡沫”；而这些资金的迅速撤离又会使“泡沫”迅速破灭。1991年，日本以房地产业为代表的“经济泡沫”破灭，致使许多大公司相继倒闭，银行破产，股市、房地产暴跌，日本经济10多年一蹶不振。亚洲金融危机的产生，同样与东南亚国家和地区出现了严重的“经济泡沫”有直接关系。

4. 行情的不平衡性加剧

第一，行情的不平衡性加剧表现为行情变化的时间上不一致。在资本主义发展的初期阶段，各主要资本主义国家爆发经济危机的时期比较一致。第二次世界大战后世界资本主义经济发展表现出高度的不平衡性，它影响到各国经济周期的各个阶段以及各国经济危机爆发的周期性。例如，发生在20世纪60年代中后期的世界经济危机，法国在1964年爆发，日本在1965年爆发，英国、原联邦德国都爆发在1966年，而这时美国仍处在1961—1969年长达八年之久的经济高涨阶段，直到1969年10月美国才爆发经济危机。又如东亚国家1997年因亚洲金融危机，经济增长普遍遇到困难，而美国则到2001年才进入衰退。第二，这种不平衡性表现在各国行情在持续的时间上有差异，有的持续时间较长，有的持续时间较短。第三，行情发展的程度不一致。例如，在20世纪60—80年代，日本的经济增长率要明显高于西欧国家，西欧国家要高于美国；而90年代后，这一顺序则颠倒了。

三、第二次世界大战后经济周期理论的新发展

第二次世界大战后，西方宏观经济理论得到进一步发展，其中主要有两大派别：一个派别是由凯恩斯主义发展而来的新凯恩斯主义经济学；另一派别是新自由主义经济学。新凯恩斯主义经济学坚持凯恩斯主义的非市场出清假设，认为在市场经济中，

工资和价格都不可能通过市场机制的作用调整到市场出清的状态；正是由于市场的不完全，导致经济总量的不平衡，使经济周期得以产生。新自由主义经济学认为，市场能够自动调节供求平衡，反对政府对经济的过度干预，他们认为经济周期是外在因素造成的。由于凯恩斯主义无法解释和解决20世纪70年代初出现的“滞胀”现象，新自由主义经济学得到了很大的发展，并且出现了很多的流派，如货币主义、供给学派、理性预期学派、公共选择学派、新制度主义等。一些学派对经济周期也进行了研究，对经济周期产生的原因提出了不同的解释。

第二次世界大战后的一些经济周期理论所涉及的模型相当复杂，这里简要地介绍几种理论。

1. 货币周期理论

货币周期理论是由美国经济学家卢卡斯（Lucas）提出来的。按照这种理论，当货币供给发生变化时，价格水平将发生变化，人们对此作出的反应形成了经济周期。在从价格水平变化到经济周期性波动的过程中，关键环节或传导机制是在信息不完全的条件下人们对价格水平的变化所作出的判断。

卢卡斯假定存在这样一个经济人：他既是劳动者又是生产者，他根据每个时期他所生产的产品的市场价格决定工作多长时间和生产多少产品。当经济人生产的产品的市场价格发生上升时，他作出的反应取决于他对价格变化持续时间的判断。如果经济人认为价格的变化是永久性的，由于长期的劳动供给弹性为零或为负数，他将不会延长更长时间。如果经济人认为价格的变化是暂时的，他的反应取决于他愿意按什么比率交换现期的劳动供给和未来的劳动供给，也就是取决于跨时期的工作和闲暇的替代程度。卢卡斯的经验研究表明，经济人跨时期的工作的闲暇替代程度较高，某种产品的市场价格变化会导致生产该产品的经济人的产量波动。

卢卡斯认为，对于某种产品来说，相对价格的变化是技术或偏好等因素造成的。例如，技术的进步导致某种产品生产成本的下降，或者消费者的偏好发生了有利于某种产品的变化，这种产品的相对价格将上升，产量将扩大。但是，单个产品的产量在总产量中占的比例太小，而且单个产品产量的变化还会彼此抵消，技术或偏好等因素不是导致总产量周期波动的原因。然而，单个产品的产量对相对价格变化的反应与社会产品的总产量对价格水平的反应是相似的。

正如生产者不能确定相对价格是暂时变化还是永久变化一样，生产者也不能确定某个时期的价格变化是相对价格的变化还是价格水平的变化。现实经济是由无数个产品市场组成的，生产者所关注的是他所生产的产品以及与他所生产的产品有关的其他产品价格的变化，他不会关注也不可能掌握全部产品的价格变化情况，所以他们是无法确切地区别相对价格和价格水平的变化的。在这种情况下，如果价格水平上升，他们就像对相对价格上升作出反应那样增加产量；如果价格水平下降，他们也像对相对价格下降作出反应那样减少产量。但是，价格水平的变化对总产量的影响与相对价格的变化对总产量的影响截然不同。相对价格的变化造成有的生产者扩大产量而有的生产者收缩产量，尽管单个产品的产量对它的相对价格的变化是同方向的，但是从总产量来说，单个产品产量的变化会在一定程度上彼此抵消；价格水平的变化则造成各个生产者的产量同方向的变化，从而造成总产量同方向变化。

如果说总产量的波动是由价格水平的变化造成的，那么价格水平的变化则是由货币冲击造成的。

假设中央银行在公众没有察觉的情况下增加货币供给量，价格水平将会上升。作为反应，劳动者和生产者将增加工作量和产出量。但是，人们一旦发现价格的上升是由货币供给量的增加和总需求的增加所带来的，则将会调整他们的预期，劳动供给量和产量将会回到自然率的水平。相反，当中央银行收缩货币供给量导致价格水平的下降时，劳动者和生产者将减少工作量和产出量，随后会调整他们的预期，使劳动供给量和产量回到自然率的水平。

在卢卡斯看来，经济波动是由于未预料到或不规则的货币冲击而引起的。在货币冲击发生以后，人们在信息不完全的条件下作出反应，导致实际产量的波动。但是，随着人们逐渐搜集到完整的信息，货币冲击的影响将会消失，经济将回到自然率的增长路径。

2. 实际经济周期理论

实际经济周期理论的代表人物有美国经济学家巴罗（R. J. Barro）、普瑞斯科特（E. Prescot）、坎贝尔（J. Y. Campbell）、金（R. King）和普洛塞（C. I. Plosser）等人。他们认为，经济波动源是实际的因素而不是货币的因素，在经济中经常出现某些实际变量的冲击，如技术革新、石油危机、农业歉收、战争爆发、人口变动等，它们的影响或者马上波及各个经济部门，或者从一个经济部门扩展到各个经济部门，从而造成了经济的波动。

实际周期理论认为，经济波动源包括许多实际变量，但最常见和最重要的是技术的冲击。按照实际周期理论的解释，技术变化包括任何不涉及生产要素数量的变化而又可以使生产函数发生变化的因素。这样，技术的变化不仅包括较广的范围，如生产技术、管理技术、规模经济等；而且还包括正向和反向的变化，如管理的成功和失败都会构成技术冲击。技术冲击通常发生在有限的范围里，它属于部门性的波动源。但是，在一个部门发生的技术冲击，会通过部门之间的联系扩展到整个经济。

假设某个经济处于稳定状态，它的产量以长期增长率在增长，现在出现了一个正的技术冲击，如机器人被引入生产过程。在开始的时候，能够采用这项新技术的企业，如汽车厂等将向机器人的生产企业订购机器人。面对着迅速增长的需求，生产机器人的企业将投入更多的原材料、机器设备和劳动力以扩大产量，从而使提供生产要素给机器人生产企业的生产要素所有者以及生产机器人的企业的股东和职工都获得了较高的收入。当他们把更多的收入用于消费品的支出时，将会导致生产消费品的企业产量的增加。这样，发生在机器人生产企业的技术冲击就会带来总产量的增加。

实际周期理论认为，技术冲击既可能是连续的单向冲击，也可能是一次性的重大冲击。当经济受到连续的单向的技术冲击时，它会发生持续的扩张或收缩，当经济受到一次性的重大技术冲击时，它也会在下述机制的作用下出现持续的扩张或收缩：当新的机器设备被订购时，它需要经过一段时间才能生产出来；当人们的收入增加时，他们会逐渐地增加消费支出。在机器人被引入生产过程以后，对机器人的需求将增加，但机器人需要一段时间才能生产出来，人们在这段时间里的收入出现增加。由于人们倾向于保持消费支出的稳定，他们收入的增加并没有马上导致他们消费支出的增加，而是在若干个时期里导致消费支出的增加。这样，一次性的技术冲击能够导致实际产量持续增加。在机器人的采用带来的技术冲击消失以后，经济又恢复到稳定状态并以长期增长率增长。但是，由于机器人的采用提高了劳动生产率，经济在更高的水平上增长。

正是这些连续的单向技术冲击或一次性的重大技术冲击，造成了经济的周期性波动。

3. 新凯恩斯主义经济周期理论

新凯恩斯主义者主要有曼丘(Mankiw)、萨墨斯(Summers)、菲利普斯(Philps)、斯蒂格利茨(Stiglits)等人，他们研究经济周期采用了工资和价格有黏性的假定，这与凯恩斯假定价格和名义工资具有刚性有联系，区别在于它们是可调整的。

当投资和消费支出等减少时，总需求曲线就要向左移动，新的总需求曲线和总供给曲线交于新的均衡点，新的均衡点要求价格下降、工资下降。由于工资黏性和价格黏性的存在，新的均衡点不能很快到达。厂商处于利润最大化的需要，对劳动的需求量将小于均衡状态下的就业量，劳动市场存在超额供给；而价格黏性的存在使价格水平高于均衡价格，产品市场也存在超额供给。由于工资和价格有黏性，工人出现非自愿失业，厂商面临非自愿的销售数量约束，经济出现衰退。

新凯恩斯主义者认为，经济不会永远处于非均衡状态，工资和价格的黏性并不意味着工资和价格永远不变，而是会慢慢调整的，最终要回到均衡水平。

4. 政治周期理论

政治周期理论认为，政府交替执行扩张性政策和紧缩性政策的结果，造成了扩张和衰退的交替出现。政府企图保持经济稳定，实际上却在制造不稳定。为了充分就业，政府实行扩张性财政和货币政策。但是，在政治上，财政赤字和通货膨胀会遭到反对。于是，政府又不得不转而实行紧缩性政策，这就人为地制造经济衰退。这是政府干预经济所造成的新型的经济周期，其原因在于充分就业和价格水平稳定之间存在着矛盾。

【本章关键术语】

古典经济学　太阳黑子理论　消费不足论　纯货币理论　投资过度理论创新论　凯恩斯革命　边际消费倾向递减规律　资本边际效率递减规律　流动性偏好规律　货币周期理论　实际经济周期理论　新凯恩斯主义　政治周期理论

本章复习思考题

1. 消费不足论的主要思想是什么？
2. 纯货币理论认为产生经济周期的根源是什么？
3. 两种投资过度理论的联系和区别是什么？
4. 熊彼特是如何用创新论解释经济周期的？
5. 凯恩斯的三个基本心理因素在行情变化中起什么样的作用？
6. 请用乘数—加速数模型对经济周期进行解释或描述。
7. 第二次世界大战以来世界经济经历了哪几个发展阶段？这些阶段有什么特点？
8. 简述货币周期理论的基本思想。

本章延展阅读书目

[1] 吴易风，刘凤良，吴汉洪. 西方经济学[M]. 北京：中国人民大学出版社，1999.
[2] 赵红梅，李景霞. 现代西方经济学主要流派[M]. 北京：中国财政经济出版社，2002.
[3] 刘树成. 经济周期与宏观调控 [M]. 北京：社会科学文献出版社，2005.

第四章
宏观经济行情分析（一）

【本章学习要点】

- 国民收入与 GDP
- 固定资本投资
- 就业与失业

第一节　国民收入

国民收入不仅是一般老百姓十分熟悉的经济指标，而且在理论研究中也是广为应用。政治经济学中就用大量篇幅探讨了国民收入的生产、消费、流通和分配等问题。在宏观经济学中，国民收入更是核心概念，投资、消费、储蓄等基础概念都是围绕着它展开的。可以说，对于宏观经济运行的判断，国民收入指标是体现其行情的重要“晴雨表”。本节将从介绍国民经济账户体系入手，对其进行全面介绍。

一、国民经济核算体系

国民经济核算是以整个国民经济为对象的全面、系统的宏观经济核算。它源于统计、会计、业务核算，又高于这三大核算，是三大核算的综合核算。国民经济核算通过对社会再生产全过程进行系统的计算、测定和描述，从数量上反映国民经济运行状况，反映社会再生产过程中生产、分配、交换、使用各环节之间以及国民经济各部门之间的内在联系，为国家宏观经济管理提供依据。

国民经济核算体系是为进行国民经济核算而制定的一整套标准和规范，它是在社会生产统计的基础上发展起来的，以总量指标为核心的社会再生产全过程的核算体系，是对国民经济运行过程及其结果进行全面计算和描述的宏观经济信息系统，包括核算原则、核算概念、指标体系、分类标准和核算方法等。

世界上曾存在着两种国民经济核算方法，又称两大核算体系。一种叫做物质产品平衡体系，我国和前苏联、东欧等十几个国家曾采用该体系；另一种叫做国民账户体系，目前已有170多个国家采用该体系。

（一）物质产品平衡表体系

物质产品平衡表体系（The System Of Materal Product Balances, MPS）的总量指标有社会总产值（TPS）、国民收入（NI）等。它是前苏联和东欧国家为适应计划经济管理的需要，而实行的国民经济核算体系，联合国于1977年和1984年分别公布了MPS的基本原理、基本方法和原则，从整体上规范了MPS体系。

（二）国民经济账户体系

国民经济账户体系（The System Of National Accounts, SNA）是从国民收入统计发展而来的。凯恩斯在1929年经济大危机之后创立的国民收入理论和对经济进行干预的理论，使国民收入统计得到迅速发展。第二次世界大战以后，西方各国加强了经济管理职能，对经济生活进一步加强干预，逐步形成了国民收入核算体系。1953年、1968年和1993年，联合国先后三次公布了SNA体系，并向市场经济国家推荐使用，目前世界上绝大多数国家和地区都采用SNA体系进行核算。

SNA体系的理论基础是西方经济理论，其基本思想是：第一，要素价值论，即承认生产中的各种稀缺性要素（土地、劳动、资本）均可以创造价值和国民收入，并且按照各自贡献率参与分配；第二，劳务价值论，即不仅承认有形的物质产品具有使用价值和价值，而且全部无形的劳务也具有使用价值和价值，甚至政府官员、军队、警察的活动、宗教的活动也创造价值。SNA的理论基础及其体系本身是有缺陷的，具体表现在：①它以要素价值论为基础，不能体现劳动者在社会经济活动中的主体地位，要素参与分配带来相应收入，不等于要素创造价值；②它的GNP指标包含折旧，其实也是一种重复计算。虽然如此，SNA体系的优点也相当明显，即它在具体描述国民经济运行过程中所使用的概念、类别、经济原则等都是直接运用市场经济理论和市场经济原则的。

（三）两大核算体系的比较

SNA和MPS都是适应国家宏观经济管理需要而建立和发展起来的国民经济核算标准。但两者是不同经济体制和经济运行机制下的产物：SNA采用综合性生产观，与市场经济体制相适应，其社会产品是有形的物质产品与无形的劳务产品的合称，不仅包括物质产品，而且也包括劳务；MPS则采用限制性生产观，与计划经济体制相适应，其社会产品仅限于物质产品㊀。因此两种核算体系在核算的范围、内容和方法上都有较大的区别，主要表现在：

㊀ 所谓综合性生产观是指将所有创造效用并取得收入的活动，不管是生产物质产品还是提供各类服务，一律看做是生产活动。所谓限制性生产观是指它对生产的定义只限于物质产品生产和生产性劳务，相应地，社会产品只是从事生产物质产品的部门和提供生产性劳务部门的生产成果。

1. 在核算范围上

SNA将服务部门与物质生产部门等同看待，把国民经济各部门的经济活动都纳入核算范围，使社会生产、分配、使用各环节紧密衔接，组成统一完整的国民经济核算体系，其核算范围除物质生产部门外，还包括了除个人自我服务以外的各个社会服务领域。MPS主要限于物质产品生产领域，把非物质生产的服务活动排除在生产领域之外，其核算范围仅限于工业、农业、建筑业、货物运输业和商业这五大物质生产部门的生产活动成果，至于文化教育、医疗卫生、公用事业、生活服务等其他部门，无论是为生产服务的，还是为其他部门或居民服务的，统统都不能纳入核算范围，只能作为对物质生产部门所创价值的再分配处理。这就使再生产环节核算不能协调一致，影响了国民经济总量核算的完整性。

2. 在核算内容上

SNA既有国民收入生产、分配、使用的核算，也有资金的收入与支出，存量与流量方面的核算，全面反映了国民经济的运行过程。MPS是一种剔除了资金流量和存量等方面核算内容的实物核算体系，主要描述社会再生产实物运动，没有完整地反映资金运动。不过其中的劳动平衡表、生产资料供求平衡表、综合财政平衡表在反映人、财、物的综合平衡上有重要作用。

3. 在核算方法上

SNA采用复式记账法，运用国民经济收支活动有收必有支、收支必相等的原理，以账户和矩阵形式对国民经济活动进行核算，运用账户矩阵等核算方法，把社会再生产不同阶段、不同侧面的经济流量以及期初、期末的经济存量联系起来，组成结构严谨、逻辑严密的核算体系，从而能够更好地反映国民经济纵横交错的庞杂的经济活动关系。MPS采用单式平衡表方法，通过设置一系列平衡表，进行横向或纵向平衡核算，综合再现作为统一整体的社会再生产过程。这种方法形式比较简单和直观，但各平衡表之间缺乏有机的联系，整体结构不够严密。

4. 在主要核算指标上

SNA表现经济活动的主要指标是国内生产总值（GDP）和国民生产总值（GNP），它们不但包括新创造的价值，还包括固定资产折旧，计算范围扩大到全社会所有部门。MPS表现经济活动的主要指标是社会总产值和国民收入，它们分别是物质生产部门的总产品总和和净产值总和，计算范围仅包括物质生产部门。

进入20世纪90年代中期后，随着世界各国经济的发展，第三产业迅速成长和扩大，MPS的先天不足日益明显，加上前苏联解体和东欧国家转型等原因，为便于国际对比，1993年，联合国第27届统计委员会全体会议通过决议，确定取消MPS，统一为SNA，自此，世界各国基本上都统一采用了SNA的国民经济核算体系，从而使国民经济核算建立了全球一体化的核算体系。

我国的国民经济核算体系是随着我国经济体制由计划经济向有计划的商品经济，再向社会主义市场经济体制转变而变化的，经历了一个循序渐进的变化过程。迄今为止已经经历了三个阶段。第一阶段为1952—1978年，是MPS在我国的建立和发展阶段，这是与当时我国实行高度集中的计划经济管理体制相适应的。第二阶段为1979—1992年，是MPS与SNA并存阶段。在这一阶段，为适应改革初期有计划的商品经济发展的需要，我国统计部门专门制定了《中国国民经济核算体系（试行方案）1992》，不仅发布以国民收入为核心指标的MPS体系系列核算数据，同时发布以国内生产总值为核心指标的SNA体系系列核算数据，并且成功地解决了国民核算历史资料的相互转换问题。第三阶段为1993年至今，是SNA在我国的发展和完善阶段。在这一阶段，为适应建立社会主义市场经济的需要，我国统计部门又专门颁布了《中国国民经济核算体系（2002）》，对原有的国民经济核算制度方法进行了重大修订和调整，取消了MPS体系的内容，开展了编制资产负债表和国民经济账户以及资源环境核算的研究工作，使国内生产总值逐渐成为国民经济核算的核心指标。

二、SNA体系的主要总量指标及相互间数量关系

（一）SNA体系的主要总量指标

SNA体系的主要总量指标有五个：国民收入(NI)、国民生产净值（NNP）、国内生产总值（GDP）或国民生产总值（GNP）、个人收入（PI）、个人可支配收入（DPI），下面将一一介绍。

1. 国民收入

关于国民收入，西方经济学有广义和狭义之分。广义的国民收入是从生产创造收入、收入是支出的来源、而支出又决定生产的角度来看，生产总额、收入总额和支出总额三者相等，国民收入也就是国民生产总值或支出总值。本章所指的国民收入则是狭义的国民收入，也就是要素收入总和，是指一国的劳动和财产在一定时期内生产商品和劳务的过程中通过价值分配所获得的全部收入，它包括工资、利息、利润和地租的总和。在统计上一般以NI（National Income）来表示。必须注意的是，通常国民收入是按要素成本或成本价格计算的。

2. 国民生产净值

国民生产净值以NNP(Net National Product)表示，是一个国家一年内新增加的产值总和，即在国民生产总值中扣除了资本消费之后的产值，即要素收入与非要素收入之和。它包括企业间接税和企业的转移支付。其中，资本消费指的是固定资本折旧。

3. 国内生产总值或国民生产总值

国内生产总值以 GDP（Gross Domestic Product）表示，是一定时期（通常一年）一国境内所生产的全部最终产品和服务的价值总和。而国民生产总值以 GNP(Gross National Product)表示，是指一国在一定时期内所生产的最终产品(包括产品与劳务)的市场价值的总和。在 1993 年 SNA 中，国民生产总值(GNP)改称为国民总收入(GNI)。GDP 或 GNP 体现了一国国民一年所创造出来的全部财富，是 SNA 体系的核心指标。

4. 个人收入

个人收入以 PI(Personal Income)表示，是指一个国家一定时期内个人从各种来源所得到的收入之和。个人收入不等于国民收入，有一部分国民收入并不属于个人收入。我们知道国民收入是要素收入，公司利润是重要的国民收入，它包括个人红利、公司所得税、公司未分配利润三部分，其中只有个人红利属于个人收入。然而也有些收入，属于个人收入但是并不属于国民收入的范畴，像企业的转移支付、政府发给个人的失业救济金、福利补贴等，这样收入都不表现为要素收入，但它们是个人收入的一部分。

5. 个人可支配收入

个人可支配收入以 PDI(Personal Disposable Income)表示，是一个国家一年内个人可以支配的全部收入。由于它体现了一国国民实际可以运用、消费和投资的资源，是国民经济核算中的一个重要指标。

（二）指标之间的数量关系

长期以来，SNA 和一些国家都是推行这些指标系列，这些指标互相之间的数量关系为

$$\text{国民生产总值} = \text{国内生产总值} + \text{国外净要素收入} \quad (4\text{-}1)$$

$$\text{国民生产净值} = \text{国民生产总值} - \text{固定资产折旧(固定资本消耗)} \quad (4\text{-}2)$$

$$\text{国民收入} = \text{国民生产总值} - (\text{间接税} + \text{转移支付} + \text{统计误差}) + (\text{政府津贴} - \text{政府企业盈余}) \quad (4\text{-}3)$$

$$\text{个人收入} = \text{国民收入} - \text{公司未分配利润} - \text{企业所得税} - \text{保险} + \text{政府给居民的转移支付} + \text{政府向居民支付的利息} \quad (4\text{-}4)$$

$$\text{个人可支配收入} = \text{个人收入} - \text{个人所得税} \quad (4\text{-}5)$$

其中，间接税是商品和劳务在生产、销售和使用过程中所缴纳的税，如货物税、销售税、烟酒税、进出口关税、娱乐税及不动产税等。间接税加在销售价格中被计入国民生产总值或国民生产净值，但不构成要素收入，企业只不过是担当了政府的征税机构，所以，在国民收入中应扣除。

转移支付是新创财富的一部分，它是不以取得商品或劳务作补偿的支出，因而它在生产过程中并不具有生产费用（要素收入）补偿的意义，在倒算国民收入时作为减

项。它主要是馈赠与捐款，占国民生产总值的比重很小，在行情研究中一般可忽略不计。

统计误差是分别用不同方法统计国民生产总值所得数值之间的差额，一般是以支出法统计的数字为准，其他方法的数值与支出构成法所得数值的差额即是统计误差，它不具有经济意义。

政府津贴是政府对于企业因价格政策和措施遭受损失而给予的补助金，是弥补售价低于成本的损失，不是销售收入，构成企业收入，属于企业生产要素的组成部分，因此，应该计入在国民收入的计算中。

政府企业盈余是指政府在销售产品和劳务时获取的利润，与税收一起构成政府财政收入来源，因此作为减项。

如果我们把国民生产净值下面的加减项目予以简化，略去几项数额很小、无关紧要的项目，国民收入的计算公式为

$$国民收入=国民生产总值+固定资产折旧-间接税+政府津贴 \tag{4-6}$$

（三）从 GNP 到 GDP

在 20 世纪 80 年代中期之前，由于大多数国家和地区的 GNP 与 GDP 相差甚微，因而绝大多数国家和地区的官方统计仍以核算 GNP 为主，各国在研究经济发展水平、预测经济增长速度、分析各种比例关系和反映人民生活水平等方面，仍广泛采用 GNP 指标。

但是，进入 20 世纪 80 年代之后，许多国家和地区，包括主要发达资本主义国家 GDP 和 GNP 之间的差距，呈现出日益扩大的趋势。这主要是由于：一方面，国与国之间大规模交叉双向投资，导致来自或支付国外净要素收入占 GNP 的比例迅速扩大。例如，2003 年美国的国外净要素收入即达 781 亿美元。另一方面，各国经济景气状况和会计年度规定的不同，导致了两者差距拉大。

于是，随着国际、国内经济发展格局的巨大变化，到了 20 世纪 80 年代中后期，许多国家的 GNP 与 GDP 的背离已达到了不可忽视的程度。虽然国民经济核算最主要的目的，是为了监测目前的经济运行及其波动状况，以及短期经济政策即宏观调控服务，但与此相应地，作为衡量一国宏观经济总量的核心指标应该是反映生产规模的 GDP 而不是反映收入水平的 GNP。因此，在 20 世纪 80 年代后期至 90 年代初，许多国家的国民经济核算尤其是季度经济增长率的统计及其公布，纷纷由原来的注重 GNP 向注重 GDP 转变。

作为衡量生产的总尺度，GDP 更能反映一个国家或地区的实际生产规模和经济景气状况。就研究经济发展水平、预测经济增长速度、考察产业比例关系、分析经济增长与通货膨胀或通货紧缩的相互关系等方面来说，采用 GDP 比采用 GNP 要更加合适。作为衡量一个国家或地区宏观经济总量变化的核心指标，GDP 的重要性是非常突出的。

三、国民收入的衡量——GDP

多年以来，GDP 作为国民经济体系 SNA 中总量核算的核心指标，在世界各国经济发展评价和宏观经济分析中有着广泛的应用，已为各级决策者、分析人员、工商界人士和一般公众所接受，因此我们有必要对 GDP 有一个系统而深入的了解。

（一）GDP 的概念理解

GDP 是一定时期（通常一年）在一国领土范围内所生产的全部最终产品和服务的价值。统计时，要将在国内生产而输出国外的包括进去，在国外产生而在本国消耗的则不计算在内。区分国内产生和国外产生一般以“常住居民”为标准，只有常住居民在一年内生产的产品和提供的劳务所得到的收入才计算在本国的国内生产总值之内。常住居民是指：①居住在本国的公民；②暂居外国的本国公民；③长期居住在本国但未加入本国国籍的居民。具体来讲，GDP 这个概念需要从以下几个方面来理解：

一是 GDP 是一个市场价值的概念。各种最终产品和服务的价值都要按照市场价格来计算，而不能够按照某种计划价格或人为的价格来算。此外，GDP 一般仅指市场活动导致的价值，家务劳动、地下经济等非市场活动不计入 GDP。

二是 GDP 核算的是最终产品的价值或社会总产品的增加值，中间产品价值不计入 GDP，否则会造成重复计算。

三是 GDP 是一定时期内（通常为一年）所生产而不是所售卖的最终产品的价值。若企业年生产 100 万元的产品，只卖掉 80 万元，所剩的 20 万元产品可以看做企业自己买下来的存货投资，同样应计入 GDP。

四是 GDP 是计算期内生产的最终产品的价值，因而是流量而不是存量。流量是一定时期内发生的变量，存量是一定时点上存量的变量。若某人花 20 万元购买了非本年建造的旧房，这 20 万元就不能计入 GDP，因为这 20 万元在房屋的生产年度已经计算过了。

五是 GDP 是一国范围内所生产的最终产品的市场价值，从而是一个地域概念。

（二）GDP 与 GNP 的异同

1. GDP 与 GNP 的联系

GDP 与 GNP 互为补充、相互映衬、相得益彰。一般认为，两者在作用与价值构成上基本相同。

（1）GDP 与 GNP 作用相同。两者均用以反映一国或地区当期创造的国民财富的价值总量，它们是衡量一国或地区经济规模的最重要总量指标。通过计算 GDP 增长率或 GNP 增长率，可以衡量一国或地区经济增长速度的快慢；通过计算人均 GDP 或人均 GNP，可以衡量一国或地区经济发达程度，或反映国民收入水平及生活水平的高低。

（2）GDP 与 GNP 价值构成相同。二者在价值构成上均表现为“增加值”，也就是马克思讲过的“$C+V+M$”。

2. GDP 与 GNP 的区别

GDP 与 GNP 唯一不同的是：GDP 计算采用的是“国土原则”。所谓“国土原则”，即只要是在本国或本地区范围内生产或创造的价值，无论是外国人或是本国人创造的价值，均计入本国或本地区的 GDP。而 GNP 计算则采用的是“国民原则”。所谓“国民原则”，即只要是本国或本地区居民，无论在本国或本地区内，还是在外国或外地区所生产或创造的价值，均计入本国或本地区的 GNP。

20 世纪 80 年代末 90 年代初，随着经济国际化、区域一体化、全球化，许多国家的 GDP 与 GNP 的差值越来越大。对于发达国家而言，一般表现为 GNP 大于 GDP；而对于发展中国家而言，则一般表现为 GDP 大于 GNP。两者的差异，则最终表现为国与国之间生产要素不均衡下的财富转移。

相对来讲，在开放经济条件下，对一国财富总量的统计，GDP 越来越优于 GNP。因此，20 世纪 90 年代以前，资本主义世界各国主要侧重采用 GNP 和人均 GNP，来测算经济增长率，并开展国与国之间经济实力的可比性研究。但进入 20 世纪 90 年代后，各国纷纷放弃 GNP 和人均 GNP，而开始重点采用 GDP 和人均 GDP 来衡量一国经济增长快慢以及经济实力的强弱。

（三）GDP 的核算方法

1. 支出法（或最终产品法）

用支出法核算 GDP，就是通过核算在一定时期内整个社会购买最终产品的总支出来计量 GDP。支出法包括的项目：①个人消费支出 C：耐用品，非耐用品，其他劳务，住房租金，不包括住宅支出；②私人国内总投资 I：固定资产投资（包括住宅支出和非住宅支出），存货投资（期初投资减去期末投资）；③政府购买支出 G（用于办公用品和固定设备的支出）；④净出口（$X-M$）：出口 − 进口。这样 GDP 的计算公式为

$$\mathrm{GDP}=C+I+G+(X-M) \tag{4-7}$$

2. 收入法（或成本法）

用收入法核算的国内生产总值应包括以下一些项目：①工资、利息和租金；②非公司企业业主收入，如医生、律师、农民和小店铺主的收入；③公司税前利润，包括公司所得税、社会保险税、股东红利及公司的未分配利润等；④企业的转移支付及间接税；⑤资本折旧，它虽然不是要素收入，但包括在总投资中，也应计入 GDP。

3. 部门法（又称生产法）

部门法是按提供物质产品与劳务的各个部门的产值来计算 GDP。这种方法仅计算本部门的增值。这样 GDP 的计算公式为

$$\text{GDP}=\sum \text{各产业部门的总产出}-\sum \text{各产业部门的中间消耗} \tag{4-8}$$

用支出法、收入法和部门法计算国内生产总值理论上应该是一致的，但实际这三种方法所得出的结果往往并不一致。一般来讲，国民经济核算体系以支出法为基本方法。

四、GDP 与宏观经济行情的关系辨析

GDP 增长、充分就业、物价稳定、国际收支平衡是国际公认的反映经济运行态势的四大宏观调控目标。与其他三大目标相比，GDP 的变化具有决定性的影响。一直以来，国内生产总值的持续、稳定增长始终是政府着意追求的目标。GDP 之所以备受关注，就是因为它是最重要的宏观经济统计指标之一，它是人们了解和把握一个国家或地区宏观经济运行状况的有效工具。在众多国家的经济统计中，国内生产总值被认为是反映宏观经济动态的最具有综合性的指标，并且这个指标已被各国普遍采用。

（一）GDP 总量指标、人均指标与宏观经济行情的关系

1. GDP 统计中的指标

GDP 有三个指标：名义 GDP、实际 GDP、人均 GDP。其中，名义 GDP 与实际 GDP 都是总量指标，而人均 GDP 是人均指标。名义 GDP 是按现期价格计算的，即以当年的价格水平来衡量产品和劳务的总价值。实际 GDP 是按基期价格计算的，即用过去的某一年(称为基年)的价格为标准或消除了通货膨胀因素后，测算本年的国内生产总值。名义 GDP 与实际 GDP 之间的换算方法为

$$\text{某一年的实际 GDP}=\frac{\text{当年的名义 GDP}}{\text{GDP 价格指数}}\times 100\% \tag{4-9}$$

如果一个国家的通货膨胀率很低甚至几乎没有时，名义 GDP 和实际 GDP 之间没有多少差别；反之，如果一个国家的通货膨胀率很大时，名义 GDP 和实际 GDP 之间有着明显的差别。

人均 GDP 是一国（或地区）范围内一年创造的国内收入总量除以总人口数，从国际上来讲，它是体现一国富裕程度的重要指标，一般用这个指标来衡量经济增长。

2. 名义 GDP 与实际 GDP 在宏观经济分析中的区别

由于名义 GDP 增长率等于实际 GDP 增长率与通货膨胀率之和，那么总产量即使没有增加，仅价格水平上升，名义 GDP 仍然是会上升的，在价格上涨的情况下，国内生产总值的上升只是一种假象。所以，由于通货膨胀的存在，名义 GDP 不能真实反映国民经济活动的实际变化。当经济结构不合理时，高通胀下呈现的 GDP 高速增长，是泡沫经济的表现，经济形势有在矛盾激化中恶化的可能，企业成本上升，重复建设最终导致供大于求，居民实际收入下降。

然而，有实质性影响的却是实际GDP变化率，所以使用GDP这个指标时，还必须通过GDP缩减指数，对名义GDP作出调整，从而精确地反映产出的实际变动。一国一定时期GDP缩减指数的增加，便足以表明该国当时的通货膨胀状况。因此，实际GDP剔除了货币贬值、物价上涨的因素，可以比较客观地反映国民经济活动的真实变化。如果一国的实际GDP持续、稳定地大幅增长，社会总需求与总供给协调增长，反映出该国经济发展蓬勃，国民收入增加，消费能力也随之增强，人民生活水平改善。反之，如果一国的实际GDP出现负增长，显示该国经济处于衰退状态，消费能力降低，人民生活水平下降。于是一国就可以根据GDP情况来判断该国的宏观经济行情，从而针对情况采取不同的宏观调控措施。

3. GDP总量指标与GDP平均指标在宏观经济分析中的作用

从总量指标上来看，GDP可以反映一个国家或地区的经济总规模和总水平。它对宏观经济的作用主要表现在以下三个方面：

一是GDP是反映一个国家经济动态的最具有综合性的指标。GDP是衡量一个国家总体经济情况趋好或趋坏的主要标志，许多国家都用这一指标作为衡量标准。描述一个国家总体经济活动是上升还是下降，是停滞还是复苏，GDP是一个重要的衡量指标。在分析国民经济动态变化时，人们常常将GDP放在最重要的位置来考虑，尤其是季度的GDP更能用来反映总体经济活动的具体变化。

二是GDP总量不仅体现着一国国家或地区的财富多少，而且反映一国隐含着的能吸收的就业量。一般说来，GDP总量的增长意味着就业机会的增加，同时，伴随着经济增长，形成新的社会需求，其又决定市场物价水平的变化，经济增长若明显高于供需均衡点，可能带来通货膨胀；反之，则可能出现通货紧缩。因此，GDP总量的增长快慢在很大程度上决定着一个国家或地区经济发展的良性程度。

三是GDP总量可以反映一个国家或地区在较长时期内的经济发展规模和经济增长速度，一般以实际GDP来衡量。例如，从纵向对比来看，我国的GDP已经由1978年的3 624.1亿元人民币扩大到2010年的401 202亿元人民币，GDP总量增加了110.7倍。从横向对比来看，1979—2010年间我国GDP年均增长9.9%，而世界同期平均增长速度只有3.2%左右，导致我国GDP总量在世界的位次急速上升，由1995年的第10位上升到2005年的第4位，目前又已成功超越德国和日本，2010年已跃居世界第2位。

从平均指标上来看，GDP与人口指标相结合就可以计算人均GDP了。人均GDP是衡量一个国家或地区富裕程度及其居民生活水平的重要综合指标。把各国的人均GDP折算成美元，可以进行国际比较，反映各个国家或地区的富裕程度。例如，2010年虽然我国GDP总量位居世界第4位，但人均GDP却在90位以后（在IMF所统计的182个成员经济体中，我国位居95位；在世界银行统计的183个经济体当中，我国位居94

位)，仍属于中等偏下国家，人民的生活水平相对于其他发达国家还是有着一定的差距，仍然处于发展中。

但是，按人口平均的国内生产总值只有在一定条件下反映居民的生活水平、国家的富裕程度才比较客观，如果整个社会的收入分配较平均，这时按人口平均的国内生产总值可当做一个国家或地区富裕程度、居民生活水平高低的标志。如果整个社会的收入分配极不平均，少数人占有社会的较多的财富，而多数人则比较贫困，这时将按人口平均的国内生产总值当做衡量一个国家或地区富裕程度及其居民生活水平的指标，则带有很大的不真实性。

（二）GDP结构与宏观经济行情的关系

GDP可以用来进行结构分析，主要是基于GDP核算方法，一般来讲是用生产法（部门法）和支出法来进行GDP的结构分析。GDP结构在宏观经济行情分析中的作用主要表现在以下三个方面：

1. 从生产角度看

用生产法进行GDP的结构分析就是通过各个产业增加值相加得出GDP结构，进而能够反映一个国家的产业结构，也就是农业、工业、建筑业、交通运输和通信业、批发和零售贸易业等各种产业在整个国民经济中所占的份额。这对于了解一个国家的产业结构现状及其发展变化规律，制定正确的产业发展政策，引导产业结构健康地发展具有重要的意义。例如1979—2004年，我国GDP年均增长9.9%，其中第一、二、三产业年均增长分别为-4.6%、11.5%、10.97%。三大产业增加值在GDP中的比例关系，由1978年的28.1∶48.2∶23.7转变为2010年的10.1∶46.8∶43.1。第一产业比重下降，第二、三产业比重呈上升趋势，表明产业结构正在逐步优化，但与发达国家在产业结构方面的差距仍是非常之大，并有日渐扩大之势。例如美国，早在1869年时，其三大产业比重依次为20∶33∶47，英国在1801年、德国在1905年也出现了类似的变化㊀，我国产业结构演进与发达国家的差距在百年以上。当前，美国等发达国家经济已进入了后工业化社会，达到了罗斯托所谓的“经济发展的第五个阶段”，三大产业结构都已出现了典型的“三、二、一”的结构特征，也即第三产业比例最大，第二产业其次，第一产业最小，其三大产业结构比例大致介于1%~3%、25%~32%、66%~74%，产业结构达到了高度优化阶段。一些经济比较发达的转轨国家和中上收入的发展中国家，近年来，其三大产业结构也出现明显优化之势，其三大产业结构比重一般为3%~10%、25%~38%、56%~67%，我国产业结构不仅远远滞后于这些国家，就是与其他发展中国家相比，例如印度，也颇有不如，这从另一个方面又说明了我国产业结构升级换代的紧迫性。

㊀ 陶大镛．现代资本主义论［M］．南京：江苏人民出版社，1996.

2. 从使用角度看

用支出法进行 GDP 的结构分析就是从支出角度观察 GDP 的使用方向，由此得出的 GDP 结构能够反映这个国家的支出结构，也就是最终消费、资本形成和净出口及其具体构成项目在总需求中所占的份额。这对于了解一个国家的需求结构现状及其发展变化规律，制定正确的消费、投资和进出口政策，引导需求结构健康地发展具有重要的意义。例如，根据最新公布的国民经济快报数据，2010 年我国 GDP 的使用方向大致是，最终消费、资本形成总额与货物和服务净出口占 GDP 的比重分别为 47.4%、48.6%、4.0%，而同期美国最终消费、资本形成总额与货物和服务净出口占 GDP 的比重分别为 81.2%、22.4%、-3.6%。与美国相比，我国最终消费水平低 33.8 个百分点；而资本形成总额却要高 26.2 个百分点，国际收支更是与美国大相径庭，出现了超过 3 000 亿美元的经常项目巨额盈余。这表明高投资率仍是我国经济增长的一个重要特点，但内需不足问题也仍然非常突出，最终消费率明显偏低，而商品和劳务净出口盈余明显偏高也意味着对外依存度的加深，国际经济安全度偏低，经济增长模式亟待从外需带动型向内需启动型转变。

3. 从地域角度看

通过前面分析，我们知道 GDP 结构能够反映各个地区的产业结构、需求结构，这对于了解一个国家经济的地区产业分布状况、地区需求分布状况、制定正确的地区经济协调发展政策具有重要的意义。

就我国来讲，由于长期以来执行的梯度非均衡发展战略，导致中西部内陆地区与东部沿海地区的发展差距明显拉大。1978—2010 年，东、中、西部地区 GDP 占全国 GDP 的比重保持了分化的势头：东部地区的比重由 51.4% 上升至 59.5%；中部地区由 36.6% 下降为 26.7%；不过西部地区则由 12.0% 上升至 13.8%。全国人均 GDP 最高的上海市比人均 GDP 最低的贵州省高出 5.63 倍。1978—2010 年，全国 GDP 年均增长率为 9.9%，其中东部地区 GDP 年均增长率为 10.52%，中部地区为 8.87%，西部地区为 8.69%。东部地区 GDP 的增长对全国 GDP 的增长起着主要的拉动作用，在此过程中东部地区拉大了与中西部地区的差距。例如，在人均收入方面，全国农民人均纯收入前十位全部在东部地区，后十位全部在西部地区；虽然城镇居民人均收入前十位地区在东、中、西部地区都有分布，但后十位地区基本都是中、西部地区。这表明，在相当长的一段时间内，我国国民经济要实现全面和谐发展，还非常困难。

总之，GDP 能够反映一个国家的经济总体规模和结构，能够反映一个国家的贫富状况和人民的平均生活水平，能够反映一个国家的经济是处于繁荣还是处于衰退过程之中，是处于通货膨胀还是处于通货紧缩状态之中等。

（三）利用国内生产总值时要注意的问题

（1）劳务的作用。根据马克思主义的理论，只有物质生产部门的劳动才是生产性劳动，只有物质部门所创造的价值才构成社会产品，但在发达国家的国内生产总值的统计中，有个人消费支出中的劳务支出、政府购买的商品和劳务等。劳务包括的范围非常广泛，在经济活动中占有很大的比重。随着经济的发展，劳务在总体活动中的作用越来越重要，创造的价值也越来越高。相对而言，第一产业所占比重有下降趋势。

(2) 在国内生产总值的各个项目中有重复计算因而夸大了国内生产总值的数额。例如，在“政府购买的商品和劳务”这个项目中，包括有对其雇员所支付薪饷的金额；“在个人消费支出”这个项目中，包括政府雇员以其所得薪饷购买消费品和劳务的金额。这两者就是重复计算，夸大了国内生产总值。又如，房产主投资于住宅建筑，这种投资金额计算在“私人国内总投资”项目中，住宅建成后，除出卖或出租外，房产主自己留住的部分属本来不需交纳房租，但也以“假想租金”而计入“个人消费支出”项目中。

(3) 考虑到战后通货膨胀和物价上涨的影响，在分析发达国家经济发展水平时，宜用实际国内生产总值的指标。

(4) 季度的实际国内生产总值更能反映一个国家经济情况的变化。假如今年有两个季度实际国内生产总值下降，全年的实际国内生产总值不一定比去年下降，甚至仍然表现为上升。因此，在利用实际国内生产总值来分析资本主义国家经济动态时，应尽量利用季度数值。西方学者通常把实际国内生产总值连续下降两个季度视为发生经济衰退。我国学者主张用工业生产指数作为判断经济周期变化的主要标志。

第二节　固定资本投资

在西方国家的投资统计中，有国内投资统计和国际投资统计。国内投资是一个国家国内经济的组成部分，其统计包含于国民账户体系内。这里我们主要分析国内投资，其中非常重要的一个相关指标就是固定资产投资。

一、固定资本投资的概念与分类

(一) 概念

固定资本投资是以货币表现的建造和购置固定资本活动的工作量，它是反映固定资本投资规模、速度、比例关系和使用方向的综合性指标，即用于厂房、机器设备等方面的投资。资产阶级经济学家是根据物体本身的移动性来区分固定资本和流动资本的，因而把住宅建筑也列入固定资本。

在固定资本投资活动中，投入表现为固定资本建造和购置过程中消耗的人工、建筑材料和有关费用，购置的设备、工具、器具。产出表现为固定资本投资形成的新增固定资本、新增生产能力（或工程效益）以及通过固定资本投资新增加的产出（如生产总值）、利润和税金等。所有投入都可以量化为一定时间范围内的资金投入和占有量。

（二）分类

企业增加固定资本投资是为了改善生产技术条件，扩大生产能力，以增强竞争能力，争取更多的利润。固定资本投资按照不同标准有不同的分类方法。

1. 按经济类型分类

我国固定资本投资按经济类型可分为国有、集体、个体、联营、股份制、外商、港澳台商、其他等。这种分类说明了固定资本的投资主体，是比较普遍的分类，在这里就不再赘述了。

2. 按照资金来源分类

根据其资金来源不同，固定资本投资分为国家预算内资金、国内贷款、利用外资、自筹资金和其他资金来源。

（1）国家预算内资金。国家预算内资金是指中央财政和地方财政中由国家统筹安排的基本建设拨款和更新改造拨款，以及中央财政安排的专项拨款中用于基本建设的资金和基本建设拨款改贷款的资金等。国家预算内资金曾是我国固定资本投资的主要形式，在计划经济时期，这一资金占固定资本投资的比重一般均在50%以上，改革开放以来，随着市场配置资源方式主导地位的确立，这一资金来源已经逐渐退居次要地位了，在我国国家预算内资金中只起着拾遗补缺的作用。2010年国家预算内资金投资额14 677.8亿元，只占固定资产投资总额的4.7%。

（2）国内贷款。国内贷款是指报告期内企、事业单位向银行及非银行金融机构借入的用于固定资本投资的各种国内借款，包括银行利用自有资金及吸收的存款发放的贷款、上级主管部门拨入的国内贷款、国家专项贷款（包括煤代油贷款、劳改煤矿专项贷款等）、地方财政专项资金安排的贷款、国内储备贷款、周转贷款等。这一部分资金占我国固定资产投资的比重在12%~28%，2010年国内贷款47 258亿元，占我国固定资本投资的比重15.2%。

（3）利用外资。利用外资是指报告期内收到的用于固定资本投资的国外资金，包括统借统还、自借自还的国外贷款，中外合资项目中的外资，以及对外发行债券和股票等。国家统借统还的外资是指由我国政府出面同外国政府、团体或金融组织签订贷款协议并负责偿还本息的国外贷款。在20世纪90年代前，我国利用外资的方式主要是银行贷款等间接融资，因此规模均不大。1992年以来，随着社会主义市场经济体制的确立，外商直接投资逐渐取代银行贷款，成为我国利用外资的主要形式，我国利用外资的规模也在日渐加大，截至 2010 年年底，我国实际利用外资额已经超过 12 000 亿美元，占全球同期流入外资存量的比例为 6%，成为仅次于美国的世界第二大引资国。同时，这一金额占我国同期固定资本投资总额也超过 10%，成为我国固定资本投资的重要形式之一。

（4）自筹资金。自筹资金是指建设单位报告期内收到的，用于进行固定资本投资的上级主管部门、地方和企、事业单位自筹资金。这是我国当前固定资本投资的主要资金来源形式。2010 年全国自筹资金 244 041.7 亿元，占我国固定资本投资的比重已经从 1980 年的 43% 上升到当前的 78.5%。

3. 按照建设性质分类

一般来讲，建设项目的性质一般分为新建、扩建、改建、迁建、恢复。基本建设按建设项目划分建设性质，而更新改造、国有单位其他固定资本投资及城镇集体投资等按整个企业、事业单位的建设情况确定建设性质，房地产开发单位、农村投资、城镇工矿区私人建房等投资不划分建设性质。

4. 按照构成分类

按其工作内容和实现方式，固定资本投资分为建筑安装工程，设备、工具、器具购置，其他费用三个部分。

（1）建筑安装工程。建筑安装工程（建筑安装工作量）是指各种房屋、建筑物的建造工程和各种设备、装置的安装工程。这一类投资占我国固定资本投资的比例从 1981 年的 71.8% 逐渐下降到 2010 年的 61.6%，虽然比重在不断下降，但仍居主导地位，这反映了我国虽然在逐渐调整新建项目过多的偏向，但由于新开工项目过多，基建战线过长，固定资本投资效益差的局面在很长一段时间内仍难以得到根本改观。

（2）设备、工具、器具购置。设备、工具、器具购置是指购置或自制达到固定资本标准的设备、工具、器具的价值，固定资本的标准按财务部门规定。新建单位、扩建单位的新建车间按照设计和计划要求购置或自制的全部设备、工具、器具，不论是否达到固定资本标准均计入“设备、工具、器具购置”中。这一类投资占我国固定资本投资的比例一直比较稳定，一般介于 21% ~ 29%，2010 年这一类投资的比重为 22.2%。

（3）其他费用。其他费用是指在固定资产建造和购置过程中发生的，除建筑安装工程和设备、工具、器具购置之外的各种应摊入固定资产的费用。这一项投资在我国固定资产投资所占比重也比较稳定，一般介于 10% ~ 18%。

二、固定资本投资对宏观经济行情的影响

固定资本投资是社会扩大再生产的重要一环，固定资本投资效益的好坏直接关系

到经济能否稳步增长。因此，衡量固定资本投资宏观效益的统计指标数值就成为宏观经济监测的重要参数。

（一）固定资本投资宏观经济效益的主要相关指标

固定资本投资经济效益一般是指固定资本活动中投入与产出之间的比率，即在固定资本建设中所耗费的人力、物力、财力的总和与其所取得的有用的成果之比。固定资本投资宏观经济效益是指全社会固定资本投资效益或从国民经济角度考察的某一建设项目的投资效益。我们常用的固定资本投资宏观经济效益指标主要有直接效益指标和间接效益指标两大类，下面具体介绍。

1. 固定资本投资直接效益指标

固定资本投资直接效益指标的计算公式为

$$\text{固定资本投资的直接效益} = \frac{\text{新增固定资本或生产能力}}{\text{固定资本投资额}} \tag{4-10}$$

这是固定资本投资直接效益的综合性指标，比较全面地反映固定资本投资和增加固定资本的关系。从微观上看，式(4-10)表明每亿元投资增加固定资本、生产能力、工程效益和建筑面积数量等，或其倒数即单位固定资本、生产能力、工程效益和建筑面积的造价等。从宏观上考察，主要有固定资本投资率、固定资本交付使用率、建设项目投产率、房屋建筑面积竣工率等。

（1）固定资本投资率。固定资本投资率是指当年固定资本投资数量与当年国内生产总值之比。它是反映固定资本投资与宏观经济行情最基本的指标，是反映固定资本投资和经济水平比例关系的强度性指标，在很大程度上决定了劳动力人均固定资本量。一般来说，固定资本投资率越高，经济增长速度越快，但不等于说固定资本投资率越高越好。如果过高，投资增长过快，投资规模过大，往往会引发经济过热和经济波动。反之也不能过低，如果固定资本投资率太低，投资增长过慢，投资规模太小，也会影响中长期经济发展的后劲，不利于经济持续、快速、健康地增长。因此，要促进经济增长，就必须有一个适度的合理的固定资本投资率。

（2）固定资本交付使用率。固定资本交付使用率又称固定资本运用动用系数，是指一定时期新增固定资本与同期完成投资额的比率。它是反映固定资本动用速度，衡量建设过程中宏观投资效果的一个综合性指标，这一指标一般适宜于反映较长时期内固定资本的动用情况。我国固定资本交付使用率一般介于57%～80%，一般与经济周期反向变化，经济高速增长期不满60%，经济低谷期则会升至75%以上。

（3）建设项目投产率。建设项目投产率是指一定时期内全部建成投入生产项目个数与同期正式施工项目个数的比率。它是从项目建设速度的角度反映投资效果的指标。

（4）房屋建筑面积竣工率。房屋建筑面积竣工率是指一定时期内房屋竣工面积占同期房屋施工面积的比率。它是从房屋建筑施工速度的角度反映投资效果和建筑业经济效益的指标。

固定资本投资直接效益指标可以细化，如分子可用工程量、工程效益、住宅面积等，分母可用实物指标如“三材”耗用量、能源消耗量或劳动力人数等，这样可利用其正指标或逆指标、分子、分母的不同组合，来研究单位固定资本、生产能力或建筑面积的材料，能源消耗定额、或万人完成工程量及投资额等。

2. 固定资本投资最终效益指标

固定资本投资最终效益指标的计算公式为

$$\text{固定资本投资的最终效益}=\frac{\text{新增利税或新增 GDP}}{\text{固定资本投资额}} \tag{4-11}$$

这是固定资本投资最终效益的综合指标，比较全面地反映固定资本投资和新增利税额或新增 GDP 的关系。从微观上看，这个指标就是投资回收期，即这个建设项目的投资额，建成投资后用新增利税额收回的期限。从宏观上考察，这个指标就是固定资本投资效益系数，即单位固定资本投资所提供的 GDP，其倒数称为投资系数，即增加单位 GDP 需要的固定资本投资额。

（二）固定资本投资对宏观经济行情的短期影响

固定资本投资作为经济增长的重要引擎，对宏观经济运行具有先导作用，国内外的研究也表明投资的扩大对于 GDP 的增长发挥着重要的作用。首先重点阐述一下固定资本投资对宏观经济行情的短期影响。

（1）固定资本投资的紧缩与扩张是影响一国经济总量平衡和经济增长速度的最重要的因素，主要可以从两个方面来看。一方面从需求角度，把固定资本投资作为一种需求，拉动经济的增长；另一方面把固定资本投资作为增加供给的手段，又可推动经济的增长。但是，在短期内主要是作为需求来影响经济的增长，因为当年的固定资产投资通常只能形成需求，所以当年的固定资本投资对经济增长的促进作用可看做是固定资本投资的需求作用。形成供给通常需要一个滞后期，因此当年的固定资本投资会对第二年甚至以后几年的经济增长产生正面的影响。

（2）在短期内，固定资本投资可直接转化形成建筑业及相关产业的增加值，成为当期 GDP 的一部分，直接推动国民经济的发展。

（3）固定资本投资规模的紧缩与扩张，直接影响到货币流通量的增减和物价指数的高低。当固定资本投资规模超过社会总储蓄时，就会使社会总需求大于社会总供给，加剧能源、原材料、交通的“瓶颈”制约，引发货币的超量发行，导致社会物价的全面上涨。从全社会资金和生产资料使用角度来看，固定资本投资规模过小，不能适应国民经济发展的需要，影响国民经济的发展速度。规模过大，超过了现行生产所能提供的追加生产和消费的资料，就必然“挤”生产、“挤”生活，拉长建设周期，造成正常生产流通所需资金和生产资料短缺，促使原材料、能源价格和利息上升，导致生产成本的提高，推动物价上涨，大大降低了投资效果。因此，固定资本投资规模的合理性是一个极其重要的经济问题。

（三）固定资本投资对宏观经济行情的长期影响

固定资本投资的产出对微观单个项目相对简单，表现为投资项目的新增固定资本、生产能力及回收资金。而在宏观经济领域，一定时期内全社会固定资本投资对社会经济的产出影响表现为长期而又多阶段、多层次，具有单个项目不可比拟的复杂性及多方面性。

（1）在长期内，固定资本投资对经济总量和增长速度的影响主要是从生产（供给）的角度来看的，固定资本投资可以形成新的生产能力，扩大再生产的规模，从而增加社会的总供给，给经济行情带来正面的影响。

（2）投资创造需求，即西方经济学中所谓投资乘数效应影响它们的产出和产值。投资增加使生产能力及社会有效需求相应增加，促进了国民经济相关行业的发展，奠定了国民经济进一步增长的基础。同时，它具有多级传导和扩散的功能，通过对相关产业的影响，拉动经济的增长。固定资产投资的增加，不仅可直接促进建筑业、工业等行业生产的增长，对生产资料市场和消费品市场的繁荣也起到了间接的推动作用。

（3）投资完成后会形成新增生产能力，它是一种较长期意义上的社会供给能力，一方面受上下关联产业提供条件的制约；另一方面也会影响和其产出相关联的各产业的产出，其中社会“瓶颈”产业产出增加和社会整体产业水平高度化将对社会整体产出起到明显的促进作用。

（4）固定资本投资方向对一国的产业结构、产业空间分布、产业规模效应和技术状况具有决定性的作用。其中，在产业结构方面，一般来讲，现存的产业结构是由过去的固定资本投资在各部门的配置而形成的，调整现存的不合理的产业结构也主要依靠调整固定资本投资方向来实现。

（5）加大固定资本投资的力度将扩大对劳务的需求，缓解当前就业压力，随着近几年的固定资本投资的持续增长，从事相关行业的就业人员人数也随之递增。

三、固定资本投资与经济行情的动态关系

投资作为经济增长的重要因素，在经济发展过程中起着举足轻重的作用。一般来说，投资可分为固定资本投资和流动资本投资。对经济增长起促进作用的主要是固定资本投资。在理论上，固定资本投资与经济增长存在着相互促进、相互制约的辩证关系。只有经济增长，固定资本投资才有充足的资金来源；固定资本投资的增加，进一

步促进国民经济增长。反之，固定资本投资力度不足，将制约经济的增长，堵塞固定资本投资的资金来源。

（一）固定资本投资的动态与经济行情的变化

首先，固定资本的更新是资本主要经济危机周期性的物质基础，危机发生的年限和周期的长度与固定资本的平均使用期限有关。固定资本的价值是在若干年内转移到产品价值上去，它的价值经过若干年后才转移完毕。因此，固定资本是经过若干年后才更新一次。危机是大规模新投资的起点，而大规模新投资活动的开展促进了社会需求和社会生产的发展，促进周期的活跃，再达到新的周期高涨。而后，又是一次危机，又是一个大规模新投资的起点。所以，危机发生的年限、周期的长度，与固定资本的平均使用期限有关。马克思就是从这个意义上来论证固定资本的再生产（更新）是危机周期性的物质基础。马克思在论证这个问题时，观察到在大工业中那些有决定性的部门中，固定资本的平均使用期限为10年左右，因而认为危机的周期也大约为10年左右，但是，马克思绝不是认为危机的周期是固定不变的，相反，他曾预言危机的周期会趋向缩短。

固定资本的寿命、固定资本使用期限的长短，既决定于其物质磨损，也决定于其精神磨损。随着资本主义市场竞争越来越激烈，固定资本的精神磨损越来越加快。机器设备在使用价值远未消失之前，由于市场竞争的剧烈，新技术的出现，而不得不重新置换。第二次世界大战后，资本主义市场的竞争日趋剧烈，垄断资本为了夺取市场，获得垄断超额利润，把改进和采用新技术作为竞争的重要手段，因而固定资本的精神磨损加速，平均寿命缩短，这就为战后危机周期的缩短提供了物质基础。

（二）固定资本投资与生产能力、市场供给和需求相关

固定资本投资的增加或减少关系着生产能力的增加或减少，也关系着市场供给和需求的增加或减少，这种情况决定了周期变化过程中固定资本投资的动态。

危机阶段，生产过剩，许多企业破产，许多设备闲置，所以新的投资减少，其结果是生产能力缩减了，暂时适应降低了的有支付能力的需求，暂时缓和了生产与消费之间的矛盾，而为周期过渡到复苏阶段创造条件。危机阶段，固定资本的投资是下降的。

萧条阶段，市场已经比较稳定，但物价水平较低。资本家为了在物价水平和利润水平较低，甚至亏损的情况下获得销售市场，战胜竞争者，就极力设法改进技术，革新设备，以降低其生产成本。在萧条阶段，固定资本投资是下降的。但在萧条后期，固定资本投资开始增加，这是萧条阶段过渡到复苏阶段的一个重要标志。如果生产有所回升而固定投资没有明显增加，也不能认为萧条阶段已进入了复苏阶段。

复苏阶段，社会需求和社会生产不断增长，固定资本投资也不断增长，并且除了更新固定资本外，还扩大固定资本投资，促进了周期由复苏阶段转向高涨阶段。复苏阶段转入高涨阶段的主要标志是工业生产较多地、稳定地超过危机前的高点，但这不一定依赖于固定资本投资超过危机前的高点。因为经过一场危机之后，新的投资无论是用于更新还是扩大，都是在新的技术水平上实现，固定资本投资即使没有超过危机前的高点，生产能力也可以超过危机前的高点，因而生产水平也可以超过危机前的高点。

高涨阶段，固定资本投资大量更新和扩大，许多新企业、新设备投入生产，整个社会经济呈现繁荣的景象。但是，由于资本积累规律的作用，资本主义生产能力无限扩大的倾向与劳动人民有支付能力的需求相对缩小之间的矛盾越来越尖锐，爆发一场新的危机的条件又逐渐成熟。高涨的程度与固定资本投资的规模相联系，但是投资增加得越多，危机爆发的条件越接近于成熟，爆发后的危机越是比较深刻和持久。

（三）固定资本投资指标是周期变化的标志

它的一般表现是：危机和萧条阶段，投资缩减；复苏和高涨阶段，投资增加。但是，在周期变化过程中，固定资本投资的变化与作为周期变化主要指标的工业生产的变化并非完全一致。这主要表现在危机阶段和萧条阶段。

危机阶段的初期，固定资本投资往往并不下降，可能停止下降，甚至还继续上升一段时间。这是因为危机前的高涨阶段，投资增加很猛，随后虽然开始危机，但是已经开工的厂房建筑和已经开始安装的机器设备仍须继续完成。第二次世界大战后美国所发生的历次危机中，固定资本投资的下降，一般都比工业生产的下降要晚 1～2 个季度。在萧条阶段向复苏阶段过渡时，固定资本投资的回升，一般比工业生产的回升要晚一些。

（四）刺激私人投资或增加“国有化”企业投资

由于固定资本投资对周期变化有重要作用，第二次世界大战后，主要资本主义国家都把刺激私人投资或增加“国有化”企业投资，作为缓和危机刺激经济增长的“反衰退”措施。美国刺激投资的措施中以加速折旧最为重要，它加快了私人资本资金的周转，减轻了无形磨损的风险，同时使巨额利润转移到折旧基金的名义下，免除了利润税。第二次世界大战后，美国共颁布了五次加速折旧法案，即 1950 年、1954 年、1962 年、1971 年和 1981 年的法案。第一次法案是为了扩大军事工业的投资，其余四次都是作为“反衰退”措施制定的。其他一些资本主义国家也实行加速折旧法案。

意大利的情况与美国有所不同。它有一定数量的“国有化”企业，它除了以种种措施刺激私人投资外，通过对“国有化”企业的投资企图刺激经济发展、缓和经济危机。每当经济情况恶化、私人投资不振时，意大利政府就增加对“国有化”企业的投资。

第三节　就业和失业的指标

就业，是关系着国计民生的重大问题，是经济繁荣与否的标志，是衡量社会安定与否的重要因素。然而，当今世界上任何一个国家都不可能做到100% 就业。因此，失业问题亦是当今困扰着许多国家的社会问题。可以说，对就业和失业指标进行统计可以提供很好的借鉴，它们是判断宏观经济行情运行的重要指标之一，它们可以对国家实施宏观调控提高更好的参考和导向。

一、就业指标与经济行情

就业问题是一个世界性的难题。2010 年，全世界有2.05 亿人失业，另外有15.3 亿人处于就业不充分的状态。因此，在发达的市场经济国家和许多发展中国家，政府普遍把就业置于优先的地位，同时它也是很好地衡量宏观经济行情的指标，首先，我们先了解几个就业指标中会提到的概念。

（一）就业指标的几个概念

1. 就业者

根据国际劳工组织规定，就业者是指那些在过去一周中从事了至少一个小时有收入的工作或者暂时离开了工作岗位（如休假）的人。

2. 就业率

就业率是指在满足劳动年龄，有工作的人占全部劳动年龄人口的比例。在这段时间内，当然有可能出现没有收入性工作或在寻找工作的人，因此就业率不会达到100%。在我国，由于农村剩余劳动人口难以计算，劳动年龄人口一般是指16 周岁以上，有劳动能力并在法定劳动年龄以内的有城镇户口的人员，因此有关就业率的调查主要是在一定时间段内（一般为一周）的统计人数。例如，2010 年我国就业人口为76 105万人，占当年全国78 388 万经济活动人口的比重为97.1%。

3. 就业结构

就业结构包括部门结构、性别结构和年龄结构。其中，部门结构的特点是：随着产业结构的调整，在美国等发达国家就业于第三产业的人员比例达到79%，我国这一比例为34.6%。性别结构的特点是：随着女性社会地位的提高，女性的就业率越来越高。年龄结构的特点是：年轻人就业的最初年龄提高（受教育水平提高），衰退期间退休年龄提前。

（二）就业指标与经济行情的关系

就业对经济行情的影响主要表现在以下几个方面：

1. 从长期趋势看，就业人数总是随人口和劳动力的增加以及经济的发展而增加的

1950—2010 年，美国人口从 15 227 万人增加到 30 874 万人；民用劳动力从 6 221 万人增加到 15 389 万人。1950 年第一季度到 2010 年第四季度，实际国民生产总值增加了 37.02 倍，工业生产增加了 36.13 倍。人口就业数量的增加是由于第二次世界大战后科技革命的巨大发展和劳动生产力的大大提高。

2. 第二次世界大战后主要资本主义国家及许多国家经济结构的变化引起就业结构的相应变化

农业就业人数减少，而非农业就业人数增加，非农业部门中物质生产部门的就业人数绝对增加而相对减少，非农业部门中劳务生产部门的就业人数绝对和相对数都增加。第二次世界大战后主要资本主义国家就业结构的这种变化，对第二次世界大战后周期特点的形成有一定影响。受经济危机影响较重的是非农业的物质生产部门，危机期间这些部门的生产表现为明显的甚至是剧烈的下降，就业人数因而也明显减少；但那些劳务生产部门受危机的影响较小，危机期间其就业人数往往并不减少，甚至还继续增加。这样，由于非农业物质生产部门生产缩减，就业人数减少而造成的对社会消费的不利影响，可因劳务生产部门就业情况较好而得以部分抵消，从而一定程度上缓和了危机的程度。这是第二次世界大战后主要资本主义国家经济危机一般较为缓和的原因之一。

3. 就业人数的变动与经济活动的盛衰有关

当一个国家的经济处在危机阶段和萧条阶段时，生产缩减，企业大批解雇工人，社会就业人数就会减少。反之经济处在复苏阶段和高涨阶段时，生产增长，失业人数就会减少。总之，就业人数随着经济情况的变化而变化，经济状况好时，就业人数增多，失业减少；经济状况差时，失业人数多，而就业人数少。美国在第二次世界大战后历次经济危机，作为反映周期变化的指标来说，物质生产部门，主要是制造业部门就业人数的变化非常明显，每次经济危机时期就业人数都有下降；而劳务生产部门的就业人数，除 1957—1958 年危机期间稍有减少外，其他多次经济危机期间都没有减少，反而有所增加。

二、失业指标与失业统计

要准确定义失业并非易事。失业像许多其他社会现象一样，可以有很多不同的定义。事实上，很难找到一个能同时满足不同分析目的的失业定义。为了国际比较的方便，国际劳工组织（ILO）为定义和测度失业制定了一些标准并推荐给世界各国。目前，欧盟国家、经济合作和发展组织（OECD）国家以及世界上很多其他国家，在度量失业时都遵循 ILO 推荐的失业定义。

（一）国际劳工组织（ILO）对失业的定义

从经济学上讲，失业就是劳动力的闲置，即劳动力与生产资料相分离的一种状态，也可以说是劳动者与劳动资料在总量、结构、时间、空间上没有有效结合。国际劳工组织（ILO）规定：失业人员是指在一定年龄以上，在参考时期内没有工作，目前可以工作而且正在寻找工作的人。具体来讲，就是要满足下列情况中的一种：

（1）因工作合同已终结或暂时停止，目前没有工作但正在寻找有报酬工作的人。

（2）从未曾受雇工作，现正寻找有报酬工作的人。

（3）已经退休，但在一定时期内仍然工作，并正在寻找有报酬工作的人。

（4）目前尚无工作，但已经安排好在某一段时期后开始从事一项新工作的人。

（5）暂时被解雇而又没有薪金的人。

（二）主要发达国家及我国对失业及其统计标准的界定

严格地说，国际劳工组织所提供的并不是准确的失业定义，而是度量失业的一些参考标准。因为要照顾到不同国家的情况和发展水平，它不得不在某些方面含糊不清或者允许灵活处理。因此，世界各国在使用这些失业标准时都会根据本国的情况而具体化，从而形成具有本国特色的失业定义，具体见表4-1。

表4-1　主要发达国家及我国对失业及其统计标准的界定

国　别	失业调查形式和有关统计标准的界定	失业率
美国	劳动力调查。调查周中无工作，过去4周内（含调查周）曾进行求职活动，有工作能力的16岁以上者，包括被暂时解雇的工作者和等待30天内开始新工作者	失业人数/劳动力资源（不含军人）
日本	劳动力调查。调查周中无工作，并进行求职活动，有工作能力的15岁以上者，包括等待过去求职活动结果者	失业人数/总劳动力资源
英国	职业介绍机构业务统计。调查日中无工作，有工作能力者，向失业保险所提出救济申请者（失业保险、补助及免交保险费）	申请失业救济者/总劳动力资源
德国	职业介绍机构业务统计。调查日中在职业介绍所登记求职者，且希望周19小时以上及3个月以上的付薪雇用，有工作能力者	登记失业人数/总劳动力资源（不含军人）
法国	职业介绍机构业务统计。无工作，调查日向职业介绍机构提出应征固定全日制就业申请，进行求职登记者，且能够立即工作的15岁以上者	失业人数/总劳动力资源
意大利	劳动力调查周无工作，且正求职的14岁以上者	失业人数/劳动力资源（不含军人）
加拿大	劳动力调查。调查周中无工作，过去4周内（含调查周）曾进行求职活动，且有能力的15岁以上者。包括自调查周起，4周内有新工作的待业者	失业人数/劳动力资源（不含军人）

（续）

国　　别	失业调查形式和有关统计标准的界定	失 业 率
澳大利亚	业务统计。在联邦就业服务机构登记求职，过去4周进行求职活动无业的15岁以上者	失业人数/劳动力资源
中国	业务统计。具有非农业户口，在一定的劳动年龄内，男16～50岁，女16～45岁，有劳动能力无业而要求就业，并在当地就业服务机构进行待业登记的人员	失业人数/劳动力资源

（三）失业的类型

失业的原因是多方面的，具体到不同国家或一个国家的不同经济发展时期，其主导因素并不完全相同。国际上一般将失业分为以下几类：

1. 摩擦性失业

摩擦性失业是指由于劳动力市场功能上的缺陷造成的临时性失业，如新生劳动力找不到工作，工人转换工作岗位时出现的工作中断等，这类失业一般来自于劳动力市场变动。

2. 结构性失业

结构性失业是指由于经济、产业结构变化以及生产形式和规模的变化，促使劳动力结构进行相应调整而导致的失业。这一类失业来自于特定的地区或行业就业机会的减少。这种就业机会的减少可以是因为永久的技术性更新，也可以是由于国家竞争力的下降。

结构性失业和摩擦性失业之间是有区别的。例如，一个被商场辞退的营业员几周后去另一家商场上班，他所经历的是摩擦性失业；一个汽车装配工失去工作一段时间后，最终当上了保险推销员，他所经历的就是结构性失业。

3. 周期性失业

周期性失业是指市场经济国家由于经济的周期性萎缩而导致的失业。一个由于经济衰退而被辞退，在数月后的经济回升中又被召回的工人所经历的，就是典型的周期性失业。

需要着重指出的是，在摩擦性失业和结构性失业中，工作机会的数量和失业的数量是相当的，仅仅是由于双方没有及时地找到对方。周期性失业则不同，当周期性失业水平高时，工作机会要低于失业人口。

一般来讲，这三种类型是比较典型的，也是目前失业加剧的主要原因。另外还有两种类型，虽然不是特别有代表性，但有时也是造成失业的重要原因。一种是季节性失业，是指由于某些行业生产条件或产品受气候条件、社会风俗或购买习惯的影响，对劳动力的需求出现季节性变化而导致的失业；另一种是技术性失业，是指由于使用新机器设备和材料，采用新的生产技术和新的生产管理方式，出现局部劳动力过剩而导致的失业。

三、失业指标与宏观经济行情的关系

（一）失业统计指标

劳动力失业率是判断宏观市场经济运行状况三大指标之一，各市场经济国家都十分重视这项统计工作。一般来讲，失业统计指标有以下几种：

1. 失业人数

失业人数是指一定时期内的全部失业人数。国外的统计一般是以进行失业登记为准。

2. 失业率

失业率是指失业人口占民用劳动力的比例，各个国家的统计标准不同，表4-1已经作出了区别界定。它是反映失业程度的重要指标，也是代表经济发展好坏的标志。失业率上升，意味着经济受阻；失业率降低，则意味着经济发展势头增强。

3. 失业结构

失业结构是相对于就业结构而言的，包括部门结构、性别结构、年龄结构和种族结构等。部门结构是指第一、二、三产业中失业的轻重程度对比。性别结构是指在失业人群中男女比例情况，随着女性社会地位的提高，女性失业率也越来越低。年龄结构是指失业人年龄的分布情况，随着年轻人就业的最初年龄提高（受教育水平提高），衰退期间退休年龄提前，可以说现在的失业年龄分布越来越广了。种族结构就是失业的人群中不同种族人的失业情况。

4. 平均工作周

平均工作周是指制造业工人每周平均工作时数。在长期内基本上固定在40个小时左右，在短期内则随着经济情况的变化而增减。由于工会压力的存在，当经济不景气要来临时，往往先缩短平均工作周，因此，它是一个领先指标。

5. 平均失业周

平均失业周是指失业者失业的平均时间长度，是衡量失业严重程度的一个重要指标。由于平均失业周的变化要慢于总失业状况，因此它是一个落后指标。与平均失业周有关的还有15周以上长期失业率，反映长期失业情况。

6. 失业周转率

失业周转率是反映失业变动情况的重要指标，是指每月每100名失业人员中流动劳动力的多少。它包括新增加的失业人数的周转率，即在每月每100名失业人员中新增加的失业人数。

7. 离职人员周转数

离职人员周转数主要包括退休、被解雇、自动离职人员的周转率和周转数。

前两个指标是最主要的综合指标，是反映失业程度的重要统计指标，也是衡量宏观经济行情的重要指标，后面罗列的几个指标只是配合指标，并不具有典型性。下面我们将重点介绍失业人数、失业率与经济行情的关联性。

（二）失业人数与经济行情的关系

在社会经济发展过程中，失业问题一直受到人们的普遍关注。失业对经济行情的影响主要表现在以下几个方面：

1. 失业人数的变化与周期阶段的变化有明显关系

经济危机阶段和萧条阶段失业人数大量增多，复苏阶段失业人数逐渐减少，高涨阶段失业人数进一步减少。但有时经济复苏已持续一定时期，而失业人数仍无明显减少，甚至还继续增加，说明经济回升乏力。

2. 年度失业人数不能很确切地反映经济危机阶段失业人数的变化及其严重程度

如果我们把危机阶段中失业人数最多的月份及危机前失业人数最少的月份相比，就能更清楚地看出危机期间失业的严重程度。

3. 国家在经济危机中不仅失业状况会日趋严重，而且危机过去后，失业人数减少的过程会越来越缓慢，减少的程度越来越有限

这是因为每次危机都促使企业改进技术，资本的有机构成提高了，就相对减少了对劳动力的雇佣。还因为，在新的技术革命条件下，工业结构发生了变化，一些雇佣人数较多的传统工业部门趋向衰落，而雇佣人数较少的新兴工业部门则趋向增加，由此产生了许多结构性失业。2000 年，美国失业人数为 569.2 万人，失业率为 4.0%。到了 2003 年，“9·11”事件以来的经济危机已过去了一年多，工业生产已越过了危机前的高点，失业人数仍达 877.4 万人，失业率仍达 6.0%，直到 2006 年 1 月，失业率还未基本上降低到危机前的水平。大部分国家情况类似。日本、法国在经济危机到底后，工人失业率反而上升，到 1994 年年初才陆续有所下降。英国和意大利等国家失业率的变化也是如此。1993 年英国失业率由危机前 1989 年的 7.2% 上升至 10.5%。

经济复苏阶段，失业人数减少的过程很慢，失业人数减少的程度有限，这是复苏缓慢和复苏乏力的结果；反过来，它也是复苏缓慢和复苏乏力的一个原因。社会上有大量失业者存在，限制了消费能力，当然就限制了生产的恢复过程。这一点，我们在估计复苏的前景时，应该给予充分的注意。

（三）失业率与宏观经济行情的关系

劳动力失业率是判断宏观市场经济运行状况三大指标之一，各市场经济国家都十分重视这项统计工作。西方工业化国家将经济增长率、通货膨胀率、失业率和国际收

支平衡作为监控宏观经济运行的四个主要指标。我国也从1996年起将失业率作为国民经济和社会发展计划的主要宏观调控指标之一。

1. 作为反映周期变化的指标，失业率的高低与经济增长率的高低呈反比例关系

经济危机阶段和萧条阶段，失业率随着失业人数的增加而上升，复苏阶段和高涨阶段，失业率随着失业人数的减少而下降。主要表现在下面几个方面：

（1）失业影响经济的增长。失业使生产规模缩小，政府税收减少，社会福利支出增加，财政负担压力加重，从而使得经济增长放慢。

（2）失业导致了部分劳动力资源的闲置和浪费。劳动力是生产中最活跃的因素，劳动力资源有别于其他资源的最显著特点是它的不可保留性，它会随时间的推移而逐渐丧失。大量失业人员的存在使劳动力闲置，不能与生产资料有效结合，不利于经济的发展。

（3）失业使失业者及其家庭失去了正常的经济收入，遭受贫困和精神痛苦，甚至面临生存危机，危及到劳动力的再生产，也使得劳动者无力提高自身的文化、技术水平，进而影响劳动力素质的提高。

（4）大量失业人口的长期存在不利于社会稳定。在社会保障制度不健全、人们心理承受压力较低的情况下，大量失业人员如果长期找不到工作，会对社会秩序的稳定构成极大的威胁。失业导致贫困人口的增加，还会使社会贫富差距进一步扩大，进而激化社会矛盾，影响社会稳定。

因而许多国家都把降低失业率作为宏观经济调控的重要目标。尤其是对于一些就业压力大、失业率迅速上升的人口大国来说（如我国），当国家经济的平稳增长开始取代高速增长，市场结构已开始由卖方市场走向买方市场，这个国家的宏观经济运行状态会呈现出新的特点，这就使失业问题取代原先的高通货膨胀、高经济增长等问题成为阻碍经济发展的最主要因素。因此，扩大就业需求、降低失业率是今后这些国家经济发展面临的重要任务。

2. 高经济增长不一定带来低失业率

保持稳定较高的经济增长，可以防止因经济衰退而导致的失业率激增。在技术条件变化不大的环境中，一定的劳动投入与相应数量的资本结合可以推动经济按一定速度增长。反之，一定速度的经济增长需要一定数量的劳动投入。劳动力需求的水平，在动态的意义上主要决定于经济增长。经济增长速度快，对劳动力的需求量相对较大，就业岗位增加，就业水平就高，失业率就低；经济增长速度慢，对劳动力的需求量相对较少，就会直接制约就业岗位的增加，就业水平就低，失业率就高。经济增长是就业增长的前提。但是，并非经济增长速度越快，就业增长速度也越快，高经济增长并不一定创造更多的就业机会。例如，20世纪90年代以来我国经济增长速度较快，经济

增长率维持在一个较高的水平上，但在经济增长的同时，并没有带来就业率的相应增长。仅仅强调经济增长对就业增长、降低失业率的作用是片面的，仅仅依靠一般意义上的经济增长，失业问题是难于解决的，因为失业降低不仅取决于经济增长率，而且还取决于经济增长方式。

此外，失业结构和宏观经济行情的关系主要是：有些国家的失业统计是按性别、年龄、种族分别统计的。这种分类失业统计反映了种种社会歧视，是非常不公平的。在这里不作为重点来介绍。

失业指标反映了社会经济资源的浪费程度，统计失业指标对宏观经济行情的判断具有至关重要的作用，同时经济行情的好坏，也会从另一个方面影响着失业指标的高低。准确、客观地对失业指标进行统计，这对经济行情分析是非常关键的。总之，失业统计指标体系是一国国民经济和宏观经济运行状况的“晴雨表”。

【本章关键术语】

国民经济核算体系　　物质产品平衡表体系　　国民经济账户体系　　GNP　　GDP
固定资本投资　　就业指标　　失业指标

本章复习思考题

1. 简析国民收入指标与世界市场行情之间的关系。
2. 简析固定资本投资指标与世界市场行情之间的关系。
3. 简析就业和失业指标与世界市场行情之间的关系。

本章延展阅读书目

[1] 杨逢华，朱明侠．世界市场行情［M］．北京：中国对外经济贸易出版社，2002.
[2] 朱明侠．世界市场行情考试指南［M］．北京：对外经济贸易大学出版社，2002.
[3] 薛荣久，张玮，唐宜红．国际贸易新编本［M］．北京：对外经济贸易大学出版社，2003.

第五章
宏观经济行情分析(二)

【本章学习要点】

- 工业生产指标
- 国内贸易指标
- 国际贸易指标
- 综合商品价格指标
- 股票价格指标

第一节 工业生产指标

发达国家都发表比较详细的工业生产统计，这些统计一般都用指数表示。反映全部工业生产动态的，为工业生产总指数。反映类别工业生产动态的，为类别工业生产指数。反映个别工业生产动态的，为个别工业部门指数。个别工业部门的生产也可以用绝对数值表示。例如，某年或某月钢铁生产为若干万吨，汽车生产为若干万辆等。

一、工业生产的范围及分类

(一) 工业生产的范围

在发达国家的统计中，对工业生产所包括的范围缺乏统一的界定。在大部分国家和地区的统计中，工业生产部门一般包括制造业，公共事业，以及电、煤气、水业三部分。有些国家的工业生产部门除了上述三个具体部门外，还包括建筑业，如英国；有些国家只包括两个部分，即采矿业和制造业，如瑞典、瑞士、南非等；还有些国家仅指制造业，如新加坡等㊀。

我们在进行行情研究中，比较各国的工业生产情况时，必须要注意其范围是否相同，内容是否一致。如果不相同、不一致，则必须进行加工整理，以便进行分析和比较。

（二）工业生产的分类

发达国家关于工业生产的分类，一般有两种方法，即按部门分类和按市场分类。按部门分类是将全部工业生产区分为制造业、采矿业和公共事业，这种分类基本上是按行业分类，见表5-1。按市场分类是将全部工业产品按性质区分为最终产品、中间产品和原材料；或将其区分为投资品、中间产品、消费品和原材料；也可分为全部产品和原材料两部分。美国工业生产指数见表5-2。

表5-1 不同类型国家工业指数（2000年=100）

类型＼年份＼国家	世界总计			发达国家			发展中国家		
	2003	2005	2007	2003	2005	2007	2003	2005	2007
全部工业生产指数	100.4	107.7	117.2	98.1	102.9	109.6	106.3	119.9	134.3
采矿业	102.0	106.3	109.1	97.0	94.7	93.6	105.5	114.3	118.6
制造业	99.4	107.2	117.6	97.4	102.7	110.5	105.8	121.2	139.7
公共事业	106.6	113.1	118.6	104.7	109.1	111.7	111.3	122.9	135.7

资料来源：联合国统计月报数据库。

表5-2 美国工业生产指数（2007年=100）

类型＼年份	2008	2009	2010	2011
全部工业生产指数	96.5	85.4	90.1	93.7
全部制造业	95.2	82.0	86.7	90.4
耐用消费品	88.8	74.1	80.1	85.8
非耐用消费品	97.2	93.4	92.8	93.7
建筑材料	90.7	69.8	72.6	76.6
原材料	97.3	86.1	93.3	97.6

资料来源：美国联邦储备委员会网站，2012年3月30日发布。

美国按部门分类的三个大类中，制造业最为重要，其产值占全部工业产值的绝大部分。其他发达国家亦是如此。因此，在周期变化过程中，制造业的生产动态基本上

㊀ 工业生产的范围详见联合国《统计月报》。

可以代表全部工业生产的动态。制造业又分为耐用品和非耐用品。所谓耐用品，是指使用时间较长、价值较高的商品；非耐用品是指使用时间较短、价值较低的商品。

美国商业现状中的工业生产按市场分类与经合组织的分类基本相同，是将全部工业生产分为全部产品和原材料两大类；产品类又分为最终产品和中间产品。最终产品是指无需再次加工而直接进入生产性消费和生活性消费的产品，包括消费品和设备两组（设备中除工商业用设备外，还包括航天设备等）。中间产品和原材料都是仍需继续加工的产品，有些国家又称生产用产品。一般来说，最终产品属于直接消费品，生产用产品则属于间接消费品。间接消费品的行情变化常常受直接消费品市场行情变化的制约。

资本主义国家的工业体系非常复杂，工业部门繁多。各国对于工业组类的划分不尽一致，并且可以层层细分。如果将上述类别工业部门进一步细分，则可看做个别工业部门。有关个别工业部门生产动态的统计，就是个别工业生产指数（或绝对数）。

二、工业生产指数与经济行情研究

（一）工业生产总指数与经济行情

工业生产总指数是反映全部工业生产动态的指数。在发达国家，全部工业生产占全部物质生产的绝大部分，它也占国内生产总值的很大比重。因此，工业生产总指数应当作为反映资本主义经济周期变化的重要指标。

1. 经济周期性阶段的划分应以工业生产总指数所表现的上升或下降的基本趋势为主要标志

经济高涨阶段的后期，工业生产总指数出现了下降趋势，表示经济周期由高涨阶段转入危机阶段。危机发展到一定时期，工业生产基本上停止下降，或只有微弱而不稳定的回升，表示周期已由危机阶段转入萧条阶段。工业生产的回升比较稳定而有力，表示周期已由萧条阶段进入复苏阶段。当工业生产明显地、稳定地超过危机前的最高水平时，表示周期已由复苏阶段进入新的高涨阶段。

2. 把工业生产总指数作为经济周期变化的重要指标，还应当以工业生产总指数的下降或上升的幅度，来衡量经济危机或衰退的深度、经济高涨的强度

工业生产总指数下降和上升的幅度可用百分比计算。以下降幅度为例，具体计算公式为

$$下降幅度=\frac{下降前的高点-下降后的低点}{下降前的高点}\times 100\% \qquad (5\text{-}1)$$

以美国1974—1975年的经济危机为例，工业生产于1974年7月开始下降，下降前的高点，即1974年6月指数为131.9，1975年3月达到最低点，指数为111.7。在这次

危机中，美国工业生产下降的幅度为

$$\frac{131.9-111.7}{131.9}\times 100\% = 15.3\%$$

这样，我们可以对第二次世界大战后美国六次经济危机中工业生产下降的幅度来进行比较。在这六次危机中，工业生产分别下降了10.1%、9.1%、13.5%、8.6%、8.1%和15.3%。由此，我们可以说，美国1974—1975年的经济危机是第二次世界大战以来最严重的一次经济危机。这次经济危机是世界性的。我们可以根据各国工业总生产下降的幅度来比较各国经济危机的深度。在这次世界性经济危机中，美国、日本、法国、英国和意大利工业生产下降的幅度，分别为15.3%、21.4%、14.9%、11.4%、23.0%。基本上可以说，这次世界性经济危机以意大利最为严重，当然，危机的严重程度并不能完全以工业生产的下降幅度来衡量，还需要结合其他方面的情况。在1979—1982年这次世界性经济危机中，美国和其他主要资本主义国家工业生产下降的幅度并不是第二次世界大战后历次经济危机中最大的，但其持续时间则是第二次世界大战后历次经济危机中最长的，因而我们也可以说，1979—1982年的经济危机是第二次世界大战后以来最为严重的一次世界性的经济危机。

3. 工业生产总指数还可以用来计算经济危机或衰退持续的时间

可以用工业生产月份指数连续下降的月数表示经济危机或衰退持续的时间。例如，在1974—1975年经济危机期间，美国危机的持续时间为9个月，英国为21个月，法国为18个月，意大利为16个月。在1979—1982年的经济危机期间，上述各国经济危机持续的时间分别为44个月、41个月、40个月和38个月。经济危机持续的时间也可用来分析不同国家总体经济活动受危机影响的程度。经济危机持续的时间越长，经济受其影响的程度就越深。因此，在1979—1982年世界经济危机期间，美国受经济危机的影响最为严重。

在利用工业生产总指数进行一般经济行情研究时，通常要注意下述两个问题：

（1）资本主义国家发表的工业生产总指数，有月度、季度、月份的指数。研究资本主义国家工业生产长期的变化趋势，宜用年度指数。例如，要分析1950—1970年的20年中，或者1971—1981年的10年，美国工业生产的大概情况，那么就要说出这20年间，或这10年间美国的工业生产一共增长了多少，每年平均增长多少，可以得出一个所需要的基本概念，这就要用年度指数。年度指数宜用于研究历史趋势。

（2）工业生产的季度和月份指数，都有调整季节因素的和未调整季节因素的两种指数。我们研究资本主义国家的经济行情时，应尽可能利用调整季节因素的指数，因为它消除了季节因素对工业生产的影响，能够比较明显地反映经济周期的变化。但是，有的国家只发表未调整季节因素的指数，有的国家调整季节因素指数的发表要晚于未调整季节因素的指数。在这种情况下，我们用未调整季节因素的指数，也能分析研究有关国家经济情况的大概趋势。利用未调整季节因素的指数时，只能以当年各季各月的指数与上年同季同月的指数相比，从增长率或下降率变化的趋势中，能大致看出周期变化的趋势。

（二）类别工业生产指数与经济行情

在发达国家，全部工业生产是由许多部门工业生产构成的，因而有类别工业生产指数。在周期变化过程中，不同组类部门工业生产的动态并不完全相同，而是各有其规律和特点。在经济危机阶段，工业生产总的说是下降的；但从不同组类的工业部门来说，它们下降的时间有先有后，下降的幅度有大有小。在复苏阶段和高涨阶段，不同组类部门工业生产的回升，也有时间上和幅度上的差异。

周期变化过程中，不同组类部门的工业生产动态不同，它们对其他部门，如对对外贸易部门的影响也就会有所不同。因此，我们研究资本主义国家的经济行情时，不仅要了解经济周期的一般规律和特点，了解工业总生产变化的一般规律和特点，还应当了解不同组类工业部门生产变化的不同规律和特点。

在按部门分类的工业生产中，制造业最为重要，它的产值占全部工业生产产值的绝大部分。在周期变化过程中，制造业生产的动态与全部工业生产动态基本一致，因而前者可以代表后者。制造业的开工率与工业生产总指数大致同步。

在制造业的两个分类——耐用品类与非耐用品类中，生产资料与消费资料相混淆，但从其所包括的具体部门来看，耐用品工业部门主要是生产资料，非耐用品部门主要是消费资料。因此，在周期变化过程中，耐用品工业部门生产的动态接近于生产资料部类的动态，非耐用品部门生产的动态接近于消费资料部类的动态。在1979—1982年的经济危机中，美国的全部工业生产下降了8.9%，制造业下降了10.4%，其中耐用品下降了14.6%，而非耐用品只下降了4.8%。

（三）个别工业部门生产指数与经济行情

研究经济行情时，还应注意个别部门的生产动态。一些工业部门，如钢铁业、汽车业、建筑业、电子业及化工生产等，在国民经济中占有重要地位，这些部门生产的变动会对整个工业生产乃至整个国民经济产生较大的影响。因此，在经济行情研究中，不能忽视那些个别工业部门生产指数的变动。

个别工业部门生产的变化，除受周期因素的影响外，还受政治、科技进步以及国际市场上竞争力量对比变化等非周期因素的影响，其中有的是带有长期历史性的变化。在1979—1982年经济危机期间，美国的军械生产增加了15.5%，这是因为美国始终要维持强大的军事实力以及向第三世界，特别是中东地区大量出售军火。皮鞋及其制品的生产下降了14.3%，纺织品的生产下降了13.4%，其主要原因之一是美国产品市场竞争力减弱，外国服装和鞋类大量进口。钢铁生产剧减，一方面是由于科技进步、代用材料不断增加；另一方面是美国产品竞争力减弱，日本和西欧钢铁业不断侵入美国市场。

第二节　国内贸易指标

一、国内贸易指标概述

（一）概念

国内贸易反映商品在国内市场的流通情况，因而也反映国内经济活动的盛衰。

（二）国内贸易指标的分类

按贸易程序来说，国内贸易指标分为批发贸易和零售贸易；按消费品使用期限划分，国内贸易指标可分为耐用消费品销售额和非耐用消费品销售额。批发贸易是企业之间的贸易，而零售贸易是零售商与消费者之间的贸易。生产企业采购或出售原材料、半成品、机器设备，生产企业以其成品出售给中间商、批发商，批发商以其商品出售给零售商，皆属大宗的批发交易形式，这种贸易实质上是企业之间的贸易，它所联系的对象不是一般的消费者。当然，批发商也可以兼营零售贸易，零售商也可能兼营批发贸易，甚至生产企业也可能直接经营零售贸易，但这种情况并不改变批发贸易与零售贸易的实质区别。

美国的国内贸易统计，首先是分为三大项目，即制造业销售额、批发商销售额和零售商销售额。制造业销售额也是批发销售。在这三个项目下，又各分为耐用品销售额和非耐用品销售额。

二、国内贸易指标与经济行情研究

（一）国内贸易指标反映国内商品的流通情况，国内贸易的变化反映资本主义经济周期的变化

当资本主义国家经济处在危机阶段和萧条阶段，生产缩减，失业增加，国内商品流通也会趋于萎缩。在经济处在复苏阶段和高涨阶段，生产增长，失业减少，国内商品流通也会趋向增长。

第二次世界大战以后，资本主义国家推行“反衰退”措施，经济危机时期国内贸易并无明显的缩减。更为重要的是，战后资本主义国家持续发生通货膨胀，而且愈演愈烈，物价不断上涨而且涨势越来越猛。这样，危机时期即使国内贸易量有所下降，也被物价的上涨所掩盖了，以当时价格表示的国内贸易额往往继续增加。资本主义国

家关于国内贸易的统计，往往只有以当时价格计算的价值统计，而缺乏以固定价格计算的物量统计。这给分析研究资本主义国家周期过程中国内贸易的实际变化带来了一定的困难。

在严重通货膨胀和物价剧烈上涨的条件下，经济危机时期国内贸易额的增长，并不等于国内贸易量的增长；如果剔除物价上涨的因素，国内贸易可能还是下降的。

（二）国内贸易中，批发贸易对于经济周期的反应比零售贸易敏感

这是因为批发贸易是资本家之间的贸易，在经济危机期间，随着生产的萎缩，他们之间的贸易自然会趋向减少；零售贸易是零售商和消费者之间的贸易，而消费品中很多是生活必需品，这类消费品在经济危机时期销售量减少得比较有限，物价的持续上涨又掩盖了实际销售量的减少，而以当时价格计算的销售量却表现为上升。在批发贸易中，制造业产品对于经济周期的反应比一般商品更敏感。

（三）在经济变动的过程中，耐用品的零售贸易对经济周期的反应较非耐用品的零售贸易更明显

耐用品的使用时间比较长，而且多为非生活必需品。当经济情况恶化，失业人数增多，社会购买力缩减时，一般对这类商品的购买力就会减少或延缓购买，因而这类商品的零售贸易量就会缩减较多。当经济情况趋好时，失业人数减少，社会购买力增加，这类商品的零售贸易量就会增加较多。非耐用品的使用时间较短，而且多为生活必需品，甚至是每日不可缺少的商品。即使经济情况恶化，这类商品的零售贸易量也不会减少很多。当经济情况趋好时，这类商品的零售贸易量也不会增加很多。

（四）资本主义国家的零售贸易除了年度统计外，还有季度和月度的统计

资本主义国家的零售贸易，在每年的各季、各月都有季节性的变化。例如，每年12月的圣诞节对国内零售贸易就会产生明显的季节性影响。

主要资本主义国家所发表的零售贸易的月度统计，一般都有调整季节变化的和未调整季节变化的两种。这两种不同的统计，对于研究资本主义国家的经济行情有不同的作用。未调整季节变化的零售贸易额的月度统计，对于研究经济行情的意义在于：它反映的是零售贸易额的实际变化，能帮助我们了解某些消费品在资本主义国家市场上存在着销售旺季或销售淡季。调整季节变化的零售贸易额统计，对于研究经济行情的意义在于：它消除了季节因素的影响，因而能够作为反映周期变化的一个指标。根据未调整季节变化的零售贸易统计，我们可能把12月零售贸易额的显著增加误认为是周期转向恶化。根据调整季节变化的零售贸易额统计，就可避免产生这种错觉。

（五）第二次世界大战后，主要资本主义国家盛行消费信贷制度以促进耐用消费品的销售

消费信贷（Consumer Credit）分为分期付款信贷（Installment Credit）和非分期付

款信贷（Non-installment Credit），非分期付款信贷即一次性信贷。消费信贷以分期付款信贷为重，约占全部消费信贷的80%。分期付款信贷主要应用于耐用消费品，其中又主要应用于汽车等高级耐用消费品，这种销售方法可以扩大销售量，获取高额利润。消费信贷的广泛应用，促进了第二次世界大战后主要资本主义国家耐用消费品生产和销售的增长。

第三节　国际贸易指标与国际收支指标

一、国际贸易指标

（一）概述

国际贸易或对外贸易是指世界各国之间货物和服务交换的活动，是各国之间分工的表现形式，反映了世界各国在经济上的相互依存。国际贸易指标是研究资本主义国家经济行情和各国经济关系的一个重要指标。主要发达资本主义国家都是对外贸易比较发达的国家，其进出口贸易占国民生产总值比值比较大，对外贸易的变化反映着一国经济的变化，以及参与国际分工的程度和世界市场的竞争能力。就世界范围来说，国际贸易反映着世界经济的变化。

（二）国际贸易指标的意义

（1）国际贸易指标的增长反映国家经济向世界经济转化，各国经济相互依存的加强。例如，1971年世界GNP比1950年增加了163%，而同期世界出口量却上升了376.2%；1970—1989年世界GNP则增加了89%，而世界出口量的增长速度仍高于前者，增加了134%；1990—2005年世界GNP仅增加了49%，而世界出口量的增长速度仍高于前者，增加了174%；2005—2010年世界GNP增加了32%，世界出口量增加了45%。世界出口增长速度相对减慢的主要原因是资本输出，促使跨国公司就地生产和销售的结果。

（2）科技进步使原材料贸易与工业贸易脱节，节能省料使单位工业产品对原材料的需求量仅为20世纪初的40%。其结果使粮食、原料、能源的价格与制成品价格呈剪刀差关系。它们在国际贸易中的比重下降，并呈长期趋势。那些以出口初级产品为主的发展中国家，鉴于上述原因，加之债务困扰，人力和财力贫乏，使国民经济结构与世界经济结构的差距拉大，并导致发展中国家在国际贸易地区构成中所占份额呈直线下降的长期趋势。

（3）国际贸易指标是世界工业周期的同步指标。国际贸易指标作为世界工业周期的同步指标时，必须采用世界贸易量（世界贸易额扣除通货膨胀率）或以某年为基准的世界贸易量指数或年递增率。世界出口量比世界出口额更确切地反映世界工业周期同步指标，在工业周期中，它与世界 GNP 和世界工业生产指标是同步的。20 世纪 70 年代以来发生的两次危机使世界出口量平均增幅小于 GNP 和工业生产两个指标，而进入 80 年代，其波幅大于后两个指标。这说明 1979—1982 年世界经济危机较为严重，主要发达国家和发展中国家的危机同步性加强，以及 1983 年起，世界经济出现了持续 8 年的中高速增长。

（三）一国国际贸易指标与工业周期的关系

（1）国际贸易指标可细分为进口贸易指标和出口贸易指标，作为反映工业周期变化的标志，前者属同步指标，后者为落后指标。因为工业危机来临时，一国政府首先采取贸易保护主义措施，立即限制进口以保护国内生产，采取奖励出口政策来缓和总供给大于总需求的矛盾，即以扩大外需（出口）来弥补内需的萎缩，人为地把工业危机对出口的影响延缓。所以，发达国家的国际贸易出口指标已成为工业周期的落后指标。但对在国际市场上竞争力较差的发展中国家来说，其进出口贸易指标均为同步指标。

（2）国际贸易指标对工业周期诸阶段的反映。

1）危机阶段初期，工业生产已经下降，此时对外贸易额降幅不大或略有增长，原因是国际贸易合同从签订到交货，一般要经历一段较长的时间；反之，经济复苏时，对外贸易也恢复较迟。

2）只有同步性较强的世界性工业危机才会给国际贸易产生较大的影响，否则由于各国危机起止时间的不一致、相互抵消，而削弱了对国际贸易的影响。

3）在长周期上升阶段，国际贸易的增长速度要大于工业增长速度。20 世纪 70 年代以来进入长周期的下降阶段后，贸易增长速度跟不上经济复苏和高潮阶段的工业增长速度。

4）工业周期波动在进出口贸易方面有不同表现：危机阶段发达国家首先采取保护主义抑制进口，因为国内经济萎缩就会很快减少原料品的进口；相反，国内工业品销售困难，就会加强出口。所以，发达国家的出口贸易对工业危机反应迟缓。而发展中国家的出口贸易对工业危机的反应与发达国家恰好相反。发展中国家主要是出口初级产品和劳动密集型商品，其出口方向主要是发达国家，尤其是出口商品单一的发展中国家，其经济行情受个别发达国家经济行情的影响很大，呈同步而剧烈的反应。

二、国际贸易指标与经济行情研究

（一）对外贸易的变化反映经济情况的变化

国际贸易的变化反映着世界经济的变化。当主要资本主义国家的经济都处于复苏阶段和高涨阶段，随着生产的发展，国际贸易也随之发展；当它们的经济都处于危机阶段和萧条阶段时，随着生产的缩减，国际贸易也随之缩减。当发生世界性的经济危机时，资本主义国家的国际贸易要有比较大的缩减；当个别国家和或少数国家发生经济危机时，资本主义国家的国际贸易一般不会出现较大的缩减。

第二次世界大战后，资本主义世界国际贸易比战前有很大的发展，即使按贸易物量来说，除近几年外，其增长速度也是快于工业生产的增长速度的。由于经济危机的深度小于战前，各国经济危机发生的时间往往不一致，所以，国际贸易对经济危机的反映不太明显。但是在世界性的经济危机中，这种反映还是比较清楚的。

（二）对外贸易的变化滞后于经济情况的变化

国际贸易指标反映经济情况的变化，但作为反映经济周期变化的标志来说，对外贸易则是一个反映比较迟缓的指标。当经济危机开始，工业生产已经下降时，对外贸易量不会很快下降，这是由于国际贸易从签订合同到交货一般要经历一段较长时间。经济危机虽已开始，新的订单已减少，但过去签订的合同仍然要执行，所以对外贸易量不会马上减少，甚至可能继续增加。反之，当周期向复苏过渡时，对外贸易量也不会很快增加，因为新签订的合同虽然在增加，但从合同的签订到执行，也需要经历一段时间。总之，对外贸易的变化虽然反映着经济的周期性变化，但反映速度比较慢。另一个原因是，即使是世界性的经济危机，各国危机的起止时间并不一致，对国际贸易的影响也不一致。

（三）经济的周期性波动对不同类型国家的对外贸易有不同的影响

在经济危机期间，经济发达的资本主义国家和经济欠发达的发展中国家，在进口、出口贸易方面有不同的表现。对于发达的资本主义国家来说，一方面，经济危机首先是影响它们的进口贸易，因为国内的经济萎缩很快会减少对原料品进口的需求；另一方面，正因为国内发生经济危机，工业品销售困难，它们会加强出口，所以发达国家的出口贸易对经济危机的反映较慢。当经济危机逐渐深化并蔓延到许多国家时，它们的出口贸易才不得不缩减。

对于发展中国家而言，它们的进口、出口贸易对经济危机的反映与发达国家恰好相反。发展中国家主要是以出口原料型商品为主，其出口方主要是发达的资本主义国家。发达的资本主义国家发生经济危机时，首先缩减进口而力图加强和维持出口。因此，危机来临时，发展中国家的出口贸易首先受到影响，而进口的制成品通常来自发达国家，这样进口贸易受影响较晚。这种现象实际上就是发达的资本主义国家向发展中国家转嫁经济危机的表现。

（四）研究发展中国家的经济行情时，要注意其主要出口商品的动态

一些发展中国家的出口商品品种比较单一，少数商品的出口往往占其全部出口的较大或很大比重。这少数几种商品出口情况的好坏，会对这些国家的国民经济产生较大或很大的影响。对于发展中国家来说，它们的经济情况的好坏，在很大程度上受其单一性出口商品情况好坏的影响。如果一些发展中国家单一性出口商品的出口方主要是发达的资本主义国家，那么，这些国家经济情况的好坏则主要受发达国家经济变化的影响。

为了便于分析和剔除物价变动的影响，在使用国际贸易指标时，应尽量利用数量指数和进出口数量的净增减指标。利用数量指数可以客观地反映对外贸易的实际变化；利用进出口数量的净增减指标可以直观地反映出对外贸易逐年或逐季的变动情况。

三、国际收支指标

国际收支是一个国家在一定时期（一年、半年或一季）内，与其他国家进行各种经济贸易往来而发生的货币收支的对比。一国的对外收支主要分为两大项目：一个为经常项目或称往来项目，包括商品、劳务和转移等项目；另一个为资本项目，可分为长期资本和短期资本等项目。每个项目都分支出和收入两部分，收入用“+”号，支出用“-”号，同一项目两部分相加求得每项的差额，顺差用“+”或不表示，逆差用“-”号表示。把国际收支各项目的差额累计取得其总差额，即为国际收支差额。如果所有收入款项的累计数值多于支出款项的累计数值，就出现国际收支顺差；反之，就发生国际收支逆差。

下面介绍一下一般国际收支表中的主要项目。

1. 贸易项目

贸易项目（Trade）是商品的出口和进口，它所涉及的是可以看得见的商品实物，所以又称为有形贸易。出口价值是国际收支中的收入，进口价值是国际收支中的支出。

2. 劳务项目

劳务项目（Services）所涉及的主要是看不见的“服务”，所以又称无形贸易（Invisible Trade）。这个项目包括许多复杂的收支项目，如电信、交通运输方面的邮电费和运费的收支，银行、保险业方面的手续费、保险费的收支，各国居民相互旅游而发生的收支，以及各国相互派驻使馆、相互派遣代表团而产生的收支等。此外，国外投资所获利润、利息、股息等收入的汇入，或外国在本国投资所获这类收入的汇出，也被列入劳务项目之中。

3. 转移项目

转移项目（Transfers）是指单方面的汇款、赠礼和捐款而引起的收支。由于这类收入或支出是单方的，无对等交易的，所以又称单方面转移。

4. 经常项目

上述贸易、劳务和转移项目合并起来即为经常项目（Current Account）。

5. 资本项目

资本项目是指资本的输出和输入。国际间资本流动的方式很复杂，流动性的大小不一样，包括各种各样的资本收支。通常是按资本流动性的大小，将资本项目区分为长期资本和短期资本两类。长期资本包括政府之间的借款和投资、私人在国外的直接投资和证券投资等。短期资本包括各种形式的短期信贷，如银行存款的转移、短期票据的买卖以及进出口贸易信贷等。

6. 全部国际收支

全部国际收支本应等于经常收支、资本收支和分配特别提款权的综合。但实际上，一个国家的对外收支关系复杂繁多，对各项收支和全部收支无法作精确统计。资本的流动有时是隐蔽的；短期资本的流动性很大，往往因外汇投机和利息率的变化而迅速流进、流出，更加难以统计。因此，近年来各国和国际货币基金组织（IMF）所发表的国际收支表，已不作全部收支的统计，而以经常收支来代表全部收支的基本状况，并同时列出资本收支情况作为参考。至于分配的特别提款权，数额很小，可以不予考虑。

四、国际收支指标与经济行情研究

国际收支指标是研究经济行情的重要指标，它不仅反映一个国家国内经济的状况，而且还反映一个国家对外经济活动的变化。

（一）在主要资本主义国家之间，发达的资本主义国家与发展中国家之间，由于商品和资本的广泛流通，它们之间在经济上有着广泛的联系，但又互相矛盾，这种联系和矛盾在各国的国际收支上可以反映出来

发达的资本主义国家一般需要大量出口工业制成品，进口原料和燃料。当它们的经济处在高涨阶段时，对原料、燃料等的进口大量增加，而工业制成品的出口则因市场竞争的加剧而不能相应增加，它们的贸易顺差就有可能缩小，甚至出现贸易逆差或扩大贸易逆差，从而使它们的国际收支情况趋向恶化。

为了应付国际收支的恶化，各国一般会采取适当措施以改善自己的不利处境，如：鼓励出口、限制进口以改善贸易逆差；提高利率以吸引短期资本的流入等。当主要资本主义国家的经济处在危机阶段时，进口的减少改善了贸易差额，从而也改善了国际收支差额。但由于经济危机使生产下降，失业增加，又不得不实行扩张性的政策以应付经济危机。一个国家经济回升的过程，往往也就是这个国家国际收支逐渐恶化的过程。第二次世界大战后英国经济之所以表现为“走走停停”的状态，和它的国际收支经常恶化有很大关系。

（二）在行情研究中不仅要注意资本主义国家全部国际收支的变化，还应研究其国际收支中主要项目的变动情况

了解主要项目的收支情况，有助于我们了解整个国际收支发生变化的原因。一个国家的全部国际收支差额由许多具体项目的差额综合而成。每一个具体项目差额的变化，都对全部国际收支差额产生不同程度的影响。主要项目差额的变化，对全部国际收支差额产生主要影响。当然，对不同国家来说，影响其全部国际收支的主要项目会有所不同。

对绝大多数国家来说，进口、出口的收支占国际收支的最大部分，因此，贸易差额对国际收支差额有重要影响。发展中国家的经常项目受世界性经济危机的影响较小，但发达国家经济的动荡也可以在发展中国家的国际收支中得到反映。一般地讲，发达国家贸易逆差最大的时期就是发展中国家顺差最大的时候，对资本项目也应重视。资本主义国家之间不同程度地互相输出资本，尤其是国际金融市场经常动荡，短期资金在各国之间经常流出、流入。因此，在主要资本主义国家的国际收支中，资本项目不仅日趋重要，而且情况越来越复杂；在国际货币金融市场剧烈动荡的情况下，短期资本迅速和大量的流动，往往对有关国家的国际收支造成很大的影响。

（三）主要资本主义国家的国际收支中，出口和进口贸易方面的收支总是占最大比重

一个国家的国际收支情况恶化时，它总要在对外贸易方面进行调整，在加强出口的同时限制进口，力图扩大贸易顺差或缩小贸易逆差，以改善它的国际收支情况。当资本主义国家为了改善国际收支的不利状况，而在对外贸易方面采取限制进口的措施时，就可能对发展中国家的出口贸易产生不利影响。

第四节　综合商品价格指标

一、综合商品价格指数

综合商品价格（Composite Price Index）不同于具体商品的价格，它是众多商品价格的平均价格，是反映一般物价水平的价格。千千万万种商品的价格随时在波动，此涨彼落，而且涨落幅度不一。综合商品价格是反映商品价格变化的一般趋势，它只能用指数来表示，即以某年的价格水平为100，其他年份的价格水平与之相比，上涨或下跌了若干。

第二次世界大战以前，资本主义国家商品价格变化的一般趋势，与周期变化的一般趋势有密切而明显的关联。危机阶段和萧条阶段，商品市场一般是供过于求，价格一般趋跌；复苏阶段和高涨阶段，商品市场一般是供不应求，价格一般趋涨。第二次世界大战后，由于市场上垄断力量加强，通货膨胀加剧，各国货币不断贬值，物价呈持续上涨趋势，因此，价格变化对周期变化的反映已不像过去那样明显。

尽管如此，综合商品价格指数仍然是研究资本主义经济行情的重要指标。因为，第一，综合价格变化对周期变化的反映虽不明显，但从价格变动的幅度来说，也能看出与周期变化的关联。在经济危机时期，物价虽不下跌，但上涨幅度往往趋缓，在经济高涨时期，物价上涨幅度往往趋烈。第二，综合商品价格指数除总指数外，还有分类、分目指数。从分类、分目指数的变化中，往往能看出资本主义经济的某些实质性问题。

资本主义国家的综合商品价格指数，有批发价格指数（亦称批发物价指数）、零售价格指数（亦称零售物价指数）以及反映国际市场价格变化趋势的世界商品价格指数。

（一）批发物价指数

批发物价指数（Wholesale Prices Index）在美国称为生产者价格指数。它是表示批发贸易市场上价格变化趋势的指数，往往反映一些商品初次出售时的价格。批发贸易时生产商之间、生产商与零售商之间的贸易，是企业之间的贸易。就同一时期和同一种商品来说，生产商卖给零售商的价格比零售商卖给消费者的价格要低一些。

各国编制的批发物价总指数并不是包括全部的商品，而是只包括比较重要的有代表性的那些商品，少的只有几十种，多的达几百种、几千种。美国的生产者价格指数是美国编制的最老的连续性系列，开始于 1890 年。这个指数几经修订，现在所包括的商品已有 3 400 种。编制这个指数所采用的价格一般是根据每种商品大宗交易的销售价格，即制造业或其他生产者的销售价格，或者是有组织的交易所或中央市场的销售价格。

各国所编制的批发物价指数除总指数外，还有分组、分目的批发物价指数。各国分组、分目的方法不尽一致，但大同小异，有按加工程度分的，如分为原料品、半成品（或中间产品）和制成品；有分为生产品和消费品的。

（二）零售物价指数

零售物价（Retail Price Index）是零售商向消费者出售商品和服务业出售劳务的价格，零售物价指数是众多商品和劳务的零售综合价格指数。由于这个价格指数主要涉及消费者日常生活方面所支付的商品和劳务的价格，所以，有的国家称之为消费者价格指数。由于零售价格的变化关系着广大人民生活水平的变化，所以，有的国家又把这个指数称为生活费。

美国在 1919 年已开始编制零售物价指数，起初是每半年发表一次，其资料来自对一般工人和职员家庭支出的调查。以后，这个指数在内容和编制方法方面经过多次修订。在1978年1月以前，美国的消费者价格指数所涉及的消费者为城市工薪阶层及文职人员，即所谓蓝领工人。1978年1月以后，美国按两个人口组编制两种消费者价格指数，涉及两种不同范围的消费者。一种是经过修订的、但涉及的消费者仍为工薪阶层及文职人员的指数，名称为 CPI for urban wage earnings and clerical work-urban consumers（CPI-W）。另一种指数所涉及的消费者是全部城市消费者，名称为 CPI for all urban consumers（CPI-U），即除了蓝领工人和白领工人之外，还包括自由职业者、经理人员、技术工人、自营劳动者、失业者、退休者以及其他不属于劳动力的人。

（三）世界商品价格指数

世界商品价格指数（World Commodity Price Index）是反映国际市场价格水平的指标。但实际上，并没有可以利用的真正反映资本主义国际市场价格水平的综合指数。由于各种工业品品种规格非常复杂，同一种商品各国的出口价格并不一样，因而很难编制出能反映世界范围商品市场价格水平变化的总指数。现在我们能够利用的“世界商品价格指数”，实际上只是反映国际市场上那些重要的初级产品的综合价格指数。初级产品主要是指发展中国家所生产的食品和工业原料。这些商品在国际市场上都有公开市场，因而一般都有交易所，经常有价格报导。这些商品基本上都是未加工或加工程度较低的原料性商品，受资本主义国家经济变动的影响大，而且能够在公开市场上随时反映出来，所以被称为“敏感性商品”。

现在通常利用的世界商品价格指数，有美国的道·琼斯商品价格指数、世界敏感性商品价格指数、路透社英国商品价格指数以及《经济学家》商品价格指数。

1. 道·琼斯商品价格指数

道·琼斯商品价格指数是美国道·琼斯公司编制的商品价格指数，分为现货价格指数和期货价格指数，以1974年12月31日为基准。构成该指数的商品共有12种，即面粉、小麦、砂糖、玉米、咖啡、天然橡胶、羊毛、可可、燕麦、棉籽油、皮革、黑麦，各种商品占有不同的权数。该指数的特点是所含商品均为农畜产品。它在考察农产品价格动态时有较大的作用，故又称做农产品价格指数。构成该指数的商品未包括对世界经济动向反应敏感的有色金属，是这个指数的一个缺陷。

2. 《金融时报》编制的价格指数

《金融时报》编制的价格指数称为世界敏感性商品价格指数，以1952年7月1日为基期。构成该指数的商品也是12种，即小麦、玉米、咖啡、可可、棉花、棉籽油、羊毛、琼麻、天然橡胶、铜、锌和锡，但不设立加权比重。该指数选择的商品虽不多，却具有较高的代表性，因此对商品价格变化较为敏感，可用于观察短期商品行情变化的苗头。

3. 路透社英国商品价格指数

路透社英国商品价格指数是英国路透社编制的，以1931年9月18日为基期。构成该指数的商品共 17 种，按所占权数的大小分别为小麦、棉花、羊毛、咖啡、铜、砂糖、天然橡胶、玉米、大米、牛肉、黄豆、可可豆、锌、花生、椰干、锡、铅。该指数编制的历史悠久，在了解商品价格长期动向上有较高的利用价值。此外，构成该指数的商品种类较多，因而也能比较全面地反映国际商品市场的价格变化。

4.《经济学家》商品价格指数

《经济学家》商品价格指数系英国著名的《经济学家》杂志编制，以 1975 年为基期，该指数包括 27 种商品，在总指数项下，分为食品和工业原料两类。在工业原料下，又分为纤维和金属两小类。为适应国际浮动汇率制的现实，《经济学家》指数分别以英镑、美元和特别提款权计算，并分别称为英镑指数、美元指数和特别提款权指数。所含的商品种类多，兼有分类指数并以三种货币计算，这是该指数优于其他商品价格指数之处。它商品项目多，范围广，反映国际商品价格动向也就全面些；有分类指数便于观察各类商品的价格变化；有以不同货币编制的指数供比较，便于结合汇率变化来考察国际商品价格的变化。第二次世界大战之后，美元和英镑都大大贬值，所以第二次世界大战后世界商品价格的上涨，在很大程度上反映了美元和英镑价值的降低。同时，由于英镑贬值的程度大于美元，因此，以英镑表示的价格的上涨程度就大于以美元的价格的上涨程度。

另外，国际货币基金组织也编制有世界商品价格指数，现以 1980 年为基期。该指数涉及的商品有好几十种。总指数项下，分为食品、饮料、农业性原料和金属四类。

二、综合商品价格指标与经济行情研究

（一）批发物价与经济行情

1. 第二次世界大战以前，物价变化与经济周期变化的关系非常明显，物价变化是周期变化的最重要指标之一

例如，在 1929—1933 年的大危机中，美国物价惨跌，全部商品的批发价格下跌了 33%，其中原料品下跌幅度最大，达 44.4%；半成品次之，达 37.4%；而制成品下跌幅度最小，为 26.7%。由此可见，经济危机对那些生产比较分散的生产者打击最大，而对那些生产比较集中和垄断的工业生产者的打击较小。

第二次世界大战后，在垄断因素加强和通货膨胀持续发展的情况下，批发物价的变化仍与经济周期变化相关，只是不像战前那样明显。第二次世界大战后以来，美国的批发物价只是在 1948—1949 年和 1960—1961 年的两次危机中有较小幅度的下降，而在其他各次危机中都继续上升，但上升幅度都较危机前有所缓和。

2. 利用批发价格的分类指数可以说明不同的问题

虽然第二次世界大战后批发价格指数对经济周期变化的反映远不如战前明显，但是

农产品批发价格指数的变化仍呈现出明显的周期变化，表明农产品作为原料性商品对经济周期的变化反应比较敏感。例如，在经济危机期间，商品批发价格如果下跌，原料和农产品价格的下跌幅度一般要大于工业品；或者在前者下跌的同时后者并不下跌，甚至继续上涨。这就说明，经济危机时期，工业品和农业、原料产品之间的价格剪刀差扩大了。价格剪刀差的扩大，更加不利于比较分散的农产品和原料产品的生产者。这也就是说，经济危机时期，比较分散的小生产者要承受更多的经济危机的恶果，而那些生产比较集中和垄断的工业者所受的损失较少，或者不受损失，甚至还能继续获利。

（二）零售物价与经济行情

1. 第二次世界大战以后，由于垄断因素的加强和通货膨胀的持续发展，资本主义国家的零售物价指数比批发物价指数更难反映周期的变化

在1929—1933年大危机中，美国零售物价指数下降了24.4%。战后以来，只有1948—1949年危机中下降了1%，其余各次危机期间零售物价都是继续上涨的，但上涨幅度也略见缓和。其他各国的情况与美国基本相似。第二次世界大战后，原联邦德国的通货膨胀较为缓和，1980年消费者价格较1951年上涨了1.4倍。同一时间，英国上涨了6.8倍，法国上涨了4.5倍，意大利上涨了5.4倍，日本上涨了4.3倍。战后这些国家的零售价格，除个别年份稍有下降或停滞外，基本上都是持续上涨的。

2. 虽然这一指标对研究经济周期的变化已无太大意义，但其上涨率一般被认为是通货膨胀率

人们可以通过零售价格指数的变化来观察经济运作中通货膨胀的情况，这在反映居民生活状况时有重要意义。人们工作获得的收入被称为名义工资或货币工资。而名义工资的增加往往并不代表工人的实际生活水平会提高，此时人们要用名义工资去除同期零售价格指数，得出实际工资。通过比较各个时期的实际工资水平，才能看出工人的实际生活水平的变化。例如，由于通货膨胀，物价不断上涨，工人的工资提高了5%，工人的货币收入是增加了。但如果同一时期零售价格指数上涨幅度为10%，那么工人的实际工资是下降了，生活水平降低了。

零售价格指数的变化，不是反映居民生活状况变化的唯一指标。居民生活状况的变化还与失业状况、税收负担、债务负担、劳动条件等因素相关。而且，零售价格指数本身也有很大的虚伪性，并不能真实地反映与劳动人民生活有关的商品和劳务价格的变化。政府在编制零售价格指数时，可以在选择商品和劳务项目上及这些项目的加权上做文章，尽力缩小与居民生活最有关系的那些项目的比重，从而千方百计地缩小这一指数的上涨程度。特别是在有些国家，工人通过斗争，已争取到按零售价格指数来调整工资的权利，资方就更加要竭力设法掩盖零售物价上涨的程度，压低零售价格指数。

（三）世界商品价格与经济行情

世界商品价格指数实际上只是国际商品市场上一些重要初级产品的综合价格指数。这些指数虽然包括的具体商品有所不同，但是都能比较明显地反映经济周期的变化。当主要发达资本主义国家的经济处在复苏和高涨阶段时，初级产品价格趋向上升；而在经济危机阶段，初级产品价格趋于下跌。这里需要说明的是，世界初级产品价格指数不包括石油这一商品，1974—1975 年的经济危机主要是由于石油价格暴涨引发的，使作为发展中国家的石油输出国的处境与其他初级产品出口国的情况不同。

第二次世界大战以后，由于科技革命和新材料的发展，发明了许多与初级产品相竞争的替代人造产品。即使主要发达资本主义国家的经济处在好转时期，初级产品的价格则急剧下跌。另外，由于初级产品垄断程度低，竞争激烈，也会造成上述情况。这说明发达国家与发展中国家间贸易交换的比例经常不利于发展中国家。

第五节　股票价格指标

一、股票价格与股票价格指数

（一）股票价格

股票价格是指货币与股票之间的对比关系，是与股票等值的一定货币量。它有广义与狭义之分，广义的股票价格是股票的票面价格、发行价格、账面价格、清算价格、内在价格和市场价格的统称；狭义的股票价格则是指股票的市场价格。

（二）股票价格指数

股票价格指数是反映股票价格水平变动程度和变化趋势的重要指标。在资本市场上，股票价格指数是市场的象征，是投资者、监管者等市场主体最关注的信息，它的变化对投资策略、对监管措施都起着直接影响。因此，一个成熟的资本市场必然要求有一个成熟、功能齐全的股票价格指数体系。

股票价格指数是运用统计学中的指数方法编制而成的综合反映股票价格在不同时间和空间条件下平均变动的相对数。根据股价指数反映的价格走势所涵盖的范围，一般将股票价格指数划分为成分指数、综合指数和分类指数。成分指数既可以反映市场的整体走势，也可以作为衡量投资业绩的标尺，作为一个市场的基准投资组合而反映市场的基本汇报，具有可投资性，一般可以作为指数基金的标的。

股价指数主要有以下基本功能：①综合反映一定时期内某一证券市场上股票价格的变动方向和变动程度；②为投资者和分析家研究、判断股市动态提供信息，便于对股票市场大势走向作出分析；③作为投资业绩评价的标尺，提供一个股市投资的"基准回报"；④作为指数衍生产品和其他金融创新的基础。

二、国际市场主要股价指数

（一）道·琼斯股票价格平均指数

这是国际上历史最悠久、最有影响而又最为公众所熟悉的股价指数。早在1844年7月3日，道·琼斯公司的创始人根据美国11种有代表性的股票编制股票价格平均数，并把它发表于该公司所编的《每日通讯》上。以后该公司在编制股票价格平均数时，对其采用的股票种类和数目及编制方法都作过多次调整，《每日通讯》也于1889年改为《华尔街日报》。人们在称呼上，也习惯用指数来代替原来的平均价格。

目前，道·琼斯股票价格平均指数由4种股价平均指数组成：30种工业股票价格平均指数；20种运输业股票价格平均指数；15种公用事业股票价格平均指数；综合前65种股票价格平均指数而得出的综合指数。其中，30种工业股票价格平均指数是纽约股票市场最有影响、最具有代表性的股价指数，是报刊上经常引用的股价指数。

计算道·琼斯股票价格平均指数是以1928年10月1日为基期，并令基期的平均数为100，通过和基期平均数的比较，可计算出以后各期的平均数。假设现在道·琼斯平均指数为1 700点，这就表明现在的股票的平均价格是1928年10月1日的17倍。如果说今天的道·琼斯平均数比昨天的1 700增加17点就表明平均股票价格较昨天上涨1%。道·琼斯指数被认为是反映美国股市行情，以及对美国经济、政治变化最敏感的股票指数，它的波动和变化对世界股市都有极大的影响。

（二）标准普尔指数

标准普尔指数，英文是Standard & Poor's Index，也称斯坦达德普尔股票价格指数，它是美国最大的证券研究机构——标准普尔公司编制发表的用以反映美国股票市场行情变化的股价指数。对于一般大众来说，标准普尔指数的知名度不及道·琼斯；但就受投资领域专业人士的青睐而言，标准普尔指数则名列第一，因为它包含的股票更多。标准普尔指数1932年开始编制，最初采样股票共233种，1957年采样股票扩大到500种，其中工业股票425种，铁路股票15种，公用事业股票60种。1976年又进行了改动，采样股票仍为500种，但其构成变成工业股票400种，运输业股票20种，公用事业股票40种，金融股票40种。

标准普尔指数采用加权平均法，以1941—1943年的平均市价总额为基期值，基期指数为100，以上市股票市值为权数进行计算。

（三）纳斯达克（NASDAQ）综合指数

NASDAQ是National Association of Securities Dealers Automated Quotation的简写，

NASDAQ 是与股票交易所市场相对应的 OTC 股票市场（OTC，Over The Counter，泛指股票交易所以外的股票市场）。NASDAQ 指数又称全美证券商协会电脑交易指数，是由全美证券商协会发布的股票指数。它有三种指数：一是 NASDAQ100 指数（NASDAQ 100 Index），含 100 家在 NASDAQ 全国市场注册的最大的非金融公司股票；二是 NASDAQ 全国市场综合指数，含 3 000 多家在 NASDAQ 全国市场注册的公司股票；三是 NASDAQ 综合指数，含全部 5 000 多家在 NASDAQ 市场注册的公司股票。NASDAQ 指数在市场上是高科技类股票的象征与代表。

（四）纽约证券交易所股票价格指数

该指数由纽约证券交易所编制，是在美国颇有影响的国家指数之一。该指数包括在纽约证券交易所上市的1 570 家公司的所有股票（1 570 种）。它除了有综合股价指数外，还包括：由 1 093 种股票组成的工业股票价格指数；223 种金融、投资、保险、不动产业等股票组成的金融业股票价格指数；189 种股票组成的公用事业股票价格指数；65 种股票组成的运输业股票价格指数。

该指数的计算方法和调整方法与标准普尔指数相同，不同的只是基准的确定时间和基期值。该指数的基期为 1965 年 12 月 31 日，基期指数值为 50。1966 年开始计算公布，每半小时公布一次。

（五）《金融时报》股票价格指数

《金融时报》股票价格指数即由英国伦敦《金融时报》编制发表的反映伦敦证券交易所工业和其他行业股票价格变动的指数。该指数的采样股票分为三组：第一组在伦敦证券交易所上市的英国工业有代表性的 30 家大公司的 30 种股票；第二组和第三组分别由 100 种股票和 500 种股票组成，其范围包括各行各业。

该指数以 1935 年 7 月 1 日为基期，基期指数为 100。该指数以能反映伦敦股票市场动态而闻名于世。

（六）日经股票价格指数

该指数是一种股票价格平均数，是由日本经济新闻社编制并公布的反映日本股票市场价格变动的股票价格平均数。其计算方法采用的是美国道·琼斯指数的修正法，基期为 1950 年 9 月 7 日。

按计算对象和采样数目不同，该指数分为两种：一是日经 225 种平均股价。其所选样本均为在东京证券交易所第一市场上市的股票，这些采样股票原则上是固定不变的。由于日经 225 种平均股价是自 1950 年开始并一直延续下来的，具有可比性和连续性，成为考察、分析日本股票市场股价的长期演变及其趋势最常用、最可靠的指标。二是日经 500 种平均股价，自 1982 年 1 月 4 日开始编制。该指数样本不是固定的，每年 4 月根据前三个结算年度各股份有限公司的经营状况、股票成交量、市价总额等情况为基本条件更换采样股票。日经500种平均股价所选样本多，具有广泛的代表性，因而能比较全面、真实地反映日本股市行情的变化，还能反映日本产业结构的变动。

经日本经济新闻社与美国道·琼斯公司协商，从1985年5月1日起，日经-道·琼斯指数改为“日经指数”或“日经平均股价”，该指数每天刊登在《日本经济新闻》上。

（七）东证股票价格指数

东证股票价格指数是东京证券交易所股票价格指数的简称，是由日本东京证券交易所编制和公布的反映该证券交易所第一市场全部上市股票的价格指数。该指数1969年7月1日开始编制，采用加权平均法和基数修正法进行综合计算，以1968年1月4日为基期，基期指数为100。

除东证股价指数外，东京证券交易所还编制、公布了规模不同的股价指数：上市股数在2亿股以上的大型股、上市股数在6 000万股以上的中型股和上市股数在6 000万以下的小型股。

由于东证股价指数的计算对象分布面广，不仅包括上市条件高的第一市场的全部股票，而且还从第二市场中选取了300种股票作样本，所以代表性较强；又因为在计算方法上既考虑到权数的作用，又采用了基数修正法以及时适应市场变化，所以，该指数能正确、客观地反映日本股票市场的交易规模和股价的变动，具有较高的准确性和敏感性。

（八）恒生股票价格指数

恒生股票价格指数是我国香港最有影响的股价指数之一，它是由香港恒生银行编制、反映香港市场股票价格变动的指数，是香港市场历史最悠久的一种股价指数。恒生股票价格指数以1964年7月31日为基期，基数为100。当日的股票交易量虽不是很大，但其成交大致均匀，该日指数能够基本上反映整个股票市场的活动情况，因此以这一天为基期，但恒生银行开始发表每天的恒生指数是在1969年的11月24日。该指数的计算方法为修正加权综合法。

恒生股票价格指数共选择33种具有代表性的股票为计算对象，其采样股票分为四大类，金融业股票4种，公用事业股票6种，地产股票9种，其他工商业包括航空、酒店等14种。选择这些公司的标准要衡量其在香港股票市场的重要程度、成交值对股票投资者产生影响的大小，发行的股数要足以应付股票市场旺市的需要，公司的业务以香港为基地。按此标准选出的33家公司股票总值约占上市股票总值的68.8%。恒生股票价格指数采样面广、基期选择恰当，能真实地反映香港股市的变动，恒生指数每天公布三次。

自1969年恒生股票价格指数发表以来，已经过多次调整。由于1980年8月香港当局通过立法，香港证券交易所、远东交易所、金银证券交易所和九龙证券所合并为香港联合证券交易所，在目前的香港股票市场上，只有恒生股票价格指数与新产生的香港指数并存，香港的其他股票价格指数均不复存在。

三、股票价格指数与经济行情的关系

股票价格的重要特点，是频繁的有时剧烈的波动。影响股票价格波动的因素很多，有周期因素也有非周期因素；有经济因素也有政治因素和其他因素。正因为影响股票价格变化的因素错综复杂，股票价格变化作为经济周期变化的指标来说，它既是一个有用的指标，也是一个容易引起错误结论的指标。

从长期趋势来说，股票价格变化与经济周期变化基本一致。即危机阶段和萧条阶段，股票价格下跌；复苏阶段和高涨阶段，股票价格上涨。

我们知道，购买股票的收益为股息，股息的来源为公司税后利润，利润的多少取决于公司未来经营情况的好坏，而经营情况的好坏则受经济周期变化的影响。在经济危机时期，许多公司经营情况不好，获利甚少甚至亏损，股票持有者能够得到的股息减少，甚至得不到股息。在这种情况下，愿意出售股票的人多而愿意购买者少，股票市场供过于求，价格就会下跌。反之，在经济周期高涨时期，许多公司都能获得较多的利润，股票持有者可以获得的股息较多。在这种情况下，愿意出售股票的人少而愿意购买股票者多，股票市场供不应求，价格就会上涨。当然，经济危机时有的公司也可能仍然获利，而其股票价格也可能并不下跌；高涨时期有的公司也可能发生亏损，而其股票价格也可能下跌。但是，综合股票价格指数（主要是工业股票价格指数）是反映那些巨大的对国民经济有重要影响的公司的股票价格变化，因而它能够反映经济周期的变化。1979—1982年经济危机表现为“W”形，股票价格变化也表现为“W”形。

股票价格的转折性变化往往早于经济周期的转折性变化。危机开始之前一定时期，往往出现股票价格的下跌，复苏开始之前一定时期，往往出现股票价格的回升。这就是说，股票价格的变化对周期变化有预兆性，也正因为如此，人们通常把股票价格称之为“经济晴雨表”。

【本章关键术语】

国内贸易指标　国际贸易指标　国际收支指标　综合商品价格指数　批发物价指数　零售物价指数　世界商品价格指数　股票价格指数　道·琼斯股票价格平均指数　标准普尔指数　NASDAQ 指数　纽约证券交易所股票价格指数　《金融时报》股票价格指数　日经股票价格指数　东证股票价格指数　恒生股票价格指数

本章复习思考题

1. 简析工业生产指标与世界市场行情之间的关系。

2. 简析国际贸易指标与世界市场行情之间的关系。

3. 简析综合商品价格指标与世界市场行情之间的关系。

4. 简析股票价格指标与世界市场行情之间的关系。

本章延展阅读书目

[1] 吴晓求. 证券投资学 [M]. 北京：中国人民大学出版社，2000.

[2] 彭天祥，刘晋方，丁自奋. 世界市场行情 [M]. 北京：中国林业出版社，1991.

[3]《市场行情》教材编写组. 世界市场行情 [M]. 北京：对外贸易教育出版社，1985.

第六章 微观经济行情分析

【本章学习要点】

- 影响世界商品市场行情的主要因素
- 世界市场价格形成和变化的主要因素

第一节 影响世界商品市场行情的因素

商品市场行情是市场供给、需求及价格动态的综合体现。商品供给来源于商品生产，而商品的需求又与消费直接关联。所以，商品的生产与供给、消费与需求及价格变化构成了商品市场行情的主要内容。行情构成要素之间相互影响、相互作用，其中任何一方因素的变动都有可能引起相应商品市场行情的变化。从这一点上看，也可以认为它们是商品市场行情变化的影响因素，并且这些商品市场行情影响因素的背后又有许多其他因素的影响。商品市场行情的多样性和复杂性，造就了不同商品各异的行情特征。比如，有的商品需求波动性较大，而有的商品需求波动比较缓和；有的商品生产和供给波动性明显，而有些商品的生产和市场供给则具有明显的稳定性。不同的供求特征决定了商品各具特点的价格动态。下面仅就影响商品市场行情的主要因素加以介绍。

一、商品的属性

商品的属性决定其使用价值或用途。用途不同，其需求变化就有不同特点。

（一）商品的自然属性与用途

商品的自然属性是商品本身所具有的物理和化学性能。商品有什么样的自然属性，就有什么样的用途和消费去向。也就是说，商品的自然属性直接决定着商品具体的应用领域或需求领域，后者可能是最终消费领域，也可能是另一个生产领域。而其需求领域的生产或经营状况必定影响对该商品的需求状况。例如，天然橡胶的自然属性包括弹性大、防震、绝缘、耐腐、耐水、耐高低温等，因而用途很广，但主要用于制造轮胎。汽车工业是其应用大户。因此，天然橡胶需求变化主要受汽车制造业盛衰的影响。我们可以从橡胶和汽车两种产品的互补关系，或橡胶工业与汽车工业的互相依赖关系，从汽车市场的销售状况来分析预测橡胶工业的未来市场行情。

一般来讲，商品用途越单一，应用领域越集中，其市场需求可能的波动性就越大。相反，若商品用途越广，应用领域越分散，其市场需求可能的波动性就会越小。这一点我们在分析商品市场行情时应该加以重视。当然，商品的用途有主次之分，商品的主要用途决定商品的主要流向，是商品市场行情的主要影响因素。

（二）商品的社会属性与用途

商品的社会属性即商品在社会经济中的职能、地位和作用。按照商品在社会经济中的作用可将其分为两大类，即生产资料部类和消费资料部类。二者由于用途不同，需求变化规律也就有所区别，其表现出来的行情特征也自然不同。一般而言，由于消费资料与个人消费直接相关，而生产资料由于用以扩大再生产而与个人消费间接相关。消费资料需求的波动幅度比生产资料小，市场行情也较后者稳定。

在生产资料中，机器设备与原材料的需求变化也不相同，表现为前者需求的波动大于后者。但由于机器设备底价一般较高，所以反映在价格波动中，原材料则大于机器设备。同样在消费资料中，高级消费品需求波动幅度大于生活必需品的波动幅度，因为前者的价格弹性和收入弹性都较后者大。

（三）商品的科技属性与用途

商品的科技属性是指商品受科技进步影响的特性，或者说是商品在科技进步潮流中的相对状况。

科技进步会使某一具体商品用途发生变化，一般会有两种可能。一种可能导致商品用途减少。科技进步往往使新产品得以不断地开发，人们的消费会逐渐转向新的、性能更为优良的替代产品上，从而使旧产品用途减少，应用领域缩小。例如，当前一些新的人工原材料在许多性能上都超过了天然原材料，从而得到较快发展，而一些天然原材料的生产却相对衰落。另一种可能的情况是，产品的用途随科技进步而不断扩大，应用领域不断拓宽，从而使其需求面不断拓宽，需求量不断扩大。影响这种商品市场需求波动的因素也越来越多、越来越复杂，其间有可能彼此抵消，从而使需求潜在的波动性相对减少。

（四）商品的政治属性

有些商品由于对国民经济发展和人们的物质文化生活极为重要，而成为战略性物资。这类商品的供给、需求和价格会受到一些政治因素的影响。世界政局的紧张和缓和，或有关国家之间的政治、经济利益关系，都有可能影响到这类商品的市场行情。具有强烈政治属性的战略性商品往往具有两个特点：一是因其消费量大且总体替代性小而在国民经济中占有极其重要的地位；二是其产地因资源的区域性较强而较为集中。譬如，原油目前在各国经济中既是难以替代的重要能源，又是不可或缺的化工原料。与此同时，石油在世界上的分布很不均衡，产地相对集中，引发大量的国际石油运输，使其成为世界市场重要的战略物资。发达国家往往在军事和政治上采取措施，确保原油的生产和运输，左右国际油价以满足自身利益的需求。一些发展中产油国往往也在原油生产领域与西方石油垄断者展开斗争，争取原油资源的所有权、生产的控制权和出口的作价权，把石油当做与西方国家讨价还价的有力武器。

二、商品的生产

商品生产是供给的基础，是商品市场行情的重要组成部分和基本影响因素之一。商品生产动态与下列因素密切相关。

（一）商品生产周期

商品生产周期是指商品从开始生产到完成生产所需的时间。它往往因受一定时期技术水平的影响而比较稳定。不同商品有不同的生产周期。例如，大型机械（飞机、船舶、成套设备等）的生产周期往往较长，有些产品的生产甚至是跨越年度的；而有些商品，尤其是许多日用消费品，生产周期则较短，如鞋袜、饮料、香皂等产品，在短时间内就能生产成千上万件。

有机产品是生产周期明显的商品，而且有机产品的生产周期严格受自然规律的控制。例如，粮食一年一熟或两熟，水果一年收获一季，林木产品从种植到成材需要较长时间，而畜产品从开始饲养到出栏也主要受动物成长规律的制约。

生产周期不同的商品往往具有不同的行情特征。生产周期长的产品，生产调整的灵活性较小。当市场需求发生变化时，生产对需求变化的反应比较迟钝。因而短期内，生产波动比较小，市场的行情特征主要表现为商品价格的显著波动。而生产周期短的产品，生产的调整一般比较灵活，可以根据市场需求的变化情况而较快地增加或减少产量，以适应市场需求的变动。由于供给对需求变化的弹性大，所以这类产品因需求变化而导致价格变化的时间较短。结果是这类产品的行情特征表现为较为稳定的价格动态，但供给量变化在需求不稳的情况下变化也较大。

（二）商品生产的季节性

许多商品的生产具有季节性，其市场供给也表现出明显的季节性特征。个别工业品（如空调等）具有季节性生产特点，但工业品的季节性生产是可人为支配的，而且弹性较大。这里主要是指农产品的生产。农林牧渔业的产品以及与之密切相关的加工产品的生产与供给一般会表现出不同程度的季节性。尤其是农产品的生产周期在长度上和时间上都具有相对稳定性。例如，种植业产品的收获季节在一定地域一般是固定在某一时间内，渔业具有固定时间的渔汛期。由于生产在时间上具有季节性，这类产品的行情特征主要表现在两个方面。一是其供给变化具有某种固定形式，在收获上市之后，往往市场上供给开始旺盛，价格下降；而在产品收获上市之前，市场往往形成一定程度的短缺，价格相对较高。二是季节性使产品的供给不能迅速适应需求的变化，从而有时会导致市场价格的波动。例如，经济学中揭示的“蛛网循环”就是指有机产品因生产不可突破季节性限制，使产品生产调整滞后于市场价格变化而形成一种现象。

（三）商品生产的垄断程度

商品生产的垄断程度对其供给的动态特征有很大的影响。商品生产垄断程度越高，其供给越能适应市场需求的变化，因为垄断性组织可以人为地控制生产，根据需求调整供给。当市场状况不佳、需求疲软时，垄断组织为维持价格，保持垄断高额利润，往往会采取限产保价策略，压缩生产，以适应较低的需求。而当市场状况趋好、需求增加时，垄断组织又会迅速增加生产以满足不断增长的需求。这样，商品生产与供给始终与需求保持一致或较小差距，商品价格相对较为稳定，而生产与供给的波动由于需求的变化可能有时会比较频繁。

垄断程度低的或非垄断性商品，由于市场竞争激烈，一般难以依据需求的变化而作出适时的、有一定力度的生产调整。当需求下降时，由于竞争的集体效应，生产不会迅速下降；而当需求上升时，由于生产的剩余能力不足，生产和供给难以大量增加。其结果使供给对需求的变化表现出很大的不敏感性，价格往往会大起大落，容易使生产者蒙受较大的损失。这种情况多见于发展中国家的初级产品生产上。

（四）商品生产的技术条件

商品生产技术条件的变化，可以迅速改变其供给状况和竞争能力。生产技术的改进可以提高劳动生产率，扩大生产和供给能力。同时，生产技术的进步也往往会使产品质量得到不断提高，新产品得到不断开发，从而使产品供给对市场需求的适应性增强。从另一方面来看，新产品的出现会对旧产品形成冲击，从根本上削弱旧产品的竞争地位，使其生产、供给不断下降，这是由需求的替代性转换所造成的。所以技术的进步在不断推出新产品，淘汰旧产品，也使产品市场行情发生此起彼伏的变化。此外，技术进步在某种程度上可突破自然的限制，扩大产品的供给量。例如，金属矿开采和冶炼技术的进步，可扩大矿物产品的供给量，降低需求压力。再如，农业科技的发展使农业生产受季节性限制的程度降低，从而可改变农产品生产供给强烈的季节性或突破固有的区域限制，使供给更能适应市场需求。所以，技术条件的改善可以从不同角度，以不同程度，对相应商品的市场行情施加影响。

从总体上看，技术进步可以使产品的供给更能适应市场需求的发展趋势。新的产品不断涌现，生产规模不断扩大，市场趋于活跃；而传统市场则不断萎缩，行情处于疲软的长期趋势之中。

（五）政府政策措施

政府对经济的政策性干预对商品生产往往有很大的影响。例如，政府通过采取种种措施，如补贴、减免税或退税，加速折旧、投资优惠、国家购买等来刺激生产，扩大供给。这种情况尤其出现在危机阶段和萧条阶段，它是构成"反衰退"措施的一个组成部分。

三、商品的消费

商品消费是商品需求的基础。不同商品有不同的消费特点，这对需求的动态特征有较大的影响。影响消费及需求动态的因素有以下几点：

（一）商品的消费周期

商品的消费周期是商品自开始消费到完成消费所需的时间。商品的消费周期影响商品的更新速度。不同的商品具有不同的消费周期，因而更新的速度也就不同。例如，机器设备及耐用消费品的消费周期可长达数年甚至数十年，更新的速度较慢；而原料、燃料及非耐用消费品的消费周期往往很短，有的甚至以天而论，有的属于日常性消费产品，因而需要经常更新。消费周期长的商品，更新的弹性大，更新的时间余地大，消费者可根据条件的改变加速更新（增加无形损耗）或延缓更新（减少无形损耗），其结果导致其市场需求的变动性大。例如，在经济状况恶化时，消费周期长的产品由于消费者延缓更新而使市场需求进一步下降；而在经济活跃时，由于消费者对其加速更新而使其市场需求明显上升。从而造成这一类商品市场需求波动相对较大。相反，消费周期短的商品，尤其是日常性消费产品，无论经济状况好坏，都必须随时更新，更新提前与滞后的灵活性小，致使其市场需求的波动相对较小。

（二）商品消费的季节性

一些商品的消费存在着明显的季节性，即市场需求有旺季和淡季之分。这或者是由于气候变化所引起的，或者是由社会风俗习惯（如节假日）所导致的。结果使某些商品的需求随季节的更迭或某些特定日期的到来而发生有规律性的变化。例如，不同种类服装的需求就有明显的季节性，存在夏季服装和冬季服装之别；饮料食品往往以夏季需求最为旺盛，而在冬季则较为疲软。某些节假日会使消费品的需求显著增加，而假日过后需求又会出现明显的相对下滑。例如，12 月 25 日是圣诞节，它是西方最为重要的社会假日。实际上，每年在这一天前一段时间就进入了所谓的圣诞季，圣诞季是西方国家重要的消费季节，零售额都有一个明显的上升。在美国，通常零售业全年销售额的1/4依赖最后两个月的生意。

（三）商品消费的垄断程度

商品的消费垄断分区域垄断和部门垄断两种，这里主要是指消费的部门垄断。商品消费的垄断程度越高，说明商品的去向越单一，消费的部门指向越集中。这类商品需求的潜在变动性往往较大，尤其当商品消费部门的生产垄断性同样很高时，由于消费部门能根据市场的好坏而大量增加或缩减生产，从而引起作为投入品的那种商品的消费量的大幅增加或减少。这势必造成该种商品的市场需求呈现相对较大的波动。例如，橡胶的消费为汽车工业所垄断，汽车工业本身又是垄断程度很高的工业部门，它生产的波动性很大，导致它对橡胶需求的波动性也很大。反之，若商品的消费垄断性较小，即商品去向分散，消费范围较广，其需求的总体变化可能会因不同消费单元需求变化的不同步性而相对较小。一些大众化的消费品或众多生产部门的一些共需投入产品，其消费的垄断程度较低，因而其潜在的需求波动性也相对较小。

（四）消费结构的变化

消费结构是指个人可支配收入中用于衣、食、住、行、用和文娱等方面的相对比重以及对个别不同商品消费支出的比例。在一定阶段内，消费结构具有相对稳定性。但随着时间的推移，消费结构会不断发生变化。引起消费结构发生变化的原因之一是收入的提高。收入的增加使消费者对必要消费品的支出比例有所下降，而对耐用消费品、奢侈品和精神产品的消费需求相对上升。同种商品中对较高档次产品的需求上升，而对较低档次产品的支出比例有所下降。例如，汽车一直以来都是发达国家居民的主要消费品，而在发展中国家汽车消费很长时期以来都不占重要地位。但近10多年来，随着新兴工业化国家和部分发展中国家经济的发展，汽车在这些国家也逐渐走入寻常百姓的家来。引起消费结构变化的另一个因素是生活方式及习惯的变化，这种变化一般是由于文化的相互渗透和生活习惯的渗入以及专家倡议的缘故。例如，亚洲许多国家过去多以茶为主要饮品，但随着东西方经济的相互渗透以及由此带来的文化的相互影响，一些西方饮食习俗也逐渐传到了东方国家，亚洲国家的咖啡消费量越来越大。

消费结构的变化对商品市场行情起着潜移默化的作用，它使某些产品在国际市场上经历着一个长期的变化过程。其中一些可能会在世界市场上越来越走俏，而另外一些产品在国际市场上则可能会越来越萎缩。市场行情在不同商品之间进行传递着，彼消此长。

四、商品的国际贸易

商品的国际贸易即商品的进出口对世界市场商品的供求有直接影响。对大多数国家来说，所生产的产品只是有一部分用以出口，所消费的产品也只有一部分来自进口。因此与国际市场上商品供给与需求有关的并非世界各国的产品总量和消费总量，而是世界上可供出口和进口的商品数量。各国的商品出口形成了世界市场上的商品供给，各国的进口形成了国际市场上的商品需求。所以，研究国际市场上商品的供需状况，就必须研究其国际贸易状况。

（一）商品进出口的现状及发展趋势

研究任何一种商品的进出口，首先，要了解这种商品的进出口水平，只有进出口水平较高的商品一般才具有研究意义。那些进口量与出口量都微乎其微的商品，不能算做世界商品。其次，要了解国际贸易量是趋向扩大还是缩小，以及扩大与缩小的原因，了解商品国际贸易的长期变化趋势及原因。这有助于我们认识相应商品在国际市场上的供求变化规律，进而有助于我们对该商品进出口量的未来变化作出估计和预测。

（二）商品的主要进出口国

由于商品的主要出口国是世界市场上商品的主要供给者，而主要进口国是世界市场上商品的主要需求者，所以商品主要进口国和出口国的贸易量对国际市场上的供求力量对比起决定作用。主要出口国生产情况的变化和主要进口国消费情况的变化都会通过其进出口量的变化对国际市场的商品供求关系施加强烈的影响。研究世界商品的主要贸易国家，首先要了解其进出口量在国际市场上所占的比重，比重越大，其进出口变化对国际市场供求关系的影响也越大；其次，要了解主要进出口国家国民经济对其对外贸易的依存程度，依存度越大，其国内的经济状况及相关政策对国际商品市场行情的影响也越大；再次，还要了解世界商品主要进出口国家的需求动向和生产状况的变化，因为这关系到相应商品在国际市场上的供求变动方向。由于商品市场行情的变化在很大程度上取决于主要进口国消费和主要出口国生产的变化，因此这些国家所采取的一些国内政策措施以及其政治、经济、自然条件、科技发展动态等国内环境的变化也应作为我们研究世界商品市场行情的重点。

当然，事物会发生变化，主要进出口国也不是一成不变的。随着国际经济不平衡的发展，个别国家在国际贸易中的地位也会出现变化，从而使各国进出口在国际经济中的力量对比发生相对变化。因此，我们应适时地追随世界商品主要进出口方向的动态变化，掌握国际商品市场上的主流，从而使我们的商品市场行情研究工作不偏离方向，更富于成效。

第二节　国际价值与世界商品价格

与国内商品价格取决于其国内生产价值一样，在国际市场上，商品的价格首先是由生产它的国际价值决定的。所谓商品的国际价值是指生产某种商品在国际上所花费的社会必要劳动量，这种劳动量又取决于国际社会生产相应商品所需的必要劳动时间。这里的劳动是所有参与相应商品出口国家视为标准的那种劳动，即在其看来，这种劳动的复杂性、强度和效率是中等水平的。

当然，对于参与贸易出口的国家而言，一般劳动的复杂性、强度和效率并非完全一样，即不同国家生产同种商品的价值量是不同的。而商品的国际价值只能有一个（假定国际市场是统一的），因此国际价值与各国的国别价值常常会不相等。从理论上讲，国际价值量是贸易出口国国别价值量的综合。不过各贸易出口国出口数量不等，对国际市场的贡献或影响程度各异，其国别价值对国际价值的贡献也各不相同，所以生产某种商品的国际价值量并不是参加贸易的国家劳动消耗的简单平均，而是与供给国在世界市场上的供给量密切相关的一种加权平均。其计算公式为

$$V_W = \sum_{i}^{n} q_i v_i$$

式中 V_W 为生产某种商品的国际价值；q 和 v 分别为个别国家在世界市场上的市场份额与生产该种商品的劳动消耗量；n 为世界市场提供某种商品的国家总数。

上式告诉我们，一个国家在世界市场上占有的份额越大，其国别价值对国际价值量的贡献率就越大。因此对某些国别垄断性很强的世界商品，其国际价值量接近主要垄断国的国别价值量。

由于国际价值只有一个，而国别价值各不相同，因此各国商品生产的国别价值与国际价值的差别各不相同。这个差值决定了各贸易参加国不同的竞争能力或地位。一国的国别价值量越低于国际价值量，其产品在国际市场上就越富于竞争力，通过参与世界市场能够获得的利益也越大。相反，若一国的国别价值量高于商品的国际价值量，其产品在国际市场上的竞争力就弱，产品在国际市场上出售获利就少。所以，各国商品国别价值的大小决定了其在国际市场价值分配中的地位。

第三节　商品供求关系与世界商品价格

供求关系对商品价格的直接影响与商品价值量对商品价格的基础作用并不矛盾。商品价值量对商品价格的支配并非是指商品价值与其现实的商品价格完全相等，而是指商品的价值量决定着商品的均衡价格。所谓商品的均衡价格是指当商品的供给与需求处于均衡状态时的商品价格，但在现实情况中，供需常常是不平衡的，不是供过于求，就是供不应求。因此，现实的商品价格不是稳定地等于商品的价值，而是经常背离商品的价值，环绕其价值（或生产价格）上下波动，这也正是价值规律的表现形态。

现实的商品价格无论是高于还是低于商品的价值，都是商品供求关系的直接后果。在一定的条件下，商品的价值是相对稳定的，而其价格却无时不在变化。商品的供给、需求和价格构成了一个动态系统。无论是供给变动还是需求变动，都会对价格造成影响，从而引起商品价格的上下波动，而商品价格变化往往又会对供给或需求进行调节。换句话说，商品价格的变化既是商品供求关系的反映，同时也是解决供求不平衡的手段。

在市场上，商品的价格处于不断变化之中，原因来自商品供求的多变性。商品供求受许多因素的影响，这些因素使商品的供给或需求发生各种变化，无论是供给一方还是需求一方的变化都会打破旧有的供求平衡，从而使商品价格出现波动。

影响商品供给的因素主要有以下几个方面：

1. 生产规模

生产规模越大，商品供给数量越多。而生产规模的大小又取决于生产要素和各种投入的供给能力，如生产设备的生产能力、原材料的供应能力、劳动力的供应能力等。

2. 商品价格水平

在一般情况下，商品的市场供给数量与价格水平成正比，即价格越高，商品市场供给量越大；价格越低，市场供应量越少。在市场经济环境中，利润是生产者扩大产量增加供给的动力。在生产成本一定的情况下，利润与价格水平成正比，价格越高，就越能促使生产者多生产，多供给。

3. 投入品的价格

投入品的价格就是生产成本。在产品价格一定的情况下，投入品价格上涨意味着生产成本上涨、利润率下降，进而会导致生产萎缩，产量和供给下降；反之，投入品价格下降，则会刺激厂商扩大生产，增加供给。

4. 技术因素

技术进步可以提高原材料的利用效率和劳动生产率，扩大生产的范围。在一定物化劳动和活劳动投入的前提下，技术进步可促使生产出更多的产品，扩大产品的市场供给。

5. 其他因素

除以上因素外，尚有其他一些因素通过对生产成本的作用，影响着产品的产量或供给水平。例如，对资源性产品而言，资源状况不同，其开发利用的成本也就不同，最终会影响到产品的生产成本。再如，自然条件的优劣在很大程度上决定着农产品的生产成本。自然条件对特定农产品要求的满足程度越低，改善不利自然条件所需的成本就越大，当这种情况达到一定程度时，农产品生产在经济上就会变得不合理，从而使其生产和供给降低为零。

影响商品需求的因素主要有以下几个方面：

1. 商品价格

一般而言，在其他条件不变的情况下，消费者对商品的经济需求量决定于商品的价格，二者成反比关系。因此，需求的价格曲线是一条向下倾斜的曲线。对某一特定商品来讲，价格上升导致需求变化一般有两个原因：一是消费者转向购买更为廉价的代用品，这叫做替代效应；二是低收入者退出该商品市场，这叫做收入效应。两种效应的结果都使该商品的总需求量下降。同样的道理，价格下降也会使消费者由购买商品的代用品转向购买原产品或吸引更多新的购买者，从而使该商品的需求量出现上升。

当然，需求与价格的这种关系是就一般消费者或就平均情况而言的。在个别情况下，二者的关系也可能出现相反的变化，但这些变化多由某些特殊的消费心理所致，如消费者的攀比心理、价格期待心理以及品质怀疑心理等。

2. 消费者收入

这里的收入是指消费者的可支配收入。一般而论，收入越高，对商品的需求量就越大。在国内市场上如此，在国际市场上也不例外。一国的国民收入越高，进口能力就越大，对世界商品的需求量也就越大。收入与需求的这种关系是以消费习惯不变为前提的。但收入的变化有时会对消费者的消费习惯产生很大的影响。例如，收入增加，消费者会减少对某些低档品的需求，而转向高档品。这样，对某些商品来讲，收入与需求的关系就会出现相反的变化。但就大多数消费者和大多数商品来讲，收入与需求的关系是符合上述一般规律的。

3. 相关品价格

所谓相关品是指与某一商品在效用上可以相互替代的商品或与原商品的消费相互依附的产品。相对于原产品，前者叫做替代品，后者叫做补充品。不难理解，替代品价格上涨，市场会增加对原产品的需求；反之，则降低对原产品的需求，因此商品的需求量与替代品价格呈正相关关系。原产品的需求量与其补充品的需求量则具有同向变化性，因此，原产品的需求量与补充品的价格成反比关系。

4. 嗜好和偏好

有时消费者对某种商品的需求并非出自经济上的考虑，而是与一定的传统文化、历史习惯联系在一起的。它是造成不同地域、不同民族、不同人群需求差异的重要因素之一。研究需求的变化必须重视该因素的影响。

5. 其他因素

除了上述主要因素外，尚有一些其他因素对需求也会产生各种不同的影响。例如，为适应各地区不同的自然环境，人们会有不同的生活需求；宣传促销会使人们对某种产品的需求由无到有、由小到大地发展起来；外来消费习惯在当地的渗透，会改变当地的消费结构，从而引起对某些商品需求的扩大或缩小等。

第四节 货币因素与世界商品价格

一、货币因素对世界商品价格的影响及其原因

对世界商品价格有影响的直接货币因素主要包括两个方面：通货膨胀和汇率。

商品价格是其价值的货币表现形式。因此，它既受商品因素的影响，又受货币因素的影响。在金本位时代，各种价值符号与黄金挂钩，可以稳定地代表一定数量的黄金进行流通，从而保证了币值的稳定，不至于发生通货膨胀现象，商品价格基本上完全受商品供求制约。但自从金本位制度崩溃以后，纸币等其他价值符号已不再具有自由兑换黄金的功能，即它已不再代表黄金起流通作用，纸币的发行也失去了黄金的约束。如果纸币的发行量超过商品流通所需要的黄金，货币就会贬值，物价就会上涨。货币价值与商品价格成反比关系。可见，货币制度脱离金本位使通货膨胀变为可能。

第二次世界大战以后，资本主义国家的通货膨胀越来越严重。归纳起来，主要有以下几个原因：

(1)“冷战”环境使主要资本主义国家为了扩军备战，大量增加军备开支，滥发纸币和公债以弥补庞大的财政赤字。

(2) 资本主义国家广泛推行凯恩斯主义，扩大政府开支、刺激私人投资，以缓和经济危机。

(3) 垄断加强，垄断作价制度广泛流行。

(4) 由于外汇危机的加剧，许多资本主义国家的货币经常发生贬值。

(5) 国际清算手段，尤其是欧洲美元泛滥。

在上述因素的影响下，许多资本主义国家都出现了不同程度的通货膨胀。而资本主义国家国内的通货膨胀最终会导致世界性的通货膨胀，从而对世界商品的价格产生深远的影响。国内通货膨胀之所以会转化为世界性的通货膨胀，原因有两个。其一，随着国际贸易的发展和世界贸易自由化趋势的加强，资本主义国内市场与国际市场日益连成一体，两个市场之间密切相关，相互作用。国内通货膨胀导致国内价格上涨，提高了出口产品的成本，降低了本国产品在世界市场上的竞争能力，从而造成对外收支逆差。货币的对内贬值必然造成其对外的贬值，从而引起世界价格的上涨。其二，长期以来在国际贸易中，世界市场主要的结算货币是美元、英镑、瑞士法郎、德国马克（现在主要是欧元）、日元等，所以这些国家国内的通货膨胀意味着世界货币的贬

值，这显然会促使世界商品价格的上涨。

从第二次世界大战以来资本主义经济的发展历史中可以明显地看出通货膨胀对世界价格的影响。由于作为主要世界货币的日元、英镑、美元等都出现了大幅度的贬值，世界价格也出现了显著的上涨。例如，1980 年与 1950 年相比，工业初级产品（不含石油）出口价格平均上涨了 2.17 倍，而制成品平均出口价格则上涨了 3.27 倍。

通货膨胀对价格的影响使价格对供求关系的反映有所削弱。由货币因素引起的物价上涨，可见于经济周期的各个阶段。以往在资本主义经济危机阶段，由于商品相对过剩，致使价格有所下降，尤其一些敏感类的原料性初级产品更是如此，它们在危机阶段是价格下降的领先者。因此，价格趋降可作为生产出现过剩的信号。但随着世界通货膨胀的出现和加剧，即使在危机阶段，价格的下降也越来越不明显，甚至出现上涨的现象。因此，价格已不再是反映商品供求关系的绝对指标。我们只能从价格的相对变化中去追随供求关系的变动。所以，通货膨胀的产生给研究资本主义经济行情周期变化带来了一定的困难。为了剔除通货膨胀的影响，恢复价格对行情的指标作用，一般采用不变价格代替即时价格作为衡量标准。

汇率是两国货币的比价，世界上许多货币之间因国家与国家之间的贸易往来而形成不同的汇率。商品的国际市场价格一般由自由兑换货币，尤其是主要的几种国际结算货币来计价。所以对国际市场价格有所影响的汇率一般是指主要出口国与这些货币之间的汇价。例如，泰国是世界主要的天然橡胶生产和出口国，由此，泰铢和美元或欧元之间的汇价对天然橡胶的国际市场价格往往会有较大的影响；再如，马来西亚是世界重要的锡矿砂的生产和出口国，所以其货币林吉特的汇价就是影响世界锡矿砂价格的一个关键因素。也就是说，世界市场各种商品有不同的来源国，影响其价格的汇率也根据情况指不同货币之间的汇率。

二、通货膨胀影响世界商品价格的途径

通货膨胀都具有国家性，通货膨胀属于国别货币现象。国别通货膨胀影响国内商品价格比较容易了解，那么国别通货膨胀是如何影响世界价格的？

在分析通货膨胀与世界价格关系时，要注意以下几个要素：主导国家（即主要生产国、主要出口国）通货膨胀、汇率、自由外汇国家。

1. 主导国家通货膨胀

主导国家发生通货膨胀后会诱发以下两个过程：首先是该国的出口成本提高，它使出口价格上涨以消化成本的提高；同时，国内市场名义收益提高，使内销扩大，出口萎缩。两个过程的直接结果都是使目的国市场价格上涨（以出口国本币表示）。至此，若主导国家系主要自由外汇国家，由于国际价格本身就是以本币来表示的，所以，

国内的通货膨胀已经造成了国际市场价格的上涨。从中可以看出，自由外汇国家在世界通货膨胀的形成上负有更大的责任。

若主导国不是自由外汇国家，则在国内通货膨胀走向国际通货膨胀的途径上还有两种情况。

第一种情况是，若汇率不变，则以其他货币(即用来进行世界标价的自由外汇)表示的价格也会上升。因为这时出口商必须索要更高的外币价格才能保持本币收益的不变。但汇率不变只有在两种情况下产生：①采取固定汇率的国家；②浮动汇率国家在外汇市场还没有来得及对本币通胀作出反应。但这也不是说，固定汇率国家的通胀一定会造成世界价格的上涨。在这里还要看两个方面的问题。一个问题是相应产品在国际市场上供给价格弹性和需求价格弹性的大小。若供给弹性很大，意味着其他国家在相应产品的生产上蓄积了很大的生产能力，在价格上涨情况下会迅速扩大生产，从而对该商品的世界价格形成打压；若该商品在国际市场上的需求价格弹性也很大，则本国出口商品价格的上涨将造成世界该种商品的进口量下降，从而对其世界商价形成压力，以抑止其价格的上涨。只有在主导出口国的主导地位非常高，即垄断地位很高(供给弹性小)，且世界需求弹性不大的情况下，才有可能造成世界价格的上涨。而这种情况一般是不多见的，因为实行固定汇率的原因一般是由于国家出口能力较小，外汇比较紧张。在这种情况下，出口国纵然对某种商品的出口具有一定的垄断性，但由于其出口的单一性，往往这种垄断性是被动的垄断。另一个问题是相应产品在进口国市场关联中的地位。若系普遍应用或上游的商品，其价格的上涨有可能造成进口国价格的普遍上涨；若系弱关联商品，则其价格的上涨对整个价格的影响非常有限，其价格的上涨只是局部现象。

第二种情况是，若汇率发生变化，可以肯定汇率变化的方向是本币对外币汇价的降低，这时以自由外汇表示的商品的世界价格因汇率的缓冲而上涨较缓或保持不变。这种情况是在本币对内膨胀一段时间后经常出现的情况。本币对内膨胀，将导致出口量的下降，在进出口对汇率的自动调节下，必然会使外币供给减少，从而使外币汇价升高，本币汇价降低。这就是说，一国对内的贬值必然会造成对外币的贬值。这在某种程度上也印证了购买力评价学说的科学性。由此也看出，自由浮动汇率是一国通货膨胀向世界传递时的障碍或“缓冲器”。这说明了一般的非主流货币国家的货币形势或货币政策对外部世界影响的力度是有限的。

2. 非主导国家通货膨胀

非主导国家出现了通货膨胀，对国际市场价格会有什么影响呢？由于出口国在国际市场上对供给不形成垄断，而只是一个价格的接受者，所以其进出口对世界价格没有任何影响。这样，国内通货膨胀即便是对本国的进出口关系有所影响，但对国际市场价格不会造成实质影响。

综上所述，世界市场价格与主要资本主义国家国内物价的变化有密切关系。世界价格上涨，会引起各联系国（产品的进口国）国内物价的上涨；而国内物价的上涨，提高出口产品的成本，出口价格也会有上涨的趋势。由此，主要资本主义国家（主要出口国）国内的通货膨胀在一定条件下必然会转移到国际贸易领域，而引起世界价格的上涨。

第五节 其他因素与世界商品价格

一、国际垄断与世界商品价格

（一）垄断及垄断价格

在世界市场上，垄断泛指少数资本主义大企业对一个或若干经济部门(产品)的生产或贸易进行控制的行为。在资本主义自由竞争时代，世界市场商品价格完全由市场的自发力量即竞争力量制约，价格的动态特征表现为环绕价值量或社会生产价格上下波动。但自资本主义经济进入垄断阶段以后，垄断力量与竞争力量就共同制约着商品的世界市场价格。垄断因素的加入使商品价格的动态特点出现了一定的变化，表现为价格可以更长时间以更大的幅度偏离商品的价值量。凭借垄断地位实现的商品价格叫做垄断价格，垄断价格可以为垄断者带来大于社会平均利润的垄断利润。

垄断对世界商品价格的影响程度具体到不同商品是不相同的，它与商品生产或销售的垄断程度密切相关。垄断程度低的商品，其价格变化主要受市场竞争力量支配。而垄断程度高的商品的价格则主要为垄断资本所操纵。不过商品的垄断程度并非一成不变，在竞争力量与垄断力量的激烈矛盾中，任何一方都有可能占上风，从而使商品价格既可能发展成为垄断性价格，也有可能在新的竞争格局中重新转化为竞争性价格。一定时期内，商品的垄断程度主要受商品生产和贸易集中程度的影响。集中程度越高，企业数量越少，少数厂商越容易为避免竞争而对市场实行垄断。此外，商品生产技术的复杂程度对垄断程度也有影响。生产技术难度越大，局外企业进入的障碍就越大，少数厂商就越容易对生产实施垄断，且垄断一旦形成相对较难以被打破。

（二）垄断资本借以操纵国际市场的手段

1. 制定统一的垄断价格

国际卡特尔的基本宗旨之一就是避免彼此竞争，对外采取统一价格，因此制定垄断价格就成了这种垄断组织实施其垄断权力的重要方法。比如，1970 年之前，日本五大钢铁公司（新日铁、钢管、住友、川崎、神户）都是分别与我国谈判订货的。但在1970年之后，这五家公司每年组成一个代表团统一与我国谈判，避免了其间的竞争削价，实现以统一的垄断价格出口。日本的这种联合销售体就带有出口卡特尔的性质。

2. 限产保价

当市场上商品供给明显超过需求时，商品价格将受到下调的压力。而在垄断条件下，国际垄断卡特尔可以利用它对生产和供给的控制和成员国之间达成的协定适当压缩产量以维持高价。

3. 划分商品销售市场

在卡特尔协定中往往包括有划分销售市场的内容，即划定成员国各自的销售区域，互不侵犯，这也可以减少内部竞争，增强成员国之间的协同性和售价的一致性，以达到共同获益的目的。

4. 资本输出

采取资本输出手段，主要是对国外进行直接投资。这样既可利用当地廉价的生产要素，也可达到控制东道国商品生产和供给的目的。因此资本输出可以提高宗主国商品生产的垄断性，增强其制定和维持垄断高价的能力。

5. 购买专利

谁拥有了专利，谁就拥有了将专利付诸生产的合法权利。垄断组织花高价购买具有巨大经济价值的发明专利，实际上就等于消除了受到竞争威胁的可能性，从而也就获得对相应领域或产品生产和供给的绝对垄断权，为其在销售市场上对价格进行控制扫除了障碍。

6. 垄断低价

垄断低价同样也能为垄断者带来超额利润。它是通过垄断者对需求的控制，压低投入品价格，从而获得比平均成本更低的成本。这等效于获得了高于平均利润的超额利润。垄断资本操纵垄断低价的手段有：

（1）利用发展中国家的单一经济，以垄断买方的地位用垄断低价收购原料等初级产品。

（2）采取发展代用品的办法，进行压价。增加代用品的供给，可以减少对原产品的需求，从而可以迫使生产原产品的发展中国家降价销售。

（3）利用缓冲库存来平抑在原料产品供应紧张时的价格上涨。垄断者为了操纵原料品的国际市场价格，往往囤积一定量的原料储备，在必要时便会抛出存货以压低其国际市场价格。

从上面的论述中可以发现，在垄断条件下形成的垄断价格是垄断者人为确定的，而不直接是商品供求的反映。垄断者作价往往着眼于长期盈利，为此他们经常采用限产保价或限价增产的办法来作为对需求波动的反应。因此，垄断价格与竞争性价格相比具有更大的稳定性。

二、国际竞争与世界商品价格

（一）国际市场价格竞争的必然性

在当今世界市场上，垄断和竞争是影响市场行情的两股主要力量。国际垄断的产生使世界市场商品价格动态发生了很大的变化，所以研究世界价格必须重视垄断因素。但垄断并不能消除竞争。在垄断与竞争的不断较量中，旧的竞争局面被打破，而新的竞争格局又会形成。

垄断之所以不能消除竞争，原因首先是资本主义生产资料的私人占有制、资本家个人利益和资本主义国家利益的存在，这是竞争得以产生的先决条件。国家利益以及由此带来的资本主义国家公司之间、国家之间经济利益的相互对立并不因垄断而消失，其间的对立和争夺必然会通过竞争的方式表现出来。其次，在现实的世界市场上，对某种产品生产和销售的独家垄断是很少见的，往往是由几个公司共同对某种产品或某个领域进行垄断。其间有的相互联合形成垄断组织（如卡特尔），在这种集团垄断状况下，实际上仍存在着不同的利益主体。垄断组织内部各成员之间在利益上也常会因市场分配不均而产生各种矛盾，这就为打破垄断、形成新的竞争格局提供了很大的可能性。最后，有垄断，就会存在高额的垄断利润，一方面它使旧的竞争者不甘心被击败而永远退出市场角逐；另一方面它又会诱使新的竞争者加入到市场较量中。因此，即使在垄断的情况下也会有许多竞争因素存在。局外企业的存在就是对垄断者的威胁，当局外企业的力量日益强大时，垄断者的垄断地位就会受到动摇，垄断格局就有可能被打破。因此从发展的眼光来看，垄断与竞争之间存在着辩证的关系。竞争的结果产生了垄断，而垄断利润的存在又会促使新的竞争局面的不断形成。所以在资本主义市场上，竞争无处不在，无时不有，只是由于垄断因素的干扰，竞争在有的时候、有的领域内表现激烈，而在有的时候或领域内表现得相对缓和罢了。

（二）世界市场竞争的种类

1. 世界市场竞争按竞争商品的关系可分为直接竞争和间接竞争

（1）直接竞争。直接竞争是指生产同种商品的各国厂商之间的竞争。这种竞争既发生于各国厂商之间，也可出现在经营同类商品的不同垄断组织之间以及国际垄断组织与局外企业之间，甚至在垄断组织内部也会发生一定程度上的直接竞争。直接竞争经常会使世界市场力量对比发生显著变化，从而对垄断公司或组织的垄断价格给予严重打击。

（2）间接竞争。间接竞争是指生产替代性商品的各国厂商之间的竞争。例如，生产煤炭的企业与生产石油的企业之间的竞争，铜和铝的生产者之间的竞争等。间接竞争是不同产品在性能、价格上的较量。间接竞争的结果是世界市场上商品结构不断变化。垄断高价和主要商品的短缺，是导致替代品出现的主要因素，而科技的发展和生产工艺的不断完善又使许多替代品在质量和性能上更优于原产品。因此，某商品的价格不仅会受到同种商品生产厂家价格竞争的抑制，还会面临其替代品的竞争威胁。换句话说，在世界商品市场上，商品的价格既取决于其本身的供求状况，又与其替代品的价格休戚相关。间接竞争的出现主要有两个原因：一个原因是由于某些资源因长期开采而越来越有限，于是需要寻找和发展替代性资源产品；另一个原因是一国为了减少某产品对其他国家的依赖而开发新的替代性进口商品。例如，20 世纪两次石油危机以后，西方发达国家开始为寻找新能源做了大量的工作，导致包括核能在内的新能源的应用不断扩大。

2. 世界市场竞争按竞争手段可分为明显的价格竞争和隐蔽的价格竞争

（1）明显的价格竞争。明显的价格竞争又称为直接价格竞争，它是指通过直接而公开地变动商品销售价格来提高销售额或出口额，抢夺市场占有份额，借以击败竞争对手。低价倾销和进行价格战是直接价格竞争的主要形式。所谓倾销是指出口国以低于国际市场价格水平的价格，或低于商品生产国国内市场正常价格的价格向其他国家销售商品。利用价格倾销可以对生产同类商品的其他生产国厂商形成威胁，它能动摇其他国家垄断者的垄断地位，增强倾销者的市场占有率和竞争地位。不过，目前倾销被世界许多国家的法律以及世界贸易组织视为违法行为。它被认定为是一种不正当的竞争手段，是对市场竞争中的公平、公开和公正原则的违背。因此世贸组织授权被倾销成员可通过提高关税的手段对倾销行为加以抵制。美国、欧盟等主要贸易国家和地区都制定了反倾销法律，对于以低于正常价格向其国内市场出售的外国商品征收反倾销税。但是由于国际市场上的竞争日益激烈，商品价格倾销时有发生，由此而引发的各国之间的相互指控和纠纷屡见不鲜。

（2）隐蔽的价格竞争。这种竞争方式不是以直接变动价格作为竞争手段，而是通过提高产品和包装质量、改善产品性能、增加品种规格、扩大广告宣传、缩短交货期、优化售后服务等途径来提高自己产品的竞争能力。有的人认为这些应属于非价格竞争范畴，但也有的人认为在价格不变的前提下，在其他方面为消费者提供更优惠的条件，与降价促销的效应是一样的，因此也可以认为是一种隐蔽性的价格竞争。

3. 世界市场竞争按市场地位可分为买方竞争和卖方竞争

（1）买方竞争。顾名思义，买方竞争是指在世界市场上采购同一种商品的买主之间的竞争。买方竞争的形成主要是商品短缺造成的，其结果是抬高世界市场商品的价格。进入 21 世纪以后，包括中国、印度等在内的发展中国家经济发展迅速，对世界资源的需求越来越大。包括能源在内的资源性产品的日益减少越来越引起人们的重视和担忧。由此人们预计，未来这一类商品市场上的买方竞争也会越来越激烈。

（2）卖方竞争。卖方竞争是指国际市场上生产和销售同一种产品的不同国家厂商之间的竞争。卖方竞争的直接结果是导致商品价格的下降。我们一般所言的竞争是卖方之间的竞争。因为第二次世界大战以后，世界经济经历了高速发展，多数产品的生产能力获得了极大的提高，特别是许多工业制成品市场出现了产品过剩的局面，这使发达国家厂商之间展开了越来越激烈的卖方竞争。

在现实的世界市场上，各种商品竞争方式是交织在一起的。商品竞争的激烈程度以及竞争对价格的影响程度与一定时期商品的供求状况有很大关系。当市场上求过于供时，买方竞争加剧，而卖方竞争变弱，形成卖方市场。在卖方市场中，竞争的结果使商品价格趋向上涨；反之，在供大于求的买方市场条件下，竞争的主要结果是商品价格趋向下降。当竞争导致垄断产生时，市场价格会相对稳定，而当旧的垄断被打破时，价格动荡将又会发生。世界市场价格就是在竞争环境中不断变化，时而激烈波动，时而相对稳定；时而向上波动，时而向下波动。

三、经济周期与世界价格

周期变化是市场经济的主要动态特征，也是世界市场行情变化的基本表现之一。作为资本主义世界市场行情的主要指标，商品的世界价格也必然受这一宏观因素的影响。

在研究资本主义经济周期对世界价格的影响时，必须首先明确两点：其一，资本主义经济的发展是间隙式的发展，即扩张与收缩交替出现，这是资本主义经济发展的基本规律；其二，供求变动是引起世界商品价格变化的直接因素。明确这两点，就不难理解经济周期对世界商品价格的影响。周期理论认为，经济危机是生产和消费、供给和需求严重失调的强制性解决过程。在生产和供给严重超过需求的压力下，商品难以按前定的价格出售，因此，只好降价求售。在萧条阶段，由于市场需求不振，价格走势疲软；在复苏阶段和高涨阶段，由于固定资本更新和就业的恢复，必然导致需求的急剧扩大。但滞后的商品供给会造成商品的市场短缺，因而促使商品价格出现显著的上扬。价格上涨又刺激生产和供给进一步膨胀，从而为新的一轮生产过剩创造条件。因此资本主义世界市场价格具有普遍的周期性特点。尤其是当发生世界性经济危机时，世界商品价格的变化更能体现资本主义经济周期对商品价格的影响。例如，在1929—1933年的大萧条阶段，英国、美国、日本等国的批发价格分别下降了53.9%、57.8%和70.1%。再如，1990—1991年发生了第二次世界大战后第四次经济危机。美国于1990年7月进入危机，1991年3月走出危机，从1990年8月到1991年4月，世界金属价格指数（IMF）下降了将近20%。2008年美国爆发次贷危机，2009年美国的批发价格指数比2008年下降38.8%。

但从总体上看，这种经济周期与商品价格的关系只是在第二次世界大战前历次经济危机中得到了明显的体现。第二次世界大战以后，尤其是20世纪60年代以来，世界性的通货膨胀越来越严重，加之垄断作价现象的出现，在危机阶段发生了生产停滞与通货膨胀并存的所谓滞胀现象（Stagflation），使得危机阶段某些商品的价格出现了反常的回升现象。例如，1973—1975年经济危机期间世界原料出口价格上涨了32.8%，世界工业制成品价格上涨了22%。但是即使这样，我们也不能否认经济周期对商品价格的影响和世界商品价格变化的周期性特点，原因有二。第一，只有严重的滞胀现象才能导致商品价格周期的严重变形。而从第二次世界大战后的历史来看，严重的滞胀现象是和特定的历史条件联系在一起的，如出现战争、石油危机或严重的自然灾害等。例如，20世纪70年代中期的石油危机对危机期间商品价格的反常上升起着不可忽视的影响。而类似的历史条件并没有普遍性。因此，认为危机阶段价格的绝对变化从此失去原有的周期性特点的观点是武断的。第二，即使在经济危机阶段商品价格出现了上涨，但仍然存在相对下降的痕迹，表现为危机期间价格上涨幅度和上涨速度的下降。这表明价格在危机阶段仍然受到了一定程度的抑制。

四、国家政策与世界价格

由于资本主义国内经济与世界经济存在着密切的联系，资本主义国家所采取的许多政策措施会对世界市场行情和世界市场价格产生重要的影响，特别是主要发达国家的对外经济政策更是直接影响着国际商品市场的行情动态。

国家行为对世界商品价格的干预并不局限于关税政策。第二次世界大战以来，西方国家中所采取的各种非关税壁垒对国际商价的影响也不容忽视，它使国家政策对国际市场价格的影响进一步强化和复杂化。

五、国际组织与世界价格

影响国际市场价格的国际组织主要有两类：一类是国际商品协定；另一类是原料输出国组织。

国际商品协定是某些初级产品出口国与进口国之间，为稳定价格、保证贸易顺利进行而缔结的政府间多边贸易协定。国际商品协定通常的做法有三种，即建立缓冲存货以平抑价格陡变、实施出口限额以维持价格和签订多边长期合同以稳定价格。通过这些途径，国际商品协定对国际商品价格施加着一定的影响。但由于各方利益不同，价格态度不同，协定的纪律常被打破，所以利用上述手段来稳定价格，常常不能达到预期的效果。

原料输出国组织是指，作为某种商品出口国的一些发展中国家为摆脱西方垄断资本的操纵、争取产品作价权而联合起来的一种国家垄断组织。它是以垄断反垄断的产物。原料输出国组织的成立打破了西方对某些国际产品的垄断低价，在一定程度上改善了发展中国家与发达国家之间不平等的贸易条件。例如，石油输出国组织（OPEC）自成立以来曾多次提高油价。20 世纪 70 年代初，波斯湾国家依靠该组织的力量将油价由每桶 1.62 美元提高到 7 美元以上，到 1980 年每桶油价曾高达 34 美元，而在 2012 年 3 月，OPEC 油价又创出了每桶 123.79 美元的新高，从而大大提高了产油国的经济利益。OPEC 是对国际油价施加影响最为成功的一个组织。当然这一方面取决于该组织垄断了世界石油的蕴藏、生产和出口；另一方面也取决于世界石油的需求弹性较小。也就是说，我们看一个产品的输出国组织对其价格的影响程度，一方面要看它对该产品的资源、生产和出口的控制程度；另一方面还要看该产品在世界经济中的地位和作用，后者往往对其需求价格弹性有很大的影响。

【本章关键术语】

商品市场行情　商品的属性　商品供给　商品需求　国际价值　通货膨胀　垄断与竞争　原料输出国组织

本章复习思考题

1. 影响商品市场行情的主要因素有哪些？
2. 简述国别价值与国际价值、国际价值与国际市场价格之间的关系。
3. 简述通货膨胀与世界商品价格的关系。
4. 如何分析竞争、垄断与世界价格的关系？
5. 经济周期与世界价格的一般关系是什么？
6. 原料输出国组织成功作价的前提是什么？

本章延展阅读书目

[1] 康有枢．世界市场行情：对周期运动的理论分析[M]．朱应庚，等译．北京：对外经济贸易大学出版社，1992.

[2] 哈伯勒．繁荣与萧条：对周期运动的理论分析[M]．朱应庚，等译．北京：商务印书馆，1988.

第七章
世界能源市场行情分析

【本章学习要点】

- 能源的分类
- 世界能源的储量、产量分布状况
- 世界能源消费的特点
- 世界石油价格的变动及其未来走势
- 影响世界油价的主要因素
- 我国在国际石油市场中的地位

第一节　世界能源市场的一般状况

凡能提供某种形式能量的物质，或物质的运动，统称能源。能量转换和传递过程是指能量从一种形式转换成另一种形式，由一种状态传递给另一种状态。根据转换和传递方式，能源可分为一次能源和二次能源。一次能源是指从自然界获得、可以直接应用的热能或动力，通常包括煤、石油、天然气等化石燃料(又称矿物燃料)以及水能、核能、地热能、太阳能等。目前，世界上消耗量最大的能源是化石燃料，其中石油、煤、天然气大约占总能耗的85%左右。二次能源是指由一次能源转换而来的能源，如电能、汽油、氢能等。根据利用技术，能源可分为常规能源和新能源，煤、石油、天然气、水能、生物能等是常规能源，目前应用比较普遍。核能、地热、海洋能、太阳能、风能等是新能源，是新近才利用的能源或正在开发研究的能源。根据能源消费后是否造成环境污染，又可分为污染型能源和清洁型能源。煤炭和石油类能源是污染型能源，水力、氢能、燃料电池和太阳能等则是清洁型能源。

世界各种能源的储量、产量和消费量分布极不平衡，主要集中在某些地区和少数国家。从储量来看，石油主要分布中东地区，天然气主要分布在前苏联和中东地区，煤炭大多分布在亚太、北美和欧洲地区。从产量来看，石油主要产自中东地区，天然气主要产自北美和前苏联，煤炭主要产自亚太和北美地区。从消费量看，石油消费集中在北美、亚太和欧洲地区，天然气消费量主要集中在北美和前苏联地区，煤炭消费以亚太和北美地区为主，核电消费主要在欧洲和北美地区，水电消费主要在北美和亚太地区。

其中，一些国家在能源的储量、产量和消费量上都占世界总量的较大份额，具有明显的优势。沙特阿拉伯、俄罗斯、美国分别在石油、天然气、煤炭储量上占据绝对优势，而美国在石油、天然气、核能上的消费都居世界第一。

一、世界能源的储量分布与生产状况

（一）世界能源的储量分布

我们先来看看世界主要能源的分布情况。

到2010年年底，世界石油探明储量为1.3832万亿桶，其中中东地区为7.525千亿桶，约占世界总量的54.4%，其他地区均不足10%左右。而且大部分石油分布在OPEC国家，达10.684千亿桶，占世界总量的77.2%；前苏联的石油储量也比较高，占世界总量的9.1%。从国家分布来看，沙特阿拉伯的储量位居世界第一位，其储量占世界总量的比例达19.1%，其次为伊朗、伊拉克、科威特等国家。

到2010年年底，世界天然气储量为187.1万亿m^3，大约可满足50年的供应量。天然气主要分布在前苏联和中东地区，这两个地区的储量占世界总量的70%以上，其他地区均不足10%。世界储量最大的是俄罗斯，占世界总量的23.9%，其次是伊朗和卡塔尔。

到2010年年底，世界煤炭储量为8 609.38亿t，主要分布在亚太、北美和前苏联地区，这三个地区的储量约占世界总量的80%以上。世界煤炭储量最大的是美国，占世界总量的27.6%，其次为俄罗斯，储量占世界总量的18.2%，我国的储量占世界总量的13.3%，排在第三位。

（二）世界能源的生产分布

2010年世界石油（包括原油、沥青砂及天然气液）的日产量为82.095百万桶，30%产自中东地区。OPEC国家的日产量最大，占世界总量的41.4%。其次为前苏联地区，日产量占世界总量的16.8%，再次是北美地区，日产量占16.6%。从单个国家来看，日产量最大的是俄罗斯，占世界的12.9%，其次为沙特阿拉伯，日产量排第二，占世界的12%，美国居第三位，日产量占世界的8.7%，其他国家的日产油量都占10%以下。

2010年世界天然气的产量达到31 933亿m^3，主要产自北美和前苏联地区，这两个地区的产量占世界的比重将近50%，亚太地区的产量占15.4%，非洲和中南美地区只占世界总产量的6.5%和5%。俄罗斯和美国是世界产气大国，其天然气产量均接近世界的20%，分别达到18.4%和19.3%，我国的天然气产量占世界的3%。

2010年世界煤炭产量为37.314亿t，主要分布在亚太和北美地区，两地区产量占世界的80%以上，中东地区煤产量最少，不足世界总量的0.06%。世界煤炭产量最大的是我国，产量占世界的48.3%，美国排第二位，产量占世界的14.8%，澳大利亚排第三位，产量占世界的6.3%。

近10年来水力发电量持续增长。2000年世界水力发电量相当于59 940万t原油当量，2005年、2009年、2010年分别增至65 860万t原油当量、73 630万t原油当量、77 560万t原油当量。相比较而言，近几年核能发电出现停滞增长，2000年核能发电量相当于58 430万t原油当量。2006年达到63 540万t原油当量，是有史以来最高水平，但随后逐渐下降，2007年、2008年、2009年的产量分别为62 210万t、61 920万t、61 400万t原油当量，直到2010年才增长到62 620万t原油当量。

二、世界能源的消费状况

目前，世界能源消费出现以下特点：

第一，世界一次能源消费量不断增加。由于全球经济发展和人口增加，世界经济规模不断增大，并推动世界能源消费量持续增长。据统计，在过去的10年中，世界能源消费量年均增长率为2.5%左右。2000年世界一次能源消费量仅为93.824亿t原油当量，而2010年已达到120.024亿t原油当量。世界排名前10位国家的消费量占世界的65%以上。中国是世界消耗一次能源最多的国家，其消费量超过了世界总量的20%。

第二，世界能源消费出现不同的增长模式。发达国家能源消费的增长速度明显低于发展中国家。过去30年来，北美、中南美洲、欧洲、中东、非洲及亚太等六大地区的能源消费总量均有所增加，但是由于经济、科技与社会发展水平方面的差异，发达国家的能源消费增长速度变缓，尤其是北美和欧洲两大地区，其消费量占世界总消费量的比例逐年下降，北美由1973年的35.1%下降到2010年的23.08%，欧洲则由1973年的42.8%下降到2010年的24.75%。发达国家能源消费比重的下降有两方面原因：其一是发达国家的经济发展已进入到后工业化阶段，经济正在向低能耗、高产出的产业结构发展，而高能耗的制造业则逐步转移至发展中国家；其二是发达国家高度重视节能以及提高能源使用效率，与发达国家相比，发展中国家正在经历工业化发展阶段，因此，高能耗、低产出、能源使用效率低等造成发展中国家的能源消费的增速快。

第三，世界能源消费结构趋向优质化，但地区差异仍然很大。随着经济的发展，目前已形成以化石燃料为主、可再生能源和新能源并存的能源消费结构。到2010年年底，化石能源仍是世界的主要能源，在世界一次能源供应中约占87%，其中石油占33.56%、煤炭占29.63%、天然气占23.81%。同时，对非化石能源和可再生能源的消费虽然增长很快，但仍保持较低的比例，约为13.0%。

从各地区能源的消费结构特征来看，中东地区油气资源最丰富，开采成本极低，因此该地区能源消费的98%左右都是石油和天然气，这个比例明显高于世界平均水平。在亚太地区，由于我国、印度等国煤炭资源丰富，因此在能源消费结构中煤炭所占比例相对较高，而石油和天然气的比例偏低（约为39%），明显低于世界平均水平。除亚太地区以外，其他地区对石油、天然气的消费比重均高于65%。

第四，世界能源贸易量及运输压力在不断增大。一方面，由于各地区生产与消费量分布的不平衡，使能源贸易量及运输的压力都增大。例如，中东地区、非洲和中南美洲的石油产量都大于消费量，需要向外大量输出石油，而亚太、北美和欧洲的石油产销缺口很大，需大量进口。另一方面，随着一些地区出现能源资源的相对枯竭，各地区及国家之间的能源贸易量将会进一步增大，并由此产生对能源运输的旺盛需求。在这种情况下，能源储运设施及能源供应安全等问题将显得更加重要，并日益受到各国的关注。

下面我们来看看世界各种能源的消费状况。2010年世界石油的消费量为每天87.382百万桶。北美、亚太和欧洲是主要消费区，消费量约占世界总量的80%以上。2010年石油消费量最大的是美国，占世界总量的21.1%，其次为我国，消费量占世界的10.6%，日本消费量占世界的5.0%，排第三位。

2010年世界天然气的消费量为31 690亿 m^3，其中北美和前苏联是主要的消费区，这两个地区的天然气消费量占世界总量的45%。美国是天然气消费第一大国，其消费量占世界总量的21.7%，其次是俄罗斯，消费量占世界的13%，再次为伊朗，消费量占世界的4.3%。

2010年世界煤炭消费量为3 555.8百万t原油当量。亚太地区煤炭消费量名列世界第一，占世界总量的67.1%，北美地区位居第二，占世界总量的15.6%。中东和中南美地区煤炭消费量很少，均不足世界总量的1%。煤炭消费量最大的是我国，其消费量在世界总量的48.2%；美国排第二位，消费量占世界的14.8%；印度排第三位，消费量占世界的7.8%。

2004年世界核能消费量为626.20百万t原油当量。欧洲及欧亚大陆（包括欧洲及中亚五国）核能消费量最大，占世界总消费量的43.6%；北美位居第二，占世界的34.2%；亚太地区位居第三，占世界的21.0%。从单个国家来看，美国是核能消费第一大国，消费量占世界的30.7%；法国排第二位，占世界的15.5%；日本排第三位，占世界消费量的10.6%。

2010年世界水电消费量为775.6百万t原油当量。北美、欧洲和亚太地区是世界利用水电的主要地区，其水电消费量占世界总量的80%以上。世界上利用水电最多的国家是中国，占世界总量的21.0%，巴西和加拿大分别位居第二位和第三位。

三、世界能源市场的未来走势

未来20年，全球经济将以较高的速度增长。美国能源部能源信息署发布的《2005年国际能源展望》报告认为，到2025年全球经济总量将增加一倍，从而带动全球能源消费增长57%。成熟市场经济国家目前已经建立了比较成熟的能源消费模式和消费结构，经济结构也已实现从能源密集型产业向服务型产业的转变，因此，未来20年内这些国家的能源需求将年均增长1.1%。新兴国家如亚洲、非洲和中南美洲等地区经济的高速增长可能会带动未来对能源消费的增长。预计新兴国家对能源消费需求的增长速度为3.2%，东欧和前苏联经济转型国家能源消费需求增长将比较平稳。

根据预测，2001—2025年的24年间，全球能源总消费量增长率将约为1.8%。预计未来欧盟和日本等发达国家或地区的能源消费增长率将逐渐减慢，总能源消费平均增长率约为0.7%及0.8%，美国和前苏联地区的总能源消费平均增长率约为1.4%及1.5%，而经济保持快速增长的中国地区，总能源消费平均增长率将达到3.5%，远高于全球平均水平。

与1990年相比，2010年世界耗用能源的地区结构将发生变化。1990年，美国耗用世界24%的能源，欧盟国家耗用17%，前苏联地区耗用17%，我国耗用8%，日本耗用5%。2001年，美国、欧盟国家、日本耗用世界能源的比重未发生变化，前苏联地区的比重则降至10%，我国上升至10%。2009年，美国耗用世界能源18%，欧盟国家耗用世界能源15%，日本耗用世界能源4%，我国耗用世界能源18.7%，超越美国成为全球能源消费第一大国。据国际能源署《世界能源展望2011》预计，2035年我国能源消费将占世界比重的22%，美国降至13%，欧盟和日本也分别降至11%和3%。

在世界能源消费结构方面，石油、天然气和煤炭等化石能源资源将依然占据主要地位，其中石油在交通和工业终端用能上继续保持统治地位。由于各国对化石能源消费的限制，各国政府都将鼓励减少对化石能源的消费，鼓励使用替代能源，因此，未来世界对非化石资源的消费将增长较快，但是消费量应不会超过化石资源。

另外，未来20年，可再生能源发电的年均增长率将达到1.9%，水力发电和其他可再生能源发电在发电用能结构中仍将占有8%的比例。可再生能源发电的增长主要将由新兴国家和经济转型国家新建和扩建的水力发电设施来推动，而在成熟市场经济国家，风能、太阳能、地热能和生物质能将在可再生能源利用中占据主要地位。

第二节 世界石油市场

一、世界石油市场的供求状况

《BP世界能源统计年鉴2011》显示，石油储量在过去25年里不断上涨，2010年世界石油总储量为1.3832万亿桶，比2000年报告的数字增长了25%。从储量的分布来看，77.2%位于OPEC国家，其中沙特阿拉伯、委内瑞拉、伊朗、伊拉克、科威特、阿拉伯联合酋长国位居世界石油资源国的前六位。按目前的开采速度计算，全球石油储量可供开采生产46年。因此在今后20年内，总体上全球石油供应能力仍将继续增长，足以满足世界各国经济和发展的需要。

1. 世界石油的生产分布

从石油生产供给来看，1990—2010年，除北美以外，世界上其余地区石油产量均得到了不同程度的增加。其中，欧洲仅增加了8.24%，亚洲和非洲增长迅速较快，分别增长了22.92%和49.03%，中南美洲增长最为迅速，达到了51.93%。从石油生产国的分布来看，11个主要产油国是沙特阿拉伯、俄罗斯、美国、伊朗、墨西哥、中国、科威特、伊拉克、加拿大、阿拉伯联合酋长国、委内瑞拉，生产了全球约65%的石油，其中俄罗斯、沙特阿拉伯、美国的生产量分别占了全球的12.9%、12%和8.7%。可见，世界石油生产相对集中在少数国家，可能加大石油价格变动的风险，尤其是排名在前三位的产油国在政治或经济方面的变动都可能会影响世界石油价格的稳定。

但是必须引起注意的是，世界炼油能力出现严重的“瓶颈”，全球炼油厂的利用率已经达到90%左右的高负荷，石油供应越来越依靠高难地区的石油开发。在石油产品的品种结构上，矛盾也很突出，重质、高含硫原油在原油产量中所占比例也在增加。

2. 世界石油的储量分布

2010年年底世界已经探明的石油储量为1.3832万亿桶，如果按照目前每天的供给生产量来计算，可以供世界各国开发46年。据统计，1980—2010年间世界探明的石油储量增长了107.21%，其中OPEC国家的储量增长了151.17%。从石油储量的分布来看，目前中东地区的储量占全世界的54.4%，其次是中南美地区、欧亚地区和非洲地区，而且这四个地区的增长速度也较快，1980—2010年间分别增长了107.65%、795.36%、41.67%和147.17%。从总体来看，不必担心石油资源会枯竭，因为随着探测和石油开发技术的进步，对一些地区和深海进行石油探测和开发的可能性很大，而且其他新能源或替代能源的利用水平也将随着技术水平的提高而提高。

另外，石油的产品成本和开发生产的技术设施也是影响石油有效供给能力的重要因素。技术条件的限制往往会增加石油的成本和价格，一般石油的开发和生产成本约占石油产品成本的1/3以上。比如，北美生产的石油产品，开发成本和生产成本非常高，占总成本的75%左右，这在很大程度上影响了石油供给和生产能力的提高。

3. 世界石油市场的需求状况

随着人均收入水平的提高，各国对石油的消费量将逐步提高，需求将越发旺盛，尤其是我国和印度这样的经济高速发展国家。世界石油消费量已经由1980年的60.04百万桶/天增加到2010年的87.38百万桶/天，增长幅度达42.83%。

从石油消费的地区分布来看，目前西方工业化国家和发展中的亚洲地区的石油消费量仍处于主导地位，2010年美国、我国、日本的石油消费量居前三位。其中，美国是世界最大的石油消费国与进口国，年石油消费量达8.5亿多吨，占全球石油消费量的1/5以上；石油进口量约为5.771亿多吨，也占全球石油进口总量的1/5以上。

从石油消费的增长趋势看，1980—2010年，欧盟和日本的石油消费量分别下降了8.47%和15.19%，美国的石油消费增加了7.71%，远低于世界石油消费的平均水平。但这期间我国的石油消费量增长了4.02倍。

从石油的消费结构来看，与发展中国家的工业化进程和石油需求的增长相联系，工业和居民商业用油快速上升，交通运输用油稳步增长，交通运输的消费量占石油消费量的48%。2020年、2030年世界对石油的总需求将分别达到113.5百万桶/天和138.5百万桶/天，交通运输需求将分别达到67.6百万桶/天、82.8百万桶/天。在石油产品结构方面，为适应环境保护的需要，各国对石油的需求日益朝轻质化方向发展。

就短期而言，石油的消费与石油价格之间呈现一种非线性的关系。通过对近年来石油价格在11美元/桶~35美元/桶的时间序列数据进行分析，可以发现，对OECD国家而言，石油价格对石油消费的弹性系数为0.1，但当石油价格上升到63美元/桶时，这一需求价格弹性系数将上升到0.5。可见，石油价格对石油消费有很强的抑制作用，即当石油价格以很大幅度上升时，石油消费将会相应削减。对于经济快速增长的国家如我国，这种抑制作用就更加明显。另外，石油价格上涨也会导致GDP的增长减速，以20世纪70年代两次石油危机的数据进行测算，石油价格每变动30%~40%，全球的GDP的增速变动幅度将为0.5%~1%。

综上所述，世界石油资源的分布、生产及消费在全球范围内极不均衡。一方面，石油产地主要集中在中东、北非、中亚、俄罗斯和北美五个地区，其中中东和前苏联地区石油储量占世界的60%以上，因此，未来的石油供应将继续依赖中东和前苏联地区。另一方面，世界石油消费的近80%集中在北美、亚太和欧洲三大地区，而这些地区的储量和产量根本无法满足其消费的需要。从总体来看，各地区石油供需不平衡问题非常突出，目前解决这一问题的途径主要是通过石油贸易。

二、石油价格的变化及其走势

（一）石油价格的定价基准

通常，石油行业根据产地、相对重量或黏度对原油进行分类。炼油厂把原油分为"甜"（含有少量的硫黄）或"酸"（含硫黄过多）。

世界不同地区都规定了每桶石油的定价基准，主要有以下几种：

（1）布伦特混合原油。由北海设得兰群岛盆地东部的布伦特和 Ninian 油田的15种油类组成。它已成为一种价格基准，欧洲、非洲和中东地区石油产品的定价都以此为基准。

（2）西德克萨斯轻质原油（WTI）。它是作为北美基准油价。

（3）迪拜（Dubai）。它是作为中东销往亚太地区的基准油价。

（4）塔皮斯（Tapis）（马来西亚）。它是作为东南亚轻质原油的基准价。

（5）米纳斯（Minas）（印度尼西亚）。它是作为远东重质原油的基准价。

（6）OPEC 一揽子原油。它包括沙特阿拉伯轻质油、尼日利亚伯尼（Bonny）轻质油、印度尼西亚米纳斯（Minas）原油、阿尔及利亚撒哈拉（Saharan）混合油、委内瑞拉蒂朱纳（Tia Juana）轻质油、伊朗重油、巴士拉轻油、科威特出口原油、利比亚的 Es Sider、卡塔尔马林、阿联酋穆尔本原油。

一般参考在纽约商业交易所（NYMEX）和国际石油交易所（IPE）交易的原油的价格来确定国际油价。美国原油定价基准由纽约商业交易所进行的原油（包括期货合约）交易，并通过 WTI（西德克萨斯中质原油）来提供。油价还可能参考在国际石油交易所（IPE）交易并在撒拉姆（Sullom）海湾交割的布伦特原油价格。而且，油价取决于石油的等级（如比重、API 等级及硫含量等）和产地。然而，大多数的石油交易不是通过交易所而是在场外交易的，典型的是参照普氏报价。例如在欧洲，一个特定的石油等级如 Fulmar，可能以"每桶布伦特加上0.25美元"的价格出售，或作为一种公司内部的交易。国际石油交易所（IPE）声称65%的石油交易是以其布伦特价格为基准，而能源情报署（EIA）采用进口炼厂采购成本即美国进口石油的加权平均成本作为其"世界石油价格"。

此外，在全球宏观经济环境的影响下，石油需求常常出现波动，并成为决定油价高低的重要因素。

（二）石油价格的变化及其原因

第二次世界大战之后，国际石油价格经历了多次变动，每一次都对世界经济产生了很大的影响。近年来国际油价出现了持续上升的趋势，主要受到以下四个因素的影响。

一是全球石油供求的不平衡。据统计，2010 年全球原油日均产量 8 209.5 万桶，日均消费量却为 8 738.2 万桶，原油产量本来就不能满足市场需求，而石油生产和消费的分布不均更加加重了石油市场的供求失衡。在 2005 年高油价的刺激之下，各大产油国实际上都在进行满负荷生产。由于新油田的开发周期长、见效慢，因此全球石油生产量已经接近高峰，不大可能在短时间内有很大的增长。此外，全球石油炼制能力不足也是加剧石油供应紧张的重要原因，如 2004 年全球石油需求增长了 3.2%，但炼油能力仅增长了 0.3%。以美国为例，近 30 年没有建造一座炼油厂，且设备严重老化。

二是突发事件和恐怖活动的发生对石油供给产生了影响。中东地区是世界石油的主要产区，也是恐怖活动频繁发生的地区。恐怖活动及其对石油生产设施的破坏，都会对全球原油供给产生明显的影响。其他一系列事件的发生也影响了全球的石油供应。例如，非 OPEC 产油国挪威的石油工人罢工；南美洲第五大产油国厄瓜多尔的原油生产因罢工曾陷于停顿；由于满负荷运转导致接连发生炼油厂事故。这些事件及持续紧张的局势每发生一次都会引起国际油价的短期走高。此外，OPEC 成员国委内瑞拉和尼日利亚的政局一直处于不稳定状态，也是导致油价较高的重要原因。

三是国际投机资本在原油期货市场上的投机活动。尽管石油类制品属于能源商品，商品属性十分突出。然而，由于近年来各国股市低迷、汇市动荡、房地产市场存在泡沫等原因，使得原油期货成为投机资本投机炒作的重要对象。在 2004 年到 2005 年 9 月底的绝大多数交易日，美国纽约市场非商业性原油期货都处于净多头仓位，基金净多头寸一度高达 2.7 亿桶左右，是正常全球需求量的 3 倍多。2005 年以来，进入期货市场的基金家数由 4 000 ~ 5 000 家一度增加到 8 500 多家。可以看出，国际投机资本在推动油价上涨过程中的作用越来越明显，据纽约期货交易所统计，2005 年的高油价中有 15 ~ 20 美元属于“投机溢价”[㊀]。

四是由于现有的石油储备不足，因此，很难通过动用石油储备来影响国际油价。国际能源机构下属的 26 个国家中，多数国家只拥有原油储备，而没有建立足够的成品油储备。因此，当成品油市场需求增长和发生波动时，能够动用以影响油价走势的储备明显不足。

在上述各种因素的综合作用下，国际油价在过去一段时间持续上升，明显背离石油的生产成本。但是，专家们预计，随着世界经济增速的减缓，全球石油需求的减少，以及勘探开发与炼油设施投资的增加，未来全球石油供需总体将保持平衡，高油价应

㊀ 《中国石油报》，2006 年 1 月 9 日。

不会持续太久。

三、我国石油需求对世界石油市场的影响

改革开放以来，随着经济的快速增长，我国的石油消费增长强劲。1980—2010 年，我国石油消费量增长了 4.02 倍。2010 年我国石油消费水平达到平均 9.057 百万桶/天，比 2009 年同比增长了 10.4%。虽然在我国经济周期波动的影响下，我国石油消费不断出现起伏，但自 1991 年以来，我国对石油消费的增长速度明显提高，年均增长速度达到 6.5%。

我国成为石油净进口国之后，对石油的贸易依存度不断加大，2003 年贸易依存度为 36%，而 2010 年就上升到 61.4%。石油进出口不仅在整个外贸中的比重不断上升，而且在世界石油贸易中的比重提高，已从 1995 年的约 1.2% 上升至 2010 年的 6.2%。在进口增加的同时，我国石油进出口结构发生了实质性变化。我国主要进口低附加值的燃料油，同时主要出口高价值的汽油、柴油、煤油，即高品质的成品油或以石油为原料的化工产品。

【本章关键术语】

一次能源　二次能源　常规能源　新能源　OPEC　中东地区　石油储备

本章复习思考题

1. 查阅有关资料，对世界能源市场的未来走势进行分析和预测。

2. 影响国际石油价格的因素有哪些？未来国际石油价格将向哪个方向变动？为什么？

本章延展阅读书目

[1] 杨逢华，等．世界市场行情［M］．北京：中国对外经济贸易出版社，2002.

[2] 刘江．中国资源利用战略研究［M］．北京：中国农业出版社，2002.

第八章
世界工业品市场行情分析

【本章学习要点】

- 当前燃料和矿产品市场行情分析
- 世界工业品市场的主要分布
- 世界工业结构的变化和产业转移
- 世界钢铁市场行情
- 世界汽车市场行情
- 世界纺织品与服装市场行情

第一节 世界工业品市场行情概述

第二次世界大战结束以后，工业发达国家经济结构中第三产业所占的比例越来越大。新兴工业化国家和一部分发展中国家也在经历着产业结构的调整过程。但就世界经济总体来看，至少在以下几个方面，工业经济仍然可以认为是社会经济的主流：

第一，工业增加值在 GDP 中仍占有很大的比重，更占物资资料生产的绝大部分。

第二，工人在所有就业人口中仍占有较大比重。

第三，第三产业发展的依据是高劳动生产率的工业生产。离开工业，第三产业便失去了存在的基础。由于这种逻辑关系的存在，即使工业产值在整个 GDP 中所占的比重有所下降，第三产业占比重有所上升，也不能否认工业的重要作用。事实上，正是由于工业生产规模和生产率的提高，才使社会可以有更多的资源来从事第三产业的建设。

鉴于此，工业生产对整个社会经济仍起着巨大的影响。工业市场行情仍然是整个经济行情的主流和核心。工业的再生产过程在整个经济行情变化中具有领导地位，是经济行情波动的策源地，其他经济领域生产的波动都处于从属地位。在行情波动周期中，危机和衰退是最重要的阶段。这个阶段产生的原因是生产、投资超出了市场的实际需求而形成产品和产能过剩。这里的生产和产能主要是指物质生产。又由于在物质生产中工业生产是主体，所以可以认为行情的周期波动主要是指工业周期波动。从这个意义上看，作为再生产具体变化的经济行情与工业生产状况或工业品行情的“张”与“弛”是运行在同一个轨道上的。可见，世界工业市场行情动态对整个经济行情的变动有着至关重要的影响。

第二次世界大战以后，世界工业高速发展，奠定了世界工业品供给市场的基本格局。20 世纪 70 年代以后，世界工业发展虽经历了多次波折，但总体仍然是向上不断发展的。2009 年世界工业增加值按 2000 年价格统计达到了 3 100 866. 4 亿美元，是 1970 年 3. 37 倍。30 多年中，世界工业保持了良好的增长性，工业产值处于增长的年份占 80. 5%，只有 8 年发生了程度不同的降低，而这 8 年都处在世界经济衰退时期。

随着世界工业生产的发展以及经济全球化的日益深入，世界工业品市场也得到了迅速的发展。1950—2010 年的 60 多年间，世界工业品出口总值增加了 7. 9 倍，由原来的 1. 65 万亿美元增长到现在的 12. 99 万亿美元

一、世界工业品类别市场行情

世界工业品市场覆盖了几乎所有的工业产品。下面我们将所有工业品分为燃料及矿物产品（Fuels and Mining Products）和制成品（Manufactures）两大类进行具体分析。从 20 世纪 50 年代以来，这两类产品在世界市场的供给都获得了显著的增长。1950—2010 年，燃料及矿物产品贸易量指数增加了 2074%，而制成品贸易量更增加到原来的 70 倍以上。

进入 21 世纪后，受世界经济增长的带动，多数工业品的供给都出现了明显的增长。2010 年世界商品贸易量增长 21. 7%，远远超过世界商品生产量 4% 的增长率，其中工业品贸易的增加对整个商品贸易的增长起到了重要作用。

在世界工业品市场上，制成品占主要地位。第二次世界大战后，世界制成品贸易量获得了显著的增长，它在世界工业品贸易中的地位越来越重要。1980—2010 年国际制成品交易额在全部工业品交易额中的比例由 66% 增加到近 87. 5%，成为世界工业品市场的主要贸易类别。2010 年世界工业制成品贸易额比 2009 年增加了 20%，成为世界商品市场扩张的主要促进因素。在制成品中，增长明显的首先是医药、包括石化产品在内的其他化工制品、通信设备、科学控制设备等，纺织和服装产品市场增长较弱。2010 年纺织品出口的年增长率比上年增加 35 个百分点，而服装出口的增长率上升了 24 个百分点。2005 年 1 月，世界市场取消了沿用了 40 年的纺织品配额制度，纺织品出口明显扩大，但此后，欧美等国相继动用 WTO 规则中的保障条款而重拾配额手段，世界纺织品市场扩大的脚步放缓。

矿物产品和燃料品是工业生产的主要投入，其行情与制成品市场状况和整个经济行情密切相关。1980—2010 年，该类商品的贸易额由最初的 5 598 亿美元增长到 4.73 万亿美元。但该类商品对世界市场行情的变化非常敏感，经济衰退或世界经济调整对它的影响往往比对制成品的影响要强烈。这使该类产品行情的波动性更大。1981—2010 年，这类商品的交易额有 13 年呈下降局面。不过，进入 21 世纪后，受世界经济增长的刺激，尤其是受新兴工业化国家和转型经济国家经济增长的影响，世界市场对矿物原料、燃料和各种原材料的需求呈上涨趋势。

二、世界工业品市场分布

从总体上看，世界工业品市场主要集中在发达国家和新兴工业化国家（地区）居多的欧洲、北美和亚洲。欧洲和北美是世界市场制造品的主要提供者。2010 年欧洲工业品出口值达 6.63 万亿美元，北美为 1.65 万亿美元，两个地区合计占到世界工业品出口的 63.7%。亚洲是另一个有潜力的工业品出口基地。世界贸易组织的数字显示，2000—2010 年亚洲工业品出口额增加了 130.9%，其中 2010 年达到 34.27 万亿美元，占世界工业品出口总量的 32.8%。以上三地区工业品出口额占世界全部工业品出口的 96.6%。

世界燃料及矿物产品市场分布既受自然资源分布的影响，也受经济发展水平和经济增长速度的制约。亚洲、南美、独联体是资源丰富的地区，而欧洲、北美和东亚是经济发达地区，因此世界燃料及矿物产品的市场流向基本上是从前一类地区流向后一类地区。一些新兴工业化国家和发展中国家的经济崛起，强化了这种流向。欧洲既是最大的燃料及矿物产品供给市场，同时也是这类产品最大的目的市场。亚洲是世界第二大燃料及矿物产品的目的地市场，其中中东到亚洲的原油构成了这一市场的主要物流内容。另外，北美也是世界重要的燃料及矿物产品目的地市场，其中中美洲和南美洲是其主要的货物来源地。

制成品是世界工业品市场的主要交易商品。这一类产品的市场分布主要取决于经济发展水平和经济增长速度。从总体上看，制成品供给市场分布不均，主要集中在西欧国家、美国、日本等经济发达国家和发展较快的新兴经济国家以及中国。居世界制成品出口前 10 位的国家囊括了制成品出口的 86.1%。欧盟是世界最大的制成品供给地区，2005—2010 年其制成品出口年平均增长率保持在 4% 的水平上，其中 2008 年和 2010 年达到 8% 和 11%。即便是撇开内部贸易，欧盟制成品出口仍然表现出较大发展。2010 年欧盟向区外的制成品出口增长了 17.1%，出口额达到 16 332 亿美元，居世界第一。美国由于制造业基础雄厚，自 2000 年以来其制成品出口在世界制成品出口中的份额始终没有低于 10%。“9·11”事件以后，其出口曾受到挫伤一度呈现严重负增长。但近几年随着世界经济的恢复和增长，美国制成品出口又重拾升势，2010 年其出口额增长率达到8.6%。我国是制成品出口增长速度最快的国家，2003—2010年其出口额年均增长率达20.1%，尤其是2010年，其增长率高达31%。迅速的出口增长使中国在世界制成品市场上的份额由1980年的0.8%迅速提高到2010年的10.6%，仅次于欧盟，居世界第二位。日本制成品出口一直以来增长情况不佳，虽然近两年有较大起色，但前几年的低速发展，使今天的日本在世界制成品市场上的地位明显下降。1990—2010年，其制成品的世界市场份额由11.5%降到了3.52%。

世界制成品目的国市场的分布特征与其产出国市场的分布特征有类似之处。一是进口市场也存在着显著的不平衡性，最大的10个制成品进口市场占有世界74.4%的制成品进口份额。二是主要的制成品进口国也是主要的制成品出口国。欧盟、美国、中国、日本依次为最大的4个制成品进口国（地区）。2010年这4个国家（地区）制成品进口值占世界全部制成品进口值的62%。其中欧盟和美国合计占了49.5%，反映出制成品市场较高的集中度。

三、世界工业品市场发展变化特点

第二次世界大战以后，世界工业生产的部门结构和区域结构都发生了巨大的变化。世界工业生产结构，尤其是发达国家的工业结构不断升级，而发展中国家在世界传统工业转移中也大大提高了自己的工业化程度。

20世纪60年代在科技革命的推动下，美国、日本等发达国家大力发展钢铁、化工、汽车和机械等资本密集型工业，同时发展部分高附加值的技术、资本密集型工业，如机器人、电子工业和航天工业等，而把纺织、服装、制鞋等劳动密集型的轻纺工业和部分耗能多、污染大的重化工业逐渐转移到发展中国家，尤其是转移到了东亚地区。“亚洲四小龙”等国家和地区获得了扩大劳动密集型产品加工与出口的良机，开始由进口替代型向出口导向型经济战略转变，并逐步发展成为新兴工业化国家和地区。

20世纪70年代由石油危机诱发的1973—1975年世界性经济危机，沉重打击了西方发达国家能耗高的重化工业，迫使发达国家加快产业结构调整步伐，开始发展以微电子技术为主的资源和能源消耗都较少的知识和技术密集型产业，而将传统的汽车、钢铁、造船等资本密集型产业转移到新兴工业化国家和部分发展中国家，提升了自己产业结构的水平。与此同时，亚洲“四小龙”等新兴工业化国家或地区抓住国际经济提供的产业调整和转移的机遇，及时调整自身的产业结构，开始承接和引进美国、日本等发达国家转移过来的某些资本密集型产业，并将失去比较优势的劳动密集型产业转移到东盟等发展中国家，以实现其产业结构的升级。

20世纪80年代以后，由于石油和初级产品价格大幅度下跌，国际经济遭受了强烈的冲击。发达国家之间贸易摩擦加剧，各国为了建立新的国际分工、国际贸易格局和与国际经济相协调的经济结构，出现了又一次世界性的产业结构调整和传递浪潮。这次产业结构的调整与传递有两个显著特点。

第一，发达国家和发展中国家之间的地区分工向纵深发展。美国、日本等发达国家为了进一步推动产业结构的高级化，产业结构重心向高技术化、信息化和服务化方向发展。一方面大力发展以微电子技术为中心的信息产业和以生物技术、新材料、新能源为主的高新技术产业，并以高新技术对传统产业进行改造；另一方面把失去比较优势的传统产业和一部分低附加值的技术密集型产业，包括汽车、电子等产业转移到发展中国家，特别是亚洲"四小龙"和东盟国家。这次世界产业结构的转移和传递对新兴工业化国家和发展中国家的经济影响巨大。亚洲"四小龙"等新兴工业化国家和地区通过大量吸收发达国家的投资，承接美国、日本转移出来的重化工业等资本技术密集型产业，使经济增长有了新的推动力，并促使产业结构迅速升级。20 世纪 80 年代中期以来，亚洲"四小龙"已经可以在钢铁、汽车、石化等领域与美国、日本展开激烈竞争，并已开始大量吸纳美国、日本的微电子等高科技和投资，同时也将劳动密集型产业和一部分资本、技术密集型产业转移到东盟等发展中国家，促进了这些国家经济发展和产业结构升级。

第二，工业中部门之间的垂直分工向部门内部的垂直分工发展。所谓部门之间的垂直分工是指劳动密集型轻纺工业、资本密集型重化工业以及技术密集型工业之间的分工；而部门内部的垂直分工则是指各国在同一部门内产品的"差别化"分工和企业之间工序的分工，即中间产品与组装成品的分工。一般来说，技术含量高的关键部件和组装成品由发达国家的企业控制，大量的一般元器件由发展中国家的企业生产。世界工业品市场由外部化转向内部化，全球生产网（Global Production Networks）或世界价值链（Global Value Chains）形成并逐渐清晰。

20 世纪 90 年代，随着知识经济在发达国家逐步成为现实的经济形态，全球经济系统面临国际分工的变迁，新一轮世界产业结构调整不可避免。承接 80 年代国际产业升级和转移的趋势，国际分工格局中出现"产品差别型分工"和"生产工序型分工"深化发展的新特点，越来越多国家的企业被纳入到全球生产网或世界价值链中。从总体上看，美国处于当今国际分工的顶峰，发挥其在新技术、新产品领域的创新优势，主要从事高附加值产品的生产。日本和西欧等发达国家则发挥其在应用技术开发领域中的优势，主要从事一般高附加值产品的生产。其他发展中国家技术水平较低，主要从事附加值较低的一般工业产品生产。国际市场分工向日益紧密方向发展。例如，日本电子机械工业发达，但其中的软件技术仍要从美国等其他发达国家进口。

第二次世界大战以后，许多发展中国家都把工业化作为其现代化的重要目标。其中一些经过长期努力，在民族经济工业化的道路上取得了较大成就。有些国家，如印度、巴西等国的工业已形成比较完整的体系。发展中国家的制造业和钢铁工业已经形成为一股强大的经济力量，在世界工业品市场上的影响力大大增加。但由于“冷战”的影响和一些国家工业化战略的失误，工业化的道路并不平坦。20 世纪 90 年代以后，随着世界经济和贸易的发展，以及“冷战”的结束，世界产业结构的大调整，发展中国家工业发展迎来了新的契机。发展中国家利用自身所具有的后发优势，力争在产业结构调整中实现工业化、走向知识化。1997 年尽管东亚地区遭遇了严重的金融冲击，但这里至今仍是世界上经济发展最为活跃的地区之一，也是发展中国家积极致力于产业结构调整的一个代表性区域。顺应全球化、信息化的世界潮流，力争产业结构的高科技化转型，是其所做的一大努力。亚洲“四小龙”在努力跻身于发达国家和地区行列的目标下，已经开始步入以发展高科技产业与服务业为重心的经济发展轨道；东盟等国家在实现工业化的过程中，也出现了农业所占比重逐渐下降、服务业迅速发展的产业结构新局面。在那些资源、劳动密集型产品在全球市场仍占较大比重的国家，制造业中的高科技产业迅速成长。尤其是视听音响、数据处理机及电子办公设备等技术含量较高的电子产品的生产增长速度明显加快。电子、电机及机械用具占国家出口的比重，马来西亚和泰国都达到了 40%，在全球市场的占有率也分别达到了 2% 和 1% 以上。伴随着部门内部产品差别化分工的出现以及企业间生产工序型分工和零部件生产专业化分工，地区内新的产业分工的形成，传统的“雁型”模式正在发生变化。这种致力于开放、致力于发展的努力，在拉丁美洲国家的结构调整、印度的软件业崛起以及我国日益增长的制成品出口中得到了清晰的反映。

第二节　世界主要工业品市场行情

一、钢铁工业

（一）世界钢铁的生产与消费

钢铁工业是国民经济的基础部门，它为各经济部门提供不可或缺的原材料，而成为军事工业、农业、运输业、国防和科学技术的物质基础。钢铁工业也是一个传统的国民经济部门。过去往往以钢铁工业生产水平作为衡量一个国家工业强弱的指标。随着世界经济的发展和经济结构的转化，它在世界经济产出中的比重有所下降。但随着新兴工业化国家和广大发展中国家经济的崛起，世界市场对钢铁产品的需求量依然非常大。就世界整体而言，这一传统的经济部门依然占据着非常重要的地位。

钢铁工业于 17 世纪 20 年代和 19 世纪 70 年代最先在英国发展起来，并迅速推广到德国、法国、美国、俄国、日本等国家。1875 年，全世界生铁产量仅 1 400 万 t、钢产量 190 万 t。钢产量主要集中在上述少数几个国家，如英国 72 万 t、美国 40 万 t、德国 37 万 t、法国 26 万 t 等。由此至第一次世界大战前，欧美国家工业化进程加快，钢铁生产也飞速发展。到 1913 年，全世界生铁产量已发展到 8 000 万 t、钢产量达到 7 650 万 t，分别比1875 年增长了4. 7 倍和39. 3 倍。1927 年全世界钢产量首次突破 1 亿 t，达到 1. 021 亿 t。其中美国产钢 4 566 万 t，占全世界的 44. 7%。1950 年世界产生铁 1. 3 亿 t、钢 1. 89 亿 t。自此以后，钢铁工业进入又一个快速发展时期。1960 年全世界钢产量达到 3. 47 亿 t，1970 年 5. 95 亿 t，1980 年 7. 2 亿 t。与 1950 年相比，30 年间增长了 2. 8 倍，平均每年增加 1 770 万 t 钢。21 世纪 80 年代到 90 年代中期，世界钢铁产量的提高速度有所放缓，90 年代前半期甚至出现下降局面。1980—1985 年、1985—1990 年、1990—1995 年三个阶段钢铁产量的年均增长率分别为 0. 1%、1. 4% 和 -0. 5%。在这以后，在世界经济恢复和发展的带动下，尤其是新兴工业化国家经济发展的带动下，一些国家的钢铁产量迅速扩大。2004 年世界钢产量超过 10 亿 t，达到 10. 57 亿 t，2009 年世界钢产量达到了 12. 24 亿 t。

目前世界上主要的钢铁生产国家和地区约有 60 多个，遍布世界五大洲。但长期以来，钢铁产量主要集中在欧洲、美国、独联体国家、日本等。随着发展中国家经济的发展和世界经济结构的调整，一些新兴工业化国家和地区、发展中国家和地区的钢铁产量在世界钢铁产量中的比重日益增加，我国、韩国、乌克兰、巴西、印度、南非等国钢铁工业发展迅速。我国钢铁工业的发展速度举世瞩目。从 20 世纪 90 年代中期，我国就一跃成为世界钢铁生产大国，2000 年中国钢产量达到 1. 262 8 亿 t，2009 年达到 5. 68 亿 t，占全球钢总产量的 46. 4%。

钢消费的分布也存在明显的不平衡。经济发达地区的欧盟、北美、日本，以及经济发展速度较快的亚洲（尤其是我国），是世界主要的钢的消费国家和地区。

（二）世界钢铁的出口与进口

钢铁工业生产原料分布的不平衡性、世界经济发展的不平衡性以及钢铁市场生产和消费的不平衡性，使钢铁一直以来都是国际贸易的主要原材料之一。近几十年来，世界钢出口量显著增长。1975 年世界成钢(Finished Steel)出口量为 1. 15 亿 t，2009 年达到 3. 25 亿 t，30 年间增长了 182. 6%。出口对产量的比例也由 20% 多一点提高到 40% 多。可见钢材产品在国际间的流动程度是很高的，这也从另一个侧面反映出钢铁的国际市场行情对各国经济发展的巨大影响。

当前钢铁的主要出口国在欧盟、日本、中国、韩国、俄罗斯、美国、乌克兰、印度、土耳其、巴西等国和中国台湾地区。

2010 年以上各国和地区钢铁出口额 3 562 亿美元，占世界钢铁出口总量的 84. 6%。

主要进口国家和地区有欧盟、美国、中国、韩国、加拿大、印度、土耳其、俄罗斯、伊朗等国和中国台湾地区，2010 年以上各国和地区钢铁进口额 2 990 亿美元，其中我国进口 254 亿美元，占以上国家和地区总进口量的 8.36%。

一些国家出于品种的调剂余缺，既进口钢材也出口钢材。如果将所有品种的钢材统一衡量，可以通过考察一国的净贸易量来了解其在国际钢材市场上的交易角色和地位，进一步认清国际钢材市场的主要交易主体，从而把握世界钢材商品市场行情的主流和走势。

二、化学工业

20 世纪 90 年代以来，世界化学工业已进入了成熟时期，主要化工产品的生产能力大部分已满足世界市场的需要，世界性的市场竞争和技术竞争越来越激烈。然而化工生产仍属于具有较高利润的行业之一，并且仍处于快速成长期。从统计资料来看，从 20 世纪 80 年代起化学工业的税后利润一直高于食品加工、造纸等行业。21 世纪初，世界化学工业经过合理化调整，已完全走出亚洲金融危机的阴影，逐渐进入另一个上升周期。

当代世界化学工业发展的主要特点和趋势有以下几点：

（1）高新技术已成为影响世界化学工业国际竞争力的重要因素。以信息化技术、生物技术、纳米技术、催化技术、新能源利用技术、新材料技术等为代表的新技术，将为世界化工产业在新经济时代的升级换代提供巨大的动力和强有力的支持，并促进世界化工技术产生新的重大突破，从而使世界化工行业有更广阔的发展空间。世界各大跨国公司，为了取得竞争优势，都不惜加大科技开发的投入，以确立其在全球范围内的领先地位。

（2）大型跨国公司加大产品结构调整力度，纷纷进行兼并和重组，开展资产与技术的交换和合作，收缩经营范围，加强核心业务，集中力量谋求竞争优势。其发展趋势是从多元化发展转向专业化发展，逐步退出附加值低、污染严重的传统化工领域，加速向技术密集型化工领域转移。

（3）以优势核心业务为主的结构调整使化学工业公司经营业务产生了巨大的变化。其变化大致可分为四类：第一类是以埃克森美孚（Exxon Mobil）、壳牌（Shell）、BP 阿莫科（BP Amoco）等公司为代表的上、中、下游一体化经营的综合性大石油公司，它们以巨大的跨国油气资源储量、较高的油气产量、强大的炼油能力和全球性的油品市场，以及与炼油相配套的各具特色的石化产品生产能力成为全球或区域性石油和石化业中坚的跨国石油公司；第二类是以发展中国家、产油国为主的国家石油和石化公司，它们以本国上、中、下游一体化的石油石化业为主，积极向国际化经营发展，凭借其资源优势和国家支持成为国际石油石化工业的重要力量，其典型代表是委内瑞拉、沙特阿拉伯等国家的石油石化公司；第三类是为提高竞争力放弃非核心业务同时加强优势业务领域，向大型专用和高附加值专业化学品公司方向发展，成为世界著名企业的专用化学品、精细化学品的公司，如汽巴精化公司（Ciba Specialty Chemicals）、罗姆哈斯公司（Rohm and Haas）等；第四类是淡出传统的以石油化工为基础的化学工业，在保留少部分或大部分核心优势石化品业务的同时，主体或部分向包括制药、保健、农业等业务在内、具有良好发展前景、以生物技术为基础的生命科学领域转移，如杜邦（DuPont）、拜耳（Bayer）、罗纳普朗克（Rhone-Poulenc）等。

（4）世界化工行业在调整中进一步走向集约化经营。超大型跨国化工集团的影响不断扩大，兼并联合创造出了世界化工行业的超大型公司；而单项产品的联合增强了该产品在技术、质量、市场等某一方面的领先地位。一批化工超大型公司相继出现，在其优势领域占据主导地位，对世界化工产品市场的竞争和行业的发展将带来重大影响。

（5）生产装置上下游一体化已成为全球化工行业的发展主流。一体化可优化原料成本，降低运输和终端销售成本，以及公用事业、管理成本和其他费用，提高装置利用率，增加收益。今后，一体化的化工公司和能够获得低成本原料的化工公司在行业中将居于支配地位，而弱小和中等规模的经营者会被迫撤离化工行业，一些纯化学公司也将被挤出化工领域。例如，欧洲主要大宗聚合物生产者之一的荷兰DSM公司，由于没有石油原料，不能保持其竞争力，已准备退出石化行业，非上下游一体化的比利时索尔维公司（Solvay）已将其聚合物业务转让给了BP公司。而上下游一体化的公司由于其巨大的协同作用，提高了产品的竞争力。

（6）环境保护和可持续发展成为世界化学工业发展的大势所趋，成为推进化工产品和技术更新换代的主要动力。世界化学工业在21世纪将进行不懈的努力，通过推行环境友好工艺技术，重视环保投资，以节能降耗，合理利用现有资源，提高环境质量，以期在为全社会创造更多财富的同时得到社会的认可，树立该行业良好的形象。

（7）亚太地区已成为发达国家大型公司转移大宗石化产品和传统化工产品生产的热点。世界化工发展不平衡，发达国家大宗石油化工产品市场已进入成熟期，增长速度平缓，竞争加剧，费用增加，获利空间减小，而生物技术、新材料、新能源技术进入成长期。发展中国家特别是亚太地区石油化工正处于生命力旺盛的成长期，对化工产品的需求则呈现快速增长的态势，这一地区人口众多，原料丰富，经济发展速度较快，化学品消费市场潜力巨大。

三、汽车工业

（一）世界汽车工业发展概况

汽车是当今世界重要的运输工具和耐用消费品，是科学技术发展水平的标志。汽车工业是资金密集、技术密集、人才密集、综合性强、专门化程度高的产业。它是现代制造业的代表。世界各工业发达国家几乎无一例外地都把汽车工业作为国民经济的支柱产业。不少发展中国家也将汽车工业的发展作为提高自己工业化水平的重要标志。汽车的研制、生产、销售、营运与国民经济许多部门都息息相关，对社会经济建设和科学技术发展起着重要的推动作用。汽车也是社会物质生活发展水平的标志。汽车的保有量随着国民人均收入水平的提高而增加。在许多发达国家中，汽车已普及到千家万户，成为居民的主要代步工具。在不少发展中国家，汽车也已经开始进入家庭，成为消费者日常生活的一部分。

从1886年第一辆汽车问世到现在的100多年期间，汽车工业从无到有、由小到大地迅猛发展起来，产量大幅度增加，技术日新月异。1950—2010年世界汽车产量由1 057万辆增加到7 760万辆以上，增加了7倍以上。然而汽车或者是一种生产用的工具设备，或者是一种耐用消费品，这使得汽车工业对经济周期特别敏感。第二次世界大战后，资本主义世界的经济衰退、能源危机、政局动荡、石油价格波动、市场竞争激烈等许多因素对汽车工业影响很大。近20多年来，许多发达国家的汽车保有量和需求量已渐趋饱和，汽车工业的发展势头与20世纪五六十年代的迅速发展时期相比，已有所减缓。1991—2000年，世界汽车总产量由4 650万辆增加到5 754万辆，增加了23.7%，大大低于20世纪70年代的54.7%和80年代的25.4%。企业间竞争激化，国家间贸易保护主义迅速蔓延。美国的汽车产量连年上下波动，西欧的汽车产量停滞不前，企业不景气和严重亏损导致股权转让以及兼并改组。世界各大汽车公司为了在激烈的竞争中求生存，采取将产品输出变为资本输出的对策，寻求多样化的国际合作方式，实现跨国经营。多边合作、联合生产、合资入股、渗透兼并等方式使跨国公司日益扩大，汽车的生产经营渐趋国际化。例如，1998年德国戴姆勒—奔驰汽车公司与美国克莱斯勒汽车公司联合组成戴姆勒—克莱斯勒汽车集团，成为世界第三大汽车公司。大众和宝马公司购得本特利及劳斯莱斯汽车公司；1999年日产与法国雷诺汽车公司合并，成为全世界第四大汽车集团；2000年，通用、菲亚特结成战略同盟，雷诺收购三星；2003年，美国通用公司正式收购韩国大宇汽车公司。

与此同时，一些新兴工业化国家和发展中国家的汽车工业也正在崛起。其中不少国家都用优惠政策吸引外资，采取引进先进技术和装备、进口全拆散零件(Completely Knocked Down,CKD)装车，逐步提高国产零件的装车比率，进而使主要部件自给，然后扩大零部件及整车出口的模式发展自己的汽车工业。墨西哥、西班牙、巴西、韩国等国就是采取这种模式使汽车工业迅速发展的典型例子，2010年其汽车年产量已达234.51万~427.19万辆左右的规模。加之在这些国家中，由于经济发展和国民收入逐年增长，对汽车的需求量也不断增加，内部也具有促使汽车工业迅速发展的动力。有的发展中国家则采取合资经营或进口半拆散零件(Semi-Knocked Down,SKD)装车等方式发展自己的汽车工业。我国是依靠合资发展自己汽车工业的典型。20世纪80年代，我国汽车年产量不到40万辆，而且结构畸形。改革开放以后，我国开始从汽车工业发达国家逐步引进资本，建立自己的生产线和汽车工业基地。20多年过去了，我国汽车工业不仅扭转了“缺重少轻没轿车”的局面，而且产量大幅度提高。2003年我国汽车总产量超过440万辆，2004年又突破500万辆(其中轿车280万辆)，比上年增长14%，名列世界第四位。2009年我国汽车总产量超过1 300万辆，2010年我国汽车产量为1 826.47万辆，比上年增长32.44%，名列世界第一。然而从总体上看，发展中国家要振兴汽车工业，都不同程度地面临工业基础薄弱、技术落后、资金匮乏、原料短缺、人才不足、销路不畅等种种困难。

由于发展起点不同，目前汽车工业主要集中在少数国家，主要汽车生产国家是：美国、加拿大、德国、法国、西班牙、英国、意大利、日本、中国、韩国、俄罗斯等。汽车工业的重心仍然集中在美国、欧洲、日本、韩国等国家和地区。其中日本、美国两国的产量约占世界汽车总产量的22.4%，欧洲各国总计占23.72%。

汽车工业是美国的经济支柱之一。2010年美国汽车总产量达776.14万辆。直接参与汽车生产的就业人口为80.4万人，仅次于我国而居世界第二。著名的汽车制造公司有通用、福特和戴姆勒—克莱斯勒，这三大公司代表了全美的汽车工业。三个公司生产的汽车产量合计可占到世界总产量的20%以上。2010年通用公司生产了838万辆，占世界总产量的10.8%，成为世界最大的汽车制造企业。

汽车工业的崛起是第二次世界大战后日本经济奇迹的重要组成部分。2010年日本生产了约963万辆汽车，仅次于中国而居世界第二；直接参与汽车生产的就业人口为100.7万人；汽车销售额超过509 860亿日元，居世界第一。丰田、本田和尼桑是日本最大的三个汽车制造公司和三大品牌。2010年这三个公司共生产汽车1 624万辆，占世界当年总产量的20.9%。本田汽车制造公司是世界第四大汽车制造公司。2010年汽车产量855万辆以上，居世界第一。

德国是欧洲汽车工业规模最大的国家。2009年汽车产量约为520.99万辆，欧洲第一，世界第四。2003年实现汽车销售额2 040亿欧元。德国大众集团是世界第五大汽车制造企业，2010年生产汽车714万辆，占世界当年产量的近8%。

法国和英国曾经是世界发达的汽车生产国，在世界汽车工业的激烈竞争中，两国汽车工业在世界上的地位已不如从前。2010年法国生产了222.77万辆，居世界第十位。2010年英国的产量降为139.3万辆，产量位次降至世界第16位。

当然，各国汽车工业产量的对比只是从地域上的考察。实际上，目前汽车工业国际化程度非常高，欧洲、美国、日本一些大的汽车公司几乎都通过各种直接投资方式，渗入到东道国的汽车工业之中。虽然其本土汽车产量受到一定的影响，但就这些国家许多老牌的跨国汽车公司而言，其竞争力和产量依然居于世界前列。

世界汽车工业不仅在区域（国家）层面上分布集中，在市场（企业）层面上也表现为明显的垄断性特征。据世界汽车工业组织统计，美国的通用、福特、戴姆勒—克莱斯勒三大汽车公司垄断了美国90%以上的汽车生产。世界最大的50家汽车制造公司生产的汽车占世界汽车产量的98.7%。其中通用、丰田、福特、大众、戴姆勒—克莱斯勒5大公司垄断了世界48.7%的汽车生产。

（二）世界汽车制品市场状况

由于世界汽车制造工业的相对集中和垄断，汽车制品成为世界制成品市场上重要的交易产品。

1. 世界汽车制品的供给市场

1980—2010年，世界汽车产品市场在波动中不断发展。在经济萧条时期，世界汽车市场交易冷清，作为一种生产用品或耐用消费品，汽车往往会在国际市场上受到重创。而在经济复苏和高涨时期，汽车市场又会出现明显的繁荣。进入21世纪以后，伴随着世界经济的复苏，世界汽车市场也有不断转暖的趋势，汽车产品交易较为旺盛。2010年世界汽车产品贸易值提高了21%以上，达到11 360亿美元。

从世界大区域来看，欧洲的汽车出口占世界总出口值的51.2%。不过，欧洲内部市场汽车制品贸易的扩大对欧洲整个汽车贸易扩大有极大的促进作用。2010年亚洲出口增长了26%，达到3 164亿美元，位于欧洲之后，排名世界第二。亚洲国家中，韩国汽车出口增长强劲，增长率达47%。与此相比，日本汽车出口则增长相对缓慢。尽管如此，日本目前仍然占据亚洲汽车出口的1/2以上。2000—2010年，北美汽车制品出口上升了，目前占世界汽车总出口值的18.8%。

从国家层面上看，世界汽车市场的主要供给力量来自欧盟27个国家、日本、美国、墨西哥和韩国。这5个国家和地区2010年的出口值占世界总出口货值的82.6%。欧盟是最大的出口地区，但大部分是对欧盟内国家的出口，占73.2%；只有26.8%的出口面向欧盟之外的国家。日本虽然汽车产量稍逊于美国，但汽车出口货值远超过美国。若以单个国家论，日本是世界出口汽车数量和价值最多的国家。紧随日本之后的是美国和墨西哥，两国2010年向国际汽车市场提供了价值占14.2%的汽车产品。美国是世界最大、最成熟的汽车市场，它的发展趋势极大地影响着世界汽车工业的发展，它的变化与特点是左右世界汽车市场行情的重要因素。韩国是新兴工业化国家中汽车工业发展最快的国家之一，2010年韩国以544.88亿美元的出口在世界汽车市场上占第五位。

2. 世界汽车制品的需求市场

世界汽车市场的主要需求力量来自欧盟27个国家、美国、加拿大、墨西哥和我国等。2010年这5个国家和地区的进口值占世界汽车总进口值的69.1%。

欧盟是最大的出口地区，同时也是汽车制品的最大进口地区。2010年欧盟国家汽车进口总值为4 800亿美元，其中从欧洲进口4 100亿美元，占其进口总值的85.4%，从欧盟27国进口的价值为3 788.76亿美元，占其从欧洲进口总值的92.4%。所以欧盟汽车制品市场是一个较为明显的内循环市场。如果将欧盟作为一个整体，它在世界汽车市场的需求力量相当于加拿大。而美国以进口价值占世界进口总值17.4%的比重，成为世界最大的汽车市场。美国是一个大进大出的汽车生产和消费大国，但其汽车贸易却存在较大的逆差缺口。墨西哥和我国属于处在发展阶段的汽车需求市场。此外，世界燃料的净出口地区，如中东、非洲、独联体以及南美和中美部分地区也是汽车制品的重要需求市场。随着一些发展中国家或新兴工业化国家的发展，包括独联体、中东、东南亚、非洲和南美等地区在内的世界新的汽车市场还会不断扩大。

世界汽车制品的流向有两个特点：一是发达地区的内部贸易明显；二是由发达地区向发达地区流动占主导地位。世界汽车市场的流动方向在某种程度上印证了林德的偏好相似论或重叠需求论，该理论从需求角度分析了发达国家之间贸易产生的根源。当然，作为一种发达地区主导的产品，汽车制品由发达地区向发展中地区流动也符合国际贸易发展的一般规律。

四、纺织和服装工业

第一次工业革命后，世界纺织生产的中心从东方转移到以英国为首的西方国家，为西方工业发达国家的经济起飞起到了开辟市场、培养人才、积累资金的重大作用。第一次世界大战前，英国的棉纺工业发展到一个高峰，棉纺织工业的出口额占世界棉纺织贸易总额的58%以上，几乎垄断了全球的棉纺织产品市场。第一次世界大战后的1924年，英国棉纺锭数量达到创纪录的6 330万锭，织机79.2万台，毛纺业也占据全球的霸主地位，纺织品给该国流入了巨额资金。第二次世界大战后，美国、日本、原联邦德国、意大利等国如法炮制，大力发展纺织工业，使世界纺织工业生产重心发生了转移。美国凭着棉花资源的优势，大力发展棉纺业，棉纺锭数量曾达3 600万锭；同时凭着工业和技术优势，还大力发展机械制造业和化纤工业。20世纪50年代美国纺织品生产技术和纺织机械水平处于世界领先地位，在化纤工业上，开启了工业化生产的先河。1956年日本的纺织工业产值占到国内工业生产总值的一半以上，出口占全国出口总额的34.4%。原联邦德国依靠其发达的机械加工业和化学工业，大力发展纺织机械业和染料工业，加速本国纺织工业生产设备的现代化，不断更新纺织生产设备，很快成为纺织品和纺织机械出口大国，至今德国的纺机出口仍保持国际领先地位。意大利凭着本国在欧洲地区劳动力低廉的优势，重点发展了毛纺、棉纺和服装工业，从70

年代起很快成为欧洲的纺织、服装工业中心。

20世纪60年代，世界纺织和服装工业重心再次发生转移，从美国、日本和西欧转移到亚洲新兴工业化国家和地区。70年代后韩国、印度等国和我国香港、我国台湾等地区在世界纺织和服装工业中已具有重要地位。

从20世纪80年代开始，世界纺织和服装工业又发生了第四次转移，转移到了亚洲其他地区，如我国、巴基斯坦和东南亚等国家。纺织工业对这些国家和地区的经济发展同样起到了重大的推动作用。我国的纺织和服装工业在80年代迅速崛起。1994年我国纺织品和服装出口总额已经列居世界首位。1998年我国纺织品和服装出口达428.8亿美元，占全球该类商品出口的13.6%。据近30多年的资料统计，纺织品和服装出口居全球第一的国家及其时间是：日本（1970—1972年）3年，德国(1973—1980年)8年，意大利(1981—1983年、1985—1986年)5年。从1994年开始，我国跃居纺织品和服装出口第一位。

目前纺织品和服装贸易额占全球贸易总额的4.63%。从1961—2010年的50年间，世界纺织品和服装贸易额由不足60亿美元增加到6 020亿美元(以即时价格统计)，增加了100多倍，超过同期整个货物出口的增长速度。但由于近年纺织品和服装价格变化比较疲软，2000年以来，这两类产品的出口加起来在世界商品出口中的比例下降了0.5个百分点，在世界主要出口品中成为增长最为缓慢的一类。此外，市场主体国的变化也引人注意。早在国际纺织品协定(ATC)配额制度终结(2004年12月31日)前的4年里，世界纺织品和服装市场参与国地位的对比关系就开始出现一定变化。韩国以及我国香港、我国台湾等地服装出口出现绝对下降，美国和墨西哥等国的出口形势与此类似。而我国、土耳其、罗马尼亚、越南和突尼斯等国家在世界纺织品和服装市场中的份额却不断提高。2000—2010年这些国家纺织品和服装出口都以两位数的速度增长。其中出口增长最为突出的是越南。2000—2010年，我国纺织品和服装出口的增长速度是世界纺织品和服装出口平均增长速度的两倍多。2010年我国纺织品和服装出口总值达到2 070亿美元，比2009年增长24%。其中对北美出口金额达440亿美元，与2009年相比增长26.6%；对亚洲出口金额为690亿美元，与2009年相比增长23.6%；对欧洲出口470亿美元，与2009年相比增长15.3%。2010年欧洲纺织和服装的出口增长速度大约在5%左右，稍低于世界贸易的发展速度。

若将纺织品和服装分列考察，可以对这类商品的市场情况得出更加清晰的认识。2010年世界纺织品出口值达2 510亿美元。从国家来看，欧盟27国向国际市场提供了780亿美元的纺织品，成为最大的纺织品供给区。但如果将欧盟作为一个整体而论，其出口额则为200亿美元。而我国纺织品出口值达到770亿美元，成为纺织品出口规模最大的国家。其他重要的供给者还有美国、韩国等国和我国香港、我国台湾等地区。从总体上看，发展中国家是世界纺织品市场主要的供给方。在全世界最大的 15 个纺织品出口国(地区)中，发展中国家占了一半以上。世界纺织品主要目的国和地区有欧盟、美国和我国等地，2010 年这三个地区的纺织品进口值占据了世界总进口值的半数以上。

世界服装市场状况与纺织品市场有类似之处。欧盟是主要的服装产品供给者，占市场份额的 32.8%。但欧盟的服装出口主要目的国是欧盟内国家。若只考虑其外部出口，整个欧盟服装产品出口值只占我国的 13.1%。服装产品多为劳动密集型产品，而发展中国家劳动力资源丰富，因而服装工业往往是其具有比较优势的部门，从而使发展中国家成为世界服装市场上的主要供给力量。在世界最大的 15 个服装出口国家中(欧盟作为一个整体)，发展中国家占了 13 个，其服装出口值占 15 国出口值的 74.5%。我国是目前服装出口规模最大的国家，世界服装市场占有率为 37%。世界服装目的市场多数为发达国家或高收入国家。欧盟仍然是最大的服装目的市场区域。但若从单个国家来看，美国是世界上最大的服装市场国，占最大的 15 个服装进口市场份额的近 25.8%。

【本章关键术语】

燃料及矿物产品　　制成品　　垂直分工　　劳动密集型产品

本章复习思考题

1. 为什么说工业品市场行情在世界市场行情中仍然起着十分重要的作用？
2. 简要分析当前世界制成品市场和燃料及矿物产品市场的一般状况。
3. 分析世界钢铁工业市场行情的一般特征。
4. 分析世界汽车工业市场行情的一般特征。
5. 分析世界纺织和服装工业市场行情的一般特征。

本章延展阅读书目

[1] 吴志军. 国际市场行情 [M]. 南昌：江西高校出版社，1996.
[2] 上海市经济委员会，上海科学技术情报研究所，上海产业转移咨询服务中心. 世界工业重点行业发展动态 [M]. 上海：上海人民出版社，2003.

第九章 世界农产品市场行情分析

【本章学习要点】

- 世界农产品市场的基本格局
- 主要国家的农产品贸易政策
- 世界粮食市场

第一节　世界农产品市场的基本格局

一、世界农产品地区生产格局

亚洲、非洲、拉丁美洲和北美洲历来是农产品出口地区，西欧是主要进口市场。但是近年来，传统的世界农产品贸易方向发生了改变，发达国家在世界农产品贸易中的地位不断加强，而发展中国家的地位日益下降。

亚洲部分国家和地区经济发展迅速，农产品贸易变化很大；非洲和拉丁美洲许多发展中国家由于政治和经济等原因，农业生产得不到发展，农业贸易发展缓慢；而欧盟的共同农业政策的实施，使得欧洲的农业获得了迅速的发展，欧洲也成为世界农产品进出口贸易最集中的地方；北美洲则由于受到欧洲的激烈竞争，出口地位下降。

二、世界农产品进出口国家格局

美国历来是世界农产品的生产和出口大国，然而目前主要农产品进出口国家贸易格局发生了变化：美国农产品出口的垄断地位受到激烈冲击；欧盟也成为重要的农产品的出口国；一些中等收入国家以及一些石油输出国家和地区也开始大量出口农产品。

三、世界农产品贸易商品结构格局

随着科学技术的发展以及人们对消费品需求的变化，在农产品贸易中粮油和农业原料的比重相对减少，高价值的鲜花和加工食品贸易量的比重有较大增长：世界谷物贸易的增长由快变慢；农业原料贸易量的增长缓慢；世界农产品贸易半成品化和成品化已经成为发展的主要潮流；畜产品和水产品的贸易量加大。

四、世界主要农产品的生产、贸易格局

世界农产品种类繁多，内容多种多样，主要包括谷物、棉花、糖类、肉类、水果、蔬菜等，由于关于世界粮食问题将在第三节讨论，下面只介绍有关非谷物的生产贸易情况。

（一）世界棉花的生产、消费和贸易

亚洲是世界上最大的棉花产区，主要生产国有我国、印度、巴基斯坦和中亚国家，发达国家仅有美国和澳大利亚是重要的生产国。目前，亚洲棉田面积占全球棉田面积的近70%，美洲棉田面积占到了近20%，在世界80多个产棉国中，我国、印度、美国和巴基斯坦是最大的棉花生产国和消费国，这四个国家的产量和消费量大约占世界棉花总产量和总消费量的70%，另外，巴西、澳大利亚、埃及、阿根廷、土耳其、希腊、叙利亚和墨西哥也是棉花的主要生产国，但是产量相对较少。在1982年以前，美国的棉花产量一直居于世界首位，1982年以后，我国发展成为棉花生产第一大国，美国一直处于第二位。2007年起，印度超过美国，成为世界棉花生产第二大国。

第二次世界大战后，世界棉花生产格局的主要特点是：

（1）棉花生产在20世纪50年代迅速增长之后，从60年代开始缓慢增长。世界棉花产量和消费量的逐年增长与世界人口的增长速度基本适应，与人类生活水平的提高相适应，并通过国际贸易需求杠杆不断得到平衡。

（2）棉花种植总面积变化不大，世界棉花产量的增长主要依靠单位面积产量的提高。由于棉花价值较高，各棉花生产国较重视提高棉花单产，我国是目前棉花单产最高的国家，其次是美国、巴基斯坦等国家。

（3）美国、前苏联（已解体，目前被乌兹别克斯坦取代）和我国主宰世界棉花生产的格局没有改变，但位序发生了变化，印度和巴基斯坦也成为棉花生产大国。

由于纺织业具有劳动力密集的特点，生产能力主要集中在工资较低的发展中国家。因此，生产棉花的亚洲发展中国家通常是棉花的主要消费者，大多数并不具有出口能力。而美国和澳大利亚的纺织品进口较多，生产的棉花多用于出口，成为世界棉花的主要出口国。由于美国国内对棉花的需求量不大，美国的棉花大部分用于出口，美国

是世界上第一棉花出口大国，其生产量的40%左右用于出口，2007—2011年，美国出口棉花数量占到了世界棉花出口总量的35%左右。世界棉花出口大国分别为美国、印度、澳大利亚、巴西等国家。

（二）世界肉类的生产、消费和贸易

据统计，目前肉类总产量的5%进入国际贸易，并且比例在逐年增大。贸易量仍以禽类增长为最快。1990年世界禽肉出口量为240万t，1998年达到570万t，2010年达到1148万t，年均递增8.14%。从肉类贸易的地区分布可以看出，肉类贸易主要在发达国家之间进行。在过去的几年中，肉类国际贸易主要集中在少数几个出口国和净进口国，其中美国在全球肉类贸易中处于领先地位，约占世界肉类贸易的1/4。同时，许多亚洲国家在国际肉类贸易中也占据重要地位。日本是最大的肉类净进口国，但主要是高档肉类产品，然而因其严格的卫生标准，只有几个有限的国家可以进入日本市场。

由于文化背景不同，世界各国消费者对肉类和家禽的喜好也各不相同，这是决定世界肉类贸易流向的重要原因之一，也是不同国家互相交换同类家禽的身体不同部分肉的原因之一。同时肉类贸易是世界农产品贸易中受各国建立的包括动物卫生标准和保护壁垒在内的贸易障碍影响最为严重的产品之一。

目前世界最主要的三种肉类产品为牛肉、猪肉和鸡肉。1998—2010年，世界牛肉、猪肉、鸡肉的产量都呈现上升的趋势，平均消费量占产量的比重也达到了98%以上，同时贸易量占产量的比重也逐年上升。

2010年美国、欧盟（27国）、巴西和我国是世界上4个最大的牛肉生产国（地区）和消费国（地区），2010年这4个国家（地区）的牛肉产量占世界牛肉产量的比例分别为18.3%、12.4%、10.6%和10.0%。2010年澳大利亚、巴西和印度是世界上3个最大的牛肉出口国；美国、俄罗斯和日本是世界上最大的牛肉进口国㊀。巴西牛肉出口量自21世纪以来迅速增加，到2003年超过澳大利亚和美国，成为世界上最大的牛肉出口国，2004年由于美国出口数量的急剧减少，巴西第一牛肉出口大国的地位更加明显。2010年澳大利亚牛肉出口量超过巴西成为第一大出口国。

2010年世界猪肉贸易量1 102万t，比2002年的402万t增长了174%，猪肉国际贸易量占总产量的10.8%，猪肉出口居世界前三位的是美国，欧盟和加拿大。猪肉进口居前三位的是日本、俄罗斯和墨西哥。日本猪肉进口占世界进口总量的22.4%，俄罗斯占13.9%。

目前，鸡肉出口居世界前三位的是巴西、美国和欧盟，巴西鸡肉出口占世界出口

㊀ 联合国FAO数据库。

总量的38.5%，美国鸡肉出口占世界出口总量的36.7%。鸡肉进口居前三位的是俄罗斯、欧盟和日本，其中俄罗斯鸡肉进口占世界进口总量的11.3%，欧盟占9.4%。

（三）世界糖类的生产、消费和贸易

1. 世界糖类的生产

糖类主要包括甘蔗糖、蔗糖和甜菜糖。甘蔗糖主要分布在南美洲、加勒比海地区、大洋洲、亚洲、非洲的大多数发展中国家和少数发达国家；蔗糖的主要生产国是巴西、印度、欧盟、我国、美国、澳大利亚、墨西哥、泰国、菲律宾、古巴、南非等，这些国家的蔗糖生产量占全球生产量的90%以上。甜菜糖主要分布在欧洲和北美的发达国家，少量在亚洲等地。甜菜糖的产量约占全球糖类产量的35%。甜菜是欧洲主要的糖作物，欧洲糖的生产在全世界食糖市场中起着重要的作用。

世界上产糖国家有107个，其中产糖在50万t以上的国家和地区有31个。全球年产糖量约1.21亿~1.60亿t。20世纪90年代以来，食糖生产持续增长。2010年食糖产量最大的国家是巴西，其次是印度、中国和泰国。总的发展趋势是甘蔗的种植面积及其糖产量增加，甜菜的种植面积及其糖产量略有减少，世界糖产量的增加主要在甘蔗糖，其中80%来自亚洲。

2. 世界糖类的消费

全球平均年消耗食糖量约1.24亿t，每人年均消费食糖约21kg。近10年来，食糖消费量平均每年的递增速度为1%~2%，有一半的年份生产大于消费，一半年份生产小于消费，变化量在200万t左右。预计今后的增长速度仍将保持在此水平。发达国家的食糖生产及消费会略有下降或持平；而随着人口的自然增长和生活水平的提高，发展中国家食糖的生产与消费量将有较快的增长。

3. 世界糖类的贸易

世界糖的贸易量约为3 700万t，食糖的国际贸易以原糖为主。主要的出口国家和地区为：巴西、泰国、澳大利亚、危地马拉、墨西哥，这5个国家和地区的出口量占世界食糖出口量的73.2%。主要进口国家和地区：美国、欧盟、俄罗斯、印度尼西亚、中国、日本、韩国、印度、加拿大、埃及，这10个国家和地区的进口量占世界进口总量的35%。

在世界农产品贸易中，食糖价格的波动最大，这是由世界食糖市场供求关系决定的。进入世界贸易的食糖相当于世界总产量的1/4，其中约1/3受政府双边协议支配，其余2/3是自由贸易。食糖生产量与消费量之间的细微变化都集中反映在自由贸易的食糖供求上，从而对世界糖价产生较大影响，暴涨暴跌往往是戏剧性的。

（四）世界油料的生产、消费和贸易

油料可以分为油料种子（原料）及其下游产品即油料加工（植物油）和加工副产品。

世界油料的种类很多，传统的有大豆、花生、棉子、葵花子、亚麻子和棕榈仁等。关于世界大豆贸易的具体情况将在第三节进行介绍。

从油料作物出口占其总产量的比重来看，1982—1983 年为 19.67%，1994—1995 年占 16.7%，1998—1999 年占 18.5%，2010—2011 年占 23.8%，呈现逐年递增的趋势。从 20 世纪 80 年代以来，世界油料生产和贸易均呈现扩大趋势，在油料生产和贸易量中，大豆仍然是主要的品种，分别占 50% 和 75% 左右。近年来，油菜籽生产和贸易增长较快，而花生所占的份额趋于下降。与世界粮食市场的一个重大区别是，在国际植物油市场上发展中国家起着主导作用，主要出口地区为东南亚和拉丁美洲。

（五）世界蔬菜的生产、消费与贸易

世界蔬菜贸易主要包括初级蔬菜产品、保鲜蔬菜、冷冻蔬菜、脱水蔬菜以及加工蔬菜。其中初级产品中贸易量较大的品种有：番茄、甘蓝、干制蘑菇、干豌豆、大蒜、干洋葱。蔬菜的贸易量随着产量的增长呈稳步上升趋势。

1. 世界蔬菜的生产

我国、美国、印度、意大利和土耳其是世界主要的蔬菜生产大国，年均蔬菜生产量均超过 1 000 万 t。从 2002 年开始我国成为世界上最大的蔬菜生产国，据联合国粮农组织统计，中国蔬菜播种面积和产量分别占世界的 43%、49%，均居世界第一。印度是亚洲的第二大蔬菜生产国，美国、土耳其和意大利分别是北美和欧洲的主要蔬菜生产国家。

2. 世界蔬菜的消费

2010 年世界蔬菜十大进口国为美国、德国、英国、法国、加拿大、俄罗斯、荷兰、日本、意大利、比利时，占世界进口额的 57.5%，尤其是美国、德国和英国这三个国家的进口总额占世界进口总额的 30.1%。德国的蔬菜主要来自荷兰、西班牙和意大利；美国进口的蔬菜来源于墨西哥、加拿大和西班牙；日本进口的蔬菜主要来源于我国和美国，占其进口额的 70% 左右，其次来自韩国、新西兰和泰国。

3. 世界蔬菜的贸易

20 世纪 80 年代以前，世界蔬菜贸易主要以欧洲为中心，80 年代以后，欧洲蔬菜的贸易比重逐渐递减，北美洲稳中有升，亚洲增势明显。欧洲、亚洲和北美洲三足鼎立的蔬菜贸易格局逐步形成。近年来，拉丁美洲的蔬菜出口也大幅增长，成为蔬菜出口的新兴市场。

（六）世界水果的生产、消费与贸易

参与世界贸易的水果种类繁多，其中产量和贸易量均较大的种类主要有柑橘、苹果、梨、芒果、葡萄、香蕉等。柑橘、苹果、葡萄、香蕉、梨以及热带水果占世界水果产量的 80%，其中柑橘的主产国是巴西，苹果的主产国是我国，葡萄的主产国是意大利，香蕉的主产国是印度，梨的主产国是我国，芒果的主产国是印度，菠萝的主产国是泰国，木瓜的主产国是巴西，鳄梨的主产国是墨西哥，其他热带水果的主产国是印度。

根据多年的统计，参与国际贸易的水果数量约占世界水果产量的10%。贸易量最大的水果是香蕉，年贸易量约占年产量的23.4%；其次是柑橘、苹果、葡萄、梨和热带水果。

按出口量看，主要水果出口国有美国、西班牙、智利、意大利、荷兰、土耳其、比利时、我国等。美国主要出口柑橘、苹果、葡萄、梨等水果，是世界第二大柑橘出口国，第三大苹果出口国，第三大葡萄出口国，第五大梨出口国[㊀]。21世纪以来，世界水果出口格局变化不大，世界水果贸易主要集中在原欧盟15国、南美洲、亚洲发展中国家和北美洲发达国家，意大利、美国、西班牙、我国等国家是水果贸易量加大的国家。

按进口量计，世界主要的水果市场是欧洲、北美洲和亚洲。世界水果贸易的进口格局变化较大，20世纪90年代以前，前苏联是世界第一进口大国，而2010年以后，进口大国分别为美国、德国、俄罗斯、英国和荷兰。目前，美国是世界最大的水果进口国，每年进口各种水果占世界总进口12.2%，进口量最大的水果是柑橘。

第二节　主要国家和地区的农产品贸易政策

在各国经济发展过程中，农业一方面处于基础地位，另一方面又具有天生的弱质性，因此世界上大多数国家和地区在经济发展到一定阶段之后，对农业都实行某种程度的保护政策。其中最有代表性的是欧盟的共同农业政策和美国的农业政策。印度和巴西是发展中国家中的两个农业大国，其农业的发展也是与其所实行的农业支持政策分不开的。本节将分别介绍欧盟、美国、印度、巴西所实行的农产品贸易政策。

一、欧盟的共同农业政策

农业生产落后、农民收入低下是第二次世界大战后欧洲小农场的主要特征，共同农业政策正是出于对欧盟各国粮食安全的考虑才提出的。从1962年开始实行共同农业政策后，欧盟已经从一个粮食的净进口地区转而成为世界上最大的小麦、食糖、肉类

㊀ 资料来源：中华人民共和国商务部网站。

和奶制品的出口地区。可以说，正是共同农业政策的实施才有了今天欧盟农业的发展。

欧盟的共同农业政策最早出现在1957年3月欧盟创始国——法国、意大利、荷兰、比利时、卢森堡签署的建立欧洲经济共同体的《罗马条约》之中。《罗马条约》于1958年1月1日生效，而农业政策于1962年1月正式生效。欧盟共同农业政策（CAP）自1962年开始实施至今50余年，一直受到欧洲内外的广泛关注。这是因为它既重要又特别，实施起来又很困难。

（一）欧盟共同农业政策的目标

《罗马条约》的第39条中指明共同农业政策的五大目标：①促进农业劳动生产率提高；②确保农业群体相当生活水平，增加农民个人收入；③稳定市场；④保障供给的可靠性；⑤确保农产品以合理价格到达消费者手中。可见，《罗马条约》要求共同农业政策顾及农民和消费者的利益，以促进农业生产率的提高和对农产品市场进行管理为手段，改善农民的生活和保证消费者的利益及满足经济发展的需要。

（二）欧盟共同农业政策的基本原则

欧盟共同农业政策的基本原则有三：一是建立单一市场，成员国的农产品可以自由流通；二是共同体内农产品有优先权，对外实行统一关税；三是财政支持，即在共同体内实行共同的农业预算。

（1）单一市场。农产品在欧盟内部成员之间实现自由流通，逐步取消成员国农产品市场之间的关税和其他贸易壁垒，取消干预竞争的各种补贴，对欧盟之外的国家筑起统一关税；制定共同的经营法规、共同价格和一致的竞争法规，协调成员国之间行政管理、卫生与兽医检验方法等条例。

（2）共同体优先。在各成员国的农产品市场上，本地产品的销售可以得到优惠，通过进口征税、出口补贴的双重机制来保证欧盟内部贸易可以优先于与第三国的贸易。当进口产品价格低于欧盟内部价格时，实行进口征税；当欧盟产品出口价格低于共同价格时，实行价格补贴，控制从欧盟外部进口，从而可以消除世界农产品市场波动对欧盟农产品市场的影响。

（3）共同财政。这是指由成员国共同承担由共同农业政策所引起的财政开支，每年由成员国农业部理事会确定不同的农产品价格，建立共同预算，即欧洲农业指导和保证基金。

根据这些原则，在1960年和1962年创立了欧盟共同农业政策的主要实施机制。它包括两个部分。其一是共同市场组织（COMS）。这些组织不是人的组织，而是覆盖不同生产部门的有关规定。它们的目的是通过适当的机制支持市场，这些机制根据所覆盖的生产领域而变化。现在这些COMS包括除土豆、蜂蜜和某些烈酒外的所有产品。其二是欧洲农业指导和保证基金（EAGGF），是欧盟预算的一部分，是财政统一的必然结果。它用于资助欧盟共同农业政策的所有开支及乡村发展措施的部分开支。其中，保证基金占绝大部分。共同市场组织、农业指导和保证基金对欧盟共同农业政策的顺利运行提供了保证。

（三）欧盟共同农业政策的改革

共同农业政策对欧盟内部的农业生产实行高度保护是举世公认的，然而在其实施的50多年中，也遇到了很多的问题和内外部环境所带来的各种压力。使得这项政策出台后，又先后进行了几次调整，对各国的农业发展产生了积极的影响。

1. 1992年改革

为了协调“乌拉圭回合”谈判中的立场，1992年6月，欧盟农业部长委员会正式采纳共同农业政策改革方案，开始对其共同农业政策进行系统的改革。关键的变化表现在从过去以价格支持为基础的机制过渡到以价格和直接补贴为主的机制。

改革目标是：通过降低价格支持水平保障欧洲农业在世界上的竞争力，控制农产品生产和财政预算开支的过度增长，进行国土整治和保护环境等，促进农村发展。

具体措施有三：

（1）降低支持价格水平和控制生产。粮食和牛肉的价格3年内降到接近国际市场水平（如谷类价格降低29%，牛肉价格降低15%）；实施耕地面积削减计划，冻结15%的谷物耕种面积。

（2）收入支持。对那些冻结15%耕种面积的农业生产者，以不同地区的平均单位面积产量为基础，根据种植面积给予补贴；对粗放经营的畜牧业生产者也增加补贴。

（3）农业结构调整政策。例如，通过建立基金，鼓励保护环境；对55岁以上农业生产者实行提前退休制度，以便安置青年；扶持山区和条件差的地区发展农业等。

2.《欧盟2000年议程》

由于共同农业政策的改革方案覆盖了欧盟75%的农业生产，因此，到20世纪90年代中期，欧盟在解决农产品过剩和财政负担方面收到了良好的效果。然而欧盟的区域内农业支持水平位居世界前列，为了面对WTO农产品贸易谈判要求，特别是来自美国和凯恩斯集团的压力，欧盟委员会通过了《欧盟2000年议程》，强调对农业政策进行更为彻底的改革。

（1）改革目标。改革目标有：①创造更有竞争力的农业部门面对国际市场，而不需要过量的补贴；②提高生产技术，达到与环境的和谐，生产优质的产品，或称为安全产品；③保证为农业人口提供相当的生活标准和稳定的收入；④保证农业的多样性，维护农村自然景观和支持农村社会；⑤通过农民提供公众需要的服务，给予这些服务提供支持，从而向农业部门提供合理的支持。

（2）改革内容。《欧盟2000年议程》的农业改革方案包含了经济、环境和农村发展三个大的方面，涉及面较为广泛。根据这一议程，欧盟确定将2000—2006年的农业预算支出冻结在每年405亿欧元的水平上，同时，分步骤、分阶段地削减对主要农产品的价格补贴。在具体商品上，谷物和其他重要农作物的支持价格降低15%，其后是否继续削减视市场条件决定；农民的播种面积必须减少10%，损失的50%由欧盟补偿；牛肉支持价格将分三个阶段降低20%，同时通过提供直接收入补贴的方式补偿饲养者85%的损失；奶制品配额制度将继续执行到2006—2007市场年度，分配给经济落后地区的配额将扩大，分三步将支持价格降低15%，农民收入损失的65%由欧盟补偿。同时，还将地区发展基金、社会基金、渔业生产指导财政基金、农业指导与保证基金四种结构基金，用于基础设施差、劳动力技能水平低的相对贫困地区，对生态脆弱地区提供补贴，减少有害肥料和农药的施用，同时为植树造林提供补贴。

（3）改革的影响。经过改革以后，欧盟的小麦价格水平接近国际市场价格，但牛奶和牛肉等产品的价格仍在国际市场价格的1倍以上。共同农业政策改革也使得补贴的结构发生了很大变化，但是，补贴的绝对数量并没有减少。

欧盟委员会在《中期评估报告》对正在进行的共同农业政策进行了总体评价，该报告指出：共同农业政策自1992年改革以来已经取得了很大成就。市场供需平衡得到了改善，增加农业收入进展顺利，为欧盟东扩和当前的WTO谈判奠定了良好的基础。然而，在很多领域，《欧盟2000年议程》所确立的共同农业政策目标与其按照公众期望所取得的能力之间仍存在着差距㊀。

《欧盟2000年议程》是共同农业政策问世50年来步子迈得最大的一次改革，影响也极为深远。一是促进了欧盟农业经济朝着贸易自由化方向发展；二是有利于新成员的加入，对WTO的谈判形成一个开放的有利局面，利于在新一轮贸易谈判中争取有利的谈判地位和条件；三是突出了非贸易关注和农业多功能对整个欧洲地区的社会经济发展，包括支持就业、环境保护、保护消费者利益等方面的积极作用；四是对乡村发展也采取了一些新措施。

3. 伴随WTO新一轮谈判的2003年改革

进入21世纪后，形势的变化又迫使欧盟进行新的改革。欧盟于2002年7月提出改革方案，并于2003年1提出了正式的改革方案。2003年欧盟农业政策改革有两个方面的重要原因：一是出于内部发展的需要，主要是欧盟东扩所带来的巨大农业补贴压力；二是由于外部环境的压力，即“多哈回合”谈判的需要，欧盟试图改变在新一轮谈判中的被动局面。

㊀ 农业部软科学委员会办公室．加入世贸组织与扩大农业对外开放．北京：中国农业出版社，2005.

本次改革的方向是：彻底改变欧盟对农业的支持方式，使得农业政策更加市场化。改革的核心内容是直接补贴方式的变化，将原来与当年生产面积挂钩的“蓝箱支持”转变为与生产不挂钩的“单一的农场补贴”，即“绿箱支持”。此外，原来的价格支持政策仍然保留，支持价格水平有的产品不变，有的产品降低。

此次欧盟农业改革步骤从2005年起分阶段推进。具体调整主要包括：一是控制并削减农业补贴。2005年欧盟预算的45%用于农业支持，欧盟计划到2013年将该比例削减为35%。二是改直接补贴为间接补贴。三是逐年减少农产品出口补贴。四是通过限制补贴范围等措施严格控制产量。五是更加重视对生态环境保护及生物能源的研究投入。受到欧洲主权债务危机的影响，欧盟农业改革的进程继续搁浅，共同农业政策的改革之路还将继续。

4. 2008年金融危机后共同农业政策市场化改革的中断

2008年金融危机后，欧盟奶农亏本严重，抗议和示威频发。为平息欧盟各国奶农的抗议浪潮，2009年起，欧盟中断近年来共同农业政策市场化改革进程，出台了一系列旨在保护奶农和乳制品发展的措施。主要内容包括：一是重启私人储备援助计划。储备补贴标准为15.62欧元/t加0.44欧元/天。二是恢复乳制品干预购买计划。三是恢复已暂停的乳制品出口补贴。四是在部分成员国内扩大学生奶计划覆盖范围以增加消费数量。五是提前向奶农支付2010年奶业补贴，帮助其走出困境。

二、美国的农产品政策

美国农业的主要矛盾是农产品长期全面过剩的矛盾。美国农业早在1860年基本实现商业化以后不久便出现长期的农产品过剩，历史上曾出现多次因过剩而引起的严重农业危机。目前，美国农产品的1/4需要出口到国际市场。因此，美国农业战略目标的核心是农业支持与保护，即通过政府补贴、贷款扶持、市场扩张、调节供应、支持生产与科技推广等政策措施，对农产品价格和农民收入实施保护，以避免和抑制由于农产品的全面过剩而可能导致的农业危机，保障农业的健康发展。

美国一直重视农业政策的制定，1996年4月美国出台了新的农业法案，2001年7月美国众议院农业委员会又完成了2002年的《农业法案》的修订。美国作为世界上最大的农产品出口国，其农业政策的动向将影响全球农业政策的定位和方向。

（一）早期保护政策㊀

从早在1933年“罗斯福新政”时期，美国政府就颁布了《农业调整法》，开始对农

㊀ 佟福全．自由贸易政策的大倒退——美国农产品贸易保护新政策及负面影响［J］．国际贸易，2002（6）。

业实行保护政策。后经历届政府的完善，形成了以农业支持与保护为主旨的联邦农业政策体系。1933—1996 年，美国实行的农业政策基本上是农产品价格支持政策和农业补贴政策。

1. 价格支持

价格支持是指联邦政府通过财政补贴或贷款，以防止农产品价格大幅度下滑，稳定农场主收入的各种措施。其中，价格支持措施又分为两类：一类是各种财政补贴，如限耕和限额补贴、休耕补贴、自然灾害补贴等；另一类是各种贷款，其中最为重要的是农产品抵押贷款。

2. 限制生产与销售

限制生产与销售既是以价格支持为中心的美国农产品政策的重要环节，又是农场主获得各种补贴的先决条件。限制生产和销售的主要形式有三种。第一，分配播种面积。政府根据市场需求每年确定和公布某些农作物下一季的播种面积。凡是农场主同意者，便与政府签订合同，可以得到优厚的价格支持；凡是不同意者，可不与政府签订合同，从而也就无权享受条件优厚的价格支持。第二，实行农产品销售限额制。法律规定，由于参加限耕的农场主中须有 3/4 的人投票赞成，销售限额方可生效。若销售限额尚未通过，那么，自愿限制播种面积的农场主只能获得较低标准的价格支持。同意销售限额的农场主，将由政府发放销售卡，凭卡销售并获取政府的价格补贴。第三，签订市场销售协定。这主要适应于水果、蔬菜和奶制品的生产。法律规定，凡是同政府签署了限耕和销售限额合同的农场主，都必须遵循他们与政府达成的协议，否则，不仅将失去享受价格支持的资格，还要受到严厉的经济制裁，超过限额部分要缴纳罚金，其数额高达价格支持标准的 50% 甚至 70%。

3. 扩大农产品出口

开辟和扩大国外销售市场，给过剩的农产品寻找出路，是美国农产品贸易保护政策的又一个重要组成部分。联邦政府成立了农产品销售局、农产品交易管理局，具体负责扩大农产品对外销售事宜，把扩大农产品对外出口作为支撑其整个国民经济的既定方针。

从 20 世纪 70 年代起，美国政府放弃农产品价格支持的政策，而直接向农场主发放现金补贴。政府每年设定农产品目标价格，按市场价格小于目标价格的差额，向农场主支付现金补助，从而增加了美国农产品在世界市场的竞争力，来应对来自欧盟国家农产品出口能力扩张的压力。

但是，巨额农业补贴导致的沉重赤字负担给联邦政府带来巨大财政压力和舆论压力。美国政府于 1985 年和 1996 年两次颁布《农业法案》，开始市场化方向的农业改革。

（二）美国 1996 年农业法案

美国国会于 1985 年通过《1985 年农业法》，希望通过政府价格支持，削减财政补贴，促使美国农场主在国际市场加强自由竞争。《1985 年农业法》成为美国农产品自由贸易的开端。20 世纪 80 年代后期以来，由于联邦政府的财政赤字不断上升，各个部门不得不控制政府财政补贴，这个时期国外对农产品需求依然旺盛，导致了美国农产品继续沿着自由化的方向发展。《1990 年农业法》规定，1991—1995 年，联邦政府将把对农产品的财政补贴减少 130 亿美元，以鼓励农场主通过自由竞争，开拓国际农产品市场。

1996 年，克林顿总统签署《联邦农业改进和改革法》(又称《农业自由法》)，首次从法律上把政府对农业的支持和补贴与农产品价格脱钩，改变了过去对农产品价格支持的政策，转而直接支持农民收入。

该法案规定，1996—2002 年，政府逐年向农民支付的现金补助将固定不变，不再受农产品价格变动的影响。其总金额将从 1996 年的 56 亿美元，降至 2002 年的 40 亿美元。该法案预计，在 7 年期间，政府对农民的现金补贴总额为 360 亿美元。这一计划数额大大低于 1990—1995 年政府对农民的实际现金补贴 552 亿美元。这一法案当时被誉为美国政府自新政以来最重要的市场导向改革。

（三）美国 2002 年农业法案

美国政府于 2002 年 5 月 13 日正式实施的《2002 年农业安全和农村投资法案》，简称为《2002 年农业法案》，实施期为 6 年，主要内容有十个部分，包括商品补贴、土壤保持、农产品贸易、营养、农业信贷、农村发展、科研和推广、造林和森林管理、能源、杂项和其他条款。

新法案大幅度增加了为农民建立收入安全网的“商品补贴”，即主要通过贷款差额补贴、固定直接补贴和反周期补贴等措施，对种植小麦、饲料谷物、棉花、大米、油籽的农民构建“三节收入安全网”，提供巨额收入补贴；对乳制品、食糖、花生生产者继续提供价格、贷款补贴和进口保护。

新法案主要内容包括：①对当前享受庞大财政补贴的谷物和棉花种植者继续增加补贴；②对近年来不再享受补贴的羊毛和蜜蜂等生产者也进行补贴；③对历来基本上不予补贴的牛奶生产者、花生种植者也开始给予补贴；④对涉及农业生产的土地保护增加政府支出，其数额比目前增加 80% 等[㊀]。由补贴的内容可以看出，新法案涉及的补贴范围更广，畜牧业、水果和蔬菜的生产者都可以得到政府的财政拨款。

（四）美国 2008 年农业法案

2008 年 6 月美国众参两院通过了《食品、环保、能源法》（简称《新农业法》），为美国现行农业补贴政策制定了基本框架。该法案涉及内容广泛，围绕商品计划、生

㊀ 佟福全. 自由贸易政策的大倒退——美国农产品贸易保护新政策及负面影响［J］. 国际贸易，2002(6)。

态保护、贸易等15项内容展开，其执行期为5年（2008—2012年），涉及金额2 880亿美元。总体看来，新农业法延续了2002年《农业法》增加补贴金额的政策思想，并在2002年《农业法》的基础上进行了一系列调整，可预计未来美国农业支持水平有所提高，支持的重点也有所变化。

新法案中美国农业补贴政策的变化包括：①扩大直接补贴范围，增加了对花生的补贴；②扩大反周期补贴范围，增加了对豆类的补贴，并除了陆地棉外对其他所有品种的补贴都有所上调；③扩大营销援助贷款范围。

三、印度的农业政策

印度具有发展农业优越的自然条件，在印度的国土面积中，可耕地占50%以上。同时，印度还有世界所有类型的农业气候带和大部分土壤类型，其大部分地区阳光充足、雨量充沛，农作物能年产3熟。经过独立后几十年的艰苦努力，印度从一个吃粮靠进口的国家变成了粮食基本自给并略有出口的国家，还成为糖生产大国、畜牧生产大国、牛奶生产大国、水果生产大国和蔬菜生产大国。

印度是GATT缔约国之一，近年来，印度逐步形成了符合本国国情的农业支持体系，以应对加入WTO的挑战，促进本国农业的发展。

1. 补贴支持农业生产

WTO规定，可以使用绿箱补贴和黄箱的微量允许限度内的补贴。印度充分利用这一空间，加大了对农业的支持力度。在绿箱补贴方面，印度特定产品支持在基期（1986—1988年）为负值，非特定产品支持量约占国内农业生产总值的6%。最近几年，印度非特定产品支持一直保持国内农业生产总值的7.5%左右。特定产品方面，12种农产品有保护性收购价，但收购价格一直低于国际市场价格。中央财政补贴粮食和化肥的支出约占全年总开支的8%、GDP的1.2%左右；同时对灌溉用电等予以财政支持。根据稳定价格补贴计划（Retention Price-cum-Subsidy Scheme），印度对尿素（占印度化肥使用总量的60%）采取政府定价、对生产化肥的厂商和进口商直接予以补贴、对运费进行补贴的办法，来保持其低价格。印度还充分利用发展中国家的出口补贴，对水果、蔬菜和花卉出口提供运费补贴。

2. 实行税收减免

全国免征农业所得税，对出口农产品免征出口盈利税。这是国内政策支持问题，不受WTO补贴削减的限制。

3. 通过谈判减少市场准入方面的压力

“乌拉圭回合”之前印度以国际收支平衡需要为由，对数千种商品进行配额管理。20世纪90年代以来，迫于美国等的压力并经过WTO争端解决机构的裁决，印度2001

年 4 月对所有农产品实施关税化，但是仅仅承诺关税上限，其产品的约束关税税率为 350%，只有 15% 的农产品的约束关税税率低于 100%。虽然印度实际实施的关税税率远低于约束关税（1997—1998 年度实际平衡关税率约为 26%，同期印度的平均约束关税税率为 116%），但是通过谈判取得受限较小的高约束关税，在实际的 WTO 承诺实施中就有了很大的主动性。

4. 对主要农产品采取保护措施

一是政府在完全取消进口数量限制后，将大多数冲击国内市场及产业的外国商品的进口关税提高到 WTO 允许的最高水平。另外，对主要的农产品还有多项“非关税保护”措施。例如小麦、大米的进口只能通过政府指定的国营贸易公司进行，加强对外国动植物产品的进口检疫等。二是政府成立了一个由商业部秘书牵头、有关各部秘书组成的“常设小组”，时刻监督 300 种可能对印度国内产业造成最大冲击的“敏感商品”的进口状况，每月发布公告，及时提出预警。三是制定农产品价格政策，保护生产者利益。政府通过规定农产品（主要是粮食）的购销价格、政府配售制度、缓冲库存等措施稳定农业收入。政府规定，农产品支持（收购）价格的机构是农产品成本和价格委员会。该委员会主要根据农产品成本，并考虑到工农产品比价、作物之间的比价及供需状况、农民的合理利润等因素，每年向政府提出关于农产品支持（收购）价格的建议，然后经政府确定并在收获前正式公布。

5. 积极参与规则制定，充分利用争端解决机制

印度对参与 WTO 规则制定非常重视。在机构建设上，印度驻日内瓦代表团扩大了编制，增加调研和谈判力量；积极向 WTO 提交阐述其立场和观点的文件。在所有 WTO 发展中成员中，印度是向争端解决机构提起申诉最多、胜诉最多，从而获益也最大的成员。农业方面，印度曾利用争端解决机制击败了美国、欧盟等对其大米、海产品等的不当限制，为农产品出口赢得了市场空间。

6. 实施扶贫计划和农村综合发展计划

农村综合发展计划的目的是改善农村贫民的生产条件，提高农业生产率，主要通过发展种植业、畜牧业、农村工业、商业和服务业，为农村贫民提供更多的就业机会，扩大收入来源，使他们的生活水平提高到贫困线以上。农村综合发展计划所需要的资金，分别由财政和贷款两方面解决。为此印度政府制定了相应的农业信贷政策，优先向农业和农村小规模工业贷款，积极参加各种扶贫计划，直接向具体的项目和受益人（主要是小佃农和农业劳动者）提供贷款。

7. 支持农业合作社的发展

农业合作社是印度政府实现农业发展规模的重要手段。农民通过合作社，组织起来保护自己的利益。它的类型很多，主要的有农业信用、销售、耕种、牛奶、渔业、

农产品加工、消费以及住宅合作社等。例如，经营生产资料供应的合作社向社员提供信贷、种子、化肥、农药等。印度1904年成立第一个合作社，经过100多年的发展，已经形成了世界上最大的农业合作组织体系。目前印度全国共有54.53万个合作社组织，分布在16个经济领域，拥有2.49亿户成员，覆盖了全国100%的村庄，2/3以上的家庭。

四、巴西的农业政策

目前，巴西农业在世界上占有举足轻重的地位。巴西是世界咖啡第一生产和出口大国，是世界大豆第二生产和出口大国，每年出口糖逾千万吨，橙汁出口占世界出口的80%。最重要的是巴西是世界上少有的具有农业发展潜力的国家，巴西最著名的低树草原带(塞拉杜群落)被誉为“世界未来的粮仓”。巴西是世界上主要的牛肉、猪肉和家禽肉的出口国，牛存栏数仅次于印度居世界第二位，猪和家禽居世界第三位(仅次于我国和美国)。

1. 实施农业支持和保护政策

巴西农业政策的要点是保护农民利益，减少生产风险，增加农民(特别是中小农)收入。这体现在以下四个方面:

(1) 农业信贷政策。政府根据农民上一年度的产值及其土地面积发放贷款，小农、中农和大农场主可分别获得所需资金100%、70%和55%的贷款，并且利率也各不相同。为了确保小农能够得到贷款，法律规定商业银行必须将农业贷款的一定比例发放给中小农生产者。

(2) 实行农产品最低保证价格。它由生产资助委员会制定，农业部和国家货币委员会审议，经总统批准，主要通过联邦政府收购、联邦政府贷款和预支贷款三种形式来保护农民的利益，调动生产积极性。

(3) 农业保险制度。限于国家财力和地区之间的不平衡发展，农业保险主要在较发达地区实行。巴西的农业保险有自己的特色，如由中央银行独家经营，其他银行只作为代理等。

(4) 鼓励出口政策。巴西农产品可以自由出口，政府无限制措施。政府制定鼓励本国农产品出口的政策和措施，积极开展经济外交，努力消除别国对巴西农产品设置的贸易壁垒。

2. 加大农业投入，发展农业基础设施

巴西支持农业的另一方面是重视基础设施的建设，主要包括仓储设施、公路和水利灌溉等方面。仓储公司每年得到的拨款占农业部预算的1%，修建乡间公路可以得到联邦政府的低息贷款。

3. 鼓励合作社的发展

巴西农村建立了多种形式的合作社，在推动生产、实现供销一体化和提供各种服务方面发挥了积极的作用。20 世纪 90 年代初，巴西全国有 4 000 多个合作社，成员 4 000多万户。合作社主要有供销合作社、渔业合作社和农村电气化合作社三种。巴西现在有各类合作社 5 500 多个，涉及农牧业、消费、服务、教育、劳动、住宅、信贷、卫生、电力和通信等 12 个大的领域。

4. 重视引进国外资金进行农业开发

巴西在发展农业方面持开放的方针，大胆吸引外资，进行国土开发。日本于 20 世纪六七十年代对衡树林带进行了大规模的农业投资。与此同时，巴西最近十年来对其邻国玻利维亚(圣克鲁斯省)也进行了大面积的农业投资和开发。

第三节　世界粮食市场

随着人口的增加、人们生活水平的不断提高以及科学技术的进步，世界粮食总产量逐年增加。世界粮食的主要生产国有我国、美国、俄罗斯、印度、加拿大、法国、印度尼西亚、巴西等国家。由于世界粮食年际之间生产量的波动，引起世界粮食贸易额和市场价格的波动；同时由于粮食贸易国之间的关系的变化，而使世界粮食市场价格波动较大。而欧盟等国家与地区为了保证国内市场价格的确定，将国内市场不稳定的因素转移到国际市场上，这进一步加剧了世界粮食市场的不稳定性。

一、世界粮食的生产和消费

一般认为，世界粮食由三部分构成：谷物、薯类、豆类。谷物主要品种有小麦、稻谷、玉米、大麦、高粱、小米等。其中，小麦、稻谷、玉米是世界三大谷物。薯类主要是指马铃薯、甘薯、木薯。豆类主要是指大豆、豌豆、蚕豆等。世界粮食作物种类繁多，分布极广，因此不可能一一详细说明，下面只对主要粮食作物简要的概述。

（一）小麦的生产与消费

小麦是世界最大的谷物作物，是世界的“三大主粮”之一，其产量占世界粮食总产量的近 30%，贸易量占世界粮食贸易量的近 1/2，世界上约有近 1/3 的人口以小麦作为主食，小麦是一种世界性的粮食作物。世界上种植的小麦品种主要有硬红小麦、软红小麦、硬红春小麦、白小麦和硬粒小麦五种。它们有不同的最终用途，分布在不同的地区。世界小麦的种植遍布除南极洲以外的各大洲，但是主要分布在北纬 25°~55° 和南纬 25°~40° 的温带地区。著名的小麦地带有：北美小麦地带，阿根廷小麦地带，澳大利亚小麦地带，俄罗斯小麦地带，亚洲小麦地带。

世界上种植小麦的国家很多，但是产量主要集中在我国、印度、美国、俄罗斯、加拿大、澳大利亚和阿根廷等国家，这7个国家的小麦产量占世界总产量的56%。在这7个国家中，我国是唯一总产量超过1亿t的国家，位列世界第一，其次是印度、美国和俄罗斯。从各大洲的分布来看，小麦生产主要集中在亚洲，面积约占世界小麦面积的45%，其次是欧洲，占25%，美洲占15%，非洲、大洋洲和南美洲各占5%左右。

小麦的消费是全球性的。亚洲和欧洲既是小麦的生产大国也是消费大国，但是亚洲境内消费较多，需要进口小麦；北美(含中美)洲和大洋洲虽然产量不是很高，但同时洲内消费比例也较低，大部分小麦用于出口；非洲产量最低，消费比例较高，需大量进口；南美洲生产和消费基本持平。从1996—2010年各洲小麦的生产与消费量的对比可以看出，非洲、南美洲、亚洲（尤其是东南亚）的小麦消费需要进口；而北美、中美洲、欧洲则有充足的小麦可以出口。小麦的这种供需结构决定了世界小麦贸易的特点：交易范围广、交易量大、参与国家多。

从消费结构来看，发达国家的食用比例只有50%左右，低于世界平均水平(71%)，但是小麦作为饲料的比例较高，约占1/3，高于世界平均水平(16%)。进而说明随着人们生活水平的提高，人均小麦消费量将增加，食用比例降低，饲用比例将增加。

全球小麦出口主要集中在美国、加拿大、澳大利亚和法国四国。其中，美国是全球最大的小麦出口国，年均出口量在2700万t，2010年出口量占世界总出口的20.7%。加拿大、法国、澳大利亚也是传统的小麦出口国，出口量一直稳定在1 500万~1 600万t，法国还是欧洲最大的小麦出口国。

（二）稻谷的生产与消费

世界稻谷的种植面积占粮食作物种植面积的1/5，产量占世界粮食总产量的1/4，稻谷生产发展得比较快，各大洲都有种植。但是90%的稻谷产于亚洲，因此它又被称为“亚洲的粮食”。稻谷产区主要集中在高温多雨、人口稠密的东亚温带季风区，东南亚、南亚热带季风气候区，以及热带雨林地区。其中，我国、印度是世界上最大的稻谷生产国。除此以外，印度尼西亚、孟加拉国、泰国、日本、越南、缅甸、韩国、朝鲜等也是重要的稻谷生产国。

在亚洲以外的地区，稻谷主要产在地中海沿岸的意大利、非洲的埃及、北美洲的美国、拉丁美洲的巴西、大洋洲的澳大利亚等。

稻谷的生产虽然比较重要，但大部分为当地消费，在国际贸易中所占的比重较小，只占国际粮食贸易量的5%~6%，远低于小麦。在历史上，主产大米的发展中国家普遍选择优先保证本国市场供应的政策，发达国家则采取向本国生产者提供扶持以保证自给率或者提高生产者收入的政策，从而也使得国际市场上大米贸易呈现极度的不稳定和剧烈的价格波动。

泰国、美国、越南、巴基斯坦、印度等国大米的出口额约占世界大米出口量的76%左右，由于世界大米市场被少数几个国家垄断，造成了美国、泰国等大米主要出口国与越南等潜在大米出口国之间的“大米竞争”。

从国际稻米市场的发展趋势来看，优质粳米的发展潜力大于优质籼米，而优质籼米的发展潜力又大于中低质籼米市场。未来优质米的进口国家和地区将是日本、韩国和我国台湾省，而我国、美国和澳大利亚有可能成为优质米市场的三个主要竞争国。

（三）玉米的生产与消费

玉米也是世界三大谷物作物之一，相当部分的玉米也可以作为粮食，有些国家甚至将其作为主粮。目前玉米占世界粮食收获面积的1/5，产量占世界粮食总产量的1/4，种植面积和总产量仅次于水稻、小麦，居第三位，同时随着玉米杂交品种的出现，其单产提高很快，并且玉米同时具有食用、饲用和多种工业用途。

玉米生产集中分布在夏季高温多雨、生产季较长的地区。目前世界主要有三大玉米产区：一是美国中部的玉米带。这是世界最主要的玉米带，这里所产的玉米占世界玉米总产量的40%，为世界首位。二是我国的东北平原、华北平原玉米带。三是欧洲南部平原地带。以上三大玉米带生产了世界玉米总产量的80%以上。

全球有100多个国家生产玉米，但是大部分集中在美国、我国、欧盟、巴西、墨西哥、阿根廷等国家和地区，据统计，这六个国家和地区的玉米产量约占全球总产量的4/5。美国在世界玉米贸易中仍处于主导地位，同时近年来我国、阿根廷和巴西三国的玉米出口竞争力得到明显增强。从历史的角度来看，发达国家一直是主要的玉米出口国，特别是美国、欧盟等国家和地区对玉米等农产品长期给予高额补贴。但同时也应当看到，近年来发展中国家以其特有的竞争优势在世界玉米出口市场中也占据重要地位，并有进一步发展的趋势。

随着人类生活水平的提高，人类食物结构的优化，全球畜牧业和饲料工业得以迅速发展。从全球玉米的消费趋势来看，自20世纪80年代以来，无论是发展中国家还是发达国家，用做口粮的数量减少，而用做饲料的数量在逐年增加，用做工业原料和食品加工的数量也在增加。

20世纪下半叶，玉米进入国际市场的数量急剧增加，根据美国农业部统计资料显示：2010年世界玉米出口值为230亿美元，其中美国为第一大玉米出口国，占世界总出口的43.9%。

（四）马铃薯的生产与消费

马铃薯是世界上仅次于小麦、水稻、玉米之后的第四大粮食作物，原产于南美洲的安第斯山脉，目前已经广泛种植于世界各地，世界上共有148个国家栽培，主要分布在欧洲和亚洲㊀，我国、俄罗斯、乌克兰、印度四大生产国占世界种植面积的一半。

目前，马铃薯产量最大的国家是我国。2010 年我国马铃薯产量为 7 480 万 t，是产量第二大国家印度的两倍，排在后面的依次是俄罗斯、乌克兰、美国和德国。虽然我国马铃薯产量位列世界第一，但是出口量却很小。法国、荷兰和德国是马铃薯的出口大国。

从总体上来看，世界马铃薯的直接利用和加工食用均以食品用途为主，不同国家的消费量差异很大。由于历史和传统习惯的不同，各国对马铃薯的利用不同，人均消费量也各不相同。发展中国家与发达国家对马铃薯消费利用的主要差异在消费量。人均马铃薯消费量最大的国家集中在前苏联和东欧地区，年人均消费量超过 100kg。西欧地区，北美洲的美国、加拿大，南美洲的阿根廷、秘鲁、智利、玻利维亚等国家人均消费量也较大，年人均消费量在 50kg 以上。非洲的马拉维年人均消费量达到 112.7kg，是非洲平均水平的 10 倍。

目前马铃薯已经从鲜食和饲料转向加工产品，如炸薯片、炸薯条、脱水、冷冻产品上。在利用途径方面，发达国家与发展中国家差别不大。发达国家马铃薯的食品消费比例为 54%，而发展中国家为 70%；饲料比例，发达国家为 18%，而发展中国家为 9%；储藏、运输、加工等环节的损耗发达国家为 6%，而发展中国家为 9%，损耗较大。

（五）大豆的生产与消费

大豆是一种历史悠久的作物，最早产于我国，已有几千年的栽培历史，是世界重要的植物油料，故被视为油子，但是大豆含蛋白质量丰富，所以在我国又把大豆列入粮食作物。世界上其他主产国（美国、巴西、阿根廷等）的栽培历史虽不长，但发展迅猛。目前，世界大豆四大主产国分别为美国、巴西、阿根廷和我国。从近年来这些国家的生产情况来看，美国是目前世界上头号大豆生产国，其产量占世界大豆总产量的 50% 以上，巴西是第二大大豆生产国，我国的大豆生产居于世界第四位。

世界大豆的总需求量近 20 年来逐年增长，从 1991—1992 年度的 10 975.6 万 t 增加到 2011—2012 年度的 35 793 万 t，增长近 226%。

世界大豆的总进口量也呈逐年增长的趋势。2009 年我国成为世界第一大大豆进口国，进口量为 4 491 万 t，欧盟为第二大进口国，其他主要进口国还有日本、墨西哥等。美国和巴西是世界上主要的大豆出口国。

㊀ 王基敬. 世界马铃薯生产现状与中国对策［J］. 世界农业，2001（12）。

二、世界粮食贸易（世界粮食市场供求格局）

通过对上述主要粮食作物的生产和消费情况的分析可以看出，世界各国生产的粮食大部分供国内消费，投入国际市场的比重不大。目前，投入国际市场的粮食以小麦最多，约占50%，占世界小麦总产量的1/5，其影响是世界性的；玉米占第二位，约占世界粮食贸易总量的40%，每年世界生产的玉米，约有1/5投入国际市场；稻谷占第三位，占世界粮食贸易总额的比重不大，仅仅占世界大米总产量的5%左右。当前世界粮食贸易有以下特点：

（一）世界粮食贸易迅速扩大

第二次世界大战前，世界生产的粮食投入市场的仅占总产量的3%；到20世纪70年代中期，增加到10%；20世纪80年代初为14%，比例不断增加。每年投入国际市场的粮食数量也是不断增加的。第二次世界大战后初期为4 000多万t，20世纪60年代初为9 600多万t，70年代为1.5亿t，到80年代初，每年为2.14亿t。2005年以后每年约为5.5亿t。也就是说，随着时间的推移，世界粮食的贸易量呈现上升的趋势。

（二）净进口粮食的国家很多，而净出口粮食的国家集中

目前，世界净出口粮食的国家只有十几个，能大量出口粮食的国家为数更少。每年出口粮食超过2 000万t的国家和地区只有美国、加拿大、欧盟、澳大利亚和阿根廷。五国粮食出口占世界的3/4，其中美国约占1/3，成为世界粮食出口的最大垄断者。其他粮食出口国有泰国、缅甸、巴西、哈萨克斯坦、越南等少数国家。2010年北美粮食出口总量为11 504万t，欧洲为4 906万t，分别占世界出口总量的41.75%和17.81%。

进口粮食最多的地区是亚洲，其次是东欧、非洲以及西欧。许多第二次世界大战前不进口粮食，甚至是出口粮食的亚洲、非洲、拉丁美洲的一些国家变为进口粮食的国家。一些过去出口粮食的国家，如俄罗斯，变成了净进口粮食的国家，而日本则由粮食自给的国家变成最大的粮食进口国之一。2010年日本进口粮食2 507.5万t，占全球粮食进口总量的9.38%。

发展中国家进口粮食是为了食用，进口的主要是小麦、稻米。而发达国家进口粮食多用做发展畜牧业的饲料，主要购入粗粮，以玉米为主。

（三）粗粮在世界粮食贸易中已占主要地位

长期以来，世界市场中粗粮以小麦为主。第二次世界大战后由于畜牧业的发展，饲料用粮大增。第二次世界大战后初期粗粮在粮食贸易中只占1/4（约1 000万t），现在已占1/2以上（1亿多t）。目前发达国家粮食消费中，饲料占50%以上，美国饲料用粮占本国粮食消费的80%，欧盟占70%，日本约占50%。从而在世界粮食贸易中粗粮

所占的比重日益提高。

（四）国际市场粮食供求不稳，粮价起伏急剧

粮食是人类赖以生存的基本生活资料，是一种关系经济发展、社会稳定和国家自立的特殊商品。在一般情况下，任何国家只有粮食满足本国的需要，有了剩余后才会考虑出口或外援。以美国为首的少数国家实际上垄断着世界粮食的出口。一旦遇到全球范围的较大自然灾害，世界粮食市场的供求关系就会紧张而引发粮价上扬。

三、世界粮食问题

（一）世界粮食问题的实质

当肥胖症已经成为发达国家和发展中国家增长最快的一种健康问题时，全球却仍有8亿多人食不果腹。由于全球耕地资源禀赋的不均匀，发达的农业大国粮食生产能力过剩，而欠发达的发展中国家粮食生产能力则严重不足，由此产生了世界粮食问题。世界粮食问题包括两个方面：一方面，占世界人口大多数的亚洲、非洲、拉丁美洲的发展中国家粮食匮乏，没有能力更快地增加粮食生产，大量人口处于饥饿、半饥饿状态；另一方面，有些发达国家粮食又大量“过剩”。

所谓世界粮食问题的症结，不在于生产满足不了需求、存在着饥荒的威胁，而在于发达国家庞大的生产能力与发展中国家支付能力的需求之间存在着不可调和的矛盾。世界粮食问题“不患寡，而患不均”——粮食生产不均衡，分配不均衡，消费不均衡；并且世界粮食贸易条件对进口粮食的发展中国家不利，甚至可以说少数粮食出口国对许多进口粮食的发展中国家是一种剥削关系。

（二）世界粮食问题的现状与展望

世界人口增长过快固然对粮食的生产带来了压力，但粮食问题的根源绝不是或不全在于人口增长。下列因素将共同决定着世界未来的粮食供求和粮食安全状况：世界人口绝对数量的高速增加；世界人均收入和营养状况的不容乐观；世界畜牧产品需求的大幅提高；世界粮食需求的持续增长；世界粮食贸易的不断扩大；世界粮食种植面积增幅的有限；世界性耕地退化问题的日趋严重；世界粮食单产增长的缓慢等。

从未来发展趋势来看，由于多数发展中国家人口将继续较快增长，同时世界上仍有大量的贫困人口温饱问题还没有解决，未来世界粮食消费量将继续刚性增长。另外，许多发展中国家粮食生产水平相对较低，发达国家粮食增产又受到多种因素的制约，因此，今后世界粮食供求形势并不乐观，从长远来看仍是供求偏紧的趋势。

然而实践证明，发展中国家在解决粮食问题上也取得一些进展，以后会取得更大的成就。因此，对粮食问题的前途持悲观态度不对。当然也不能盲目乐观，因为粮食短缺不可能在短期内解决，这是因为还存在着如下的因素阻碍着世界粮食问题的尽快解决：长期殖民统治造成的贫困落后，使得亚洲、非洲、拉丁美洲一些国家的粮食生产很难以更快的速度增长；发达国家，尤其是主要粮食出口国大量生产粮食，并非为满足世界缺粮需要，而是为取得最大限度的利润；粮食生产受自然条件影响大，产量不稳定；发展中国家人口的自然增长率较高，粮食消费量增长较快；世界可开垦土地虽然多，但肥沃而便于耕种的已为数不多，剩下的土地较难开垦或需较多的投资。

总之，我们对粮食问题的严重性应该予以足够的重视。今后应该通过发展生产，控制人口过快增长以及改变不合理的旧的经济秩序和发展科技等，来解决世界粮食问题。

【本章关键术语】

世界农产品市场　　欧盟的共同农业政策　　早期保护政策

本章复习思考题

1. 简要介绍世界农产品市场的基本格局。
2. 简析世界主要农产品的生产、消费与贸易情况。
3. 简述欧盟共同农业政策的目标与基本原则。
4. 分析美国农业政策的变化过程。
5. 分析世界粮食问题的现状与趋势。

本章延展阅读书目

[1] 唐正平. 入世与农产品市场开放［M］. 北京：中国对外经济贸易出版社，2000.

[2] 丁声俊. 世界粮食问题［M］. 北京：经济科学出版社，1988.

[3] 农业部软科学委员会办公室. 加入世界贸易组织与扩大农业对外开放［M］. 北京：中国农业出版社，2005.

第十章
世界服务业市场行情分析

【本章学习要点】

- 世界服务市场迅速发展的原因
- 世界服务市场的区域分布
- 世界服务市场产品结构变化
- 美国服务贸易政策特点

第一节　世界服务业及国际服务贸易的发展

一、世界服务市场概述

（一）概念及特征

世界服务市场是一个以世界服务业发展为基础，以国际服务贸易为实现手段，以向其他国家提供服务的各国服务企业（法人）和自然人为主体，以各种不可触摸的无形服务产品为客体的特殊市场。

服务是一种无形产品。与商品市场交易相比，服务市场交易具有以下特殊性：

（1）生产与消费的同时性。商品生产在空间上和时间上可以与商品消费相互脱离，商品流转的各个环节都存在着时空的分离性。而服务通常在时空上是非游离状态的。它的提供与消费只能同时发生。这一特点可以派生出另外一个特点，即同地域性。它意味着要么服务提供者在空间上接近消费者，如文艺访问演出；要么服务消费者在空间上接近服务提供者，如出国旅游等。

（2）无形性。商品是有形的，它具有明显的空间属性。而服务一般是无形的、不可视的。我们知道，在商品贸易中，商品品质的表示方法包括看货或凭样品等，而服务提供者是不可能通过这些方法向消费者说明服务品质的。消费者在购买服务之前是无法完全和直接感知服务的。

(3) 难以储存性。商品在生产出来之后、进入消费之前处于库存状态，商品的这种物理存在状态，从实物上不会给所有者带来损失，它的损失只体现在市场价格的波动上。而大部分服务的生产需要与消费同时发生，因为它不能储存。在没有服务消费需求的情况下，服务生产能力就要闲置。

(4) 服务的异质性。服务无形性的另一个结果是，顾客在接受或购买一项服务之前，很难评价它的质量。一项服务的质量只能在消费中或消费后才能被把握。这给消费者辨别服务提供者的服务质量带来了难度。在商品生产和流通市场上，不同商品个体在质量和外观上基本上是一致的，这决定了它们对消费者的效用基本上是没有差别的。而在服务领域，由于人在服务提供中占有重要的地位，服务提供中人为因素的影响很大，因此，不同时间、不同地点、不同条件下生产出的服务往往是不同的。

(二) 世界服务市场的产品

为了谈判、统计等工作的需要，世界贸易组织在对以商品为中心的服务贸易分类基础上，结合服务贸易统计和服务贸易部门开放的要求，在征求各谈判方的提案和意见的基础上，提出了以部门为中心的服务贸易分类方法，将服务贸易分为 12 大类，分别是：商业性服务、通信服务、建筑及相关的工程服务、销售服务、教育服务、环境服务、金融服务、健康与社会服务、旅游及相关的服务、娱乐文化与体育服务、运输服务和其他服务。每个部门下又分为若干分部门，共计 155 个分部门。

以上 150 余种具体服务通过以下 4 种方式在世界服务市场上进行交易：①跨境交付(Cross-border Supply)，即服务的提供者在一个成员境内向另一个成员境内的消费者提供服务；②境外消费(Consumption Abroad)，即服务的提供者在一个成员境内向入境的任何其他成员的消费者提供服务；③商业存在(Commercial Presence)，即一成员的服务提供者在另一成员领土内设立商业机构或专业机构，为后者领土内的消费者提供服务；④自然人流动(Presence of Natural Persons)，即一成员的服务提供者以自然人身份进入另一成员的领土内提供服务。

(三) 世界服务市场的发展

服务业的迅速发展是 20 世纪经济发展的主要特点之一。早在 20 世纪 70 年代，在世界经济活动总量中第三产业就已经超过了第一产业和第二产业之和，取代了物质生产部门而成为最强大、最广泛的经济部门。根据联合国统计部的统计，在过去的 35 年中，世界服务业产值增长了 231% 以上，2010 年达到 24.15 万亿美元，超过了同期世界全部经济增加值 168% 的增长水平。20 世纪 90 年代以来，服务业产出在整个经济中的地位不断提升。显示服务业在整个经济中的比重不断提高，这不仅在发达国家如此，在新兴工业化国家和许多发展中国家也是如此。

与此同时，服务业也成了国际竞争和合作的重要领域。国际服务贸易的丰厚利润以及它对货物贸易的极大推动作用，使各国越来越重视这一新兴领域的发展。特别是在美国等发达国家，国内日益发达的服务业开始走向世界市场。使国际服务贸易以快于货物贸易的速度获得了突飞猛进的发展。当前，服务领域的交往已成为国际经济交往中不可或缺的重要内容，国际服务市场也已成为国际市场的重要组成部分。1960—1970 年世界服务贸易额翻了一番，1970—1975 年仅 5 年就又翻了一番。世界服务贸易额 1970 年、1975 年、1980 年和 1985 年分别为 728 亿美元、1 194 亿美元、3 642. 93 亿美元和 3 825. 75 亿美元。随着服务贸易的发展，从 20 世纪 80 年代开始，服务贸易在整个世界贸易中的比重从 15% 上升到了接近 20%。从 1990 年以后，服务贸易的增长较前期有所放缓。2005—2010 年，服务贸易和货物贸易平均年增长率都约为 8%，服务贸易在整个国际贸易总量中的比例一直维持在 20% 左右。不过，从绝对量上看，服务贸易与货物贸易一样，都维持着较大的增长幅度。2010 年世界服务贸易出口额达到空前的 36 950 亿美元。

二、世界服务市场迅速发展的原因

（一）世界服务业的发展促进了世界服务市场的形成和迅速发展

受产业结构升级的驱动，世界各国随着社会经济的发展和经济水平的提高，由农业经济过渡到工业经济，再由工业经济逐步过渡到服务经济。克拉克曾经揭示出三次产业发展的相互关系，指出第三产业是在第一、二产业发展的呼唤中产生并得到发展的。服务业发展是产业进步的标志。现实中无论是在发达国家，还是在发展中国家，服务业的迅速发展都是伴随着经济发展的一个重要现象。

服务业在国际经济中的地位不断提高，表现在服务业产值在国内生产总值（GDP）中所占比重呈不断上升的趋势。一个国家经济发展程度越高，服务业产出比重也越大。美国、英国、日本等主要发达国家自 20 世纪 80 年代以来，第三产业占 GDP 的比重就超过 50% 以上，1998 年，美国第三产业比重达到 71%，英国达到 67%。而到 2011 年，美国服务业占 GDP 的比例已经达到 76. 7%，一般发达国家服务业产值占 GDP 比例也在 50%~70%；发展中国家的服务业也能占到大约 45%~55%。

服务业的发展促进了服务贸易规模的不断扩大。一些服务业发展较快的国家，开始逐渐形成该产业的比较优势。在世界各国对服务需求日益提高的情况下，国与国之间服务业的合作开始展开并得到加深，国际服务贸易和服务业的国际投资开始从无到有、从小到大地发展起来。国际服务市场不断发展壮大。例如，美国拥有目前世界上最具竞争力的服务业，因此它同时也是世界上最大的服务出口国，2010 年服务业出口总额达到了 5 180 亿美元，与 2003 年相比，增加了 1.68 倍。

（二）国际货物贸易和国际投资的增长和促进了世界服务贸易的发展

服务贸易的迅速发展离不开商品贸易发展的促进。第二次世界大战后半个多世纪以来，国际货物贸易的规模不断扩大。1950 年国际货物贸易出口总值为 611 亿美元，1990 年增加到 33 949 亿美元，而 2010 年则达到了 152 370 亿美元，全球商品贸易额增加了 145.8 倍，远远超过同期世界商品生产和 GDP 的增长幅度。在货物贸易高速增长的带动下，那些与货物进出口直接关联的传统服务贸易项目，如国际运输服务、国际货物保险、国际结算服务等也都随之出现了增长。服务业中这些直接或间接地服务于商品贸易的服务称为贸易性服务（Trade Service），也有学者称之为国际追加服务贸易，它们既是国际货物贸易不断增长的保证，同时又受到后者的极大促进。近年来，国际投资迅速扩大，尤其是涉及服务业的国际投资，在 WTO 将服务贸易范围拓宽以及服务市场准入承诺不断扩展的情况下，得到了明显的发展。国际服务投资实体的不断增加，为服务贸易迅猛发展提供了新的平台。据 WTO 秘书处估计，目前通过商业存在统计的国际服务贸易额（the Foreign Affiliate Trade in Services，FATS）已经超过传统的跨境服务贸易的 1.5 倍。

需要指出的是，随着服务创新的不断涌现和新的服务产品的不断产生，国际服务会越来越多。它将有可能使国际服务贸易的迅速发展主要由货物贸易带动转向主要由国际投资带动。同时，国际服务市场的产品结构也将发生深刻的变化。

（三）国际服务合作的扩大促进了服务贸易的发展

国际服务合作是指拥有丰富工程技术人员和劳动力的国家和地区，通过签订一定的合同，向缺乏工程技术人员和劳动力的国家和地区提供所需服务，并接受一定报酬的国际经济行为。国际服务合作包括以下主要形式：①承包国外各类工程，包括工程设计及施工服务；②劳务输出，包括派遣技术工人、工程师、医生、海员等人员，为输入国提供服务；③向国外提供咨询服务，尤其是技术和管理方面的咨询服务；④技术性服务出口或生产技术合作；⑤出租配有专业人员的大型机构等。凡此种种经济交往，必将惠及双方。这在一定程度上解决了服务输入国服务提供能力不足的问题，促进了输入国的经济发展，同时也推动了服务输出国的经济发展和科学技术的提高。

（四）科学技术进步是国际服务市场扩大的主要推动力

技术进步从不同层面推动了国际服务市场的不断扩大。

首先，技术进步促进了社会生产专业化程度的提高。一方面，这使许多服务业逐渐从制造业中分离出来，成为独立的行业，扩大了服务行业的规模。另一方面，生产分工的日益细化，也使生产的不同阶段或不同环节对专门服务的需求不断形成和扩大，使服务种类不断增多，专门化程度也越来越高，服务质量不断提高。这反过来促进了生产的顺利进行和产品的销售。服务专业化程度的提高，增加了服务业的门类，大大降低了服务业的生产成本，使其竞争力得到进一步提高，服务出口的优势进一步增加。

其次，高新技术的发展广泛应用到了服务业发展当中，使许多原先不能进行贸易或贸易途径狭窄的服务转化为可进行贸易的或贸易途径多样的服务，丰富了国际服务市场的产品种类，扩大了国际服务市场交易的范围。例如，曾经是局限于自然人移动的教育服务、健康服务等如今可以被储存在磁盘或光盘中进行跨境买卖，使服务得以像货物那样储存和交易，从根本上改变了服务贸易必须在生产者和消费者见面的情况下方能进行以及服务不可储存的传统观念。这些存在于某种“介质”上的物化服务，未来将是国际服务市场的重要交换形式之一。此外，信息和通信技术的发展还促使银行、保险、商品零售等得以在全球范围内扩展业务，为跨国服务创造了条件。

再次，科技进步加快了劳动力和技术人员的跨国流动，尤其是促进了专业科技人员和高级管理人才的跨国流动，推动了国际服务贸易流量的扩大。

最后，科技进步促进了国际产业结构调整，发达国家的产业结构逐渐向资本密集和技术密集的高科技产业转移，这其中也包括高科技的服务行业，而将劳动密集型产业转移到新兴工业化国家或某些发展中国家，利用东道国廉价的劳动力资源和丰富的自然资源，提高利润率。对于接纳那些传统产业的新兴工业化国家和发展中国家，则可以通过就地劳务输出，扩大其对国际服务市场的参与程度。

（五）跨国公司在促进服务国际化过程中起着重要作用

跨国公司国际化经营活动的开展带来了商品、资本、技术、人才的国际性流动。与其相关或为其服务的世界服务贸易也随之迅速发展。尤其是生产性服务贸易的发展更加明显。所谓生产性服务是指被作为生产要素投入到商品生产或其他服务生产过程中的服务。它们过去一直是由生产部门在生产过程中通过“内在化”方式自行解决。近20年来，生产性服务有逐步“外在化”的趋势，并且跨国公司母公司日益成为产品开发设计和经营咨询服务的中心，有的还分化出越来越多的提供各种服务的专业服务公司。

从目前来看，跨国公司在世界范围内广泛存在，是金融信息和专业服务的重要提供者，信息技术进步促进了跨国公司的更大发展，向全球出售更多服务。之所以出现这种趋势，原因在三：一是少数跨国公司向世界市场提供各种服务的能力大大提高，它们有能力向几个市场提供各种服务，或者将商品与服务合二为一；二是跨越国境数据资料的流动和世界信息网的建立，使跨国公司得以越过其传统部门或环节，更加便利地提供各种服务；三是跨国公司需要扩大其活动范围来继续提供各种服务，保险业和银行业的表现尤为显著，跨国银行网迅速扩大以适应国际贸易运行的需要，扩大了国际金融市场的活动。

（六）经济全球化和社会生活国际化的大趋势是服务国际化的重要背景

经济全球化使各国之间发生广泛的商品交流和要素流动，商品和生产要素的国际属性越来越明显，这其中也包括服务的国际提供。而生活国际化的逐步发展和各国人民生活水平的不断提高日益丰富了现代人的物质和文化生活。人们对精神生活有了更高的要求，对服务需求的选择性更多，范围也更广。出国旅游、接受跨国教育、观赏国外艺术团演出以及聘请国外专门人才等会更加普遍，这必将带动一系列服务贸易门类的发展。例如，近几十年来，经济的发展和收入的提高使得人们对出国旅游的需求越来越高，这使国际旅游业成为世界上发展最快的行业之一。近10多年来旅游服务贸易一直保持增长势头，进入21世纪后，旅游贸易出口的增长趋向强劲。2010年旅游服务贸易额达到9 400亿美元，占整个服务贸易的25.4%。未来随着各国居民收入水平的不断提高，与社会生活国际化相关的服务贸易将会得到长足的发展。

（七）政府支持是世界服务市场发展的重要外部条件

许多发达国家政府清醒地认识到，随着世界的向前发展和经济的增长，服务业将起到日趋重要的作用，同时它也必将成为新的国际竞争领域。因此，各国政府竞相制定相关政策，采取有效的措施，支持服务业的发展和服务贸易的开展，并积极促成国际服务贸易向自由化方向发展。这无疑给服务贸易的发展提供了强有力的后盾。发展中国家为了发展经济，也普遍采取了开放的政策，积极地从发达国家引进资金和技术。例如，为增加外汇收入，实现本国现代化，发展中国家积极参加国际运输，大力发展旅游业，千方百计吸引外国游客，积极扩大劳务出口，从而推动了世界服务贸易的发展。

三、世界服务市场的特点

（一）世界服务市场有多元化趋势，但仍具有发展不平衡的特点

第二次世界大战以后，世界经济和技术以前所未有的速度向前发展，世界服务贸易也在不断发展的基础上出现多元化的倾向。

劳务的输出入是早期国际服务贸易的重要形式。20世纪70年代以前，西方发达国家是主要的劳务输入国。而随着其经济逐渐陷入“滞胀”的泥潭，其对外籍工人需求量大大减少。而在此时，世界其他地区对劳务输入的需求越来越多，需要劳务输入的国家和地区地理分布也趋向广泛。尤其是中东、北非的主要产油国，由于需求大量的外籍工作人员，逐渐成为劳务输入的主要国家。

20世纪80年代以来，亚洲、非洲、拉丁美洲的一些国家和地区经济迅速发展，对国外服务需求也从无到有、从小到大地发展起来。例如，经济发展迅速的新加坡和马来西亚等一些东南亚国家，采取争取和鼓励外来投资的政策，为劳务输入提供了大量需求。未来随着上述发展中地区经济的发展，它们在服务进口中的地位会进一步提高，世界服务市场会进一步扩大。而随着这些国家服务业规模的扩大，其竞争力也会有所提高，服务出口也会得到不断增长。

进入20世纪90年代，世界服务贸易出口发展迅速。其中既有传统出口市场的继续发展，也有亚洲、中东、独联体及东欧等新兴出口市场的崛起。发展中国家在国际服务贸易中所占的比重不断上升。据IMF和WTO的统计，1990年发达国家的服务贸易出口额为6 586.73亿美元，到1996年增加为9 351.28亿美元，是1990年的1.42倍；而1990年发展中国家的服务贸易出口额为2 062.47亿美元，1996年增加到3 944.02亿美元，是1990年的1.91倍，高于发达国家的增长速度。2010年发展中国家服务贸易出口额达到11 453.5亿美元，10年增加了178%；而同期作为世界主要服务出口地区的西欧和北美，服务出口增长了78.6%。国际服务贸易供给市场有逐步向发展中国家转移的趋势。又据WTO的统计，1995—2000年，拉丁美洲和中东国家服务出口的年增率都超过了当时世界平均水平；2002年亚洲、欧洲东部及独联体国家的服务出口年增率均超过同期世界平均水平。这说明发展中国家服务贸易的发展使世界各地区在世界服务市场上的地位正在发生着变化。

不过就目前来看，国际服务市场依然存在着很大的不平衡性，表现在服务出口市场和进口市场都还集中在少数国家或地区。

首先，从世界大区来看，西欧仍然是世界最大的服务贸易出口地区。2010年该地区服务出口占世界服务贸易总出口的33.7%，其中欧盟原15国服务出口又占西欧全部服务出口的87.6%，占世界的29.52%，超过美国成为世界最大的服务出口区。

北美地区是世界第二大服务出口市场。20世纪90年代后半期，服务出口年平均增长速度曾经高达7%。“9·11”恐怖袭击以后，北美服务贸易受到打击，2001年服务出口出现3个百分点的负增长，随后在2002年又恢复增长势头。2010年美国和加拿大两国服务贸易出口额达到14 260亿美元，占当年世界服务总出口的14%。

亚洲是近年来服务出口发展迅速的地区之一。1995—2000年，亚洲服务出口以年均3%的速度递增。经过2001年的短期振荡，2010年服务出口增长速度猛增到6.3%的水平，服务出口额达到8 831.05亿美元，占世界服务出口总额的23.9%。日本是亚洲服务贸易最发达的国家，服务出口占亚洲全部服务出口的20.2%。2010年，中国超过日本成为亚洲服务贸易最发达国家，2010年出口额为1 699.7亿美元，2000—2010年年均增长速度达到32%，显示了极强的增长势头。

其他地区的服务贸易还处于发展初期，表现在它们在世界服务贸易出口中的份额还不大。中欧、东欧、波罗的海三国、独联体、非洲、中东、拉丁美洲等广大地区的服务贸易出口加起来为1 760亿美元，仅占世界服务总出口的11.2%。不过，一些地区随着经济发展步入轨道，其服务贸易出口有明显加速的征兆。例如，欧洲东部，包括独联体在内的许多经济转型国家，虽然目前服务贸易起点较低，但在进入21世纪后增长势头迅猛。2001年当其他地区还深深陷入美国恐怖袭击的不良影响中时，这个地区的服务出口却达到7%的增长，2002年服务出口增长率更达到10.6%的高水平。

未来相当长一段时间内，西欧和北美都仍将是世界最主要的服务提供地区。尤其是美国未来10多年内在世界服务业中的绝对优势不大可能被动摇。从近期来看，美国在知识产权和其他民间服务贸易领域的竞争力有进一步上升的势头，在中长期也将持续具备较强的国际竞争力。

世界服务进口市场的发展变化及其分布与出口市场有相似之处。从发展来看，中南美、亚洲、非洲是服务进口值增长较快地区。进入21世纪后，这三个地区的服务进口有明显的增长趋势，2002年其服务进口的增长率分别达到了23%、20%和10%。自20世纪90年代以来，我国就是服务进口最快的国家，2010年服务进口增长速度达到22%，其增长势头和速度与东欧地区类似，这与经济转型国家极大的发展活力有很大关系。然而鉴于发展基础较好、发展累计时间长，西欧(主要是原欧盟15国)、亚洲(主要是日本和东亚六地区)和北美(美国和加拿大)仍然是当前世界主要的服务进口地区。这些地区或者是经济实力雄厚，服务市场需求量大，或者是经济活力大，服务需求的增长迅速。2002年三个地区囊括了全球服务业进口的81.9%。而包括广大非洲、拉丁美洲、中东以及中东欧(包括波罗的海国家和独联体国家)在内广大地区的服务进口则在世界服务进口贸易中不占重要地位。

从国家层次上看，也可明显看出世界服务市场发展的不平衡性。它主要表现在国际服务市场供给和需求高度集中在少数国家，而且国际服务贸易领先国家或地区的基本格局一直相对稳定。自20世纪70年代以来，世界服务贸易额排在前10位的国家和地区(特别是出口)没有发生太多改变，并且基本上都是发达国家。2010年服务贸易出口排在世界前10位的国家和地区依次是：美国、德国、英国、中国、法国、日本、印度、西班牙、荷兰、新加坡；进口排在前10位的国家和地区分别是美国、德国、中国、英国、日本、法国、印度、爱尔兰、意大利、荷兰。除我国外的其余9个发达国家和地区服务的出口2010年占世界服务出口总额的46.8%。其中排在第一位的美国占14%；欧盟(15国)合计服务贸易出口额占世界服务出口总额的35.9%。

进入21世纪后，发展中国家、经济转型国家的服务出口和进口有所提高，世界服务市场上新的市场主体不断涌现，但世界服务贸易的基本格局没有太大变化。

服务出口贸易较高的集中度一方面说明了少数发达国家有很强的服务出口竞争能力，而广大发展中国家服务业的发展相对滞后，出口竞争能力较弱；另一方面，也说明服务贸易自由化的利益偏向较突出，与货物贸易自由化相比，未来通向服务贸易自由化的道路将更加艰难。

与服务出口贸易类似，服务进口贸易也明显倒向少数几个发达国家。

世界服务市场的不均衡性还体现在服务贸易差额的广泛存在。美国历来是最大的顺差国，2010 年它的服务贸易顺差额达到 1 600 亿美元。连年的服务贸易顺差为弥补其巨大的货物贸易赤字起到了明显的作用。英国、法国、西班牙及我国香港是除美国以外主要的服务贸易顺差国和地区，而德国、日本、爱尔兰、韩国等国是主要的逆差国。

（二）发达国家是国际服务市场的主要力量，但发展中国家的地位缓慢上升

发达国家在国际服务贸易中占有绝对重要的地位，1990 年、1995 年其服务贸易额分别为 6 586.73 亿美元和 9 056.51 亿美元，2010 年达到 49 810 亿美元，分别占世界服务贸易额的 70.1%、72.0% 和 67.5%。而同期发展中国家服务贸易额分别为 2 062.47 亿美元、3 503.33 亿美元和 23 960 亿美元，分别占同期世界服务贸易额的 29.9%、28% 和 32.5%。可见发达国家占有绝大部分比重。

用发展的眼光来看，发展中国家和地区在世界服务贸易中的地位趋于上升。进入 20 世纪 90 年代，发展中国家和地区的服务出口明显加快。1990—1994 年，发展中国家和地区的服务出口年均增长率达 12%，大大高于发达国家同期的服务出口增长速度。在发展中国家里，亚洲（主要是东亚）的服务贸易发展尤为迅速。亚洲在世界服务贸易出口中的比重由 1990 年的 16.75% 上升到 1996 年的 22.19%，超过所有发展中国家和地区服务出口的一半。20 世纪 90 年代下半期，发展中国家和地区的服务贸易出口普遍增长较快，1996 年、1997 年拉丁美洲的服务贸易出口增长率分别为 7.7% 和 5.2%，均高于同期世界 6.1% 和 2.4% 的年平均增长率；而西欧 1996 年的增长率为 4.4%，1997 年则出现了 1% 的负增长。进入 21 世纪，虽然由于国际局势动荡，部分发展中国家的服务出口受到一定挫折，但仍有一些地区保持较快增长。例如，东欧经济转型国家 2001 年的服务贸易出口增长率达 7%。2002 年随着世界经济的复苏，发展中国家服务出口又恢复了活力，其中 2010 年发展中国家服务业出口年均增长率为 19%，亚洲服务贸易出口额 2010 年占世界的 21.1%。除中东外，其他发展中国家地区服务出口的增长率都有了显著的提高。如果将主要发展中国家的服务贸易出口加在一起，可以明显看出最近 10 年，发展中国家的服务贸易出口在世界服务贸易中地位的变化。

（三）世界服务市场产品结构不断变化，新兴服务产品发展迅速

自 20 世纪 90 年代以来，在世界服务贸易构成中，运输服务及政府服务所占比重呈下降趋势。运输服务贸易额从 2000 年的 3 675.1 亿美元增长到 2010 年的 5 326.2 亿美元，但其占世界服务贸易总值的比重从 23.2% 下降为 21.3%；政府服务额从 1990 年的

514.2 亿美元下降到 1996 年的 490.0 亿美元，占世界服务贸易的比重从 5.9% 降为 3.7%。旅游及其他商业服务呈上涨趋势，且其他商业服务增幅较大。旅游服务额从 2000 年的 6 207.8 亿美元增长到 2010 年的 9 216.5 亿美元，占世界服务贸易的比重分别为 32.1% 和 25.4%。

随着科学技术的发展，特别是服务技术的进步，除运输、旅游以外的其他商业服务贸易发展迅速。包括通信、建筑、保险、金融、计算机与信息、所有权收益、文化与体育服务等在内的其他商业服务类的贸易额从 2000 年的 6 761.4 亿美元增加到 2010 年的 9 274.5 亿美元，占世界服务贸易的比重从 41.6% 增至 43.2%。20 世纪 90 年代前半期，其年平均增长速度一度达到 11%，后半期虽然有所下降，但增长率仍然达到 6%。进入 21 世纪，该类服务出口增长势头仍然不减，2000 年增长率高达 7%。受"9·11"恐怖袭击的影响，2001 年该类服务出口增长速度下降到了 2%，但 2002 年又重拾升势，增长速度又恢复到 7% 的高速轨道。2010 年这一类服务的贸易额达到 19 700 亿美元，占世界服务贸易的比重达 45.6%。

（四）发达国家与发展中国家服务市场在服务供给类别上存在明显差异

在世界服务市场上，发达国家与发展中国家不仅在发展规模和地位上存在相当大的差距，而且在服务产品结构方面也有明显的不同。

发展中国家所提供的服务主要集中在旅游、运输等传统服务项目上，而发达国家则主要倾向于其他商业服务类，这一类服务包括通信、建筑、保险、金融、计算机与信息、版税及技术许可等多个项目。这些项目的大多数自 20 世纪 90 年代以来得到了很大的发展。例如，通信、金融、计算机与信息、保险等都是近十几年来发展最快的行业。而这些服务项目中或者技术密集度较高，或者带有资本密集特性，因此在这些项目的出口上具有竞争优势的国家和地区基本上都是发达国家，从而造成了发达国家服务出口在这一大类上的相对集中。相比之下，运输服务和旅行服务的技术含量相对较低，且这两类服务中的许多部门的资本密集程度也不高，劳动密集度却较高，因此它们成了发展中国家传统的服务项目。2010 年北美地区服务出口占主要地位的是其他商业服务，它在整个服务出口中的比例高达 61.2%，欧盟的这一比例是 55.34%，而拉丁美洲和非洲的其他商业服务类出口比例均不到其服务总出口的 40%。相反，后两个发展中地区在旅行服务上的出口比例分别高达 38.39% 和 49.41%。

（五）世界服务市场自由化程度有所提高

第二次世界大战以后，世界各国的服务业在就业比重和产值比重方面都超过第二产业。当前发达国家的产业结构中，第三产业产值已占 60%~70%，发展中国家一般也在 45% 以上，服务业对国民经济的贡献率大大提高，而且服务产业的质量也越来越高。与此同时，服务业的跨国经营和服务贸易也得到了迅速的发展。服务产品的门类也在日新月异，逐步增加。第二次世界大战前，服务业主要集中于对外劳务输出，而运输、金融业发展较慢；而如今世界服务业产品已多达100多种，其中许多新型服务行业都是高科技产业。

尽管世界服务市场已经发生了显著变化，但一直以来在市场自由化程度上却远远落后于世界货物市场。实际上，无论从理论上看，还是从实践上看，服务业的发展壮大，服务贸易的发展，以及服务门类的不断拓宽，都要求服务产品在世界范围内实行自由交易，要求各国开放各自的服务市场。

发达国家服务业的迅速发展壮大，使其国内服务市场日趋饱和，开辟国际市场是重要的出路。此外，服务业的对外贸易在发达国家还起着弥补国际收支、提供外汇和就业岗位的重大作用。例如在过去的20年间，服务业为美国带来了4 000多万个就业岗位，抵补了13.2%的商品贸易赤字。因此，以美国为首的发达国家积极倡导在全球范围内实现服务贸易自由化。在这种趋势的推动下，关贸总协定在第八回合多边贸易谈判中，将国际服务列入了多边谈判的内容，并于1994年达成了《服务贸易总协定》(GATS)，规定了各国在服务贸易中应该遵循的规则和义务以及在有关服务领域逐步实现自由化的内容。这是自关贸总协定成立以来在推动世界贸易自由化进程中的一个重大突破，为服务贸易的进一步自由化奠定了基础。未来服务贸易自由化的广度和深度都会有所发展。相信随着世界服务贸易自由化程度的提高，世界服务贸易必将会出现新的增长势头，并且将对世界经济和国际经济关系产生重大的影响。

第二节　主要服务门类市场行情

一、世界运输服务市场

世界运输服务市场是世界服务市场的重要组成部分。它是伴随着世界运输服务贸易逐步发展起来的。运输服务贸易是指以运输服务为交易对象的贸易活动，即贸易的一方为另一方提供运输服务，以实现货物或人在空间上的位移。

运输服务贸易按运输的对象，可分为货物运输服务贸易和旅客运输服务贸易；按贸易主体的性质，可分为国际运输服务贸易和国内运输服务贸易。世界运输服务市场所讨论的主要是国际运输服务。

（一）运输服务贸易的主要特点

第一，国际运输服务贸易派生于商品贸易。商品贸易是运输服务贸易的本源。早期的海上运输是与商品贸易活动结合在一起的，没有独立的运输服务业。当时，商人拥有自己的船舶或船队，用来贩运商品，而且商人往往随船一同到商品的销售地，在那里开展商务活动。第一次产业革命之后，生产力空前发展，贸易活动规模越来越大，范围越来越广，造船技术和航海技术也大大提高。海上运输活动逐渐从贸易活动中分离出来，形成独立的海运服务业，出现了海运服务贸易。

第二，运输服务的提供者不生产有形产品，也就无产品可以储存，能储存的只有运输能力。

第三，在运输服务市场上，中介或代理商的活动非常活跃，对贸易的开展起着非常重要的作用。国际贸易中的所有货物只有通过运输才能从出口地到进口地。国际运输是国际贸易业务过程中不可缺少的重要环节，是国际贸易的桥梁和纽带。

第四，世界运输服务市场的主体是服务的需求者与提供者。运输服务的需求者是托运货物的贸易商、其他托运人或国际游客。运输服务的提供者是拥有船舶、火车、汽车、飞机等运输工具，按客户的要求将货物或人员从启运地运至目的地的承运人。

第五，运输服务市场的客体是运输服务。运输服务按运输方式的不同可以分为海上运输服务、航空运输服务、铁路运输服务、集装箱运输服务和国际多式联合运输服务等。

（二）影响世界运输服务市场发展的主要因素

第一，世界经济与国际贸易的发展状况是影响国际货运服务贸易的主要因素。国际货运派生于国际货物贸易，而国际货物贸易的发展又取决于世界经济的发展。所以，国际货运、国际贸易与世界经济三者之间关系密切。当世界经济高涨时，国际贸易也随之增长，同时也带动国际货运的增长；反过来，当世界经济出现衰退时，国际贸易随之萎缩，国际货运也随之下降。虽然三者之间的变化可能会有时间差，变动幅度也不一致，但它们之间变动的相关性是明显的。例如20世纪70年代初石油危机导致世界经济的衰退，国际贸易也深受影响，随之国际货运也减少，在国际海上运输中表现为船舶吨位的大量过剩。

第二，政治、军事事件和自然灾害等也影响国际货运服务贸易的发展。例如，1967—1975年，受中东战争的影响，苏伊士运河停航8年。由于运河关闭，国际海上货物运输的平均运距拉长，大西洋与印度洋之间的货运船舶必须绕道好望角。等量的货物，运距越长，对运输需求量也越大，即对运力的需求越大。所以，中东战争使一部分货物运输需求增大。1975年苏伊士运河重新通航后，国际货物运输需求就减少了，使从事海运服务的船舶大量闲置起来。

第三，世界产业结构和布局、能源结构的变化和发展对国际货运服务贸易的发展产生巨大的影响。随着科学技术的进步，世界各国对产业结构进行调整，从传统产业向新兴产业过渡，对传统产业也以新技术进行改造，这种过渡和改造都以节能、节材、节省人力、技术密集为特征，使能源和原材料的需求相对减少。这些变化对国际货物贸易和国际运输服务产生了很大的影响。贸易商品及货物结构都发生了相应的变化，货物贸易量和货物运输量对国民生产总值的弹性系数有所下降。

（三）世界运输服务贸易市场的发展趋势

1. 初级产品的运量比重将逐渐减少，成品、中间产品的运量比重将会有所上升

这主要是由于下几个方面的原因：

第一，现代化大生产要求专业化分工与协作的范围更加广泛。以往一个国家内部范围的分工与协作关系，发展为国家之间的分工协作，从而使各个国家的生产活动进一步纳入国际范围的再生产过程，出现生产过程的全球化趋势。目前，许多发展中国家成为发达国家大公司的半成品制造基地。这使从发展中国家运往发达国家的初级产品的运量比重逐渐下降，而批量小、价值更高的半成品的运量比重上升。

第二，部分发展中国家努力发展民族加工工业，把原先作为原料出口的本国初级产品，先在当地加工成半品或成品出口。

第三，节能技术、节约措施的广泛采用减少了世界原料的运输比重。当今世界上，节能、节材已成为一种趋势。例如，石油危机以后，人们积极发展节能技术，世界经济对石油的依赖程度已有所下降。

2. 区域集团内部的货物运输比重上升，而区域集团与集团间的货物运输比重有所下降

世界经济区域集团化是第二次世界大战后国际经济关系发展中的一大趋势，近年来又有新的发展。经济区域集团化具有双重作用：一方面，集团内部趋向贸易自由化；另一方面，区域集团对外贸易保护加强。因此，促使集团内部商品贸易和货物运输比重加大，集团与外部的商品贸易和货物运输比重降低。

3. 世界各国对货物运输服务的可靠性和快速性要求更高

生产商和贸易商为了降低成本，极力将原材料或产品的库存量降到最低的限度，这就要求运输业提供可靠性更高、运送速度更快的服务。

4. 受部分商品产地转移的影响，货运量将会有所降低

受贸易保护主义的影响，很多国家的大企业为了避开贸易壁垒，将工厂直接设在国外，在当地生产，当地出售。产地转移会导致部分产品的运输量下降。

5. 往返运输量不平衡

受世界地区经济发展不平衡的影响，世界各地运输服务量出现不平衡现象。例如，近几年我国对外贸易发展迅速，货物出口量增加，大量产品从我国源源不断地运往世界各地。而在某些贸易方向上返回船只装船的货运量相对较少，造成返回的空仓率较高。

（四）运输服务的主要供给国和需求国

20 世纪 90 年代中期以来，世界运输服务经历了加快的发展。2004—2010 年，世界运输服务交易额由 5 120 亿美元增加到 7 850 亿美元。运输服务出口额年均增长速度达 7%。2010 年运输服务贸易额占世界服务贸易总额达 21.5%。

欧洲是世界运输市场活跃地区，运输服务的进出口额分别占世界 47.6% 和 35.4%；其次为亚洲，运输服务进出口额分别占世界总额的 28.8% 和 33.6%；北美洲运输服务对世界服务市场的贡献约为亚洲的一半。从 2010 年的数据来看，世界运输服务市场的主要产出国为欧盟（3 394 亿美元）、美国（1 685 亿美元）、日本（711 亿美元）、韩国（380 亿美元）、中国（342 亿美元），这几个国家和地区约占世界运输服务市场近一半的市场份额。世界运输服务市场的主要需求国为欧盟（3 086 亿美元）、美国（770 亿美元）、中国（633 亿美元）、日本（465 亿美元）、印度（464 亿美元），这几个国家和地区约占世界运输服务市场进口额的 78.28% 左右。

二、世界旅行服务市场

（一）世界旅行服务市场的发展

旅行服务包括为以健康、教育或其他目的而出行的个人旅行者或以商务目的出行的商务旅行者提供的各种商品和服务。与其他服务不同，旅行服务不是一种具体的服务，它是为旅行者提供的包括商品和服务在内的集合服务。它最常见的成分包括居住、食品饮料、娱乐和交通、礼品和纪念品等。这一类服务相当于 WTO 服务分类中的旅游及其相关服务，其中旅游服务是其主体。由此，可以将二者的市场状况近似等同。

旅游是人们出于休闲、商务，以及其他目的而离开他们惯常的工作和生活环境，前往某些地方并作短暂停留的活动，通常连续居住不到一年。旅游的这个概念由三个要素构成：离开惯常环境的空间移动；停留时间不超过一年；旅行的目的排除了就业和移民。人们在其居住国的行政疆域内的旅游活动，称为国内旅游；越过国境的旅游活动，称为国际旅游。国际旅游服务是指一国（地区）旅游从业人员向其他国家（地区）的旅游服务消费者提供旅游服务并获得报酬的活动。

国际旅游形成于 19 世纪中期，发展一直较为缓慢，直到 20 世纪 50 年代以后才进入快速发展时期。20 世纪 90 年代以后，国际旅游业已成为世界经济中发展势头最为强劲的产业之一。2000 年，全世界的国际旅游人数已达到 6.98 亿人，比 1950 年增加了 26.6 倍，年均递增 6.9%；国际旅游收入达到 4 760.0 亿美元，比 1950 年增加了 225.7 倍，年均递增 11.5%。旅游业的增长速度不仅远远超过了同期的世界经济增长速度，而且也超过了增长势头最好的工业的平均增长速度。2010 年世界旅游出口总额增长 8%，达到 9 400 亿美元。由于其他服务产品发展迅猛，国际旅游服务规模虽然不断扩大，但在整个服务产品市场份额中的比例却由 2005 年的 27.6% 下降到 2010 年的 25.4%。

目前，世界旅游市场呈现出以下几个特点：

1. 经济全球化将促进国际旅游业及旅游服务贸易的更大发展

从 20 世纪 80 年代以来，经济全球化在世界经济的各个领域内迅猛发展，并对 21 世纪的世界政治、经济产生着强烈的影响。作为国际经济体系组成部分的国际旅游同样也深受其影响。经济全球化将更大地带动国际生产要素在世界范围内自由流动和合理配置，促使各国采取更为开放的政策和措施，提供更有吸引力的条件，减少或消除贸易壁垒，从而带动国际旅游客流量的增加和流速的加快，进一步促进国际旅游和旅游服务贸易的持续发展。

2. 国际旅游产品趋向多样化

为了满足全球经济发展和人们生活水平提高所引起的多样性旅游需求的日益增长，21 世纪国际旅游产品将呈现出多样化发展趋势。一是以大众观光旅游、文化旅游、休闲度假旅游为主的传统旅游产品仍将持续发展，并且其内容和范围将不断增加和扩展；二是以生态旅游、康体旅游、商务会展旅游、奖励旅游为主的新兴旅游产品将迅速发展，并将成为 21 世纪国际旅游的主导产品；三是以各种业务旅游(如工业、农业修学旅游)、探险旅游、科考旅游等为主的特种旅游将异军突起，成为新世纪国际旅游产品的重要组成部分。

3. 国际旅游客流趋向分散化

20 世纪国际旅游客流的发展格局相对集中在欧洲和北美两大地区。尽管这种格局在短时期内不会发生根本性变化，但从世界经济区域一体化和多极化发展的态势看，进入 21 世纪后，国际旅游客流将由 20 世纪的相对集中渐渐趋向分散化发展。一方面，随着亚洲、非洲和拉丁美洲一些新兴工业化国家的脱颖而出和发展，其人均国民收入迅速增加，产生大量出国客源的条件日趋成熟，这些国家将逐渐成为具有巨大市场潜力的新兴客源国；而世界一些传统旅游客源国由于受经济衰退的影响，为了维护国家收支平衡，阻止“硬通货”大量外流，纷纷采取诸如外汇限制和征收出国旅游税等措施，限制本国居民大批出国旅游，致使传统旅游客源市场的进一步扩大受到限制。另一方面，随着国际旅游业的持续发展和国际旅游产品的多样化，许多发展中国家依托丰富独特的旅游资源优势，把旅游业作为重点产业优先发展，形成大量具有鲜明特色和较强吸引力的旅游产品和旅游目的地，从而使国际旅游客流的流向更加趋于复杂和分散。

4. 国际旅游服务趋向优质化

进入 21 世纪，为了满足日益增加的国际游客的多样化需求，旅游服务将进一步标准化和规范化。同时为了满足个性化国际旅游者的需求，具有鲜明个性化的服务也会相应发展。为了提供标准化、规范化和个性化的国际旅游服务，旅游服务人员的素质必须不断提高，技能必须不断完善，从而对旅游服务人员的要求进一步提高，进入旅游业工作的"门槛"也将进一步提高；另外，为了增强旅游目的地的竞争力，各国政府和旅游企业都在不断改进和提高旅游服务质量，通过提供超值服务、特色服务等优质服务来提高旅游地和旅游企业的吸引力和竞争力。

5. 国际旅游增长方式趋向集约化

20 世纪国际旅游的发展总体上属于数量扩张型的增长，即主要通过旅游的大众化发展，依靠国际旅游客流量的扩大来实现旅游经济总量的增长。但随着20 世纪90 年代以来全球可持续发展战略的提出和旅游大众化发展负面影响的存在，许多旅游发达多家和地区正在探索新的旅游增长方式，竭力实现从数量扩张型向效益增长型的集约化方式转变。主要表现在：一是注意提高国际旅游地的质量，通过增加旅游活动的内容，提高旅游的文化内涵和科技含量，改善和提高旅游服务质量，以刺激游客的消费，提高旅游地的经济收入；二是积极开拓高素质、高消费的国际客源市场，调整高消费性和经济性游客的比重，在限制游客过度增长的情况下，努力保持旅游经济效益的不断增长；三是强调旅游供给的投入产出效益，推进旅游企业的兼并、重组和国际合作，提高旅游企业的规模和经济效益。

（二）世界旅游市场的主要产出国和消费国

目前欧洲是世界最大的旅游市场，2010 年旅游服务的进口和出口额分别占世界的42.6% 和41.1%；亚洲是世界第二大旅游市场，旅游服务进出口额分别占世界的26.4% 和24.7%；北美旅游服务进出口额占世界的17.1% 和14.1%。从国家来看，世界旅游服务市场的主要供给国多为发达国家。在最大的15 个旅游服务输出国中，只有我国、土耳其和墨西哥为发展中国家，其余都是发达国家。其中美国旅游服务出口值占世界全部旅游服务出口值的14.1%，是世界最大的旅游服务输出国。旅游客源国家（进口国）仍然以高收入国家为主，其中德国、美国、英国、日本、法国、意大利和我国7 个主要客源国旅游服务进口占世界的52.7%。

三、其他商业服务市场

其他商业服务包括通信服务（电信和邮政）、建筑服务、保险服务、金融服务、计算机和信息服务等若干类具体服务项目。

其他商业服务是近些年发展最快的一个服务产品类群。2005—2010 年，全球这类服务出口平均年增长10%，2008 年其增长率更达到了13%。1997 年其出口值为5 620 亿美元，2004 年增长到10 000 亿美元。一直以来，这类服务都是世界服务贸易的主要组成部分。但2009年因爆发次贷危机，商业服务增长率跌至-8%，2010年总出口值为19 700亿美元。

若用进出口值来衡量，这类服务的主要市场仍然以欧洲为主，亚洲居次，北美洲居第三位。2010年欧洲此类服务的进口和出口占世界同类服务进口和出口的47.8%和50%；亚洲为25%和25.4%；北美洲为14.8%和18.2%。由于这一类服务产品中多为资本和技术密集型，并且它们中许多都属于现代化程度较高社会的消费项目，所以其进出口多为发达国家所占据。

其他商业服务中发展比较快的是通信、保险、金融、计算机与信息、版税及技术许可、文化与体育等。这些服务出口值合计占这一类服务出口总值的一半以上。并且这些服务项目往往是发达国家和地区的强项，因而后者成为这些服务的主要提供者。例如，2010年北美洲这类服务占61.19%，欧洲占55.34%，都高于世界平均水平；而含发展中国家较多的亚洲这一比例为51.38%，小于世界的平均水平。

第三节 世界主要国家和地区的服务贸易政策

在当今世界市场上，国际服务贸易在国际贸易和世界经济中的地位越来越突出。国际服务贸易的发展对各国经济发展的影响也日益增加，因此，世界各国都非常重视本国对外服务贸易的政策取向，服务贸易政策已经成为各国对外经济政策的重要组成部分。与国际货物贸易类似，在国际服务贸易领域中，也存在着自由与保护两种基本的观点，反映在政策层面上，表现为自由贸易政策和贸易保护政策两个方面。

国际服务贸易也是一种国际“交换”，是一国对另一国的市场占有，那些因市场侵占而带来的常规影响以及人们对它们的看法，在这一领域也同样存在。因此人们依然难以回避关于自由和保护的争论，依然存在着服务业的贸易保护和自由化问题。但与国际货物贸易不同，国际服务贸易的内容包括的范围更广，情况更复杂。所以关于国际服务贸易的政策理论基础以及政策措施也都呈现出显著的复杂性。从理论层面来看，对服务贸易究竟是采取自由政策好还是保护政策好，其效果目前尚不完全清晰。理论上的模糊自然会给一个国家服务贸易领域的政策取向带来不确定性，在实践中人们对服务贸易自由化的追求仍然是以货物贸易自由化的逻辑为思想基础的。另外，从服务贸易与国际货物贸易的关系来看，一个国家究竟采取服务贸易自由化还是实施保护措施，也带有明显的辅助性色彩。

从实践中看，服务贸易自由化也好，保护也罢，都要比商品贸易的相关做法要复杂。并且由于其显著的外部性，服务贸易的政策取向也带有一些盲目性。不过从历史过程来看，服务贸易政策的演变还是有一定规律的。

早期国际服务贸易规模不大，而且种类单一，传统服务贸易占绝对优势地位，运输、金融、旅游等占整个服务贸易收入的一半以上。由于当时整个服务业规模不大，它对整个经济的影响有限，地位也不能与货物生产和商品贸易相比，所以当时即便没有刻意去追求服务贸易的自由化，服务贸易限制仍然不多，加之当时世界经济主要被少数工业发达国家所操纵，因此，在全球范围内采取的基本上可以说是贸易自由化政策。第二次世界大战以后西方发达国家对服务贸易自由化的认同还与当时国际市场百业待举、百废待兴的现实有很大关系。战争创伤的医治给经济注入了巨大的需求，在此背景下，在美国“马歇尔计划”和“道奇计划”的资助下，欧洲和日本的经济得到了迅速的发展。世界经济由此受到带动，从而成就了第二次世界大战后世界经济的一段黄金发展时期。经济的发展、货物输出的增加当然也对服务及其要素提出了越来越高的要求，客观上需要资金、人员、技术等在国与国之间进行移动，尤其需要服务及其要素向曾经是战场的国家和地区进行转移。这些需要使发达国家在总体上对服务贸易的限制较少。然而，发展中国家由于自身经济发展进程的制约，对服务贸易采取了回避和否定的态度，往往为服务贸易设置各种障碍，限制服务输入。当然，由于后者的服务贸易在世界服务贸易中并不占重要地位，其服务贸易政策取向对世界服务贸易市场的影响并不大。

不过，在服务贸易自由化的总体背景下，保护贸易的一些苗头也渐渐有所显露。20 世纪 60 年代，随着世界各国经济恢复的结束，各国日益重视服务外汇收入，加之对一些诸如国家安全、民族文化、社会稳定等一些非经济因素的考虑，各国开始对服务贸易给予重视，制定了各种干预服务贸易的政策，其中的许多措施对服务贸易起到了限制作用。尽管如此，由于世界各国关注的对象主要是货物贸易的自由化问题，所以在很长一段时期，对服务贸易基本上各国各行其是，服务贸易自由化进程严重滞后于货物贸易。

20 年代 80 年代以后，服务业部门出现了分化，一些新的、现代化服务部门纷纷出现，服务贸易得到迅速发展，服务业发展格局也发生了明显变化。一方面服务业在经济中的地位得到了普遍的提高；另一方面，不同国家的服务业发展出现了分化，少数发达国家的服务业得到最快的发展，而发展中国家服务业在总体上则发展不快，并且主要集中在传统的服务行业。在这种情况下，服务保护有所加剧。然而由于缺乏国际法的有效干预，世界各国在服务贸易壁垒面前往往无可奈何。这种状况直到乌拉圭服务贸易谈判和 GATS 在 1995 年生效以后才开始有所改观。纵然 GATS 是一个弹性很大的服务贸易自由化协议，但是可以预见未来服务贸易自由化的国际认同会进一步加强，尤其随着后续服务领域谈判的展开，服务贸易自由化的范围将会不断拓宽，服务贸易自由化的程度将不断深化。

从国家来看，发达国家较之发展中国家更加主张服务贸易的开放，这与其相对较强的服务业竞争力是分不开的。发达国家除了自己采取比较自由的服务贸易政策外，还强烈要求发展中国家放开自己的服务业市场，以便使其具有明显竞争力的服务业进入发展中国家市场。而服务业相对落后的发展中国家则普遍对服务贸易自由化持谨慎和反对态度。它们对发达国家的服务进入作出各种限制性规定，对许多不具有优势的服务市场不作开放承诺，即便是在某些服务领域作出开放市场和实施国民待遇的承诺，往往也附加了比较严格的条件。被动、谨慎、渐进地开展服务贸易自由化是发展中国家的普遍态度。

贸易政策是影响世界市场服务供给和需求的重要因素，因此各国尤其是服务贸易大国的服务贸易政策对世界服务市场行情有着明显的影响。下面简要介绍在国际服务市场上占主要地位的国家和地区的服务贸易政策。

一、美国的服务贸易政策

从总体上看，美国是一个崇尚自由经济的国家，因此它的贸易政策多倾向于自由贸易政策。不过由于其服务业各部门发展的不平衡，加之某些服务行业的竞争力在下降，所以保护贸易措施有日益增加的趋势。

美国服务贸易的情况与其货物贸易情况截然不同。美国是服务业发达的国家，许多服务行业的竞争力在全球名列前茅。一些服务业在世界市场上占绝对优势，服务贸易给美国带来丰厚的收入。在美国，服务业产值占国民经济总产值的80%，美国人口有80%就职于服务行业[㊀]。在过去的20多年中，服务行业增加了4 000多万从业人员。2010年服务业出口总额达到了5 850亿美元，与1990年相比增加了90.6%。若加上美国的海外投资公司服务销售额，服务出口总额超过了7 300亿美元。强大的竞争力给美国服务业带来了非常可观的服务贸易顺差，为平衡其巨额货物贸易逆差起到了不可忽视的作用。同样由于强大的服务业优势，美国具备了坚实的自由贸易的基础，正因为此，美国成了世界上主张服务贸易自由化的主要国家，并且它在努力将它的这一理念带到其他国家的服务贸易中去。它的这一意图在GATS谈判中表现得淋漓尽致。譬如在服务贸易谈判中，美国主张货物贸易的自由化原则应全面适用于服务贸易，服务贸易自由化应与货物贸易捆绑在一起进行谈判(即所谓“单轨制”)，服务贸易应采取一步到位的全面自由化。

㊀ 美国服务业联盟主席 Norman Sorensen 在2004年首届中国国际服务业大会上演讲。

具体来讲，美国服务贸易政策主要反映在其不遗余力地对出口的促进方面。首先，美国政府通过坚持不懈的双边和多边谈判，迫使外国加快服务贸易的自由化进程，扩大美国服务业在世界市场的占有率。其中除了与加拿大和墨西哥签订的《北美自由贸易协定》和在 WTO 框架下签订《与贸易有关的知识产权协议》外，最大的成果就是促成 WTO 签订了《服务贸易总协定》。20 世纪 70 年代，美国的产业结构从资源密集型转向了资本和技术密集型，尤其是 20 世纪 80 年代以来，美国的服务业获得了迅速的发展。在 GATT 的前七轮谈判的影响下，不断扩大的货物贸易自由化给美国带来了巨大的竞争压力，美国迫切地需要将自由贸易的一般原则从货物贸易扩展到服务贸易领域。GATS 首次确定了有关服务贸易规则和原则的多边法律框架，极大地推动了美国服务贸易的更进一步发展。

其次，美国政府有针对性地制定了服务业出口的市场战略。美国商务部制定的服务贸易出口发展战略总的方针是：服务业的出口主要依靠传统市场，同时在新兴市场寻求新的贸易机会。美国服务业出口的传统市场是指西欧和日本市场。2010 年，美国服务贸易最大的出口地区是欧盟，占其服务业全部出口的 29%；最大的出口对象国是加拿大、英国和日本，分别占其服务出口总额的 8.64%、8.30% 和 7.65%。随着 1994 年《服务贸易总协定》的签订，以及 1997 年世界贸易组织《金融服务协议》《基础电信服务协议》《信息技术产品协议》三个有关具体部门贸易自由化协议的签订，美国对其占优势的服务行业都制定了针对这些传统市场积极的出口扩大战略。在新兴的服务市场开拓中，由于发展中国家缺乏许多服务业所需的商业基础设施，因此美国谋求与这些国家建立更为广泛的合作项目，其中的能源服务、分销服务、金融服务、医疗保险服务等都是极具发展潜力的领域。

最后，美国为扩大服务贸易出口制定了部门出口战略。例如，美国对能源服务部门就制定了出口计划和政策。在能源服务部门，世界年均 800 亿美元的能源服务市场对美国的能源服务行业有着很大的吸引力。国际能源服务需求主要来自新兴市场，处于这些市场的国家在经济发展过程中急需能源设施能力的提高，这为那些专长于有关能源工程设计、安全检查、项目培训和管理、设备维修、技术援助、新能源项目开发的美国服务公司提供了难得的机遇。

虽然美国在服务贸易总体上是主张自由贸易的，但是我们也可以看到它在一些部门中仍然存在严格的市场准入和经营业务限制，对外国经营者形成不公平竞争。这集中表现在金融、海运和空运等领域。例如，在金融服务领域，美国针对外国银行进入美国市场，在机构设置、审批程序、业务经营范围以及接受监管等方面还存在着歧视性做法。在海运方面，《美国大陆架法》和《1920 年商船法》（也称《琼斯法》）限制外国船只从事美国近海和美国国内运输业务，美国国内的运输只能由美国船只从事。在空运方面，美国规定，在美国的航空公司里，外国航空公司所持的股份不得超过25%。董事会主席和2/3以上的股东和管理者必须是美国人；国内空运服务的供应仅限于美国公司，外国航空公司不得进行美国国内航空运输，即不能与美国航空公司竞争国内航线服务；从事国内航空客运和货运服务的机组人员必须是美国公民或常驻居民等。

二、日本的服务贸易政策

日本是世界上服务贸易比较发达的国家之一，2010年其服务贸易额达到2 950亿美元，其中服务出口1 390亿美元，服务进口1 560亿美元，服务贸易逆差为170亿美元。从总体上看，日本服务贸易一直处于逆差状态，这一方面反映了日本以出口业绩来考察的服务贸易竞争力指数相对较低；另一方面也反映了日本服务贸易自由化程度在总体上相对较高。

日本的服务业发展走的也是一条渐进式的开放道路。在金融、运输、旅游、电信等重要的服务领域，日本的市场开放进程都充分考虑了本国的竞争能力及经济承受能力。不过，日本在"乌拉圭回合"中是少数几个承诺在100多个服务贸易领域放宽限制的国家之一。可见其服务贸易开放的起点是较高的。当前，日本的服务贸易政策没有因其总体服务贸易出口竞争力较差而限制所有的服务业开放，某些部门甚至在对外开放方面走在了世界的前列。例如，在交通运输服务方面，日本已成为世界上最开放的国家之一。在公路运输中，货物运输、公路运输设备的保养和维修、仓储服务（有关石油和石油制品除外）等都已对外开放。旅游业完全对外开放，除了法律对外国在日本建立旅游设施有所限制外，在国民待遇和市场准入等方面几乎没有限制。国外公司或团体通过资格考试后可以在日本开办旅行社。旅游业的开放范围还包括宾馆和饭店服务、餐厅服务、导游服务等。虽然日本服务贸易准入环境总体上较为宽松，但在下列领域仍存在较大的保护性：

（1）建筑与工程服务。日本的《出入境管理法》规定：禁止单纯劳务进入日本市场，只允许中标的外国建筑公司的管理、技术人员赴日。此类规定使外方对承包的工程难以运作和管理，只能将中标的工程转包给日本建筑商。由于日本劳动力成本昂贵，日本分包商报价很高，使得外国中标者成本核算严重恶化，最后有可能被迫退标。

（2）运输服务。

1）外方代表或外方表决权占1/3以上的公司，在利用船舶或者航空器从事国际货物运输时，适用不同于日本人或日本法人的许可制度。在航空运输方面，外方或外方表决权占1/3以上的公司拥有的飞行器不能在日本国内注册。

2）现行港运体制中，外国船舶公司只能租用码头，无权经营码头的装卸等业务，这给外国船公司的经营造成了障碍。

3）事前协议制度。根据日本港运协会规定，船公司在新开航线、增加停靠港和更换船名时须向该协会提出申请。该协会接到申请后与中央及地方的码头工会进行“事前协议”。这导致日本港口装卸费较高，且船公司无法自由选择服务水平较高、费用相对较低的装卸公司。

4）中资货运代理公司签发提单问题。日本对中方独资的货运代理公司适用对等原则，即如果中国政府不批准日本在华独资货代公司签发提单，则日本亦不同意中国独资公司签发提单。该做法违反了最惠国待遇原则，影响了中资公司在日开展多式联运业务。

（3）金融服务。日本金融检查制度在实际运用中有时也会对外资金融企业造成实质上的影响。日本对外资银行加入日本国债托管和清算系统会员资格规定了不合理的限制，中资银行反映加入此系统需要加大中资银行对日本国债的投资。日本政府在信托管理服务领域存在非审慎性措施。例如，日本政府规定投资信托管理服务必须由在日本注册的法人机构提供；外资银行的分支机构吸收的存款未纳入到日本存款保险的覆盖范围内。

三、发展中国家的服务贸易政策

一般认为，在现阶段完全开放国内服务市场（特别是金融服务市场），对于发展中国家是不现实的。至少对于本国经济安全来说是危险的，特别是对那些经济规模较小的发展中国家而言尤其如此。但是，如果完全封闭本国服务市场，一是难以有效做到，另外，即使能做到也将严重损害本国厂商的经济竞争力。因此，发展中国家既难以选择传统的保护战略，又不能选择一步到位的完全自由化战略。这样，混合型逐步自由化的服务贸易发展战略就被许多发展中国家政府纳入备选方案。

（一）发展中国家服务市场开放的一般步骤

1. 逐步放松国内服务市场的管制

对于绝大多数发展中国家来说，放松对本国服务市场的管制是服务贸易自由化的第一个必不可少的步骤。在该阶段中，发展中国家面临的主要政策问题，是如何在放松管制与允许外国服务厂商进入之间作出有利于提高本国福利的选择。

2. 逐步开放本国货物贸易市场，降低货物关税水平

开放本国货物贸易市场是开放服务市场的必要条件。只有先逐步在本国货物贸易市场实现贸易自由化，才谈得上服务贸易市场自由化问题，至少服务贸易市场自由化的步伐不能快于货物贸易市场自由化的进程。理由在于，如果本国货物贸易被关税扭曲的话，允许本国服务贸易自由化将比封闭情形下的经济损失更大。

以上两个步骤是发展中国家走向服务贸易自由化的准备阶段。

3. 逐步开放服务产品市场，减少服务产品领域的非关税壁垒

逐步开放本国运输、建筑和旅游等服务产品市场，减少服务产品非关税壁垒，是发展中国家开放本国服务市场的重要一环。

4. 逐步开放其他服务贸易要素市场，减少有形服务贸易品的关税和非关税壁垒

逐步开放技术、资本和管理等服务要素市场，减少有形服务贸易品的关税和非关税壁垒，是发展中国家开放本国服务市场的第一个重要步骤。由于服务对于国家安全的重要性，将服务要素市场放在服务产品市场的开放之后是合适的和稳重的政策选择。一旦发展中国家开放本国服务要素市场，就离实现服务贸易自由化的目标不远了，因为开放服务要素市场意味着国内服务竞争力的加强。另外，逐步减少或拆除有形服务贸易(即物化服务)领域的关税和非关税壁垒，也构成发展中国家服务贸易自由化进程的一项重要内容。有形服务实质上是一种依附在各种介质上的信息服务，它与文化关系密切。由于有形服务贸易品的跨国贸易一般接受海关监管，因而各国可以较好地控制外国有形服务贸易品的输入规模以保护本国文化遗产。

5. 完全服务贸易自由化

实现服务贸易自由化在理论上是可行的，对于世界福利是最优的，但在现实中却是难以实现的，至少难以被多数发展中国家所接受。现实中的所谓服务贸易自由化是有约束条件的服务贸易自由化，这个约束条件表现为一定的政府干预和限制。考虑到国家经济安全和文化保护因素，这是服务贸易自由化现实的必然结果。

总之，服务贸易自由化需要逐步进行，发展中国家在此进程中享有较大的政策操作空间。只要这些政策措施得当，发展中国家就有可能在服务贸易自由化中使获取的收益超过损失。

(二) 发展中国家服务市场开放的总体情况

发展中国家为数众多，发展进程各异，每一个国家所面临的主要问题也各不相同，所以服务贸易政策会有许多不同。但从总体上看，也可进行一些大体上的归纳。

(1) 发展中国家开放的服务部门主要集中在旅游及相关服务、保险等金融服务领域。在旅游服务领域，宾馆与饭店(包括饭菜供应)服务是发展中国家开放程度最高的服务项目，其次是旅行社及旅游经营者提供的服务。在金融服务中，再保险与再再保险服务是发展中国家开放程度最高的服务项目，其次是人寿、事故及健康保险服务以及非人寿保险服务、附属于保险的服务、大众存储服务和各类贷款(包括消费信贷、抵押信贷、商业交易代理融通及融资等)服务等。此外，咨询性及其他辅助性金融服务、各类证券的发行、各种支付与货币传送服务、担保与承兑服务、外汇和资产管理等服务也属于开放较多的服务项目。

(2) 发展中国家较少开放的服务部门或项目主要包括：兽医、助产、护士、理疗

及护理服务，房地产服务，印刷与出版，包装服务，邮政服务，无线电与电视传输服务，录音服务，其他视听服务，代理机构的服务，教育服务，空中客运服务，铁路运输服务，商业性车辆出租和公路运输的支持性服务等。

（3）多数中国家未来难以开放的服务部门或项目包括：燃料管道运输服务，太空运输服务，内河运输服务，成人教育服务，无线电与电视服务，调查与治安服务，与能源分销有关的服务，社会服务和新闻社服务等。

【本章关键术语】

世界服务市场　　国际服务贸易　　世界运输市场　　世界旅游市场　　服务贸易政策

本章复习思考题

1. 简述世界服务市场交易的主要方式。
2. 简述世界服务市场发展的一般概况，并分析它迅速发展的原因。
3. 影响国际运输服务贸易市场发展的主要因素是什么？简要叙述当前世界运输服务的主要供求分布。
4. 目前世界旅游市场呈现出哪些特点？旅游市场的供求分布如何？
5. 简要说明当前美国和日本的服务贸易政策。

本章延展阅读书目

[1] 陈宪，程大中. 国际服务贸易——原理·政策·产业[M]. 上海：立信会计出版社，2003.
[2] 王粤. 服务贸易——自由化与竞争力[M]. 北京：中国人民大学出版社，2003.
[3] 杨斐. WTO服务贸易法[M]. 北京：对外经济贸易出版社，2003.

第十一章
北美市场行情分析

【本章学习要点】

- 美国经济发展状况及其主要行业市场的近况
- 美国对外贸易政策各时期的特点和主要内容
- 北美自由贸易区的发展状况
- 加拿大外贸发展及其对外贸易政策

北美市场在世界市场中占有重要地位，它主要包括美国市场和加拿大市场。美国和加拿大都是世界经济强国，经济发展水平名列世界前茅，了解这两国的市场状况是了解整个北美市场的关键。

第一节　美国市场

一、美国经济发展概况

（一）繁荣阶段

美国经济自 1990—1991 年经历短暂萧条后，进入了持续稳定的增长时期，截至 1999 年 12 月成为超越 20 世纪 60 年代的 106 个月的经济持续增长水平，成为第二次世界大战后美国经济增长史上最长的时期。1997—1999 年美国实际 GDP 增长幅度连续四年在 4% 以上，也是战后少见的，并形成了“一高二低”，即高经济增长、低通货膨胀率和低失业率的经济特点，不仅在发达资本主义国家经济发展中一枝独秀，而且也是第二次世界大战后美国发展史上所罕见的。这一次发展的特点明显与以前有些不同，主要表现在：

1.“一高二低”态势

从1991—1999年美国经济经历了9个扩张年份，年均增长率达到3%以上。进入1999年头三个阶段，美国GDP的增长速度分别为4.3%、1.6%和4.8%。与此同时，失业率和通货膨胀率仍均处于控制之中。美国经济的这一发展态势，西方经济学家惊奇地称之为美国的“经济奇迹”或美国的“新经济”或“新纪元”。

2. 服务业成为美国经济增长的“发动机”

在美国，服务业包括了除农业、矿业、制造业以外的所有产业，是美国经济中最大的部分。从各部门所占的比重来看，制造业(17%)、农业(2%)、矿业(1%)合计只占20%。而其他基建业(4%)、运输和公用事业(8%)、批发贸易(7%)、零售贸易(9%)、政府部门(13%)、金融保险不动产(19%)、其他私营服务(20%)合计要占到80%左右。1997年，服务业就业岗位超过8 300万人以上，占到美国非农业就业的81%。就服务业创造的价值看，也占到GDP的80%以上。而美国的传统支柱产业——农业、制造业等对GDP的贡献已明显下降，合计只占16%。美国服务业的显著增长，说明美国的经济已从制造业为主导的产业，逐步转向以服务业为主要的产业㊀。

3. 经济全球化——美国经济增长的坚实基础

对外贸易在美国经济发展中的地位日益重要。诚如美国人所言，仅美国现在每年向中国的出口，就为美国人创造了40万个就业岗位。在20世纪70年代以前，美国的对外贸易依存度不高，其总额占GDP的比重仅为8%～11%。进入80年代，随着经济全球化的加快，美国对外贸易依存度也大幅增长，平均达到22%～24%，到90年代，在政府的进攻性对外经贸政策促动下，对外贸易成为推动美国经济发展的极有活力的因素，成为美国经济增长和繁荣的关键之一。

4. 多层次、灵活的劳动力市场

近年来，美国大企业购并之风一浪高过一浪，跨国公司迅猛发展，作为美国的骨干企业，吸收了社会大量的劳动力。但小企业的发展并不逊色，在美国经济的发展中发挥着日益重要的作用。小企业充满活力，在某些方面是大企业无法相比的。例如，小企业对雇佣人员的技术素质要求较低，所以一些在大公司无法或不能谋职的人员，如女性求职者、伤残者等，以及在大企业失业者，都可以在小企业发现自己的岗位。这对促进经济发展和保持社会稳定的作用显而易见。在1991—1997年创造的1 200万个新工作岗位中，小企业功能最大。用美国经济学家的话说，小企业是美国经济的活

㊀ 陈晶．美国经济发展回顾及2002年展望[J]．世界机电财贸信息，2002（2）。

力和创新的动力。

(二) 温和的衰退阶段(2000年—2001年9月11日)

在长期经济繁荣的刺激下，经济泡沫逐步发展。经济泡沫主要表现为企业对信息技术(IT)设备的过度投资和信息网络的过分扩张，由此造成了IT工业生产能力过剩和产品存货积累。网络泡沫的破灭导致股市剧降，美国经济陷入衰退是不可抵御的结果，“新经济”的发展迎来了第一个曲折。美国全国经济研究所宣布，美国已于2001年3月达到上一个阶段的顶峰，随之经济将进入衰退阶段。在判定这次衰退时，主要依据的是4个主要的月度经济指标，即工业生产指数、就业人数、个人实际收入和工商业销售的指标变化。

1. 工业生产指数持续下滑

工业生产指数从2000年9月开始已连续下降12个月，到2001年10月较2000年9月高点下降了6.5%，大大超出了第二次世界大战后历次衰退期间平均4.6%的跌幅。同时，10月份工业开工率下降到74.8%，较1967—2000年的平均水平低7.3%。

2. 就业人数持续下降

就业人数是反映整体经济状况最主要的月度指标。就业人数2001年3月达到顶点，随后开始持续下降，而失业率不断上升，到2001年11月失业率已高达5.7%。

3. 个人实际收入

由于劳动生产率还在上升和进口商品特别是石油价格下降，这个指标的衰退迹象尚不明显。

4. 工商业销售下降

制造业和批发零售销售额于2000年8月达到高峰，之后出现下滑。

从国内生产总值来看，美国经济2001年第一季度增长1.3%，已达到高峰，第二季度仅微弱增长0.3%和第三季度出现1.3%的负增长，也清楚地表明美国经济已陷入衰退。

这次美国经济周期性地转入衰退，其主要因素是私人投资和出口的持续下降以及消费支出增长的大幅减缓。其中，私人厂房设备投资自2000年第二季度以后处于停滞和下降状态，其原因主要是企业设备投资的减少，特别是信息技术设备和软件投资大幅减少。私人消费开支虽仍有增长，但增幅不断缩小。此外，随着世界经济增速的减缓，美国外需求萎缩，净出口自2000年第四季度开始已连续四个季度下滑。

(三) 非同寻常的一年(2001年9月11日—2002年9月11日)

2001年9月11日—2002年9月11日，美国经历了非同寻常的一年。首先是世界贸易中心大楼的倒塌，接踵而来的是高科技经济泡沫的破灭，然后是一连串公司被揭露出假账丑闻。美国在遭受历史上最严重的恐怖袭击时，正是美国经济连续两个季度下滑之后，恐怖袭击事件对航空、保险、旅游等行业造成了严重的冲击。

1.“9·11”事件打击了美国人的消费信心，使美国经济短期内陷入剧烈的衰退

从2000年下半年以来，美国经济一直疲软不振，高科技公司盈利欠佳，大量裁员，投资大幅下降，贸易出现庞大的逆差，经济主要依靠占国民生产总值70%的消费支撑。2001年第二季度经济增长率只有0.2%，8月份失业率达到4.9%，8月份的消费信心指数下降到8年以来的最低点。这次突如其来的袭击，无疑使美国经济雪上加霜，足以令脆弱的消费者信心直线下滑，撼动支持美国经济增长的消费支出。消费者信心下滑、股市下跌和企业利润减少又会进一步限制企业的投融资能力，从而影响早已负增长的美国投资。

2. 对美国金融市场产生冲击

社会氛围的不稳定直接作用于美国金融市场，并对全球金融市场形成影响。美国股市关闭对其金融稳定具有重要的意义，但在9月17日重新开盘后，尽管美联储和欧央行分别降息0.5个百分点以稳定人们的信心支持股市，道·琼斯指数当天还是大跌了7.1%，其后又连天小幅下跌，说明人们的信心还没稳定。

尽管美国经济受到了各种各样的打击，但它却毅然挺了过来。但事实表明，对国内生产总值高达10万亿美元的美国经济巨轮来说，恐怖袭击事件只使它出现了剧烈的颠簸，而没有改变它的航向。“9·11”事件发生后，美国政府和国际社会迅速采取了措施，稳定信心，重振经济和股市。统计结果显示，美国经济在恐怖袭击后的第四季度即恢复增长，而且增幅达到2.7%，2002年第一季度的增长率高达5%。由此可见，对于美国经济这个庞然大物来说，这次袭击对它造成的伤害是有限的。

诚然，“9·11”事件对美国经济带来的长期影响也不能低估。这些影响主要表现在以下方面：①恐怖袭击的阴影不散影响经济发展，人们在预测未来经济发展和为家庭作计划时，往往将美国是否还会受新的恐怖袭击作为无法计算的一大不确定因素；②对安全因素的考虑导致生产和其他成本增加，降低了生产和商品周转效率，造成劳动生产率的增幅放慢；③遭受打击最严重的相关行业处境艰难，短期内难以恢复。

（四）经济加速增长(2003—2004年)

从2002年第四季度起，美国经济经历了持续一年半的加速增长，于2004年第二季度增长速度显著放慢。第二季度的经济增长放慢主要与私人消费下降、库存减少以及进口量增长较大有关。纵观这两年的经济发展，主要受惠于2003年年初推出的6 740亿美元的10年减税方案，该方案对经济刺激力度最大的是在2004年，预计可支持国民生产总值多增长1.1个百分点，额外增加90万个就业职位。㊀

㊀ 孙建利. 1999年美国经济发展概述及2000年前景预测[J]. 世界经济研究, 2000 (1)。

总体而言，2003—2004 年的经济增长势头主要是依靠减税、增加政府支出等扩张性财政政策以及低息刺激私人消费的支持。从中长期角度来看，由于近几年美国超低的利率水平及扩张性财政政策刺激经济增长而留下的后遗症将会浮现，主要表现为以下三点：

1. 财政赤字不断扩大

小布什政府在 2003 年年初提出 6 740 亿美元 10 年减税方案，在刺激个人消费持续兴旺的同时也刺激了消费物价的上升，使美国需要提前结束持续 4 年的减息与低息周期，在 2004 年 6 月开始进入加息周期。这一轮加息对经济的影响存在一定变数，抑制私人消费及消费信心，导致经济增长从 2005 年开始逐渐放慢。

2. 美国贸易赤字持续扩大

2004 年经常账目赤字高达 6 000 多亿美元，从结构上看，经常账目赤字主要是货物贸易逆差造成的，这种现象最终会影响国际市场对美元的信心，从而导致美元贬值及美元资产外流。因此经常账目的持续恶化，将最终影响到其资本账目的平衡。现在美国主要依靠资本账目的盈余来平衡经常账目的赤字，达到国际收支平衡。一旦美元资产外流，美国资本账目的盈余必将收缩，并最终导致国际收支的恶化，从而影响美元，甚至国际金融市场的稳定。

3. 美国在过去 4 年生产总值增长构成发生了颇为明显的变化

2000—2004 年私人消费开支的年均增长率达 3.4%，政府开支的年均增长率也达到 3.2%，两者均高于同期内 2.35% 的年均国内生产总值增长率。2003 年私人消费占国内生产总值的比例高达 70.5%，为第二次世界大战后经济重建以来最高。

（五）衰退与逐渐复苏（2005—2011 年）

“9·11 事件”过去后，虽然美国经济已经步入增长轨道，但其发展前景仍然具有很大的不确定性，其根本原因就在于美国的经济增长并不是一种均衡的增长，在它增长的背后，隐藏着一系列的挑战和威胁，尤其是从 2005 年以来，这些挑战和威胁越来越明显。

1. 危机前的问题与危险

当时美国经济面临的最大的风险就是美国贸易和经常项目逆差的急剧恶化以及巨额的财政预算赤字。2000 年美国经常账户逆差为 4 160 亿美元，2004 年扩大为 6 659 亿美元，2005 年达到 8 065 亿美元，远高于美国经济总量的 5%。而美国从 2001 年开始有财政赤字开始，到 2005 年已达到 4 270 亿美元，占 GDP 的 3.5%，高于欧盟制定的 3% 的一般预算赤字水平。

美国经济第二个主要风险来自于房地产泡沫。2000—2004 年间美国房价上涨了 65%，2005 年美国房价升至 27 年以来的新高，2006 年第一季度，全美又有 53 个市区的房价涨幅越过了 20%。2006 年美国住房的平均售价是美国家庭收入的 3.1 倍，是 1960 年以来的历史平均水平的 2.6 倍。而最后，也正是房地产泡沫，使美国经济陷入了巨大的危机中。

2.“次贷危机”对美国经济的冲击

2006 年春季起，美国房地产市场已经开始显露出危机的预兆，2007 年 4 月 4 日，美国新世纪金融公司由于刺激住宅抵押贷款业务出现亏损申请破产保护，次贷问题逐渐显现出来，并逐渐发展成所谓的“金融海啸”，昔日熙熙攘攘的华尔街现在却陷入了自 1929—1933 年的大危机之后的最严重的金融危机，到 2008 年 7 月，美国的次贷危机和动荡的国际金融市场一度出现了缓解的迹象，有经济学家乐观地断言美国次贷危机最严重的时候已经过去。然而到了 2008 年 9 月，雷曼兄弟公司申请破产保护，美林证券被美国银行收购，美国政府出手挽救美国保险业巨头美国国际集团，这个由次贷危机引起的金融海啸冲击着整个世界，对美国和世界经济都带来了难以弥补的破坏。

从影响经济增长的主要因素来看，此次危机首先使个人消费支出、个人投资以及美国的进出口均出现了不同程度的下降，其中个人投资降幅最大，2009 年同比降幅高达 22.6%，个人投资中住宅类、非住宅类建筑投资分别下降 22.9% 和 20.4%；其次是商品进出口，2009 年商品进出口分别下降 15.8% 和 12.0%，就连一向旺盛的个人消费支出也出现了 1.2% 的下降，其中耐用消费品的降幅达到 3.7%，使得美国以消费支撑的经济增长受到遏制。

2007 年 6 月—2008 年 11 月，美国人失去了超过其资产净值的 1/4。时至 2008 年 11 月月初，美国股市标准普尔 500 指数，从其 2007 年的高点下跌了 45%。房价从 2006 年的高峰下跌了 20%，而期货市场透露出可能下降 30% ~35% 的信号。美国住房资产净值，从在 2006 年价值 13 兆美元的高峰，下降到 2008 年中期的 8 兆 8 千亿美元，并且 2008 年年底时仍在下降。美国第二大的家庭资产：整体退休资产，减少了 22%，由 2006 年时的 10 兆 3 千亿美元下降到 2008 年中期的 8 兆美元。在同一时期内，储蓄和投资的资产（除退休储蓄）有 1 兆 2 千亿美元损失，而养老金资产有 1 兆 3 千亿美元损失。两者合计，这些损失总额达到惊人的 8 兆 3 千亿美元。

3.“次贷危机”后美国经济的缓慢复苏

“次贷危机”给美国经济带来了巨大的冲击，2009 年出现了第二次世界大战后 60 多年以来最严重的大衰退，从 2009 年下半年起，美国经济开始缓慢复苏。危机后的经济复苏并非是一片坦途，主要体现为以下三个特点：

（1）政府驱动性复苏，经济内生动力不足。2009 年 2 月 17 日，奥巴马总统公布第一批刺激经济计划 7 870 亿美元（后追加到 8 410 亿美元），3 月 18 日，美联储主席伯南克宣布第一次量化宽松的货币政策，加印 3 000 亿美元的美钞，总共动用了 1.75 万亿美元以增购国债。2010 年 9 月 6 日—8 日，奥巴马总统宣布第二批刺激经济计划 3 500亿美元，11 月 3 日，美联储主席伯南克宣布第二次量化宽松的货币政策，加印 6 000亿美元的美钞，以增购国债。2011 年 9 月 8 日，奥巴马总统推出第三批刺激经济计划 4 470 亿美元，命名为“美国就业法案”。9 月 21 日，美联储启动“扭转操作”抛售短期国债以购买长期国债，旨在压低长期利率，从而为萎靡不振的美国经济重新注入新的活力，但效果不佳。

（2）间歇性复苏，时好时坏不稳定。从 2009 年下半年至 2011 年年底美国经济复苏呈现波浪形增长。GDP 增长率情况如下：2009 年下半年为 2.8%，2010 年上半年为 3.8%，下半年为 2.4%，2011 年上半年为 0.9%，下半年为 2.5%。可见此次的经济复苏并没有强大的内部驱动，美国经济仍然面临很大问题。

（3）无就业复苏。美国的失业率按年度统计，2008 年为 5.8%，2009 年为 9.3%，2010 年为 9.7%，2011 年为 9.0%；从 2008 年 12 月—2011 年 11 月，失业率超过 7 个点已达 36 个月，超过 9 个点已达 28 个月。2011 年 3 月 4 日，美国劳工部公布数据，平均失业高达 37 个星期，大大高于 1981—1983 年平均失业 27 个星期。这场金融危机严重打击了美国消费者的信心，由于失业率居高不下，美国消费者信心指数从 2007 年 9 月的 99.5 迅速下降，到 2008 年 1 月降至 78.4。2008 年到 2011 年年底 4 年中，消费者信心指数一直在七十几到四十几低位徘徊。须知消费者信心指数回到 90 以上，经济才能恢复到繁荣阶段，看来这将是一段漫长的路。

二、美国经济结构

（一）美国经济结构的背景

1. 美国经济的两大支柱产业——汽车工业和钢铁工业

汽车工业是美国工业的骄傲，与钢铁工业、建筑业并称三大支柱产业，美国大约 1/6 的就业与这个部门有关，自 20 世纪 20 年代起美国的汽车业就主宰着世界汽车市场。然而，1980 年日本汽车产量超过 1 000 万辆，取代美国 800 万辆成为世界头号汽车生产国，同时日本汽车大量进入美国市场，对美国汽车工业的压力不断增加。1980 年进口汽车已占领美国市场的 28.6%。通用、福特、克莱斯勒三大汽车公司亏损 40 亿美元，克莱斯勒濒于破产。汽车工业这顶美国工业的王冠突然被日本人夺走，强烈震撼着美国各界。

美国经济的另一支柱产业——钢铁行业，也陷入了深刻的危机。1979 年美国最大的钢铁公司——美国钢铁公司宣布关闭 16 个钢铁厂，解雇 13 000 名工人。1982 年和 1983 年美国钢铁行业共亏损 67 亿美元。1986 年美国第二大钢铁公司——伯利恒钢铁公司宣布倒闭，许多大公司放弃钢铁业。100 多年来，钢铁工业一直是美国力量的象征，它的衰落影响远远超过钢铁行业本身。

2. 美国的半导体产业、飞机产业

从20世纪70年代末开始，美国半导体工业从世界市场的垄断地位退居到次要角色。1978年美国公司还拥有全球半导体交易总收入的55%，日本公司只有28%；到1986年美国公司在全球半导体收入中的比例下降到40%，而日本则上升到46%。半导体工业的衰落直接导致美国电子工业的滑坡。20世纪80年代中期，美国市场出售的3/4以上的收音机、2/3的黑白电视机和15%左右的彩色电视机都是国外生产的。

美国的另一项高技术领域——民用飞机也受到了欧洲公司的强大竞争。1982年和1983年欧洲空中客车公司夺得了宽体客机世界市场销售额的1/2以上和美国国内市场的1/3，美国独霸世界民用飞机市场的时代结束了。

3. 美国的军工产业

据统计，在1981—1990年，美国联邦政府军费开支占总支出的比例年均为24.2%，而在1991—1995年，这一比例已降到19.3%。与之适应，克林顿政府计划将军工生产占美国工业的比重由20世纪80年代的25%降到21世纪初的20%左右。20世纪90年代随着“冷战”的结束，美国的军备开支逐年下降，国防高科技开发资金减少，军用品采购支出锐减，军事订货剧降，国防技术工业关停或转入民用工业，从而导致高技术军工企业大量裁员，生产和销售大幅度下降。1988—1996年，导弹和太空飞行器、飞机及部件、探测仪及航海设备等三个国防高技术制造业就业人数减少52.59万人，产值下降43.1%，其中导弹和太空飞行器制造业的就业人数减少高达55%，产值下降25%。

4. 信息产业发展迅速

1993年以来，美国政府每年拿出巨资，投资到光纤通信、全国计算机网络等民用技术中。信息产业在美国发展迅猛。信息技术产业在全部经济中所占的份额从1994年的6.3%上升到2000年的8.3%。尽管信息技术产业在美国GDP中所占的份额不到10%，然而由于1995—1999年信息技术产业显著增长和价格下降，使得它对美国实际经济增长的贡献达到了30%。信息产业的关联度很大，在信息产业内部，以电子计算机和通信技术为龙头，带动微电子、半导体、激光、超导等技术的发展，与此相关又带动一批其他产业如新材料、新能源、机器制造、仪器仪表、生物技术、海洋技术等的迅速发展。20世纪90年代中后期以后，软件和计算机服务业的就业人数，1992年为85万人，1998年增加到160万人。信息技术的发展不仅给美国的经济发展注入动力，还创造了大量的就业机会。

5. 生物技术

生物技术产业可以定义为：利用细胞和生物分子进行药品、农产品生产开发和环境治理的产业，该产业技术由医药生物技术、农业生物技术和环境生物技术共同组成。1999年美国生物技术企业收入200亿美元，是1993年的2.5倍，企业股东和员工的收入为150亿美元，1999年美国生物技术企业直接提供就业人数15.1万人，间接为其他企业和消费服务创造28.7万个就业机会。进入2000年以后，由于对网站领域的恐惧，生物技术领域获得了大量从网络中游离出的隐蔽资金，这使得生物技术领域得到迅猛发展。

（二）美国经济结构的调整

20世纪80年代以来，美国在经济的发展道路上迈上了一个新的台阶，进入了新的经济时代——一种以现代高新技术为基础的知识密集型经济——知识经济时代。

1. 里根政府时期(1985—1988年)

在这个时期内，为了使美国财政收支实现平衡，里根压缩军费，减少联邦政府开支。同时注重科技发展，推动经济结构的调整。1985年12月美国国会通过了《格拉姆—钱德曼平衡预算法案》，强制减少军费和政府的其他开支，力图制止1981—1984年间急速增长的军费，使财政收支实现大体平衡。里根执政后期，把大军火承包商缩到10家，年采购量压缩2 000亿美元，国防工业从业人员从390万人减少到310万人。同时，里根政府还签署了《美国1987年贸易、就业和生产率法案》，授权全国科学基金会为科技发展提供拨款，以科技的进步推动经济结构的调整㊀。

2. 布什政府时期(1989—1992年)

在这个阶段，美国经济结构调整的重点仍放在压缩军事经济规模上，并把高科技投资逐步从军事方面向民用方向转移。通过大规模调整工业结构，扭转美国工业品在国际市场上竞争力下降的被动局面。同时联邦政府和国会一致努力，于1990年10月达成了《实现美国联邦财政预算平衡的法案》。该法案的通过，为后来克林顿政府大幅压缩财政赤字、进而平衡联邦预算打下了初步基础。

3. 克林顿政府时期(1993—2000年)

1993年克林顿当选美国总统后，首先继续压缩军费开支，通过合并美国军火公司、压缩军事经济规模的方法走军火公司集团化的发展道路。截至1995年，美国军事订货额减少到600亿美元。在压缩军事经济的同时，美国把发展高科技作为调整与整顿美国经济结构的龙头，力图使以信息技术为主的高技术在美国经济调整中发挥重大作用。信息技术的快速发展，使美国产业结构及时得到调整，高科技武装整个国民经济，进而使美国经济竞争力又上了一个新台阶；美国公司再次乘联邦政府继续推动企业经营

㊀ 刘厚俊. 20世纪美国经济发展模式：体制、政策与实践[J]. 南京大学学报，2000 (3)。

管理改革之际，在信息技术的强有力带动下，进行面向21世纪的大调整、大革新。

4. 小布什政府时期(2001—2008年)

小布什执政期间，美国的经济处于衰退期，为了使经济走出衰退的困境，美国实行减税政策。布什认为，减税可以让企业赚更多的钱，大规模减税将鼓励储蓄和投资，从而促进经济增长，优化经济结构，创造更多的就业机会。但是这场大规模长期减税明显与中产阶级的利益相悖，获益最多的是美国的富人。据统计，73%的税收抵减，为社会上20%的最高收入层获得。同时，布什政府为了增加美国商品的出口，使美国制造业走出不景气的泥潭，在放任美元走低的同时，采取一系列外贸保护政策，加强双边以及多边区域内的贸易自由化进程，以此促进美国产品的出口。小布什政府产业政策强调传统产业的结构调整，强调高技术产业对传统产业的渗透和结合。譬如，在信息领域要解决信息传输速度慢于信息生产速度的矛盾，解决现代无线通信技术和传统有线通信技术相结合的问题。

然而“9·11”事件改变了美国国内政策的走向，布什政府把“反恐”列为压倒一切的头等大事，对外安全战略和国内安全战略进行了重要的调整。因此在小布什执政的头4年，对美国经济结构的调整并没有表示出明显的政策走向。

5. 奥巴马政府时期（2009至今）

奥巴马政府上台正值国际金融危机爆发，为了缓解危机和促进经济复苏，同时也着眼于解决美国经济的长期问题，奥巴马政府采取了一系列经济政策措施，开始启动经济结构的调整。本次调整的重点在于支持和鼓励科技创新以及推进绿色产业等高新技术产业发展。美国强调科技创新是解决诸多紧迫问题的关键，并将推进重大科技创新作为经济刺激计划的重要部分，加大对企业和研究机构的科技研发投入。而在气候变化日益受关注的背景下，低碳经济被看做是世界经济结构调整的方向、全球经济新的支柱之一。美国希望以发展绿色产业为契机，打造新的经济增长模式，创造新的经济增长点，增强其在技术和产业上的竞争优势。

除了绿色产业外，奥巴马政府也把基础设施建设、医疗改革和教育改革等作为促进美国长期经济增长的优先领域，加大投入，予以扶持。第一，大力加强基础设施建设。在2009年初签署的《美国复苏与再投资法》中，将改进基础设施作为刺激经济政策的重要组成部分，对基础设施建设投入巨资，其中用于交通基础设施的预算高达500亿美元。第二，力推医疗改革。奥巴马政府全力推动医保改革，最终在2010年3月签署医疗保险改革法。

为了防范类似的金融危机再次发生，奥巴马政府也致力于推进金融监管改革。2009年6月，奥巴马政府提出金融改革方案，内容包括提高金融机构的资本准备金比例，对资产支持证券实行更为严格的监管，加强对消费者和投资人的保护，授权美联储负责大型金融机构的监督与管理，推动全球金融监管的协调工作。2010 年年初，奥巴马推出一些新的金融改革措施，包括限制华尔街高管薪金、向大型金融机构收取金融危机责任费、限制金融机构经营范围和规模等。4 月，奥巴马又提出金融改革的一些原则，解决大金融机构“大而不倒”问题，并在其关闭时保护美国纳税人的利益。7 月 21 日，奥巴马将“大萧条”以来规模最大的金融监管体系全面整改法案签署为正式法律。

（三）美国经济结构调整的经济政策

1. 贸易政策

美国贸易政策调整较大，从传统的“自由贸易”转为实用主义的“公平贸易”，把开拓国外市场、扩大对外贸易置于对外战略的优先地位。20 世纪 80 年代以来，面对美国经济的颓势，美国历届政府虽然表面上仍奉行自由贸易原则，但保护主义色彩不断加重，以减轻国内产业的竞争压力。1985 年，里根政府通过宣布“贸易政策行动计划”，开始了外贸政策的全面调整，其核心内容是变自由贸易为“自由和公平贸易”，目标在于保证外国市场对美国开放，保障美国获得更多的出口机会。为了加强政府对出口的干预，积极倡导展开国际经济外交，强化对国内企业的保护，1988 年美国国会通过《综合贸易与竞争法案》，授权总统可以采取制裁措施，对付贸易对手“不合理”或“不公平”的贸易做法，这就是所谓的“特别 301 条款”。1989 年，布什政府制定了《国家贸易政策纲要》，加强对来自国外的所谓不公平贸易行为的抨击，单方面宣布有关国家为“重点观察国家”，迫使对方向美国开放市场，为美国的企业带来了更多更大的机遇。克林顿执政后，不但对前政府的这一贸易政策进行了引申和发挥，而且还实施了保护色彩更浓、态度更富进攻性、手段更强硬的战略贸易政策，目的是要把外贸政策放在对外政策的第一位。小布什政府在贸易政策上基本沿袭了克林顿时期的外贸政策，除了推行多边主义、区域主义与双边主义相结合，强调公平贸易之外，单边贸易保护政策成为布什政府的鲜明特征。美国努力抓住多边谈判的难得机遇，完成 WTO 新一轮谈判设定的农业、制造业和服务业的谈判目标，争取较大幅度地降低世界范围内关税与非关税贸易壁垒；完成美洲自由贸易区关于农业、工业产品、服务、投资和政府采购 5 个领域市场准入问题的谈判；推进美国对外双边自由贸易协定谈判，在世界各区域选择典型的发达与发展中国家与美国建立自由贸易关系。

2. 技术政策

20 世纪 90 年代，美国经济持续增长的源泉主要来自于高技术工业的强大支撑。高技术工业是美国经济盛衰所系的核心部门，也是这次结构调整中重点扶持的对象。美国政府明确宣称，加强科技实力的目的是要保证美国一直具有竞争优势。美国对高新技术产业的扶持主要体现在教育、科技长期高度的重视上。

（1）大力开展应用科学研究，促进科研成果商品化。1987 年，美国商务部发表一份研究报告，选定 17 项需要加速商品化的新技术。1989 年，国防部和能源部又提出了 22 项重点开发的高新技术，并提供特别经费。1990 年，美国政府又提出著名的“美国先进技术计划”，以促进民用技术的商业化。克林顿执政以来对“美国先进技术计划”的资助急剧增加。

（2）加强基础研究的投入，为经济竞争提供强有力的基础。20 世纪 80 年代起美国加大对基础研究的支持力度，仅对数学和计算机科学提供的资金就增长 86.9%。1988 年年初，美国政府提出实施一项《国家科学基金五年倍增计划》。1985—1987 年，美国国家科学基金会在一些大学主持建立了 14 个工程研究中心，专门从事高新技术的基础研究。里根曾预言这些研究中心“将有助于确保美国下世纪在技术上处于领先地位，继续在世界上发挥主导作用”。

（3）加强企业与大学的科研合作。在美国政府的促进下，从 20 世纪 80 年代中期开始，企业与大学的科研合作迅速增加。这种合作主要采取三种形式：①大学在原有的教学和研究计划之外，制定一种附加性的科研计划与企业进行合作研究，企业向大学支付一定费用，从而获得进入大学开展科研活动的条件；②以国家科学基金会主持建立的十几所工程技术研究中心为基地，企业与大学建立联系，开展科研活动；③大学建立校办企业，向私人企业转让技术成果。

（4）信息高速公路计划，加快信息产业发展。1993 年克林顿入主白宫后，制定了《国家信息基础设施行动计划》，俗称“信息高速公路计划”。克林顿政府提出把以信息产业为基础的信息高速公路的建设作为国家最优先项目来发展。该计划不迟于 2015 年，用 4 000 亿美元建立联结美国各个家庭和机构的光缆通信网络。

3. 企业政策

（1）兼并促发展，实现产业组织合理化。从 20 世纪 80 年代中期开始，美国企业掀起 20 世纪以来第四次（1982—1988 年）和第五次（1993 年以来）兼并浪潮。1986 年美国企业间的兼并事件发生了 4 000 多起，兼并资产额达到 1 900 亿美元。1988 年兼并额又创新纪录，达 2 263 亿美元。1993 年以来兼并浪潮再次席卷美国各地，1995 年兼并资产额上升到 5 180 亿美元，1996 年达到 5 370 亿美元。在这两次兼并浪潮中，热点行业有通信、交通、金融、零售、娱乐、医疗保健和国防工业等，与并购结构相结合，美国企业实行了内部经营结构的整顿，甩掉一些盈利欠佳的工厂，集中经营那些盈利较多和富有发展前途的部门。

（2）加强对传统工业的技术改造。随着电子工业的飞速发展，美国各传统工业部门纷纷提出要用电子技术改造落后的生产工艺。汽车工业普遍采用计算机辅助设计和计算机辅助制造、及时适量供应制度等先进的生产和管理方法，更多地使用电子部件，提高汽车的自动控制性能和信息反馈能力。钢铁工业通过计算机控制和使用新的铸勺技术来加强钢产品的扩张强度，减少杂质含量，提高电炉炼钢法和连续铸钢法的比重。

4. 财政政策

财政赤字是20世纪80年代至90年代初一直困扰美国经济发展的重大顽症，它曾被视为美国经济其他问题的总根源。克林顿入主白宫后，和国会达成协议，要在2002年消灭赤字。在操作过程中是通过增加投资、推动经济转型和实施增长战略来增加财政收入，同时采取消减国防经费和联邦行政开支、取消非生产性开支、鼓励私人投资等办法减少支出。有增有减的财政政策使美国财政赤字从1992年内的2 900亿美元减少到1997年的220亿美元，1998年彻底消灭财政赤字。消除财政赤字使美国企业投资和生产扩大，并大大增加了美联储运用货币政策进行调控的能力。同时增强人们对美国经济前景的信心，促进长期利率的下降，推动投资市场的繁荣。小布什上台后，由于美国经济出现了短暂的衰退，小布什政府又连续推出几项大幅减税计划，加上“9·11”事件后反恐战争使得政府开支的增加，2001年财政盈余额从2 370亿美元急剧下降至1 270亿美元，次年恢复出现赤字。此后，财政赤字急剧攀升，至2004年达到4 123亿美元，创下当时历史最高纪录，此后，美国财政赤字继续一路攀升，2010年财政赤字达到14 573亿美元。美国贸易赤字近年来高居不下，“双赤字”给美国经济产生了许多不利的影响，妨碍了美国经济结构的进一步调整和优化。

三、美国对外贸易的地位和结构

美国是世界头号贸易大国，也是世界上唯一的商品贸易超过万亿美元的国家，其每年的出口额约占当年世界出口额的12%左右。美国在世界对外贸易的地位经历了一个由盛转衰的过程。第二次世界大战结束后，西欧和日本等为了加速经济增长，增加了对美国商品的需求，美国几乎垄断了整个资本主义世界的金融和贸易市场，20世纪50年代其外贸出口额曾一度占资本主义世界出口额的1/3，60—70年代初，西方发达国家经济快速增长，日本迅速崛起，欧洲经济实力明显上升，国际贸易急剧扩大，美国的霸主地位开始动摇。1986—1988年，美国出口额连年被原联邦德国超过，1989年才重新取得世界最大出口国的传统地位。1971年，美国外贸逆差开始出现，而且逆差额日益扩大。据美国商务部统计，2000年美国商品进口总额达到19 991.71亿美元，其中出口7 824.28亿美元，进口12 167.43亿美元，分别比1999年高出12.45%和18.75%，创历史新高。美国这一数字比世界贸易组织2000年年度报告所估计的2000年世界贸易比往年增长10%的速度还高出2.45个和8.75个百分点。如果作横向比较，则更显出美国的贸易大国地位。1999年世界贸易十强比较，美国商品出口额比排在第二、三位的德国和日本分别高出28.38%和65.76%。其进口额几乎相当于排在第二、

三、四位的德国、英国和日本三国进口额之和。由于世界经济的低速，2002 年美国的出口贸易疲软，另一方面由于国内坚挺的民间消费所支撑的进口贸易额却持续增长，美国的贸易产生了巨额的贸易逆差，2001 年为 3 587 亿美元，到 2003 年达到 4 899亿美元，短短两年间净增 1 321 亿美元。同时由于“9·11”事件和一些不安定因素，有关旅游等服务贸易区域停滞，而民用消费品的进口贸易却有所增长。2010 年美国对外贸易开始走出次贷危机的影响，商品进出口 31 896. 0 亿美元，较 2009 年增长 21. 9%。其中，出口 12 775. 0 亿美元，增长 21. 0%，进口 19 120. 9 亿美元，增长 22. 6%，贸易逆差 6 345. 9 亿美元，增长 26. 0%。美国的进出口增长速度大大领先于 IMF 所估计的 5. 8% 的世界贸易增长率。在外贸方面，特别值得提出的是：来自我国的进口额有了大幅度的增长，我国已成为美国的仅次于加拿大、墨西哥的第三位进口贸易来源国。

（一）出口商品的地位和结构

美国经济规模大，部门结构完整，出口商品以工业制成品为主，但原材料、半成品出口也约占 1/3。美国还是世界上最大的粮食和原料出口国，每年 40% 以上的农产品都销往国外。据统计，美国人工成本比外国加权平均水平低约 30%，国际竞争力较强。在工业制成品的出口中，各种机器设备和钢铁制品占很大比重，其次为化工产品。美国在大型电子计算机、空间与航空业、原子能工业、军火、先进的科学设备等尖端技术和复杂大型工业设备方面，在国际市场上始终保持领先地位。近几年，美国在信息技术方面突飞猛进，其产品的出口额占其出口总额的比例迅速提高。

美国出口商品最多的依次是机械运输设备、杂项制成品、化学制品和按原料分类的制成品。2010 年美国机械运输设备出口额为 3 339. 8 亿美元，占出口总额 26. 1%，杂项制品和化工制品的出口额分别为 1 833. 7 亿美元和 1 492. 6 亿美元，在出口额中的比例分别为 14. 4% 和 11. 7%，三者合计为 52. 2%。按商品用途分类，美国出口商品以资本品和工业商品为主。2010 年美国资本品和工业用商品出口额分别为 4 465. 97 亿美元和 4 062. 24 亿美元，在出口总额中的比重分别为 34. 93% 和 31. 78%，汽车及部件出口额为 1 119. 89 亿美元，占出口总额的 8. 76%，以上三者合计为 66. 79%，即一半以上。此外，一般消费品在美国出口贸易中也占 10% 以上的份额，与其他商品相比，美国工业用商品（含原材料）和资本品出口增长较快，2010 年上述同类商品出口年增长率分别为 14. 21% 和 12. 62%。

2002 年美国对中国出口贸易额比 2001 年增长 15. 4%，增至 221. 28 亿美元，有大幅的增长。自 20 世纪 90 年代中期以后，美国对中国出口项目中飞机的出口占据首位，其中 2010 年的出口额比 2009 年增长 32. 2%，增至 918. 78 亿美元。今后由于旅游、货运、邮件等国内航空需求的增加，预计美国对我国的飞机出口额仍将趋于增长。

（二）进口商品的地位与结构

在进口方面，美国以能源、原料和某些农产品为主，消费石油的一半依靠进口，咖啡、可可、茶叶等农产品全部进口，同时还进口大量铁砂、锰、镍、钨、钴、铬、锡、石棉、云母和钼等矿物原料或金属，以及大量的纸张、天然橡胶、糖、热带水果等。工业品进口占进口总额的一半以上，进口各种机械设备、运输工具和大量纺织品、日用轻工业品。

2010 年美国机械及运输设备的进口额为 6 755.6 亿美元，在其进口额中占 28.62%。近年来美国在机械及运输设备进口份额呈下降趋势，出口额已超过了进口额。此外，美国对杂项制品的进口也较多，2010 年美国对该类商品额达到 3 591.3 亿美元，在其进口总额中占 14.8%。这种进口结构若按商品用途分类，则主要体现在美国进口商品以资本品、工业用商品和消费品为主。在美国各类服务进口中，旅游、私人服务和其他运输占前三位。2010 年，上述三类服务的进口额分别为 755.07 亿美元、1 805.98 亿美元和 512.02 亿美元，在服务进口总额(4 030.48 亿美元)中的比重分别为 18.73%、44.81% 和 12.70%，三类累计占服务进口总额的 76.24%。2009—2010 年服务进口贸易与服务出口贸易的发展趋势相似，旅游服务进口贸易额增长了 1.9%，旅行运费增长了 38.5%，有关旅游的服务进口贸易额增加。而专利与使用费的服务进口额增长了 12.1%，其他民间服务进口贸易额则增长了 3.6%。从 2010 年进口贸易的商品结构来看，资本类商品的进口额有 18.9% 的上升。计算机、计算机软件等有关信息技术的设备投资自 2010 年第一季度以后便保持了增势，2010 年的计算机进口额比 2009 年增长了 24.5%，医疗机器的进口也有所增长。在工业原料的进口贸易方面，天然气、宝石、石油等商品的进口额有所增长。与 2009 年比较，2010 年的原油价格一桶上涨 20 美元以上，为此增大了原油的进口贸易金额。由于民间消费支出有坚挺的增长，汽车、消费品的进口额均比 2001 年有所增长，在消费品的进口贸易方面，特别是医药制品、电视、录像放映机、数码多功能光碟机、家具等家用消费品进口额有显著的增长。

就贸易的对手国别、地区分布情况看，美国在 2010 年来自中国的进口贸易额比 2009 年增长了 23.1%，增至 3 649.44 亿美元，有引人注目的大幅度增长，由于有来自中国进口贸易增长的支撑，来自东亚整个地区的进口贸易额比 2009 年增长了 24.3%，增至 5 745.59 亿美元。

（三）对外贸易的地区地位和结构

据美国商务部统计，2010 年美国与其最大的 10 个贸易伙伴的商品贸易额累计达到 20 800.61 亿美元，其中，美国对加拿大、墨西哥、日本、中国的商品进出口额累积达到 15 553.63 亿美元，在美国十大贸易伙伴中的份额占 74.77%。美国巨额的商品贸易逆差主要集中在中国、日本、加拿大、德国等少数几个国家和地区，2010 年中国、日本、德国对美国的商品贸易顺差分别为2 730.66亿美元、598.03亿美元和447.9亿美元。中国取代日本成为美国商品贸易最大逆差国。这三国对美国的商品贸易顺差累计达到3 673.48亿美元，占美国对外商品贸易逆差总额(6 345.88亿美元)的57.88%。

美国最大的贸易伙伴国是北美自由贸易区成员国，2010年对墨西哥的出口比2009年减少了2.67%。2010年美国来自北美自由贸易区的进口贸易额比2009年增加25.6%，对来自加拿大的石油进口额有所减少，但来自墨西哥的汽车、原油进口额也有所增长。2010年来自中南美地区各国的进口贸易额转为增长趋势。2002年美国对亚洲地区新兴工业化经济群体与东盟等东亚地区的出口额也有所增加。欧洲是仅次于北美自由贸易区、东亚地区的美国第三位进出口来源地区，美国对欧盟出口的增长率也保持稳定。这主要是由于对英国、德国的飞机、宇航机器、一般机械、电气与电子机器的出口减少。

2010年美国来自欧洲地区总体的进口贸易额达3 890.18亿美元，较2009年增长15.7%，其中从俄罗斯的进口同比增长39.7%，是拉动美国从欧洲进口的主导因素。

四、美国的对外贸易政策

一国对外贸易政策是一国对外贸易活动中所采取的总的方针和总的政策，它决定着一国的关税政策、非关税政策、进出口贸易政策和国别政策，同时也反映该国经济利益。第二次世界大战后美国的对外贸易政策可划分为三个阶段。

(一) 自由贸易政策时期(1947—1974年)

第二次世界大战后初期，美国得以在西方世界较为成功地推行贸易自由化政策的原因，主要有以下几点。第一，这项政策获得了主要贸易大国的支持，首先是英国的支持。第二，一些国际经济组织的建立促进了这项政策的实现。第三，美国本身的经济实力是它能够较顺利地推行自由贸易政策的一个重要原因，如果GATT没有美国参与谈判，关税减让几乎不可能进行，因为美国在世界上既是主要供应者又是主要消费者。第四，两大阵营的形成和意识形态的对峙促使西方主要国家联合在一起，使经济问题政治化。由于这些原因，美国在第二次世界大战后初期较成功地将自己的自由贸易政策在资本主义世界大力贯彻推行，并产生了深远的影响，美国政府采取的自由贸易政策，主要包括关税的大幅降低和外汇限制、数量限制的放松或取消等。这些政策有助于世界贸易的增长，而世界贸易的发展又带动了各国工业生产的增长，从而进一步推动世界经济的增长。

(二) 自由贸易向公平贸易转换时期(1975—1985年)

20世纪70年代美国国内经济停滞，失业增加，国际收支与外贸逆差扩大，其国际竞争力相对下降。而曾受美国援助的西欧和日本的经济不断壮大，美国厂商在国外市场上不得不面对这两大贸易伙伴越来越激烈的竞争。受进口打击的厂商不断要求政府保护，在国会保护势力的压力下，政府尽管在指导思想上仍强调贸易自由化，但实际行动中却加强了对国内产业的保护和援助。这一时期美国在外贸政策上进行调整，尤其是对日本、西欧的贸易政策，重点解决这些国家对美国进行的“不公正”“不对等”贸易。《1974 年贸易改革法》和《1979 年贸易协定法》体现了美国贸易政策的转变。

《1974 年贸易改革法》与以往贸易法相比有两大特点：授予总统以非关税消减权和增加对国内产业的保护措施。除开辟通过进口救济如反倾销、反补贴税、反不公平行为、反市场破坏、总统报复权等措施阻碍进口竞争外，新立法还通过谈判签订有秩序的行销协定、调整援助等途径来帮助国内产业。《1974 年贸易改革法》表明美国外贸政策开始从自由贸易转向强调公平贸易，这一转变不仅是由于国外贸易保护的压力，更主要还是出于本身经济实力的相对下降。《1979 年贸易协定法》又对反倾销、反补贴等法规进行修正，使其更方便于贸易保护的运用。

（三）坚持公平贸易时期(1986 年至今)

20 世纪 80 年代，美国在国外市场丧失了一统天下的竞争优势，同时国内市场面临着日本、西欧和新兴工业化国家和地区产品的日益严重的挑战，贸易逆差急剧增长。为了扭转外贸收支严重不平衡的局面，里根政府从 1985 年起采取了一系列对策，主要包括：调整和改善国内宏观经济政策与环境；加强主要工业国家之间的经济政策协调，特别要求日本、原联邦德国相应调整经济政策与结构，扩大内需，增加对美国商品的进口；与主要工业国联合干预外汇市场，调整美元税率等。1985 年 9 月，里根政府宣布“贸易政策行动计划”开始了贸易政策的全面调整。1988 年 1 月“综合贸易与竞争法案”问世。

（四）克林顿政府——强调公平贸易时期

克林顿执政后，在强调重视国内方面问题的同时，更加注重保持外交政策的连续性，特别是要加强经济外交。克林顿表示要“致力于通过扩大出口和公平贸易来取得经济增长”，他认为对外贸易是“国家安全首要因素”。克林顿政府为维护美国经济利益和安全，采取了许多主要措施：

（1）政府更多插手对外经贸事务。这主要体现在设立“国家经济委员会”负责制定和协调国外经济政策，以有效处理“冷战”后的新问题，强化政府对经济事务的领导职能。强调政府必须积极介入对外贸易，为美国企业制造一个有利的出口环境。

（2）短期内对外贸易政策的趋向强硬。这主要体现在三个方面：①对外国“不公平”贸易接连进行咄咄逼人的威胁和制裁。例如，克林顿刚上任就对进口钢材征收高达 100% 的惩罚性关税等。②打击面宽。例如，仅对进口钢材增税一项，就涉及西欧、日本 8 个工业国家和 11 个发展中国家的利益。③宣布 1994—1995 年度对华贸易最惠国待遇将附加人权条件，而这个违反了中美两国贸易关系协定的核心条件。

（3）加强贸易制裁和设置更多关税与非关税壁垒外，着重对美国工业政策和科技政策进行调整。这主要表现在：在工业政策方面，对民用研究提供更多的支持，并给高技术工业更多优惠；在科技政策方面，决心改变历史“重军轻民”的科技发展战略。总之，目的是通过提高美国工业的竞争能力，作为拓展对外贸易的最主要措施。

（4）外贸进攻重点指向亚太地区特别是日本和中国。日本对美国的贸易和科技竞争的威胁不断增加，而中美之间的贸易也迅速发展，其中中美之间的贸易差额不断增加，这给美国的外贸出口带来了不小的压力㊀。

（五）小布什政府——“公平、自由”政策

小布什政府的对外贸易政策具有不同于克林顿政府及以前美国政府的特点。小布什政府在继承前任美国政府的对外贸易政策的基础上，重视利用 WTO 多边贸易体制推进其贸易政策的进程。克林顿政府及以前美国政府的贸易政策的重点在于推动以 GATT/WTO 为代表的多边贸易自由化，而小布什政府则更多的是从多边、区域和双边三个层次上展开美国贸易政策的相关内容。

小布什政府十分重视对多哈会议后新的一轮多边贸易谈判进程的控制。多哈会议原定于 2005 年年底以前完成新一轮的谈判，美国政府曾多次表示要完全致力于最后期限到来时结束该回合的谈判。美国政府力主倡导在“回合”谈判中实现农产品贸易自由化，主张将农业补贴消减约 1 000 亿美元，全球平均农产品关税从 60% 降到 15% 左右。同时提出对工业产品“零关税”和服务贸易自由化。在推动地区和双边贸易自由化方面，区域、双边贸易自由化进程明显加快，范围不断扩大。2003 年 5 月—6 月与新加坡、智利签署了自由贸易协定，2002 年下半年到 2003 年年初启动了与南部非洲关税同盟、摩洛哥及澳大利亚的自由贸易协定谈判，并拟定在 2013 年建成美国—中东自由贸易区的计划。

在推行贸易自由化同时，强化贸易保护主义。2002 年 3 月，美国对来自 8 个国家和地区的进口钢铁征收高达 30% 的附加关税，2002 年 5 月又制定了新《农业法》，决定在今后 6 年内对农业的财政拨款增加 67%，约合 1 230 亿美元，10 年内将达到 1 900 亿美元。新《农业法》的出台，从根本上扭转了美国政府对农业的保护不断减弱的基本政策走向。美国贸易保护主义的势头在不断加强。

㊀ 张二震．论美国外贸政策的战略调整[J]．世界经济，2002（5）．

（六）奥巴马政府——“扩大出口为核心的侧面贸易保护”政策

与小布什政府的自由贸易政策相比，奥巴马政府更倾向于贸易保护主义，但与以往的贸易保护主义有所不同，即通过强调“经济正义”来走一条所谓的“中间路线”，而奥巴马本人也处处避免用及“贸易保护”这样的字眼。金融危机使美国经济受到重创，为创造就业和加快恢复国内经济，奥巴马政府采取了一系列的宏观经济战略转型政策，其中突出的一点就是从信赖消费转向增加出口。2010 年 1 月 27 日，奥巴马在其首次国情咨文中明确提出在未来 5 年内把美国出口翻一番的目标。虽然奥巴马批评小布什政府的自由贸易协定造成了美国工人的失业，但他仍继续沿用小布什政府的弱势美元政策，使弱势美元成为助推美国出口的重要工具。同时他还提出，要在《自由贸易协定》中附加严格的环保标准和劳工标准，这从侧面反映了他的贸易保护主义倾向。

在双边贸易方面，美国先后与巴西就棉花贸易纠纷达成协议，与印度签署《贸易与投资合作框架协定》，贸易代表多次出访欧洲以推动美欧贸易关系等。奥巴马政府表示，新贸易政策将致力于全球贸易规则的严格实施，而非像小布什政府那样致力于推动达成新的自由贸易协定。奥巴马政府在贸易问题上的出发点将是最严格地执行现有规则，增加当前与未来贸易协定的透明度。

五、主要行业的市场特征及走势

（一）制造业

1. 制造业的特征

美国制造业向来被看成美国经济的基石，即使近年来美国的经济发展低迷，其增加值仍然占美国 GDP 的 14% 左右，就业人数占美国总就业人数的 11%。美国商务部经济分析局的研究表明，每 1 美元制成品的消费中，制造部门可产生 0.55 美元 GDP，非制造部门中产生 0.45 美元 GDP，可见制造业在美国经济中的重要地位。随着经济的发展和产业结构的变化，制造业本身也在发生变化。

（1）耐用品所占比重呈上升趋势，而非耐用品比重则呈下降趋势。在耐用品制造业中，占比重最高的生产行业是工业机器和设备、电子产品和设备、汽车及其设备。从增长趋势来看，前两个行业远远超过汽车行业。根据美国产业分类，工业机器和设备行业包括半导体及其相关产品。因而耐用品制造业的这两个类别可以代表美国的高新技术。制造业中的主要增长来自耐用品生产部门，耐用品的增长远远高于非耐用品的增长。1990—2010 年，耐用品制造业的年增长率（6.13%）显然高出整个制造业的增长率（3.59%）；而非耐用品制造业的年均增长率（0.92%）则远远低于整个制造业的增长和 GDP 的增长。在 21 世纪，耐用品制造业的增长呈加快趋势。1990—2000 年，耐用品年均增长率为 5.96%，2000—2010 年上升为 6.38%；而在此期间，非耐用品的增长仅为 1.02% 和 0.84%。

（2）生产率快速增长。近年来由于技术创新，美国制造业的生产率不断快速提高。1977—2010 年，美国整个经济生产率提高了 56%，制造业生产率则增加了 115%。美国制造企业每年上千亿美元的投资中约有 60% 用于研究开发，美国每年的专利申请中 90% 来源于制造业。同时由于制造业在推动美国创新、保持美国经济竞争力和维护国家安全方面具有重要作用，因此美国政府提出并实施了增加就业、促进增长的议案，以降低美国制造业的生产成本，这些具有“偏向性”的政策更加促进了美国制造业生产率的提高。

（3）制造业市场迅速集中。19 世纪末 20 世纪初，美国制造业市场结构由分散竞争走向寡头垄断。此后，寡头垄断市场结构一直居主导地位。20 世纪 90 年代以后，美国制造业市场结构又出现了新的集中趋势。1992—1997 年，美国 20 个制造行业中，市场集中度㊀上升的有 14 家，占 70%，整个制造业集中度加权平均值上升了 1.1 个百分点；8 企业集中度上升的有 12 个，占 60%，整个制造业集中度加权平均值上升了 1.9 个百分点。很明显，制造业的集中度在 20 世纪 90 年代呈上升趋势。

2. 制造业走势

美国信息产业是引领美国制造业发展的高技术产业。据统计，1990—2010 年信息技术密集型制造业的劳动生产率年均增长 4.2%，而一般非农经济的劳动生产率年平均增长只有 1.8%。此外约占 50% 的使用计算机网络的制造企业，其劳动生产率比不使用计算机网络的制造企业也要高出不少。同时在高新技术产业中，生物技术和基因工程在医药领域应用，也正在使制药产业面临新的腾飞。对于这些采用高新技术较多的制造业，在今后的发展中更要加大技术投资，采用先进技术，实现成本最小化、利润最大化，增强市场竞争能力。美国传统部门汽车产业和钢铁业在国际竞争中表现欠佳。汽车行业在 20 世纪 90 年代初，曾有过短暂的振兴，但好景不长，又重新陷入困境之中。美国汽车公司处于劣势的根源有经营管理问题，也有福利开支问题。而对于钢铁行业只有进一步进行收购兼并、调整结构、更新设备才有可能翻身。因此对于这两个部门应从行业特点出发，细寻根源，加快调整才能恢复竞争力。劳动密集型制造业在美国属于劣势产业，由于美国劳动成本高，不具备比较优势。在产业结构调整时，这些产业所走的道路之一是向技术含量高、附加值高的行业转移；再者就是实行全球化资源配置，利用加工贸易等方式创造竞争优势。

㊀ 市场集中度是指规模最大的前几位企业的有关数值 x（如销售额、增加值、职工人数、资产额等）占整个市场或行业份额，计算公式为 $CR_n = \sum_{i=1}^{n} X_i \Big/ \sum_{i=1}^{全部} X_{in}$。

（二）农业

1. 农业市场的特征

美国是世界上农业生产水平最高、劳动生产效率最高、农产品出口量最大的国家。粮食出口占世界粮食出口量的40%左右，且品质优良。美国农业市场具有如下特征：

（1）粮食及其制品出口名列前茅，且出口量在进入21世纪后不断上升：20世纪70年代初曾达到260亿美元，1997年下降到227.61亿美元。2000年美国粮食及制品出口528.01亿美元，2010年增加到1 189.68亿美元。油料（包括植物油和加工副产品）目前是第二大项出口品，2010年出口额为853亿美元。其中大豆从2000年的53.83亿美元上升到2010年的189.73亿美元。水果蔬菜类的出口增长非常迅速，从2000年的86.52亿美元增加到2010年的181.07亿美元。畜产品出口增长也十分可观，从2000年的83.57亿美元上升到2010年的218.23亿美元，鱼及鱼加工品的出口从2001年的30.33亿美元上升到2010年的45.75亿美元。

（2）美国农产品对国际市场依赖性很大。美国是世界上最大的农产品出口国，它的农产品约1/5供出口之用。美国农业产值还不到国内生产总值的3%，但20世纪90年代初，农业出口却占总出口的9%以上。2000年美国农产品出口总值为1 189.68亿美元，占世界15.42%。由此可见，美国农业十分依赖于国际市场，一旦国际市场供过于求，美国政府就会面临农产品过剩问题。

2. 农业市场发展趋势

（1）发展基因技术使基因食品逐渐完善。近10年来，美国在基因技术科研与商品化方向上处于世界领先地位，“克隆”家畜异军突起，且逐渐被人们接受，基因西红柿不易腐烂，适合长途运输，带牛基因的猪长肉快、体型大等这些都说明了农业市场的发展走向，美国政府已制定了开发转基因作物的相关法规。大豆、棉花等方面的转基因品种开发进展很快。

（2）网络化技术与精确农业技术推动农业信息化、网络化、自控化是近年美国农业制度的新趋势。美国的农业信息化程度日渐提高，尤其在农业技术推广、农业检测等领域进展较快。

（三）服务业

1. 服务市场的特征

美国是全球最大的服务业进口国和顺差国，服务业非常发达，在其国民经济中占有极其重要的位置。目前，美国服务业占GDP的比重已约达80%，就业人数占总就业人口的比重已约达4/5。美国是世界上最具竞争力的服务业出口国，2010年服务业出口总额达到了6 076.56亿美元，与1990年相比，增加了4倍多。美国的服务市场具有如下特征：

（1）旅游服务业波动中发展。美国是世界旅游外汇收入“五巨头”之一，不但保持着世界旅游收入的第一名，而且还保持着年均增量的第一，从1990年的430.07亿美元上升到2010年的1 035.05亿美元，年均增量达36.636亿美元，年均增长率达5.2%。由于次贷危机的影响，美国旅游收入2009年下降了14.7%，但在2010年首次收入突破了1 000亿美元，这主要得益于航空运输和餐饮这两大部门的发展。在世界众多旅游业发达国家中，美国在旅游服务贸易中高科技的运用，旅游社会效益和环境效益的注重，景点、娱乐设施特色的突出和基础设施的完善都走在世界前列，从而保证了美国旅游服务业发展的良好势头。

（2）工业生产性服务在国际中处于领先地位。从20世纪90年代初以来，美国财会、法律服务业人均营业额稳步增长，国际收入情况良好。1998—2010年的工业生产性服务（包括建筑、工程及相关服务，计算机系统设计及相关服务，管理、科技咨询服务，科技研发服务，广告及相关服务，会计服务等在内）的服务业发展非常迅猛。2010年美国服务业出口额达到4 157亿美元，较2009年上升237亿美元。服务增长主要集中在诸如商业服务、专业技术服务以及金融保险服务等生产性服务，次之是知识产权服务。

2. 服务业市场发展走势

（1）从世界服务业结构可以看出，尽管国际运输、旅游等传统产业依然在世界服务贸易中占据重要地位，但是全球服务贸易逐渐从以资源、劳动力密集型为基础的传统产业转向以技术、资本密集型为基础的电信、金融和IT业等现代服务产业。在世界最主要的13个服务贸易出口国家和地区中，美国服务业产业结构中的专利权使用和包括律师服务、会计服务等在内的商业性服务中，其2010年所占的份额分别为54.27%和30.46%，计算机和金融业的市场份额也分别达到26.31%和36.13%。可见在美国服务业发展的进程中，工业生产性服务业的比重逐渐加大。

（2）信息服务和IT服务产业既是现代服务的基础，又是现代服务不可或缺的组成部分。这不仅是由IT服务业所具有的知识和资本含量高、产业附加值高的特征决定的，也是由信息技术和IT服务对于现代服务业发展和整个社会经济发展所发挥的作用决定的。由于现代信息技术在一定程度上改变了服务的固有属性，如面对面服务、个别性服务、即时服务等，是数字化的服务产品也可存储、可远距离传送，从而具有可交易性，所以现代信息技术的广泛运用及网络化，使现代服务业也具有“制造化”的新趋向，即保持规模经济和定制生产。正是在这种范围扩展和技术进步的条件下，现代服务业已成为由一种不同经济活动组成的多样化群组，并越来越呈现出“非中介服务”“虚拟化服务”的新特点。

六、北美自由贸易区

北美自由贸易区（NAFTA）又称美、加、墨自由贸易区，是美国、加拿大、墨西哥三国在1992年8月签订《北美自由贸易协定》后成立的，1994年1月1日正式生效和运行。它是迫于经济一体化的外在压力和三国业已存在和不断发展的经贸关系向更高层次发展的内在要求下应运而生的，是美国联合其周边国家抗衡欧共体的产物，是第一个由发达国家和发展中国家达成的贸易联盟。

（一）北美自由贸易区的成果

北美自由贸易区的建立，在一定程度上达到了三国合作的初衷，给三国带来了巨大的经济实惠：

（1）取得了规模经济效益。北美自由贸易区是世界上最大的自由贸易区，很容易从规模经济中获益，降低平均成本，并在此基础上取得竞争优势。

（2）实现优势互补。北美自由贸易区中三国的经济水平、文化背景、资源禀赋等各方面的差别，使得区域内经济的互补性很强，提供了更多的专业化生产和协作机会，促进整体的经济发展。

（3）改善三国的投资环境。《北美自由贸易协定》规定了从行业惯例到贸易服务、投资规则等各项基础政策，这些政策在未来很长一段时间内保持不变，有利于增强在北美地区投资者的信心。具体到美国、加拿大两国而言，巩固了美国、加拿大世界贸易强国的地位并使之有能力与欧洲抗衡；对于北美自由贸易区中的唯一发展中国家墨西哥而言，加入北美自由贸易区后，成功克服了经济衰退、金融债务危机、失业率高等问题，经济一直向有利的方向发展。墨西哥已成为世界上最具有发展潜力和发展最快的国家之一。

北美自由贸易区的建立给南北国家的区域范围内的合作开创了先河，谱写了南北关系的新篇章，起到了示范效应。传统理论认为，经济发达国家和发展中国家很难结成经济集团，因为两者经济发展水平差距过大，民族经济利益矛盾尖锐，很难实现真正平等互利的经济合作；即使达成某种经济或贸易协定，发展中国家也会始终处于被动地位，难以摆脱发达国家的控制。而北美自由贸易区的建立，则是对这一传统理论的突破，北美自由贸易区是典型的南北合作、大国主导型的区域经济一体化组织。这表明，当代国际领域内的基本矛盾随着“冷战”的结束和世界政治经济格局的演变而发生了重大的变化，各种经济关系发生着新的组合，经济的区域一体化与多极化交织发展，发展中国家在当代世界格局中的战略地位已经发生了变化，成为了发达国家争夺贸易、投资场所和经济范围的战略要地。这种角色的转变，对于发达国家和发展中国家来说都具有不同寻常的意义。

（二）北美自由贸易区带来的负面影响

1. 美、加、墨出现不平等竞争

美、加、墨三国宏观经济的极不平衡可能会导致三国经济失调，特别是会使墨西哥处于明显不平等竞争的地位。在竞争中，美国和加拿大占支配地位的资本将会逐步取代墨西哥民族资本，预计墨西哥将会有大量的中小企业倒闭或被兼并，从而造成大量工人失业。

2. 对加拿大外贸收支不利

《北美自由贸易协定》实施以前，加拿大的双边贸易中的关税率平均比美国高出2倍。关税取消后，加拿大对美国的贸易中将不可避免地出现进口增长快于出口增长的情况，这将会造成加拿大外贸收支的不利。

3. 美国的就业机会将会减少

由于劳动密集型的工业正在向墨西哥转移，从而达到利用其廉价劳动力和宽松的环保条例，以达到降低生产成本、增强产品竞争能力的目的，部分经济学家认为《北美自由贸易协定》会减少而不会增加美国和加拿大的就业，同时美国企业的南移也会给墨西哥带来严重的环境污染问题。

（三）北美自由贸易区发展前景简析

北美自由贸易区在履行《北美自由贸易协定》第一阶段协议的过程中，成员国之间的一些矛盾已暴露无遗并日趋尖锐化，这些矛盾的存在威胁着自由贸易区后期目标的实现。

（1）美国年复一年越来越大的贸易赤字在《北美自由贸易协定》日后进程中随时都会引发出新的纠纷和冲突。1993年和1994年，墨西哥对美国贸易分别呈35亿美元和40亿美元的赤字，而1995—1997年却反过来是美国对墨西哥连年的入超。加拿大对美国贸易顺差近几年来也节节攀升，1997年盈余额比4年前翻了一番，几近220亿美元。2010年美国对墨西哥贸易逆差686亿美元，对加拿大逆差322亿美元。显然，在《北美自由贸易协定》后期各阶段的执行过程中，美国对此不会听之任之。

（2）墨西哥劳动力廉价、富足有余，区域经济一体化的步伐更为其提供了向美国、加拿大大量输出劳工的良机，后果必将是直接冲击它们的劳务市场。已有不少美国、加拿大企业为追逐更高的利润到墨西哥投资办厂，有的中小企业和公司甚至整体迁往墨西哥，从而加剧了本国在化解失业人口问题上的难度和矛盾。近年来，美国、加拿大的一些工会组织已多次表示不满，今后三国之间的就业问题难免会给《北美自由贸易协定》的履行带来一些困难。

（3）在环境和生态保护上，美国与墨西哥之间利益难以相容，两国关系日益紧张。由于墨西哥的环保标准远低于美国本土的指标，一些美国、墨西哥之间边界工矿企业在加工生产作业过程所排放的“三废”构成了美方边界地带的污染源。环境和生态的恶化问题一直令美国官方和民间忧心忡忡，怨声不断。这一棘手的问题给美国与墨西哥的关系投下了浓重的阴影，两国之间短期内要达成谅解和共识难度很大。

(4) 墨西哥与两大发达国家为伍，其原设的关税屏障对它来说已逐步失去作用。这意味着墨西哥国内市场的大门很快将几乎完全对盟邦敞开，本国的民族工业随之将基本失去保护。而美国、加拿大方面的忧虑则属于另一种心态，随着关税壁垒的分期拆除，墨西哥的廉价商品势必长驱直入国门，大举抢滩市场。所有这些将为下一阶段操作带来困难。

第二节　加拿大市场

一、加拿大经济特征

加拿大是一个经济十分发达的国家，自然资源极其丰富，这一特点使得加拿大的进出口产品结构和经济特征与其他工业发达国家有很大的不同。

(一) 能源、森林、金属矿等资源产业发展突出

加拿大境内河流、湖泊和瀑布众多，蕴藏着极其丰富的水力资源。按人口平均计算，加拿大的水力发电量居世界第一，石油和天然气资源也比较丰富。因此，加拿大的能源不仅可以满足本国的需要，而且还大量向美国出口，每年有35%的水力发电是供美国东北部地区的几个州使用。森林资源是加拿大又一突出的丰富资源。加拿大有近一半的国土为森林覆盖，林木积蓄居世界第三。森林工业产值居世界第二，仅次于美国，而林产品和相关产品的出口却居世界第一。例如，加拿大是世界上出口纸浆、纸张和纸板最多的国家，同时纸浆和造纸业是加拿大的第三大制造业。金属矿资源在加拿大也很丰富，加拿大每年的镍、锌、铀的产量居世界首位，铝、金、铂和钴的产量居世界的第二位或第三位。矿产资源丰富，使加拿大的采矿冶炼业十分发达。加拿大自然资源十分丰富这一基本国情，使得加拿大的支柱产业中有相当一部分是资源开采型或资源加工型产业，如能源工业、森林工业、采矿业、造纸业以及农业、渔业等，这些领域的生产能力和技术水平名列世界前茅。

(二) 工业布局高度集中，地区之间经济发展水平悬殊

由于受自然条件的限制，加拿大全国制造业的80%以上集中在安大略和魁北克两省，安大略省的制造业占加拿大整个制造业的50%以上，其中交通运输和汽车制造业占有很大比重，其他如食品加工、金属冶炼、金属加工、电器产品、化工、纸浆和纸

张都很发达。魁北克省的制造业则占加拿大整个制造业的25%以上，该省的轻工业相当发达，特别是纺织和服装在加拿大享有盛誉，食品加工、造纸工业也占有很大比重。加拿大矿藏丰富、分布广，全国各地都在进行勘探和开采，但矿产量最集中的是阿尔伯达、安大略、不列颠哥伦比亚、魁北克和萨斯喀彻温这几个省。由于地理环境和气候条件的影响，加拿大的农业生产也主要分布在南部地区。这些因素造成了加拿大经济发展地区差异，而经济发展地区差异又造成了人口分布的不平衡。

（三）外资企业占比重较大

在国民经济的重要部门中，外国私人企业大量占有和控制加拿大生产资料。20世纪60年代末期，加拿大议会的一个特别调查小组曾向联邦政府提出一份调查报告。这份报告的数据显示，制造业的50%、采矿业的70%、石油和天然气的80%都控制在外国资本中。这份报告公布后曾引起加拿大朝野的极大关注，特鲁多政府于20世纪70年代成立了外国投资审查局以便限制外国资本，但1985年马尔罗尼政府又放松了对外国资本的限制，并把外国投资局改为加拿大投资局。所以，到目前为止，加拿大经济在很大程度上依附于外国资本和国外市场的局面没有得到根本的改变。

（四）加拿大进出口产品结构与其他工业发达国家有很大的不同

一般的工业发达国家的出口以工业制成品为主，进口以初级产品和原材料为主，而加拿大则相反，出口的初级产品和原材料占出口总值的65%左右，进口总值中则有近60%是工业制成品，这种出口结构类似于发展中国家，这与加拿大特殊的自然条件和历史条件不无关系。以初级产品为主的出口结构受世界市场的影响较大，特别是加拿大70%左右的贸易是与美国进行的，这就决定了加拿大对世界市场、特别是对美国市场的敏感性。同时，加拿大又有一批现代工业和高新技术产品在支撑着其经济发展，构成加拿大经济繁荣和发达的主要基础。例如，加拿大最大的制造业不是电力工业，也不是造纸工业，而是汽车工业。据世界汽车制造商协会（OICA）2011年发布的报告，2010年加拿大汽车年产量超过207万辆，比上一年增长39%，产量排全球第11名，是一个较大的汽车生产国。加拿大的汽车企业基本上是美国三大汽车在加拿大的子公司。加拿大的通信业、微电子业、生化产品制造业等高新技术产业也十分发达，尤其是通信业，在世界上有其独有的地位。既有一批依靠丰富资源而发展起来的资源加工型产业，并在世界上处于领先地位，又有一批支撑经济发达水平的现代工业和高新技术产业，这就是加拿大经济独有的特征。

（五）加拿大不仅是一个工业发达国家，同时也是一个农业发达国家

农业虽然在加拿大整个国民经济中所占的比重不大，但加拿大却是世界最发达的农业国之一。加拿大农业发达的主要原因是农业的现代化使农业劳动生产率很高，农业生产的社会化、专业化，农业中广泛应用科学技术，政府的积极支持，都推动了农业的发展和产业结构的调整。加拿大推动农业发展主要有以下做法：①通过立法对农业进行宏观管理，促进农业的长期稳定发展；②为小麦、牛奶等主要农产品建立供应管理体系，努力避免国际、国内市场变化对加拿大农业和农民利益的不利影响；③政府加强对农业服务，主要包括科研、重视农业环境保护、改善农场生产和生活环境、发展交通事业等；④发展农作物和农场主家庭收入保险事业，稳定农民收入和生产积极性；⑤发展农民信贷，支持农民发展生产㊀。

二、加拿大对外贸易的地位和结构

加拿大对外贸易在其国民经济中占有举足轻重的地位。贸易额在世界贸易中的比重较大且位次靠前；对外贸易在加拿大国民经济中所占的比重大；对外贸易是加拿大经济发展的动机，贸易的驱动力带来了贸易与经济发展的良性循环。近年来，加拿大对外贸易平稳发展。2010 年加拿大进出口贸易额达到 7 782.9 亿美元，比上年增长 22.0%。其中出口 3 871.2 亿美元，比上年增长 22.3%；进口 3 911.8 亿美元，比上年增长 21.7%；实现贸易逆差 40.6 亿美元。在主要贸易伙伴中，只对美国实现 927.8 亿美元的贸易顺差，而与其他国家均呈现贸易逆差状况。

（一）进出口商品结构

从加拿大商品进出口的总体结构来看，加拿大是一个工业品的进出口大国，进出口商品基本是一致的，主要是机械设备、汽车及其零部件、工业产品及原材料等，约占加拿大进出口商品总额的 60% 以上。其次是一些消费品及农林渔业产品。

1. 出口

加拿大是个自然资源丰富的国家，长期以来作为一个初级产品出口国，其出口商品结构表现为农、林、矿产品的原料和半制成品占了很大的比重，主要是以原油、小麦、木材、纸张纸浆、矿产品、面粉为主。近年来制成品出口比重逐步提高，出口已不再以原料为主，汽车产品、机械和设备占据了主导地位。这在很大程度上是由于北美自由贸易区启动后，美资控制下的加拿大汽车制造业得到较大发展。据加拿大官方统计，资源性产品出口占总出口的比重已从 20 世纪 80 年代初期的 60% 降到目前的 35% 左右。

2010 年，矿产品、运输设备和机电产品是加拿大的主要出口商品，出口额分别为 987.3 亿美元、591.8 亿美元和 425.6 亿美元，占加拿大出口总额的 25.5%、15.3% 和 11.0%。受全球经济回暖的驱动，2010 年加拿大主要的大类商品出口呈现增长，其中

㊀ 舒波．北美自由贸易区成效分析及利益比较[J]．国际贸易，2004（7）．

贵金属及制品、贱金属及制品和运输设备分别增长 75.0%、37.7% 和 32.9%。

2. 进口

2010 年，加拿大商品进口为 3 911.8 亿美元，比 2009 年增长 21.7%。进口增幅较大的是机电产品、增加了 1 163.42 亿美元，增幅达 20.4%；矿产品、贱金属及制品，运输设备增加了 30.6%、32.6% 和 29.7%。进口降幅较大的是机械设备，下降了 102.5 亿美元，降幅达 8.4%；汽车及其零部件、工业产品及原材料、林产品分别下降 6.3%，5.8% 和 2.9%。

2010 年，机电产品、运输设备和矿产品是加拿大进口的前三大类商品，进口额分别为 96 532 亿美元、65 790 亿美元、42 805 亿美元，合计进口 2 051.3 亿美元，占加拿大进口总额的 52.4%；其中车辆及其零附件进口额为 585.5 亿美元，增长 33.8%，占加进口总额的 15.0%。

（二）进出口贸易国别和地区结构

从国别（地区）来看，2010 年，加拿大对美国、英国、中国和日本的出口额分别占加拿大出口总额的 74.9%、4.1%、3.3% 和 2.3%，出口额分别为 2 898.4 亿美元、157.7 亿美元、128.7 亿美元和 89.3 亿美元，分别增长 21.9%、48.2%、31.7% 和 22.4%；自美国、中国、墨西哥和日本的进口额分别占加进口总额的 50.4%、11.0%、5.5% 和 3.3%，进口额分别为 1 970.6 亿美元、431.2 亿美元、214.7 亿美元和 13.1 亿美元，分别增长 19.9%、23.4%、46.6% 和 19.8%。美国是加拿大最主要的顺差来源地，顺差额达 927.8 亿美元，增长 26.4%，其次分别是英国、荷兰、中国香港和阿联酋；逆差主要来自中国、墨西哥和德国，分别为 302.5 亿美元、166.0 亿美元和 71.3 亿美元，分别增长 20.1%、59.5% 和 17.7%。

三、加拿大的对外贸易政策

加拿大是个典型的贸易型国家，其贸易和投资体制透明度与市场开放度均较高。加拿大国内生产总值（GDP）中约 40% 依赖于贸易，国内 1/3 的工作都是由贸易创造的。因此，加拿大政府一直奉行贸易促进经济、增加就业和确保国家繁荣的政策，将对外贸易政策放在国家优先发展的战略地位，尤其是强调出口贸易与引进外资发展出口加工贸易对经济增长的推动作用。

（一）贸易促进措施

为扩大对外贸易，加拿大政府制定了出口市场开发计划，为加拿大公司在国外寻找新的出口市场提供财务支持。通常的办法是，政府直接参与和组织海外贸易推销访问，举办海外展览会，参加国际项目竞争投标，成立出口集团以及在海外设立常驻代表处等，并为此类活动支付部分经费（一般为风险投资开销的 50%，有时政府还可资助后续活动,或根据情况给予赠款)。这一计划鼓励了加拿大公司进入或扩大国际市场的业务，并通过政府分担的方式，使这些贸易促进活动的财务风险有所减少。

在推行其扩大对外贸易的政策时，加拿大政府还致力于通过 WTO 多边组织，NAFTA、APEC 等区域性组织以及一系列双边贸易安排继续推动贸易自由化谈判，力图减少贸易壁垒，强化多边贸易体制规则运行，并在多边贸易谈判中倡导新领域的谈判议题等。具体地说，包括：加强同美国的贸易关系，将美国作为其最重要的出口市场和投资来源，并慎重处理与美国的双边贸易纠纷；积极参与 WTO 多边贸易谈判。在农业领域，加拿大强化提高市场准入、取消出口补贴和其他国内扶持政策，同时希望保持其在小麦、奶制品、蛋和禽肉等商品的“有秩序市场体系”。在服务业领域，加拿大强化多边贸易规则和提高市场准入的同时强调上述措施不应破坏公众健康和教育体系。此外，加拿大还大力发展与其他国家签订双边自由贸易协定。1996 年 7 月加拿大与以色列签署了自由贸易协定，1997 年 7 月加拿大与智利签署的自由贸易协定正式生效，1998 年以来，加拿大谋求同欧洲自由贸易协会(EFTA)成员国挪威、瑞士、爱尔兰、冰岛和列支敦士登以及哥斯达黎加、新加坡签署自由贸易协定。2001 年加拿大同哥斯达黎加签署了双边自由贸易协定。这些措施使加拿大更多的商品和服务进入了国际市场，提高了其竞争力，极大地促进了对外贸易的发展。

(二) 关税与非关税措施

加拿大的法律规定只有联邦政府有权对进口产品征收关税，各省政府均不得实施征税权，所有进口货物均须向加拿大海关申报。大多数进口产品的关税税率为从价税率，对于有些产品则征从量税，有时也对产品征混合税。从关税结构来看，一般情况下大多数原材料的进口关税为零或很低，而较高的关税税率适用于加工和制造产品。海关关税在执行时，有些特殊规定。例如，对于加拿大本国能生产的新鲜水果及蔬菜的进口，特别是在加拿大本国市场供应充足时，有时要征季节性关税；用于加拿大生产制成品的进口零部件及原材料可享受暂时性低关税或免税待遇；根据加拿大的机械计划，有些加拿大本国不生产的机械设备的进口可享受退税待遇。

加拿大保留与 WTO 一致的非关税措施，以保护卫生、安全、防务、环境或为履行加拿大在国际协定中的义务。现存的非关税措施主要是：在进口方面，对于濒危动物和一些动物的皮毛的进口必须预先获得有关部门的许可；对于活动物、肉禽类产品、蛋及蛋制品、奶制品、新鲜水果和蔬菜、谷物、油籽及果核、林产品、化肥等进口必须申请获得进口许可证；除非有特殊用途，禁止进口每升含铅量超过 5mg 的汽油；对纺织品和服装实行进口数量限制(于 2005 年 1 月 1 日取消)。钢铁属于自动进口许可产品。在出口方面对农产品(含糖制品与花生油)、纺织品与服装、军用及战略性两用产品、能源材料与技术、导弹、化学与生物制品、软木和末加工木材等实行数量限制与许可证管理。除此之外，加拿大没有采取自动出口限制、出口补贴、最低进口价格等非关税措施。

（三）加拿大对华贸易政策

加拿大政府非常重视发展同我国的政治、经贸关系。尤其是20世纪90年代初期自由党执政以后，加拿大政府调整了对华政策，提出了“面向亚太、面向中国”的新方针。加拿大政府优先发展与我国经贸关系的对华政策，有力地推动了中、加两国的经贸合作。除了每年派部长来华探讨经贸合作外，自1995年以来，每年定期向加拿大企业介绍中国国民经济运行情况、两国互补性强及可合作的领域（即农业渔业、建筑、电力、环保、林业、信息技术与通信、自然资源和运输）、贸易环境及存在的问题、加拿大政府可提供的支持等，对指导加拿大企业来华经贸合作起到了积极的作用。不仅如此，在中美关系处于低潮时，加拿大在西方国家中率先提出“人权与经贸脱钩”的主张，提出对外“发展经济伙伴关系、和平与安全、法制与人权、环境与发展”四大支柱，表示对华政策将遵循“四大支柱”的原则，强调“经济伙伴关系”是加拿大对华政策的核心。近年来两国领导人互访密切，高层接触频繁，经济联系不断加深。1999年11月26日中、加双方达成并签署了中、加两国就中国加入世贸组织的双边市场准入协议，这为全面发展中加经贸合作创造了不可多得的良好环境。

进入21世纪后，中、加两国贸易量继续增长，但哈珀领导的加拿大新政府从上台以来就对中国采取冷淡政策，双方在很长的一段时间里都未有国事访问往来。金融危机之后，加拿大政府对华态度迅速转变，双方于2012年2月签署了一系列双边贸易协定，以及外国投资促进与保障协定等。加方表明了开拓中国新市场和减少美国进口依赖的决心，同时我国也表示了对于加拿大能源产业投资的兴趣，并签署了与加拿大进行能源贸易的进一步说明条款。

【本章关键术语】

减税计划　　经常账目　　自由和公平贸易　　北美自由贸易区

本章复习思考题

1. 美国既是贸易自由化的倡导者又是新贸易保护主义的发源地，请思考这一现象产生的原因。

2. “9·11”事件后美国的经济发生了滑坡，试分析美国政府采用了什么措施扭转这种局势？

3.《北美自由贸易协定》的签订推动了北美地区经济的发展，但美国在加拿大和墨西哥两国间实行的贸易政策却有所差别，试分析原因。

4. 美国、加拿大之间因为木材和石油引发的贸易争端日益白热化，思考这会对美、加两国和北美自由贸易区的经济发展带来什么样的影响？

本章延展阅读书目

[1] 杰弗里·法兰克尔，彼得·奥萨格. 美国90年代的经济政策[M]. 北京：中信出版社，2003.
[2] 赵春明. 国际贸易学[M]. 北京：石油工业出版社，2003.
[3] 保罗·克鲁格曼，茅瑞斯·奥伯斯法尔德. 国际经济学[M]. 北京：中国人民大学出版社，1998.
[4] 保罗·克鲁格曼. 战略性贸易政策与新国际经济学[M]. 北京：中国人民大学出版社，北京大学出版社，2000.
[5] 任烈. 贸易保护理论与政策[M]. 上海：立信会计出版社，1997.
[6] 劳拉·泰森. 鹿死谁手——高科技产业中的贸易冲突[M]. 刘靖华，等译. 北京：中国经济出版社，1996.

第十二章 欧盟市场行情分析

【本章学习要点】

- 欧盟经济发展概况
- 欧盟的关税壁垒
- 欧盟的非关税壁垒
- 英国市场行情
- 德国市场行情
- 法国市场行情

第一节 欧盟经济发展概况

一、欧盟市场的产生与发展

欧洲联盟(European Union, EU, 简称欧盟)的前身是欧洲共同体(简称欧共体, European Communities)。第二次世界大战结束后，西欧各国为经济上的繁荣及政治上的独立，要求联合起来，共同发展，尽快建立欧洲统一大市场。为此，在前法国外长罗伯特·舒曼代表法国政府提出建立欧洲煤钢联营的基础上，法国、德国、意大利、荷兰、比利时、卢森堡6国首先在重要的工业生产部门实行联合，于1951年4月18日在巴黎签署了《欧洲煤钢共同体条约》，并于1952年7月正式成立了欧洲煤钢共同体。1957年3月，6国在罗马又签订了《建立欧洲经济共同体条约》和《欧洲原子能共同体条约》，统称《罗马条约》，并在1958年1月成立了欧洲经济共同体和欧洲原子能共同体。1965年4月8日，上述6国在布鲁塞尔达成协议，签订《布鲁塞尔条约》，决定将以上三个共同体合并，成立欧洲共同体。1973年后，英国、丹麦、爱尔兰、希腊、西班牙和葡萄牙也先后加入欧共体，欧共体成员国扩大到12个。欧共体12国间建立起了关税同盟，统一了外贸政策和农业政策，创立了欧洲货币体系，并建立了统一预算和政治合作制度，逐步发展成为欧洲国家经济、政治利益的代言人。1991年12月11日，欧共体马斯特里赫特首脑会议通过了以建立欧洲经济货币联盟和欧洲政治联盟为目标的《欧洲联盟条约》，又称《马斯特里赫特条约》(简称《马约》)。欧盟的宗旨是“通过建立无内部边界的空间，加强经济、社会的协调发展和建立最终实行统一货币的经济货币联盟，促进成员国经济和社会的均衡发展”“通过实行共同外交和安全政策，在国际舞台上弘扬联盟的个性”。1993年11月1日《马斯特里赫特条约》生效，欧盟成立。

欧盟成立之初，成员国共12个。1995年，奥地利、瑞典和芬兰加入，欧盟成员国扩大到15国。2002年11月18日，欧盟15国外长会议决定邀请塞浦路斯、匈牙利、捷克、爱沙尼亚、拉脱维亚、立陶宛、马耳他、波兰、斯洛伐克和斯洛文尼亚10个中东欧国家入盟。2003年4月16日，在希腊首都雅典举行的欧盟首脑会议上，上述10国正式签署入盟协议。2004年5月1日，这10个国家正式成为欧盟的成员国。2007年1月，罗马尼亚和保加利亚两国加入欧盟，欧盟成为一个涵盖27个国家的经济实力最强、一体化程度最高的国家联合体。截至2011年，欧盟成员国共有27个，总体面积近432万km^2，人口约5.025亿，整体国内生产总值达15.788万亿美元，经济总量与美国不相上下。根据欧盟宪法草案：欧盟的盟旗仍为现行的蓝底和12颗黄星图案，盟歌为贝多芬第九交响曲中的《欢乐颂》，铭言为“多元一体”，5月9日为“欧洲日”。根据《马约》规定，欧盟理事会在欧盟组织中占有中心地位，是欧盟成员国首脑会议，每年至少举行两次，理事会主席由各成员国轮流担任。按《马约》规定，欧盟主要机构如下：

1. 欧盟理事会

欧盟理事会(Council of the European Union)是欧盟的最高决策机构，分为由各成员国外长组成的总务理事会和由农业、财经、科研、工业等部门部长组成的专门委员会。

2. 欧洲委员会

欧洲委员会(European Council)为常设执行机构，负责实施欧盟条约和欧盟理事会做出的各项决定，向理事会和欧洲议会提交报告和决议草案，处理欧盟日常事务，代表欧盟对外联系和谈判。在欧盟共同外交和安全政策方面，只有建议权和参与权。

3. 欧洲议会

欧洲议会(European Parliament)为联盟的监督和咨询机构，所通过的决议一般没有法律约束力，但有部分预算决定权，可以否定委员会的预算草案并要求提出新方案，还可以2/3多数弹劾委员会。

4. 欧洲法院

欧洲法院(European Court of Justice)为欧盟最高仲裁机构，以欧盟规章法律为准绳，负责维护欧盟所有决议的执行，保障欧盟规章得到尊重，并对《马约》和规章作出仲裁性解释，审理和裁决在执行欧盟《马约》和有关规定中与成员国同类规定相矛盾的各种争议。法院设在卢森堡。

5. 欧洲审计院

欧洲审计院(European Court of Auditors)设在卢森堡，负责审查欧盟收支状况，审计欧盟机构的财务，确保欧盟财政的正常管理。

6. 其他机构

其他机构包括经济社会委员会、地区委员会和欧洲投资银行等。此外还包括增设的一系列业务机构，如欧洲中央银行(法兰克福)、欧洲警署(海牙)、欧洲环保局(哥本哈根)、欧盟毒品观察局(里斯本)、内部市场协调局(马德里)、兽医监察局(都柏林)、欧洲培训基金会(都灵)、欧洲职业培训中心(希腊)、欧盟翻译中心(卢森堡)等。

欧盟一体化进程经历了一个从关税同盟，到统一大市场，再到经济货币联盟，并向政治联盟发展的过程。1968 年 7 月 1 日根据《罗马条约》中有关取消成员国之间的贸易限制、取消内部关税及统一各国对外关税税率的规定，欧洲共同体实现了关税同盟。1985 年 6 月，欧委会正式提出了关于完成内部统一大市场的白皮书，提出在欧共体内建立“无国界”的统一大市场，真正实行人员、商品、资本、服务的自由流通。1985 年 12 月，欧委会的“白皮书”得到理事会批准。为推进“白皮书”的实施，1986 年 2 月欧洲理事会签署了法律性的《欧洲单一文件》，文件对《罗马条约》进行了第一次重要修改，以“有效多数”取代“一致同意”的决策条件，从而有助于欧共体部长理事会和委员会更有效地开展内部统一大市场的建设。“欧洲一体化文件”于 1987 年 7 月 1 日生效。经过几年的努力，欧洲统一大市场于 1993 年 1 月 1 日正式启动，商品、资金、服务和人员开始在欧盟成员国内部自由流通。建立经济货币联盟旨在欧盟内部实现商品、人员、服务和资本的完全自由流通，其核心是实施单一货币。1969 年 12 月，在前法国总统蓬皮杜的倡议下，当时的欧共体 6 国首脑曾作出了分阶段建立欧洲经济货币联盟的原则决定；1979 年欧共体创立欧洲货币单位，即埃居，建立了欧洲货币体系；1984 年 4 月欧委会提出分三个阶段实现经货联盟的目标。第一阶段的建设从 1990 年 7 月 1 日开始，其目标是要求成员国在欧洲货币体系的基础上加强协调，取消国家外汇管制，促进资本流通，各成员国加入欧洲货币体系的汇率运行机制，缩小汇率浮动幅度。第二阶段自 1994 年 1 月 1 日开始，目标是成立欧洲货币局，进一步协调各成员国货币政策，监控各国经济和财政政策。1995 年 12 月 16 日马德里首脑会议决定，单一货币起名为欧元。1998 年 5 月 2 日，除英国、丹麦、希腊和瑞典以外的欧盟 11 国均为参加统一货币的成员国。1999 年 1 月 1 日，经货联盟第三阶段正式启动，欧元进入实施阶段，锁定货币汇率，确定各国货币之间的汇兑平价，逐步将金融和股票市场过渡到采用欧元计价；2001 年 1 月 1 日，希腊正式加入欧元区；2002 年 1 月 1 日，欧元纸币和硬币开始进入流通，与成员国货币共同流通。2002 年 3 月 1 日后，成员国货币完全退出流通。此外，在向政治联盟发展方面，随着 1995 年《申根协定》和 1997 年 10 月《阿姆斯特丹条约》的签署，欧盟在加强共同外交与安全政策及内政司法合作方面取得了进展。2004 年 10 月，欧盟 25 国首脑在罗马签署了《欧盟宪法条约》。这是欧盟的首部宪法条约，旨在保证欧盟的有效运作以及欧洲一体化进程的顺利发展。2007 年 12 月，欧盟 27 个成员国在葡萄牙首都里斯本就《里斯本条约》的内容达成共识，成为取代《欧盟宪法条约》的新条约。

二、欧盟的市场行情

经过几十年的发展，欧盟已建立了关税同盟，实行共同的外贸、农业和渔业政策，创立了欧洲货币体系，建立了总预算制度，并基本实现了商品、人员、资本和服务的自由流通。

但欧盟区域发展的空间结构呈现不平衡状态，特别是欧盟扩大后，这种发展不平衡问题更为严重。以 2010 年人均 GDP 为例，卢森堡是欧盟最富的国家，其人均 GDP 是欧盟平均水平的 2.7 倍。荷兰、爱尔兰、丹麦和比利时也分别比欧盟平均水平高出 33%、28%、27% 和 19%。比较而言，新成员国要穷得多，拉脱维亚、爱沙尼亚、立陶宛和波兰的人均 GDP 还不到欧盟平均水平的 60%，保加利亚、罗马尼亚等国不足欧盟平均水平的 50%。以平均购买力计算，新入盟的 12 国人均国民生产总值仅相当于现有成员国的 50%。

欧盟经济有六大产业，分别为农业、工业、建筑业、批零贸易业、金融服务业以及公共管理业。目前农业、工业、建筑业和公共管理业在欧盟经济体系中的地位已呈现出下降趋势，而批零贸易业和金融业在欧盟经济中的地位则正在得到加强。

农业和建筑业两大产业门类对欧盟整体来说经济地位一般，但对个别成员国而言，农业和建筑业的经济地位却仍然相当重要，如希腊、西班牙和奥地利。希腊 1995 年农业和建筑业对国内生产总值的贡献率分别达到 9.86% 和 6.43%，并分别提供了 18.6% 和 6.85% 的就业机会，到了 2010 年，农业和建筑业的增值比重仍然高达 5.27% 和 5.77%，就业比重则分别为 11.8% 和 6.9%。而在西班牙和奥地利，无论是在 1995 年还是在 2010 年，农业和建筑业均为西班牙和奥地利的经济提供了超过 10% 的增加值和超过 15% 的就业机会。就批零贸易业、金融业和公共管理业三大产业门类而言，无论从增值情况还是从就业情况来看，欧盟各成员国的产业结构均未发生变化。工业门类的差异性变化比较明显。各成员国的工业门类在各国的经济地位差异性有所增大。作进一步的观察可以发现，这种差异性的增大主要是由不同成员国的工业门类增值比重和就业比重不同变化所造成的。1995—2010 年，奥地利、芬兰和瑞典工业门类的增值比重均有明显上升，而丹麦、意大利和英国的同一比重则有明显下降；在同一时期，各成员国工业门类的就业比重虽然均有下降，但下降的幅度差别较大。

2010 年，欧盟 27 国服务贸易进出口均排名世界第一，占世界服务贸易总额的 41.1%。其中，欧盟出口 15 530 亿美元，占世界出口总额的 42.4%；进口 13 940 亿美元，占世界进口总额的 39.8%。2003—2010 年，欧盟盟外服务贸易增长 32%，占世界服务贸易的总额也由 2003 年的 25.8% 上升到 2010 年的 41.1%。欧盟增长最快的服务贸易领域为计算机和信息技术服务、保险服务、金融服务和其他商业服务，而交通和旅游则出现下降，交通收入出现逆差，2009 年逆差高达 24.23 亿美元。美国一直是欧盟最大的服务贸易伙伴。

目前，欧盟服务贸易顺差主要来自英国和法国，逆差主要来自德国、爱尔兰和意大利，其中德国是欧盟中最大的服务贸易交易国。2010 年，德国是欧盟 27 国中最大的服务贸易出口国和最大的进口国，其服务贸易总额占欧盟服务贸易总额的 15% 以上。

第二节　欧盟的贸易政策

《欧共体条约》第 133 条是欧盟实施共同贸易政策的法律依据；《尼斯条约》将共同贸易政策的范围扩大到服务、知识产权和投资领域；《申根协定》的实施极大方便了人员、货物、资金和服务在欧盟内部的自由流动，截至 2011 年，《申根协定》共有 26 个成员国，包括奥地利、比利时、丹麦、芬兰、法国、德国、意大利、希腊、卢森堡、荷兰、葡萄牙、西班牙和瑞典 13 个欧盟老成员国以及挪威和冰岛两国；爱沙尼亚、立陶宛、拉脱维亚、波兰、斯洛伐克、匈牙利、捷克、马耳他、斯洛文尼亚、瑞士和列支敦士登也参加了《申根协定》。英国和爱尔兰为有限加入《申根协定》，仅提供警方信息合作，并未取消边境检查。

欧盟在制定共同贸易政策（包括对外开展贸易协定谈判）时，首先由欧委会提出相关建议，并经咨询 133 条款委员会后，再由欧盟理事会（有时需与欧洲议会共同）作出决定。在欧委会内部制定共同贸易政策时，由贸易总司会同成员国政府所指定的部门或专家共同工作，同时也征询有关方面的意见，特别是欧盟工商界及相关中介组织等利益方的意见。

一、关税与关税管理措施

关税是贸易政策中最传统、最基本的政策工具。关税透明度高、易衡量，对进出口商品价格有直接影响。特别是高关税，是制约货物在国际间自由流动的重要壁垒。关税的实施不仅增加了政府的财政收入，保护了国内市场和产业，而且有效地抵御了外部市场的竞争。因此，世界贸易组织(WTO)在允许成员国使用关税手段的同时，要求成员国逐渐下调关税水平并加以约束，以不断推动贸易自由化进程。经过GATT的多轮谈判，欧盟的平均名义关税水平由第二次世界大战后的逾40%削减到目前的5%左右，减幅高达90%。根据WTO统计，2009年欧盟简单平均关税税率为5.3%，其中，农产品简单平均关税税率为13.5%，非农产品为4.0%。随着经济全球化和贸易自由化的不断倡导，在欧盟的贸易政策中，关税特别是工业品关税的功能正逐步弱化，关税的重要性日益下降。

1. 共同关税政策

欧盟实行共同关税政策，执行统一的关税税率和管理制度。1992年，欧盟理事会制定的《关于建立欧盟海关法典的第(EEC)2913/92号规则》，对共同海关税则(包括商品分类目录、协定关税率、优惠关税税率以及普惠制等)、原产地规则以及海关估价等作了统一规定。除了匈牙利和马耳他遵循过渡性安排外，其他新成员国自加入之日起即执行统一对外关税。这一共同关税体系的主要特点体现在以下方面：

(1) 关税水平。平均关税水平为6.5%，农产品平均关税水为16.5%，非农产品平均关税为4.1%。

(2) 计征方式。欧盟从价税和非从价税分别占90%和10%；税率为10%以下的产品占总税号的82%，其中，零税率产品占总税号的27%。

(3) 高关税产品。欧盟在食品、饮料、烟草和纺织品等产品出口方面存在关税高峰，阻碍了有关产品的进口。在农产品领域，如肉类、奶制品、加工和非加工谷类食品、加工水果和蔬菜等食品这种关税高峰尤为突出，有的关税甚至高达209.9%；而非农产品领域最高关税达36.6%。

(4) 关税升级。在纺织品服装方面，欧盟存在关税升级现象。例如，成衣的关税远高于纺织原料的关税。欧盟海关税则规定，非优惠的供应方在向欧盟出口时需要按以下税率交税：原料平均税率0.7%；纤维和纱线平均税率5.3%；织物和成品平均税率6.3%；服装平均税率11.9%。

(5) 季节性关税。欧盟对一些水果、蔬菜或园艺产品除按从量税或复合税征收关税外，还征收季节性关税。在欧盟区内出产同类产品的情况下，欧盟会按时令调整进口关税。此外，欧盟农业和园艺产品的关税税率还会变化频繁。

2008 年 4 月 23 日，欧盟对《欧盟海关法典》进行全面修订，新法典大大简化了现有的海关程序，逐步推行海关手续电子化，方便进出口商追踪货物运送情况。

2. 普惠制方案

普惠制是“普遍优惠制”的简称，是指发达国家单方面对从发展中国家输入的制成品和半成品普遍给予优惠关税待遇的一种国际贸易制度。普惠制是在“最惠国”税率基础上进一步减税或全部免税的更优惠的待遇。原产地规则是普惠制的核心组成部分，受惠国出口产品是否取得了原产地资格，是衡量其能否享受优惠的标准。其目的在于确保普惠制的待遇只给予由发展中国家和地区生产和制造的产品。

欧盟于 1971 年建立了普惠制，允许广大发展中国家的产品以低于正常关税的税率进入欧洲市场。普惠制已成为欧盟用来对发展中国家提供发展援助最重要的贸易工具。据欧盟方面统计，欧盟普惠制的受益国和地区多达 178 个，近年来享受普惠制进口的商品每年超过 500 亿欧元，约占欧盟进口总额的 40%。

欧盟的普惠制每三年调整一次。2004 年 10 月，欧盟委员会推出了普惠制改革方案。2005 年 6 月 23 日，欧盟 25 个成员国批准了普惠制改革方案，决定自 2006 年 1 月 1 日起实施新的普惠制。新普惠制下的分类将由目前的 5 个减为 3 个，包括一般普惠制、针对最不发达国家的特殊普惠制和旨在帮助竞争力低弱国家的附加普惠制。新的普惠制方案还对“毕业条款”作出更为明确的规定。根据这一条款，普惠制受益国任何一种产品如果在欧盟的市场份额超过 15%，就将失去普惠制待遇。而纺织品和服装的“毕业门槛”更低，为 12.5%。2008 年 7 月 22 日，欧盟颁布新的普惠制规则，该规则对各国不再享受普惠制的产品列表作出了调整。2010 年 5 月 26 日，欧盟委员会发布《关于修订实施 2009 年 1 月 1 日到 2011 年 12 月 31 日普惠制的第（EC）732/2008 号欧委会规则的提案》，提案提出由于立法程序较长的缘故，新的普惠制安排无法于 2011 年年底出台，因此欧盟计划将现行的普惠制方案延长至 2013 年 12 月 31 日。

二、非关税贸易政策

（一）进口限制

欧盟于 1994 年制定的《关于对进口实施共同原则的第（EC）3285/94 号规则》和《关于对某些第三国实施共同进口原则的第（EC）519/94 号规则》是欧盟实施进口管理的法律依据。欧盟实行统一进口配额管理制度，并制定相关进口配额分配办法、进口许可证的管理原则以及管理中的行政决定程序等。新成员自加盟之日起，各国原有的进口配额管理、进口许可证制度同时终止。

1. 进口配额分配

欧盟将进口商分为传统进口商和新进口商。进口配额主要按照以下 3 种方式分配：

①优先考虑传统进口商；②按申请先后次序分配，先来先领；③按比例分配。以上3种分配方法由欧盟视具体情况选用。如以上方法均不适用，欧盟还可以按规定程序采取特殊的管理措施。2009年12月22日，欧盟颁布《关于对特定工业、农业和渔业产品放开自主关税配额管理的第（EC）7/2010号理事会规则》，对54类工农渔业产品提供配额内的免税进口。此次修订于2010年1月起生效。

2. 进口许可证

为实施贸易监督，管理贸易数量，欧盟建立了许可证制度，并与配额结合运用。目前实施许可证的商品包括：来自世界贸易组织其他成员的部分农产品，如谷物、大米、牛肉、羊肉、牛奶及其制品、糖、加工水果和蔬菜、香蕉、植物油、种子、葡萄酒等。

3. 进口登记

欧盟对一些国家的部分进口产品通过办理进口登记手续，实行进口监督。例如，目前欧盟对20类原产于中国的产品实行进口监督，这些产品是：食品制剂、氯化铵、多元醇、柠檬酸、四环素及其衍生物、氯霉素、碱性燃料及其制剂、还原燃料及其制剂、烟花、聚乙烯醇、手套、鞋类、装饰瓷器、部分玻璃制品、含量低于99.99%的未熔合锌、汽车用收音机、自行车、玩具、扑克牌、扫帚和刷子。

4. 纺织品进口管理

2004年12月13日，欧盟理事会通过条例，规定自2005年1月1日起，欧盟对世界贸易组织成员的纺织品和服装实施的210项配额全数取消。2005年1月1日前付运的纺织品及服装产品，即使于该日之后向欧盟成员国海关当局呈报，仍受2004年配额限制。

5. 农产品进口管理

欧盟对部分产品实施进口数量限制。《关于实施乌拉圭回合农业协议所需采取措施的第(EC)974/95号规则》和《关于某些加工农产品贸易安排的第(EC)3448/93号规则》等，是欧盟在农产品进口贸易领域的主要法规。

6. 边境检查管理

欧盟规定，第三国的食品和动物必须经过欧盟指定的边境检查站的检验才能进入欧盟市场。2004年3月，欧委会批准了新成员国的22个边境检查站，认可其符合欧盟标准。为了满足扩盟后的需要，欧委会预计将批准更多的边境检查站。

（二）出口限制

欧盟仅对少数产品实施出口管理措施，而《关于实施共同出口原则的第(EEC)2603/1969号规则》和《关于文化产品出口的第(EEC)3911/1992号规则》则是欧盟实施出口贸易管理的法律依据。

对部分涉及核扩散和大规模杀伤性武器等领域的产品和技术，欧盟实行出口许可制度和最终用户监督制度。近年来，欧盟关于军民两用品出口管制的规定出现较大变化。根据2000年6月22日公布的《关于建立两用产品及技术出口控制体系的第(EC) 1334/2000号规则》，欧盟加强了对软件、技术等无形产品和对以电子媒体、传真和电话等“非人工方式”进行传输、转让等出口行为的控制。同时，出口审批从产品本身延伸到产品零备件供应、维修服务及各种形式的技术服务。该规则仍将我国列为欧盟武器禁运国之一，凡涉及军事用途的向我国出口的产品均受到严格控制，基本上禁止出口。2005年6月，欧盟规定禁止酷刑产品贸易，经授权的此类产品进出口和技术援助必须经过欧盟指定的各国主管机构批准。2009年2月，欧盟颁布《关于文化产品出口的第（EC）116/2009号理事会规则》，该规则集中了各个成员国对文化产品出口管理的做法，这也是欧盟进出口规则法典化中的一环。

（三）技术性贸易壁垒

1. 技术法规

欧洲技术法规多以指令形式发布，内容包括包装和标志、生产加工工艺、安全质量、环境保护、废弃物处理等多方面的要求。根据欧盟发表的统计数字，到目前为止，这种涉及整个欧盟市场的法律法规已有300多个。针对进入欧盟市场的外国产品，欧盟所制定的详细的技术指标、规定已经超过10多万个。在这里我们列出一些比较重要的法规。

（1）一般产品安全指令(2001/95/EC)。该指令于2002年1月15日发布。该指令是今后一段时间欧盟制定技术法规和标准等的指导性文件，规定了几乎所有领域产品应满足的安全要求，设定了欧洲标准的制定程序和对不合格产品的处理原则，并要求成员建立专门的市场监督部门。

（2）欧洲传统植物药注册程序指令(草案)。该指令于2002年1月17日公布。该草案规定：传统植物药不能含有非植物药成分；在标志上须注明“该植物药的效力未经临床证明”；传统植物药必须在欧盟境内应用30年，或者在欧盟内应用15年但须在欧盟以外国家应用30年等。

（3）关于禁止使用部分芳胺族偶氮染料的指令(76/769/EEC号指令修正案)。该指令于2002年9月11日发布。规定在纺织品和皮革制品中禁止使用22种芳胺族偶氮染料，并要求成员国于2003年9月11日前将该修正案转化成本国法规。

（4）关于报废电子电气设备的第2002/96/EC号指令(WEEE指令)和关于在电子电气设备中限制使用某些有害物质的第2002/95/EC号指令(ROHS指令)。该指令于2002年2月13日发布。根据WEEE指令，对于2005年8月13日以后投放市场的产品，生产者应以提供担保的方式，保证有关报废电子电气设备的收集、处理、回收和环保处置费用资金由生产者提供；对于之前投放市场(用于私人家庭以外的使用者)的产品报废("历史垃圾")后的管理处置费用将由生产者提供。根据ROHS指令，从2006年7月1日开始，各成员国应确保在投放于市场的新电子和电气设备中限制使用铅、汞、镉、六价铬、多溴二苯醚和多溴联苯等有害物质。

(5) 产品生态设计指令(草案)。该指令2003年8月1日欧委会通过。该草案引入"生命周期环境影响评估"的概念，规定在产品设计时，制造商或进口商应对产品在整个生命周期内对环境造成的影响进行评估，在选择设计方案时应合理平衡产品的环境表现与产品安全、功能、质量等方面的性能，尽可能减少对环境的负面影响。该指令同时规定制造商应该根据欧委会另行制定的有关实施细则对产品进行合格评定，并加贴"CE"标志，否则产品不得上市。该草案还规定制造商如果是欧盟"生态管理和审计计划"的参与成员或其产品被欧盟授予了生态标签，则可视为符合指令的相关要求。

(6) 化工品注册、评估与许可规则(草案)(REACH规则草案)。该草案于2003年10月29日由欧委会通过，目的在于取代现行的7个化工品管理法规，用统一的"注册——评估——许可"体系来管理化工品的生产、进口和销售。从REACH法规对企业的要求来看，其核心集中在注册义务。根据欧盟REACH法规的规定，截至2008年12月1日，化学品预注册结束。完成了预注册的物质可享受一定时限的注册过渡期，同时使企业有更多的时间来组织和选择可用数据、共享现有数据。

(7) 电池和蓄电池指令的修订草案。该草案于2003年11月公布。该修订草案对电池中某些物质的最高含量使用了比国际标准更严的标准。

(8) 关于木材及木质产品现行法规的修订。该草案于2004年7月1日生效。该修订的主要目的是防治植物或植物产品中的有害生物传入且在欧盟扩散。

(9) 关于蜜蜂进口法规修订案。该修订案是对欧盟2003年7月25日发出的第208号法规草案的修订。修订的主要内容是：出口蜜蜂的国家须具有蜜蜂检验检疫和认证的能力并且有完备的动物检验检疫法规；所有向欧盟出口蜜蜂的国家如发生蜂巢小甲虫等病虫害，应正式通知欧盟；允许向欧盟出口单批"大黄蜂"的数量为200只成年蜂。

(10) 延长新奇打火机禁售令。2010年3月17日，欧盟公布《延长非儿童安全打火机及新奇打火机禁售令有效期的第2010/157/EC号决定》，宣布非儿童安全打火机和新奇打火机的禁售令延续一年，直至2011年5月11日。

(11) 欧盟玩具安全新指令。欧盟2009年6月30日颁布的《有关玩具安全的第2009/48/EC号欧洲议会和理事会指令》将于2011年7月20日正式实施，其中化学要求将于2013年7月20日开始实施。该指令将实施全新及更严厉的玩具安全规定，以解决玩具风险、增加制造商及进口商销售玩具的责任，以及提升成员国执法当局的市场监察力度。

欧盟的技术法规主要通过三种方式构成技术壁垒：一是针对内部市场设立的法规，但因为采取的标准过高或做法超前，阻碍了第三国，尤其是发展中国家对欧盟的出口，如WEEE指令、ROHS指令、电池和蓄电池指令修订。二是虽然是针对内部市场设立的法规，但法规中的有些规定将来自第三国的制造商和产品置于不平等的竞争地位。例如，产品生态设计指令草案中，规定了制造商如果是欧盟“生态管理和审计计划”的参与成员或其产品被欧盟授予了生态标签，则可视为符合指令的相关要求，但由于欧盟以外的制造商几乎不可能成为该计划的参与者，因此使欧盟的产品及其制造商处于更有利的地位。三是专门针对进口产品设置的技术法规。

欧洲法规在执行时需要成员国将其转换成本国法令后再执行，如果成员国拒绝执行指令，欧委会可将此事提交欧洲法院进行审理。除欧盟统一的技术法规外，其各成员国还有一些自己的法规。随着欧洲指令越来越多，以及成员国越来越意识到执行欧洲指令有利于提高本国企业和产品的竞争力，成员国的技术法规也向统一的方向发展。

2. 技术标准

除制定相关法规外，欧盟还使用各种严格的技术标准，限制外国产品对欧盟市场的渗透。据不完全统计，目前欧盟针对各种进口产品制定的详细技术标准达10多万个，从不同层面限制外来商品。从广义上讲，这些适用于欧盟范围内商品流通的统一技术标准被认为是欧洲标准(EN)。按照来源划分，欧洲标准主要有三类：①直接采用国际标准；②以国际标准为基础，进行一些适应欧洲市场需求的修订；③纯粹的欧洲标准。其中欧洲标准中一个比较重要的概念就是欧洲协调标准(EHN)。欧洲协调标准特指按指令的要求和规定的程序而制定并经过协调后的标准。欧洲协调标准的信息要首先在欧盟官方公报上发布，然后由各国的标准化机构转化为国家标准，即可视为推断(Presume)符合基本要求。这时，制造商可以选择任何一个相应的国家标准进行生产(因为欧洲标准转化为国家标准的方法是统一的)。

欧洲标准中相当大的部分是国际标准，而有些国际标准本身就受发达国家的影响，门槛较高，从而对发展中国家的出口也构成了一种技术壁垒。例如，目前欧盟对所有进入欧盟市场的打火机、点火枪等危险品均将执行ISO 9994—2002标准，涉及压力测试、跌落试验、温度试验、燃烧高度、压力试验、循环燃烧试验等十多项指标，该标准中“温度试验”检测规定的温度约比我国现行行业标准中需耐受的温度高了10℃，“燃烧高度”标准也由原来的火焰最高点控制在15mm变为了12mm。从而影响了我国对欧盟的相关产品出口。另外，欧洲根据国际标准修改和自行制定的标准中，有很多规定对第三国的出口造成不利影响。例如，2002年5月，欧洲标准委员会(CEN)公布了关于防止儿童开启的打火机欧洲标准：13869号标准(简称CR标准)规定了所有价格低于2欧元的一次性打火机应该加装防止儿童开启的安全装置，CR标准事实上构成了对我国打火机产品和产业的歧视，阻碍我国打火机产品对欧盟的出口。

欧盟各成员国拥有自己的标准化组织或行业协会等组织，由其制定本国的国家标准。协调标准实施以后，国家标准更多地让位于欧洲标准，但各国仍存在一些反映本国利益的国家标准。

3. 合格评定程序

欧盟及成员国都有包括抽样程序、测试和检验，评估、验证和合格保证，注册、认可和核准及其组合在内的合格评定程序，这些合格评定程序既有直接针对产品质量的，也有针对加工过程、社会责任系统等方面的。在欧洲各国的实践中，合格评定程序的具体形式也不尽相同。欧盟在新方法指令（New Approach and Global Approach Directive）中使用的合格评定程序包括8种基本模式：内部生产控制模式；EC-型式试验模式；符合型式声明模式；生产质量保证模式；产品质量保证模式；产品验证模式；单件验证模式；全面质量保证。

一般经过合格评定程序检验后，会给被检验的商品或企业贴上相应的标志，以证明其满足技术规章或标准的要求。目前，欧盟推行的“CE”标志，是强制认证标志。字母“CE”是法语“Conformite Eropeenne”（欧洲合格认证）的简称。不论是欧盟内部企业生产的产品，还是其他国家的产品，要想在欧盟市场上自由流通，就必须加贴该标志，以表明产品符合欧盟《技术协调与标准化新方法》指令的基本要求。如果产品在21个“新方法指令”范围之内，产品上必须加贴“CE”标志。如果没有此标志，产品就不能在欧盟成员国和挪威、冰岛和列支敦士登投放市场。如果产品满足指令的要求，而CE标志已被贴上，说明上述国家就不应禁止、限制或阻碍该产品投放市场。

CE标志不是质量标志，而是由认证后授予的标记。加贴CE标志的产品必须由制定机构进行CE认证，其目的有三。一是促进贸易便利化。这是统一市场所必须达到的目标。能克服各成员国间由于法规不同而带来的贸易壁垒。二是为用户健康考虑。保证产品质量，增加产品安全使用。三是为了生产商利益考虑。使生产商或供应商能节约为对付不同技术要求而付出过高的成本，诸如检验、试验、认证等费用，以提高产品本身的竞争力。

除CE以外，一些国家可能在某一时期对某国的某一商品要求特定的标志，用以限制该商品向本国涌入。例如，1987年意大利政府通过一项法令规定，为保护消费者安全，节日彩灯必须取得意大利质量标志院的认证并标注其标志，才能在市场上销售。

（四）卫生与植物卫生措施

自《实施卫生与植物卫生措施协议》（即《SPS协议》）签订以来，为保护人类、动物和植物的生命或健康，欧盟也采取了一系列卫生与植物卫生措施。

欧共体在成立之初就制定了食物政策，以确保食物在成员国之间自由流通。欧共体的初期法规可以称为垂直或处方法规，它们只适用于一种或一组食品。在处方法规中，每种食品都有强制性标示，该标志表明食品中某种明确的成分，如与巧克力、蜂蜜和果汁有关的法规就属于垂直法规。垂直法规可以与适用于所有食品的水平法规区分开，如有关卫生或添加剂的法规。

食物立法程序在1985年欧盟委员会发表“食物通讯”也称“微型白皮书”之后真正加速。1997年4月，委员会发表了关于欧盟食物法规一般原则的“绿皮书”，为共同体食物法规确定了6个基本目标：①确保为公众健康、安全和消费者提供较高水平的保护；②确保货物在内部市场自由流通；③确保法规以科学证据和风险评估为基础；④确保欧洲产业的竞争力并增强它的出口能力；⑤让企业、生产者和供应商承担食物安全的责任，推行以有效的官方控制为基础的危害分析和关键控制点体系（HACCP）；⑥确保法规的连续性、合理性、一致性、简明化、易理解以及与有关利益方充分协商。以1997年发表的食品法规“绿皮书”为基础，欧盟委员会于2000年1月12日在布鲁塞尔正式发表了《食品安全白皮书》（White Paper on Food Safety）。“白皮书”整合了整个食物链中有关食物安全的所有方面，其内容包括从传统的卫生条款到相关的动物健康、动物福利和植物卫生要求等。

此后，欧盟又颁布了《178/2002号条例》，确定了食物法规的一般原则和要求，建立了欧洲食物安全局（EFSA），设立了处理食物安全问题的程序。根据该条例，欧盟食品安全局于2002年成立。该机构的主要职责是向欧盟委员会和欧洲议会等欧盟决策机构就食品安全风险提供独立、科学的评估和建议，负责向欧盟委员会提出一切与食品安全有关的科学意见，以及向民众提供食品安全方面的科学信息等。2009年及2010年，欧盟又出台了一系列对食品添加剂的规定以及对动物来源食品内药理学活性物质的最高残余限量的规定。

截至目前，欧盟所实施的一系列卫生与植物卫生措施主要包括下列三方面内容：①有关动物及其产品的规定；②有关植物及其产品的规定；③《食品安全白皮书》。

首先，在动物及其产品的保护方面，欧盟就以下问题颁布了若干法规：①关于动物及其产品的公共卫生及动物卫生问题对贸易的影响，共颁布了25个法规，对影响肉类产品盟内贸易的卫生问题、奶制品生产上市的卫生要求等进行规定；②关于动物流行病的控制措施，共7条法规，涉及对猪疱疹、口蹄疫、禽流感等流行性疾病的控制措施；③关于兽药残留限量及其采样分析方法，颁布了有关动物源性产品兽残限量制定步骤的31990R2377法规；④在动物源性产品的官方控制方面，对活动物及其产品盟内贸易的兽医学及人畜共患病检查和对从第三国进入欧盟的动物进行兽医学检查作了详细规定；⑤关于公共卫生及动物卫生证书问题，对从某些第三国进口鲜肉的动物卫生及兽医证书问题进行了规定；⑥在动物福利方面，对动物运输过程中的保护以及牛和猪的最低保护标准都作了规定。

其次，在植物及其产品的保护方面。欧盟主要在三个方面作了相关规定：①关于防治有害生物传入传播的法规文件。具体包括以下内容：关于防止有害生物传入传播的规定、对从第三国进口植物及其产品进行植物卫生检查的最低条件、防止中国有害生物传入的决议以及对美国、日本、中国、加拿大针叶林木质包装采取临时措施的决议。②植物保护产品上市规定。具体包括9个法规，对植物保护产品四个阶段评估的实施细则作了详细规定。③关于兽药残留限量及其采样分析方法。具体包括5个法规，分别对水果蔬菜农残限量、粮食农残限量、动物源性产品农残限量、部分植物源性产品农残限量以及农残采样方法进行了规定。

最后，在食品安全方面。由于农业食物生产部门在欧盟经济中占有重要地位，而食品和饮料工业在欧盟经济中则占有领先地位，农业、食品和饮料行业不仅为欧盟创造大量的就业机会，而且也是主要的出口创汇来源。因此欧盟向来比较关注提高食品质量安全。2006年，欧盟执行新的食品安全法即《欧盟食品及饲料安全管理法规》，其中，该法规特别要求进口食品必须符合该新食品安全法的标准，否则，欧盟委员会有权取消其进口资格。

（五）贸易救济措施

1. 反倾销措施

反倾销是欧盟一项非常重要的限制进口性措施。与加拿大、澳大利亚等国相比，欧盟是使用反倾销措施频率最高的经济体之一，仅次于美国。与关税不同，征收反倾销税不被视为限制进口的贸易壁垒，反而被当做抵制不公平竞争的贸易救济手段。

（1）欧盟反倾销的法律体系。欧盟反倾销法最早见于欧共体理事会1968年第459号《关于抵制非欧洲经济共同体成员国倾销和进口补贴的规则》。此后，欧盟反倾销法历经数十次修改，目前已经形成了较为全面的反倾销法律体系。在这一体系下，居根本法地位的是直接为欧盟反倾销立法提供依据的《欧洲共同体条约》；处于基本法地位的是欧盟反倾销基本法规及若干修改法规；此外，还有对同时使用不同贸易保护措施所产生问题进行处理的协调法规、实施世贸组织争端裁定的法规、将欧盟反倾销基本法规扩大适用于《欧洲煤钢共同体条约》项下产品的法规以及欧委会为实施反倾销基本法规相关规定而发布的个别公告或指南。

1）欧盟条约法。现行欧盟反倾销法规是根据《欧洲共同体条约》第133条有关共同贸易政策的规定（又称“133条款”）制定的。133条款不仅明确将包括反倾销和反补贴在内的贸易保护措施作为一项重要内容纳入共同贸易政策所涉及的范围；而且该条款还为如何制定反倾销法规提供了程序性规定。此外，《欧洲共同体条约》有关条款也为反倾销的司法审查提供了条约法上的依据。

2）反倾销基本法。欧盟现行反倾销法规主要是欧盟部长理事会于1996年3月6日公布的(EC)384/96号反倾销法规(又称为“基本条例”)。该法规是在总结以往反倾销立法和实践的基础上制定的一部体例较为完善、内容较为齐全的反倾销法规，全文共24条，内容涵盖反倾销各项实体和程序规定。这些规定依次为原则、倾销的确定、损害的确定(含因果关系)、共同体产业的定义、反倾销立案、开展调查、临时措施、承诺、无税结案和采取最终反倾销措施、溯及力、期限、复审(含临时复审、日落复审和新出口商复审)和退税、反吸收调查、反规避调查，一般条款、磋商、核查、抽样、不合作、保密、披露、共同体利益、最后条款、旧法规的废除和过渡性措施以及生效条款。

在该法规公布后，欧盟部长理事会对其进行了数次补充性修改。涉及法规条文的直接修改共6次。这些修改分别通过(EC)2331/96号法规、(EC)905/98号法规、(EC)2238/2000号法规、(EC)1972/2002号法规、(EC)461/2004号法规以及(EC)1225/2009号法规进行。在这6次修订中，较为重要的有三次。

①(EC)905/98号法规。首次以立法的方式提出了“并非非市场经济国家”(not Non-market Economy Country,下称“转型经济国家”)的概念。根据该法规，此类国家已经不是非市场经济国家，但又不是完全的市场经济国家。此类国家的涉案出口商如希望获得市场经济地位，即如希望在计算其出口产品的正常价值时使用该出口商的国内价格和成本数据，则必须满足法规设定的全部5条标准，即有足够证据表明企业有权根据市场供求情况决定价格、成本和投入等，不受国家的明显干预，主要原料的成本价格能够反映其市场价值；企业有一套完全根据国际会计准则进行独立审计并用于所有目的的基本财务记录；企业的生产成本与财务状况，尤其是在资产折旧、抵消、易货贸易、以资抵债等问题上，不受前非市场经济体制的重大歪曲；确保破产法及财产法适当地适用于有关企业，以保证法律上的确定性及企业经营的稳定性；汇率随市场汇率的变化而变化。第一批被列入此类国家的是中国和俄罗斯。此后，乌克兰、越南、哈萨克斯坦等国家，以及立案当时已经成为世贸组织成员的非市场经济国家，也相继通过前述(EC)2238/2000号法规和(EC)1972/2002号法规被列入此类国家的行列或适用这一特殊机制。

②(EC)1972/2002号法规。该法规规定，如果非市场经济国家的涉案出口商或者转型经济国家中未能获得市场经济地位的涉案出口商能够证明其符合规定的5项条件，则该企业的反倾销税可以在为其确定的出口价格的基础上确定。这5条标准如下：企业的资金和利润能够自由汇出(适用于外资企业或者合营企业)；出口价格和数量，销售条件和条款能由企业自行决定；多数股份由私人持有，董事会或者关键管理职位上

的政府官员明显为少数或者必须证明该企业在政府干预方面具有足够的独立性；外汇兑换按市场汇率进行；如企业获分别待遇，则政府的干预不会导致规避反倾销措施。

③ (EC)461/2004 号法规。该法规对反倾销基本法规作了较多的实质性修改，内容涉及承诺效果的变化及违反承诺的认定程序的创设、反倾销措施决策机制的重大变革、反倾销复审期限的强化、反吸收调查程序的进一步细化以及反规避条款的重大发展等方面，可以说进一步发展和完善了欧盟反倾销法律制度。在上述多次修改中，有关市场经济地位和分别待遇的立法尤其值得注意。

此外，(EC)2331/96 号法规主要增加了倾销幅度计算过程中应当调整的因素；(EC)2238/2000 号法规主要是将原仅适用于中国和俄罗斯的特殊反倾销机制扩大适用于更多的国家。

除此之外，还有几部重要的法规，包括：2001 年 7 月 26 日颁布的(EC)1515/2001 号法规，对如何实施世贸组织争端解决机构裁定而作出了专门规定；2002 年 6 月 7 日颁布了(EC)963/2002 号法规以及 2002 年 7 月 20 日颁布了(EC)1310/2002 号法规对其附件进行了修改的法规，对如何处理《欧洲煤钢共同体条约》失效前，欧洲煤钢共同体就该条约项下的煤钢产品采取的反倾销和反补贴措施、正在进行的调查以及正在提起的申诉问题作出了过渡性安排；2003 年 3 月 13 日颁布了(EC)452/2003 号法规对避免就对同样的进口产品既实施反倾销或反补贴措施，又实施保障措施，从而加重涉案出口商负担的问题作出了相关规定；此外，还有欧委会于 2004 年 4 月 15 日专门颁布了一项公告，对如何处理欧盟扩大时仍在实施的反倾销措施作出了安排。

(2) 欧盟反倾销的实体条件。欧盟反倾销措施的启动需要满足以下四个条件：①倾销存在，即指被调查产品出口到欧盟的价格低于其在国内市场的销售价格；②损害存在，即上述出口行为已经造成或很可能造成对欧盟的相关产业的实质性损害，包括丢失市场份额、被迫减价以及对生产、销售、利润和生产率产生恶性压力等；③因果关系，即倾销的存在是实际损害存在的原因；④共同利益，即采取反倾销措施的成本与由此得到的益处不能不成比例。

(3) 欧盟反倾销的程序。一旦满足上述条件，欧盟委员会就开始对欧盟反倾销诉讼进行审理。具体而言，主要包括以下程序：

1) 起诉。任何自然人、法人以及没有法人资格的联合体都可以以共同体产业的名义提出书面申诉，要求为确定倾销的存在、其程度及其后果进行调查。诉状可交付委员会，也可以交付成员国，由成员国转交委员会。诉状中应包括倾销、损害以及所指的倾销进口与所指的损害之间存在着因果关系的证据，并包括以下信息：原告的身份以及由原告说明的共同体相似产品生产的数量和价值；对倾销产品的全面说明，其原产地国或出口地国的名称，已知的出口商或外国生产商以及共同体进口商的名单；该产品在原产地国或出口地国的销售价格或者它们向第三国出口的价格，或在适当的情况下，该产品最早出售给共同体独立买主的价格信息；该倾销进口在数量上扩大的情况，对共同体相似产品市场价格的影响以及对共同体产业所产生的损害，这些需要通过与共同体产业状态相关的因素进行说明。在进行审查认定申诉是由共同体产业或以其名义提出的之后，即可在提交诉状的45天内发动调查。

2）调查。欧盟委员会的调查范围包括倾销是否实际发生，以及倾销行为是否造成了对欧盟相关产业的实质性损害。如果倾销性进口阻碍了欧盟内新产业的建立，或者存在明确而紧迫的实质性损害威胁，反倾销措施也有可能被启动。整个调查过程一般不超过1年，最多不超过15个月。调查一般是以填写反倾销诉讼调查表的方式进行。当原告、出口商或者进口商、产品或者交易类型数目过大的情况下，可以使用抽样的方式。在此过程中成员国应采取一切必要的措施完成委员会交付的任务，并将检查、核实或者调查的所有结果送交委员会。

3）征收临时反倾销税。如果已经按规定开始了调查程序，利益当事人已经得到充分的机会提供情况和发表意见，倾销和随之共同体产业受到的损害也已初步确认，并且从共同体利益出发也要求对之进行干预，这就可以采取临时反倾销措施，即征收临时反倾销税。向被调查产品征收反倾销临时税，税额不得超过倾销幅度（该产品的国内市场价格与欧盟市场价格的差额）。反倾销临时税的征收期限将会持续6~9个月。

4）价格承诺。如果出口商自愿承诺提高对共同体的出口价格，欧洲委员会经商议后对以这种方式消除倾销的损害性后果感到满意，就可在不征收临时反倾销税或者最终反倾销税的情况下终止调查。经承诺的价格不应高于确保消除倾销幅度的程度。在正常情况下，出口商作出价格承诺的时间最晚不得超过委员会经请求对终止诉讼程序所基于的基本事实和审议作最终披露后，当事人有权在10天内对之进行陈述的最后期限。一旦委员会经商议接受了承诺，调查就可以结束。作出承诺的出口商必须定期向委员会汇报履行承诺的情况，委员会可核实有关的数据。不履行承诺即构成违反承诺。在违反或者撤销承诺的情况下，如果与作出承诺有关的反倾销调查还没有结束，对违反承诺者可征收临时反倾销税；如果该调查以最终认定倾销和损害而结束，并且除了出口商撤销承诺的情况外，当事人已经有过发表意见的机会，对之可征收最终反倾销税。

5）征收最终反倾销税。如果欧洲委员会经咨询委员会商议后认为有必要征收最终反倾销税，应立即向理事会提交商议的结果并提出终止诉讼的建议。如果理事会在一个月内没有作出其他决定，诉讼即为最终结束。征收最终反倾销税的决议由理事会根据委员会的建议，经特定多数同意后作出。该决议以理事会规则（Council Regulation）的形式在欧共体官方公报上进行公告。反倾销税数量不超过测定的倾销幅度。最终反倾销税从征税之日起或者从对倾销和损害作出复审结论之日起5年终止。在征收过程中，如果共同体产业提供的信息说明实施的反倾销措施没有使倾销产品在共同体市场的销售价格发生很大变化，委员会经商议后，可对案件重新进行调查。在必要的情况下，可修改现行的反倾销措施，重新计算倾销幅度。

6）复审和退税。根据委员会的动议或者成员国的请求，或在最终反倾销税至少已经征收了1年后，应任何出口商、进口商或者共同体生产商的请求，可对继续征收反倾销税的必要性进行审查。这种期中复审的请求应当有充分证据表明，继续征收反倾销税对抵制倾销没有必要，或者现行措施不能或者不能充分抵制有害的倾销。此外，根据委员会的动议或者共同体生产商的请求，还可以进行期终复审，以充分的证据表明，解除反倾销措施可能导致倾销和损害继续存在或者重新产生。如果有证据表明，作为征收反倾销税依据的倾销幅度已经消除，或者已经低于被征收的反倾销税，出口商可要求退还所征收的税款。出口商请求退还反倾销税款的申请，应当提交该产品被征税最终反倾销税最初6个月内，在其领域自由流通的欧共体成员国。退还税款一般是在出口商提出有适当证据支持的退还申请之日起12个月内进行，最长不超过18个月。

2. 反补贴措施

欧盟反补贴法立法依据源自于WTO协定中的《补贴与反补贴协定》。欧盟认为有必要在这两个领域制定不同的规则，因此1994年以来的反倾销规则不再包括反补贴规定，后者已经通过1994年第3284号规则作了单独规定。1997年10月6日，欧盟理事会颁布了第2026/97号法令，对欧共体市场进行反补贴保护。该法令的目的是保护共同体市场不受得到政府补贴的来自第三国产品的损害。对于欧洲煤钢共同体下的基本煤钢产品，则适用欧盟委员会第1889/98号决定。2009年7月11日，欧盟颁布第（EC）597/2009号法令，对补贴认定中的重要概念等实质性问题予以确定，并细化了申请、认定、实施等程序问题。

欧盟反补贴措施针对的是非欧共体成员国和该国得到政府补贴的某一产品。共同体某个产业可以在条件满足的情况下向欧盟有关部门申请进行反补贴措施的审查程序。审查程序经由产业提出申请而开始。欧盟在审查中主要看下面几个条件是否成立：①第三国是否给予某种产品补贴；②进口到共同市场的该产品是否对共同市场的产业造成严重损害；③补贴与损害间的因果关系是否存在；④反补贴措施是否符合共同体的利益。

一旦补贴行为被确认，欧盟即可采取补贴措施。反补贴调查也是由欧盟委员会负责进行。欧盟委员会有权决定是否立案，决定征收临时反补贴税，接受价格承诺或终止调查。但对于是否征收最终反补贴税，须由部长理事会以简单多数投票决定。部长理事会由欧盟各成员国代表组成。具体程序如下：

（1）立案。成员国产业向欧盟委员会提出申诉，并提供充分证据表明某进口产品得到政府补贴，并且对欧方生产相似产品的产业造成实质性损害，则欧盟委员会将提起反补贴调查。与 WTO《补贴与反补贴协定》一致，欧盟规定在立案之前，欧盟委员会应当与该国的政府进行磋商，并向之提供申诉书的非保密件文本，以求澄清事实，有可能的话，以双方满意的方式解决。调查有可能同时对 1 个以上的国家提起。在这种情况下，欧盟委员会将考虑各国进口产品对欧共体产业的累积影响。如果从某国的进口量虽不足欧盟市场份额的 1%，但各国进口量累计占到欧盟市场份额的 3% 以上，则仍须对该国的进口进行调查。

（2）调查问卷。欧盟委员会将向有关出口国政府、出口商、进口商和欧共体产业分别发出调查问卷。在对出口国政府的问卷中，出口国将被要求提供有关补贴的性质、提供补贴的条件以及补贴的金额和受益人。这份问卷的目的是确定：补贴是否存在、该补贴是否是可抵消的、其价值和受益的公司。

（3）实地查证。欧盟委员会没有义务进行实地查证，但通常欧盟委员会官员会到有关的政府部门和部分出口商所在地进行调查，以证实调查问卷答卷内容的真实性。同样的实地查证也会在进口商和欧共体生产商的所在地进行。

（4）事实披露。一旦征收临时反补贴税的决定作出，任何利害关系人就可以要求欧盟委员会提供作出该决定所依据的基本事实和方法的详细资料。在实践中，欧盟委员会在实施临时反补贴税之前 15 天会向有关方面提供这种事实披露。在这一阶段，各方将被告知欧委会认定存在有关补贴、损害和两者之间因果关系的原因，出口商将被告知有关补贴计算的详情。各方有机会在一定时间内(一般是从收到事实披露 30 天内)对此事实作出评议，更正可能的错误。在临时反补贴税被征收后一个月之内，任何利害关系人都可以以书面方式向欧盟委员会要求最终事实披露。该披露包括基本事实，以及是否将征收最终反补贴税或是否以不征税结案的决定。如果没有征收临时反补贴税，则欧盟委员会将规定何时利害关系方可以要求此披露。最终披露为书面形式，一般至少在最终决定作出前一个月会提供给有关各方。各方将有至少 10 天的时间来作出答辩，提出意见。

（5）征收反补贴税、终止调查。如果经过调查，欧盟委员会认定：一国进口产品受益可抵消补贴；对生产相似产品的欧共体产业造成损害或损害性威胁；并且征收反补贴税符合欧共体利益。欧盟将对该产品的进口征收反补贴税。

反补贴税的税率水平应当与出口商接受的补贴金额相当。但是如果征收较低的税能消除补贴对欧共体产业的损害，则按损害幅度来征税。临时反补贴税将在立案之后 9 个月以内决定实行，最长实行 4 个月。最终反补贴税决定作出之后，临时反补贴税将被最终征收。如果临时反补贴税率高于最终税率，实际缴纳的税额应为最终税率的水平。如果最终税率高于临时税率，也不再补收。作为征税的另一种选择，欧盟也可以以接受承诺的形式来结案。与反倾销不同的是，反补贴案中的承诺有两种：第一，出口国政府可以承诺不再实行该补贴，或将补贴水平降低到消除对欧共体产业的损害的水平；第二，出口商承诺主动提高价格，以消除对欧共体产业的损害。而在反倾销调查中，欧盟委员会只接受出口商提出的价格承诺。

如果欧盟委员会在调查中发现不存在如上的补贴、损害或欧共体利益，调查将被终止。另外，在补贴幅度或进口产品数量为可忽略不计的话，反补贴调查也应自动终止。根据欧盟反补贴法规定，在补贴幅度低于1%（发达国家），或低于2%（发展中国家），或低于3%（人均国民生产总值不足1000美元的发展中国家）时，该补贴幅度可忽略不计；在进口量占欧盟市场份额不足4%（发展中国家），各国(均为发展中国家)进口累计不足9%；或进口数量不足1%（任何国家），各国累计进口量不足3%时，进口量可忽略不计。

3. 保障措施

（1）欧盟保障措施的法律体系。欧盟保障措施的立法规定可追溯至关税同盟建成的1968年。自1970年欧盟关于共同进口制度的第一批基本条例诞生以来，保障措施制度一直以共同进口制度的条款形式存在而没有形成专门单行法规条例。1994年3月，欧盟为巩固内部统一市场建设和调整与非市场经济国家贸易关系，而颁布518194与519194号条例，其中前者适用于普通市场经济国家，后者适用于某些非市场经济国家，但两者保障措施的具体内容较此前共同进口制度中的保障措施条款并无较大变化。关贸总协定“乌拉圭回合”谈判于1994年4月结束，成功达成《保障措施协议》以后，为适应协议有关保障措施的新规定以及履行国际义务的需要，1994年12月，欧盟颁布3285/94号条例以取代刚颁布的518194，然而专为少数非市场经济国家制定的519194号条例却没有得到及时的更新。2009年2月26日，欧盟颁布第（EC）260/2009号法令，明确了“严重损害”“严重损害威胁”等实质性概念，以及保障措施的发起等程序性问题。

欧盟现行的保障措施体系主要包括以下三个部分：

1）欧盟基础条约(The Basic Treaties of EC)。这是指建立欧盟的条约，包括其附件及议定书，也包括在欧盟发展过程中修正或补充的此类性质的基础条约、协定。它是由欧盟成员国共同、直接创造的法律，构成欧盟存在、运作与发展的法律基础。其地位相当于主权国家的宪法，其法律效力高于欧盟法律体系中所有其他法律形式。这类条款虽然没有直接有关保障措施的规定，却为欧盟自主制定保障措施制度或与第三国缔结国际协定奠定了基本法性质的法律基础，决定了后两种法律形式存在的可行性、有效性，因而应视其为欧盟保障措施法律体系的基石部分。

2）欧盟自主立法制定的保障措施制度。欧盟自主立法是指欧盟本身以独立的方式制定的法律，它既不同于由欧盟成员国通过协议形式直接创制的基础条约，又与欧盟作为国际组织与成员国以外的第三国签订的国际协定相区别。根据欧盟基础条约的规定，欧盟自主立法包括理事会和欧盟委员会制定的条例(Regulations)、指令(Directives)和决定(Decisions)。其中，条例是最重要的立法形式，具有普遍适用性、全面约束力、直接适用性的特点。目前，以条例形式存在的保障措施制度主要包括适用于某些被列为非市场经济的第三国的进口的519194号条例和适用于所有其他第三国的进口的325194号条例。指令与条例不同，它仅对成员国有约束力，排除了对成员国内自然人、法人及欧盟机构的效力。同时指令仅对成员国在一定条件下需达到的目标作出规定，至于达到该目标应采用的具体措施由成员国自主决定。因而，指令的实施需借助于成员国国内立法活动，而指令则成为欧盟用以协调成员国国内法的主要手段。显而易见，指令不能成为规范保障措施的有效形式。决定可以针对特定成员国或特定的法人、自然人发布，与条例不同，决定不具有普遍的约束力。欧盟通常以“决定”的形式要求成员国或法人、自然人为或不为某项活动。保障措施执行过程中的各种实践活动包括欧盟委员会启动保障措施程序，对第三国实施保障措施等具体措施的采用都以“决定”的形式发布。

3）欧盟缔结的有关保障措施的国际协定。这主要包括《关贸总协定》及附件《保障措施协议》，以及欧盟与第三国缔结的包括保障措施条款的双边或多边贸易协定，也包括中国“入世”时签订的《中欧贸易协定》。

（2）保障措施的实施程序。

1）实质条件。欧盟1994年颁布的3285/94号条例与《保障措施协议》内容基本一致，保障措施实施的实质条件同样包括进口数量的大量增加、对国内产业的损害或损害威胁、因果关系。考察有关保障措施的案例，以下因素是经常被考虑到的：生产的下降、市场份额的下降、价格的低迷或抑制、欧盟利益、因果关系。

2）保障措施的实施。3285/94号条例第16条规定了对符合以上实质性要件的进口产品，欧盟委员会可以采取的保障措施的种类。据其规定，欧盟委员会有权应成员国的要求或主动：在实施欧盟监督措施之后，限制发布的进口文件的有效期；改变有关产品的进口规则，只有在授权进口的条件下才能在欧盟自由流通。条例的第17条则规定了欧盟部长理事会可以采取适宜的措施以阻止因进口数量的大为增加。在实践中，1994年以前，欧盟曾与第三国签订大量自愿出口限制协定，1994年以后，《保障措施协议》第11条第1(b)款明确规定禁止自愿出口限制和有秩序销售安排等“灰色区域”措施，3285194号条例虽在正文中未明确提及，但在条例解释性的备忘录中作出了在

“灰色区域”方面将遵守国际协定的承诺。目前，欧盟经常采用数量限额和进口监督这样的保障措施形式。

（3）若干原则性规定。

1）保障措施的限制水平。与反倾销、反补贴措施着重于对进口产品价格水平的限制不同，保障措施致力于对进口产品数量的控制。保障措施的目的在于消除、减缓或防止因进口产品数量急剧增加造成的进口国相关产业的严重损害或严重损害威胁，而不在于阻碍进口，因而保障措施对于进口数量的限制要有一定的限度，这也体现了对于正常贸易进行下的进口商的公平。在《保障措施协议》以后，根据协议有关加强总协定纪律、强化多边控制、取消“灰色区域”的精神，欧盟在新制定的3285194号条例中规定，除非阻止或消除损害另有需要，所实施的进口限额的最低水平不应低于有代表性的最近三年中的进口平均水平。

2）关于保障措施覆盖的进口国。《关贸总协定》第24条第8款规定关税同盟内部取消一切贸易限制，根据这一原则，欧盟实施保障措施应覆盖整个联盟内部，即适用于有关产品向其所有成员国的进口。但无论欧盟的实践或是相关条例，此等措施均是建立在地区基础之上，即针对有关产品在一个或若干成员国范围的进口。

3）实施期限。鉴于保障措施实施是为进口国国内产业调整所需，因而有必要规定一定的实施期限以防止进口国以产业调整之名行贸易保护之实。欧盟以前的保障措施制度没有实施期限的限制，现行条例根据《保障措施协议》的要求增加了这方面的规定：保障措施的期限以不超过阻止或消除严重损害、便于欧盟生产者的结构调整所需要的时间为原则，一般不应超过4年；如经调查确认为实现上述目标确有必要，此期间可以延长，但一经延长的保障措施的总期限不得超过8年。

4）欧盟进口监督措施。进口监督措施（Surveillance Measures）是欧盟保障措施体系中的一项特有措施，3285194号条例沿袭了有关规定。采取进口监督措施的条件是“第三国产品在欧盟市场上的进口倾向对欧盟生产者构成损害威胁”。对于何谓“损害威胁”，该“损害威胁”与保障措施实施标准的“损害威胁”有何关联，该条例未作出解释，只规定“共同利益要求时”，即可对“某些进口采取监督措施”。由此可以推断，进口监督措施较保障更倾向于依赖欧盟一段时间的政策定位，它缺少具体的量化标准，而它所谓的“损害威胁”也必定较保障措施的“损害威胁”更加主观化，即只需进口产品数量大量增加或其他相关指标发生明显变化，甚至只需欧盟认为进口产品有一定的威胁便可成为进口监督对象，并无需证明该进口产品具体对欧盟相关产业产生何种影响。也正因为进口监督措施上述操作简单的特性，欧盟在国内产业保护实践中大量运用该措施。事实也证明该措施的积极运用，有助于损害事实发生后及时采取有效的贸易保护措施。同时仅就该措施本身而言，它的运用并不会实际影响相关产品出口商的利益。置于监督措施下的第三国进口产品在出示了成员国颁发的进口文件后，即能输入欧盟自由流通，而这种进口文件可以由任何欧盟进口商申请，由成员国主管当局在接到申请的5日内，按申请的数量免费颁发。因此，监督措施本身并不对有关进口构成障碍。

当认为第三国进口对欧盟生产者构成损害威胁时，欧盟可以直接采取保障措施，亦可以首先采取进口监督措施这样一个中介措施。采取进口监督措施的决定权在欧盟委员会。按相关条例的规定，进口监督措施的实施同样需要经过通知、协商、调查三道程序。但事实上，欧委会援引有关例外条款，在仅采取进口监督措施的场合，从未执行过调查的规定。

第三节　主要国家的市场状况

一、英国市场行情

（一）基本经济状况

英国是欧盟中能源资源最丰富的国家，主要有煤、石油、天然气、核能和水力等，是世界石油和天然气的主要生产国。能源产业在英国经济中占有重要地位。2010年，能源产值占英国国内生产总值的1.5%。

英国经济总量约合德国的3/4，与法国不相上下。私有企业是英国经济的主体，占国内生产总值的60%以上。三大产业中，服务业占国内生产总值的2/3，制造业仅占不到1/5。

英国的农牧渔业主要包括畜牧、粮食、园艺、渔业。食品自给率为66%。2010年，英国农业占其经济总附加值的比重从1973年和1995年的2.9%和1.6%下降为1%，为欧盟国家中最低。2010年农业产值为145亿英镑，从业人数为79.5万人，占总就业率的2.5%，低于欧盟5%的平均水平。农用土地占国土面积的77%，其中多数为草场和牧场，仅1/4用于耕种。

英国主要工业有：采矿、冶金、化工、机械、电子、电子仪器、汽车、航空、食品、饮料、烟草、轻纺、造纸、印刷、出版、建筑等。生物制药、航空和国防是英国工业研发的重点，也是英国最具创新力和竞争力的行业。与许多发达国家一样，随着服务业的不断发展，英国制造业自20世纪80年代开始呈下降趋势，特别是20世纪80年代初和90年代初的两次经济衰退加速了制造业的衰退。按2010年基准价格计算，制造业占英国经济总附加值的比重从1993年的21%下降到2003年的16%，又下降到

2010 年的 11%。2010 年英国制造业产值 2 306 亿英镑，就业人口 601 万人。

服务业是英国经济的支柱产业，包括金融、保险、零售、旅游和其他商业服务等。按 2010 年基准价格计算，服务业产值占经济总附加值的比重为 78%，总产值比 2000 年增加 2.6%。截至 2010 年，服务业从业人数达 2 498 万人，占总就业率的 79%。其中金融服务业产值占经济总附加值的 5%，从业人员有 105 万人。成立于 1997 年的金融服务管理局取代原苏格兰银行的金融监管职能。伦敦是世界著名的金融中心，从事跨国银行借贷、外汇交易、国际债券发行、基金投资等业务，同时也是世界最大的保险市场，最大的黄金现货交易市场、船货市场和重要的非贵重金属交易中心，并拥有数量最多的外国银行分支机构或办事处。

（二）对外经济基本情况

作为欧盟成员国之一，英国与世界 80 多个国家和地区有贸易关系，其对外贸易依存度一般在 40% 左右。其主要贸易对象是欧盟其他国家、英联邦成员、美国和日本。2010 年，英国是世界第六大进口国和第十大出口国，进口额占世界 3.6%，出口额占世界 2.7%。2010 年英国商品出口 4 060 亿美元，进口 5 600 亿美元，逆差 1 540 亿美元。在服务贸易方面，英国自 1966 年以来就一直保持顺差，2010 年出口 2 270 亿美元，进口 1 610 亿美元，顺差 660 亿美元。

英国的主要进口产品有：食品、燃料、原材料、服装、鞋业、电子机械设备、汽车等。主要出口产品有：石油及相关产品、化工产品、食品、烟草、饮料、机械设备等。其中机器和交通设备占出口的 46%，进口的 44%。

英国的主要出口市场是欧盟其他国家和美国。2010 年主要出口国为：美国（10.3%）、德国（10.1%）、荷兰（7.7%）、法国（7.0%）、爱尔兰（6.2%）、比利时（4.9%）、西班牙（3.6%）、意大利（3.2%）。主要进口国为：德国（12.6%）、中国（8.7%）、荷兰（7.3%）、法国（5.8%）、美国（5.6%）、挪威（5.3%）、比利时（4.6%）、意大利（3.8%）。

英国是对外投资大国，对本国企业对外投资不加限制。截至 2010 年，英国对外投资总额达 16 893.3 亿美元，持有外国资产总额 35 025.7 亿英镑。2010 年，英国对外直接投资 110.2 亿美元。根据联合国贸发会议发表的《2011 年世界投资报告》，2010 年英国为世界第二大对外投资存量国。2003 年，英国的贸易局更名为"贸易和投资局"，下设英国贸易伙伴局和投资局。同时，英国政府也积极鼓励吸引外资。随着 1999 年欧元启动，德国和法国等使用欧元的国家吸引外资的比重明显上升，未加入欧元的英国的引资份额下降。截至 2010 年年底，英累计吸引外国直接投资 10 861 亿美元，外资在英国的投资项目主要为计算机软件、信息技术、互联网、电子商务、电子和通信、医药和生物技术、管理行业、汽车、食品和饮料等，投资形式为收购、兼并现有企业，扩大生产规模，建立科研基地或跨国公司等。美国是对英国的最大投资国，占外国在英国投资总额的39%，其他依次为法国(7%)、日本(6%)、加拿大(6%)、德国(6%)、爱尔兰(4%)、挪威(4%)、印度(3%)、瑞典(3%)、中国(3%)。根据联合国贸发会议发表的《2011年世界投资报告》，2010年英国为世界第八大吸引外资国。

(三) 对外贸易政策

作为欧盟成员国，在对外经济贸易法规方面，英国没有本国的对外贸易立法，而是服从欧盟的共同外贸政策。政府对企业从欧盟以外的国家(地区)进口或向欧盟以外国家(地区)的出口总体上无限制。除此之外，政府还按照签订的多、双边国际条约和协定(主要也是欧盟与其他国家和贸易组织签订的有关文件)来处理涉及对外贸易的问题。因此，欧盟贸易法律和各类多、双边经贸条约和协定，构成了英国外贸政策的法律基础。英国一切涉外经贸活动均在这一法律框架内进行。

英国贸易与工业部(Department of Trade and Industry, DTI, 简称贸工部)是英国主管外贸的内阁部门，负责参与欧洲、多边经贸政策谈判和协调，以及欧盟外国别贸易政策谈判、交涉、市场开发等工作。英国贸工部下属的但又相对独立的英国贸易投资署(UK Trade & Investment, UKTI)向企业和其他部门提供贸易政策咨询，包括国别、市场，最终目的是为企业开展对外经贸业务创造良好、公平的环境。英国海关(HMCE)负责货物进出口的监管，征收关税，打击走私。

为促进地方经济、贸易等发展，英国政府根据各地的经济发展情况以及所具备的条件，分别在英格兰、苏格兰、北爱尔兰和威尔士划分出扶持发展区、企业区和自由贸易区，目的在于对不同地区实施不同的优惠政策，以吸引资金和技术进入这些地区，从而刺激和带动当地经济的发展。其中自由贸易区与其他国家的自由贸易区类似，具备免税仓储、加工、转口等功能。目前，在英国共有7个自由贸易区。对于来料加工出口型的企业来说，在英国全境均享受关税减免待遇。在非关税方面，英国自由贸易区具有如下诸多优势：①简化海关手续；②在商品进入英国市场之前无需交纳关税；③自由贸易区比一般的地区要安全得多，能体现相对集中效益；④自由贸易区的企业容易赢得市场的信赖，其产品可任意转口到其他国家。

在外贸政策方面，英国的非关税政策主要包括以下内容：

(1) 进口许可证制度。在英国，负责进口许可证的具体部门是贸工部的进口许可证司(Import Licensing Branch, ILB)。在多数情况下，进口受到限制的货物，如已在欧盟内部流通，在进入英国时，则不再需要许可证。

(2) 进口限制措施。由英国贸工部进口许可证司实施的进口限制分为两部分——欧盟进口限制及国内进口限制。欧盟进口限制需遵循欧盟官方公报(Official Journal of the European Communities)上发表的法规及条例；国内进口限制则超越欧盟的法规范围，由各国自行实施。

（3）英国的反倾销、反补贴政策。欧盟反倾销、反补贴措施只能由欧洲委员会统一实施，各成员国不得单独采取行动，因此，英国在贸工部内建立了反倾销小组，其主要工作是从英国的利益出发，做好协调工作。具体来说，其主要工作有：①就欧盟反倾销、反补贴程序向有关方面提供具体指导；②英国企业由于倾销或补贴蒙受了损害，准备向欧洲委员会上诉时，贸工部反倾销小组可为其提供具体指导；③在反倾销、反补贴的具体案例及一般性政策等问题上，与欧洲委员会以及其他欧盟成员国联络。

二、德国市场行情

（一）基本经济状况

德国是高度发达的工业国家，经济实力位居欧盟首位㊀，在国际上仅次于美国、日本和我国，是世界第四大经济强国和美国及我国之后第三大贸易国。

德国自然资源较为贫乏，除硬煤、褐煤和盐的储量丰富之外，在原料供应和能源方面很大程度上依赖进口，2/3 的初级能源需进口。

德国农业发达，机械化程度很高。2009 年共有农业用地 1195.7 万 hm^2，约占德国土地面积的 35%，2010 年农林渔业产值为 328.05 亿美元，占国内生产总值的 1%。2010 年农业就业人口 651.6 万人，占国内总就业人数的 1.5%。

2010 年，德国工业总产值 16 074 亿美元，占国内生产总值的 49%。工业就业人数约 11 876.8 万人，占国内总就业人数的 28%。工业结构及特点为：①侧重重工业。汽车和机械制造、化工、电气等部门是支柱产业，占全部工业产值的 40% 以上，其他如食品、纺织与服装、钢铁加工、采矿、精密仪器、光学以及航空与航天工业也很发达。②呈外向型。主要部门的产品一半或一半以上销往国外。③工业主要由中小企业组成。大约 2/3 的工业企业雇员不到 100 名，众多的中小企业专业化程度较高，平均技术水平较高。④垄断程度高。占工业企业总数 2.5% 的 1 000 人以上的大企业占有工业就业人数 40% 和营业额的一半以上。

德国服务业主要包括商业、交通运输、电信、银行、保险、房屋出租、旅馆、教育、文化、医疗卫生等部门。2010 年，服务业从业人数为 29 479.2 万人，占总就业人口的 69.9%。

德国近 1/3 的就业人员为出口行业工作。主要出口产品有汽车、机械产品、电气、运输设备、化学品和钢铁；主要进口产品有机械、电器、运输设备、汽车、石油和服

㊀ 2010 年，德国国内生产总值 32 805 亿美元，位居欧盟首位，明显高于欧盟各成员国平均水平，占欧盟 27 国国内生产总值的 19.68%。

装；主要贸易对象是西方工业国。

（二）对外贸易基本情况

德国是世界贸易大国，与世界上230多个国家和地区保持有贸易关系，外贸常年呈顺差。

2010年德国进出口总额为17 495亿欧元，同比增长19.25%。其中进口7 976亿欧元，出口9 519亿欧元，同比分别增长20%和18.5%，外贸盈余1 543亿欧元。2010年法国是德国最大的贸易伙伴，德法双边进出口贸易总额达1 524亿欧元，荷兰以1 320亿欧元居第二位，中国排名第三，德中贸易总额为1 302亿欧元。法国自1961年以来一直是德国出口商品最多的国家，2010年德国对法国出口总额为907亿欧元；其次是美国和荷兰，德国对其出口额分别为656亿欧元和632亿欧元。进口方面，中国以765亿欧元拔得头筹，超过荷兰（688亿欧元）和法国（618亿欧元）一跃成为2010年德国最大进口来源国。

（三）对外贸易政策

德国作为欧盟成员国，也遵循欧盟的共同贸易政策。但德国也于1961年9月1日颁布了《对外经济法》（AWG）以及《对外经济条例》（AWV）。

根据德国《对外经济法》，德国对进出口贸易实务和有关商品的管理，主要落实在两个清单上，即“进口清单”“出口清单”。所谓进口清单，是指德国政府要定期在官方刊物《联邦公报》上公布并罗列全部可能的进口商品，并标明每一种商品的进口是否须经专门审批，是否需要申领进口许可证。“进口清单”上所列为数众多的商品中98%以上是不需要经过任何审批的。也就是说，德国进口商品中的绝大部分是可以不受限制自由进入的。对于其余少量受调控或限制的商品，除对极少量商品实施“原则上禁止进口”外，主要运用配额手段控制商品的进口。配额分配方式主要有：①“捷足先登”式，即总量限制，企业要多少发多少，发完截止；②按申请额的同样比例发放方式，总量确定后，按企业申请额度占总申请额度的比例发放配额；③关系方式，即原先做过该商品的优先考虑，新出口商按基本配额发放；④按人头发放方式；⑤出口许可证方式，即凭出口国在配额限量内发放的出口许可证在进口国申请进口许可，这是目前使用最多的方式之一。

此外，德国还通过对被动加工进口和主动加工进口进行管理来实行进口管制。其中，被动加工进口是指原材料、零部件等从德国出口，加工后的成品、半成品再返销德国。对被动加工品的进口，根据在德国生产的同类商品的一定销售比例批准进口。按《对外经济条例》第三十三条规定，如果某种需要进口审批的商品的进口是为了加工后再出口（主动加工），这些商品的进口原则上不用审批。

在出口管制方面，《对外经济法》规定，政府有限制对武器、弹药和战争设备、专利出口的权力。实施出口管制的商品均在“出口清单”上有明确的规定。联邦政府对出口商品的管制主要集中在对军品和军民两用品的限制上，对普通民用商品的出口则几乎没有限制性要求。2008 年 8 月 20 日，德国内阁通过了《对外经济法》及《对外经济条例》第 13 次修正草案，2009 年 4 月 24 日修正案生效，其中新增了限制外资并购德国企业的内容。

三、法国市场行情

（一）基本经济状况

法国是发达的工业国家，国内生产总值位居世界第五位。

法国矿藏资源比较贫乏，铁矿蕴藏量约 10 亿 t，但品位低、开采成本高，所需铁矿石完全依赖进口；煤储量已近枯竭；有色金属储量很少，几乎全部依赖进口。能源主要依靠核能，水力和地热资源的开发利用比较充分。

法国是仅次于美国的世界第二大农产品出口国和世界第一大农业食品加工产品出口国。2010 年法国农业产值约 387 亿欧元，约占国内生产总值的 2%，农业人口 91.4 万人，占总劳动力的 3% 左右。法国是欧洲最大的粮食、油料作物、甜菜、葡萄酒、牛肉、禽肉的最大生产国，近年来，每年的农产品产值达 655 亿欧元。法国已基本实现农业机械化，这是法国提高农业生产率的主要手段。农业食品加工业是法国获取外贸顺差的支柱产业之一，其出口额仅次于美国，居世界第二，占世界市场的 11%。

2010 年法国工业增加值为 1 918 亿欧元，约占国内生产总值的 10%，共有工业人口 662.79 万人，占总劳动力的 22%。法国的主要工业部门有汽车制造、造船、机械、纺织、化学、电器、动力、日常消费品、食品加工和建筑业等。核能、石油化工、海洋开发、航空和宇航等新兴工业部门近年来发展较快，在工业产值中所占的比重不断提高。法国核电设备能力、石油和石油加工技术居世界第二位，仅次于美国；航空和宇航工业仅次于美国和独联体，居世界第三位；钢铁工业、纺织业占世界第六位。但目前在法国工业中占主导地位的仍是传统工业部门，其中钢铁、汽车、建筑为三大支柱。随着第三产业的发展，工业在国民经济中的比重有逐步减少的趋势。

服务业在法国国民经济和社会生活中占有举足轻重的地位，2010 年服务业产值约 15 292 亿欧元，约占法国内生产总值的 79%，用工人数约占总劳动力的 75%。法国服务业分为非商品性服务和商品性服务，非商品性服务业包括行政管理、教育、医疗保健、国防、社会事务等，商品性服务业包括商业、运输、电信、旅馆、金融、保险、娱乐业等。

（二）对外贸易情况

法国是世界第五贸易大国，与世界各大地区和一百多个国家有贸易往来，对外贸易在法国国民经济中占有十分重要的地位。2010 年，法国外贸进出口总额达 8 365 亿欧元，其中进口 4 440 亿欧元，出口 3 925 亿欧元，外贸总额占国内生产总值的 43.2%。

法国进口商品主要有能源和工业原料等，出口商品主要有机械、飞机、化工产品、钢铁、农产品、食品、服装、化妆品和军火等。

法国对外贸易的 60% 在欧盟内部及欧洲国家内进行，除欧盟外，美国是法国最大贸易伙伴。2010 年法国的前 10 个主要进口地依次是：德国、比利时、意大利、荷兰、西班牙、中国、英国、美国、瑞士、俄罗斯；前 10 大出口地依次为：德国、意大利、比利时、西班牙、英国、美国、荷兰、瑞士、中国、波兰。

20 世纪 90 年代，法国外贸连年顺差，成为拉动国内生产总值增长的重要因素。但自 90 年代末期开始，法国对外贸易就开始陷入连年逆差的窘境，对外贸易对国民经济增长的贡献率多年呈现负值。2010 年贸易逆差达 894.87 亿美元。具体来看，法国外贸顺差的国别来源，首先是英国等欧盟成员国，其次是美国等发达国家，然后是与法国有历史、文化渊源的阿尔及利亚、黎巴嫩等，以及其他国家。其顺差的主要商品来源包括首先是空中客车飞机，其次是汽车及相关零配件。此外，法国传统的出口商品，包括葡萄酒、香水、农产品和食品，也占据重要的地位。德国是法国首要的逆差来源国，而石油和成品油、办公设备及信息器材、服装及毛皮制等则是逆差的主要来源商品。

法国是世界第三大对外投资国，2010 年其国外投资达 15 230.46 亿美元。法国对外投资主要集中在欧盟成员国，对美国和 OPEC 成员国、非洲、拉美的投资也较高，并以工业、能源、服务部门为多。大多数投资采用企业兼并或购买公司股份的形式。而法国所吸引的外商直接投资主要来自欧盟成员国，占其比重达 71.5%，其次是美国，约占 11.5% 左右，外资主要集中于工业部门。

（三）对外贸易政策

法国是欧盟成员国，在对外贸易上，政府根据欧盟制定的共同对外贸易政策和规定，以及在国际组织和协议中承担的义务，制定法国对外贸易的具体政策和措施。法国政府对对外贸易的管理，一般是采用间接干预的行政手段，但有时也通过颁布法律、法令和对进出口商的通告进行直接干预。法国外贸的重要方针政策，均由国家或政府的最高首脑确定。法国还设有一个从属于总理府的由外交部经济司、经济财政和工业部下属的对外经济关系总司及农业部、装备部等专业部门有关负责人组成的部际委员会，负责研究、审定外贸领域的一些重大问题。各项外贸政策及法规的实施由各有关部门负责。

法国有关部门对每年的外贸进出口都作预测。经济财政和工业部下属的对外经济关系总司、由各部门经济专家组成的国家经济研究与统计局（INSEE）以及各大银行对国民经济各部门的生产、金融货币、对外贸易等各项指标都分别进行预测，政府根据各部门对市场的预测和当时国际贸易中出现的新情况，对某些产品的进出口进行干预，予以鼓励或限制。

1. 进口贸易管理

作为欧盟成员国，法国执行的是欧盟对外贸易法规和管理制度，但涉及进口商品的技术和安全标准，则是先将欧盟有关指导性规定转换成本国法规后再执行。经济财政和工业部对外经济关系总司代表法国政府参与欧盟对外贸易方针政策的研究和制定，并协调海关总署、农业部以及经济财政和工业部等有关部门贯彻执行欧盟对外贸易法规和管理制度。对于一些特殊商品的进口，法国则根据《罗马条约》第36条的规定，继续实施本国的有关进口管理措施。法国参与经贸管理的一些职能部门与欧盟总部的相关机构保持直接的对口联系，定期协商，及时处理对外贸易管理过程中出现的技术问题。由欧盟有关指导性贸易法规转换成的法国立法、欧盟外贸法规的最新消息以及法国进口贸易管理规定，都是通过法国官方公报对外公布。

2. 出口贸易管理

法国政府实行鼓励出口政策，一般商品都可以自由出口，仅对少数产品施行出口管理，如对农产品的出口补贴管理和对军事装备、高技术产品和核技术设备的出口进行管理。

法国税法规定，对出口货物实行零税率。适用零税率的货物在任何环节都不用缴纳增值税，即彻底免税。已纳税的，还可以退税。这是法国政府鼓励出口的重要手段之一。关于零税率的运作，法国采取以免税购买方式为主，以先交税后抵扣方式为辅的做法。法国的出口退税制度在国家财政预算中不单列指标管理。而且根据企业的类型，采取免税和退税两种方式进行管理。

此外，法国还实行以下政策鼓励出口：

（1）发展出口优惠贷款。出口企业制定一个发展出口的3年或5年计划，经当局指定的银行审核认为可行后，该银行给企业提供一笔数量可观的利率优惠的贷款，对企业进行支持。

（2）用发展援助推动出口。法国政府对有法国企业参与竞争的项目通过赠款或政府长期优惠贷款和出口信贷相结合的混合贷款进行支持，增强法国企业的竞争能力，帮助他们最终赢得合同。

（3）强化出口产品质量。法国的商检一贯遵循欧盟的标准，有些方面甚至有过之而无不及，因而法国的商品一般都符合欧盟的质量标准，这为法国商品的出口提供了可靠的保证。

（4）利用中介组织推动外贸发展。法国的一些中介组织，如半官方机构的法国企业国际发展署（UBIFRANCE）往往肩负着向法国外贸企业特别是出口商提供国外市场情况，以推动工、农业产品的出口的重任。

3. 外贸出口保险

法国政府一般通过法国外贸保险公司（COFACE）对外贸出口进行保险。该公司成立于1946年，具有双重职能，除与其他保险公司一样经营自身的保险业务外，它还为国家支持的出口或投资提供服务。法国对外出口的20%~25%由该公司提供担保。

为更好地支持出口企业，尤其是中小企业，法国外贸保险公司在16个国家设立了代表处、子公司或分支机构，并间接地通过“信贷联盟”组织与9个国家的当地公司建立了合作关系。此外，中长期信贷保险部自1995年以来提供了相当数量的项目贷款担保，这是法国外贸保险公司为国家服务的最主要内容。

【本章关键术语】

欧盟　进口限制　技术性贸易壁垒　卫生及植物卫生措施　贸易救济措施　出口限制

本章复习思考题

1. 简述欧洲一体化历史进程。
2. 简述欧盟的贸易政策体系。
3. 简述欧盟技术性贸易壁垒的构成。
4. 简述欧盟反倾销和反补贴的程序。
5. 英国、德国、法国的基本经济结构和外贸结构如何？

本章延展阅读书目

［1］赵俊杰．21世纪欧盟经济发展战略［M］．北京：中国城市出版社，2002.
［2］伍贻康．区域整合体制创新［M］．上海：上海财经大学出版社，2003.
［3］叶卫平．欧盟经济圈与中国企业［M］．北京：中国经济出版社，1996.

第十三章
亚洲市场行情分析

【本章学习要点】

- 日本经济波动、对外贸易及市场特征
- 新兴市场经济发展、对外贸易及市场特征
- 东盟经济发展、对外贸易及市场特征

第一节　日本市场

日本位于亚洲东部的太平洋上，由 4 个大岛及约 6 852 个小岛组成，总面积 377 947km^2，人口 12 717.6 万，为世界人口密度最大的国家之一。居民多为大和族，通用日语，信奉神道和佛教。日本人有很强的民族精神，工作状态敬业、认真、一丝不苟。130 年前，日本经过明治维新，实现了根本改变封建制度的大变革，以欧洲为典范建设现代国家，经济得到迅速发展，并于今日达到了不亚于欧美的水平。

一、日本经济的发展及现状

（一）第二次世界大战以来日本经济的发展

第二次世界大战后，日本经济经历了恢复时期和高速增长，仅用了 20 多年的时间，就实现了赶超欧、美发达资本主义国家的目标，成为仅次于美国的世界经济强国。特别是在 20 世纪 70 年代以后，国际经济环境发生了深刻的变化，日本面临日元升值和能源危机的巨大冲击，但日本官民团结一致，通过技术革新，减少能源消耗、降低成本，成功地化解了这些不利因素，使日本产业由“重复长大”型转变为“轻薄短小”型，日本在西方各国中最先摆脱世界性经济萧条，被誉为西方世界的“优等生”。这就

为其发展成为世界贸易大国、金融大国、债权大国奠定了基础。

20 世纪 60 年代—80 年代，日本创造了资本主义经济史上罕见的经济高速增长的奇迹，同时在两次石油危机中采取柔软的结构调整，不仅顺利渡过石油危机的难关，而且在资本主义国家中仍保持强劲的发展势头。日本制造业的总体竞争力一度超过美国，日本的国民生产总值由 20 世纪 50 年代初约相当于美国的 6% 上升为 90 年代初的 66%，日本成为仅次于美国的世界第二经济大国。

然而正是在 20 世纪 80 年代末 90 年代初日本经济达到高峰的同时，其经济泡沫也达到了顶点。泡沫经济的崩溃使得在此之前大量贷出资金的日本银行陷入巨额坏账的泥潭而不能自拔，并使日本经济在 90 年代以低于美国经济增长率 2 个百分点的劣势陷入经济停滞。

(二) 日本的经济波动

20 世纪 90 年代以来日本的危机，被日本人叫做“失去的十年”。从 90 代以来到现在，日本处于低速和危机、病态或准病态的运行状态中，一直就没有走出来。它的危机并不是突发性的，而是由于美国纳斯达克指数下跌，网络泡沫破灭，加重了它的危机。日本的经济危机是与政治相联系的，不是单纯的经济危机。第二次世界大战后 55 年体制走向崩溃，55 年体制是日本第二次世界大战后在迈克拉斯宪法的基础上重新组合政治和经济资源、官民结合的体制，它的特点是官厅对企业有很大的指导和保护，企业在官厅的保护之下组成若干个集团，在传统产业里竞争，显示了很强的竞争力。但由于以下原因，日本产生了巨大的坏账：①企业与政府之间有了很强的依赖性；②政府对企业的保护；③日本政策性金融向企业无限地融资，导致了产业界和银行之间的互相依赖，最后导致企业不是很适应越来越开放的世界，特别是 IT 企业。日本政府从 90 年代起来对它的坏账一直采取政治性的策略，出现一些坏账消灭一些坏账，实际上潜在的坏账远远高出公开的坏账。

据日本的经济统计，1999—2000 年日本经济经过短暂复苏后，于 2000 年 10 月又转为下降，进入萧条局面。2001 年 4 月—12 月，日本 GDP 连续 3 个季度呈负增长。在经济学上，当一国的经济连续两个季度下降，就可认定为经济陷入衰退（在第二次世界大战后的美国，经济衰退一般是指实际国民生产总值在至少两个季度内下降 1.5% 以上，同时失业率上升到 6% 以上）。从统计数字来看日本经济确已陷入衰退局面。

从对外投资上看，日本是一个资本净输出国，1990 年对外投资总额为 505 亿美元，2000 年为 329 亿美元。2000—2004 年，日本的对外投资一直处于不断波动的状态。2001 年，其对外投资为 384.97 亿美元，2002 年、2003 年又连续下降为 320.17 亿美元和 287.66 亿美元。从 2004 年开始，日本的对外投资总额连续上升，从 2004 年的 309.57 亿美元上升到 2008 年的峰值 1 308.18 亿美元。由于金融危机的影响，日本对外投资额于2009年和2010年又连续下降，2010年为572.22亿美元，降幅达56.26%。日本的累计对外投资总额居世界前列，是东亚国家的重要投资国。日元是可自由兑换货币，也是国际贸易和国际投资中的主要计价和结算货币之一。

2000年日本GDP为47 501亿美元，人均3.7万美元。2000—2002年，日本经济实际增长率年均为1.1%，不仅明显低于美国的2.1%，也明显低于加拿大的3.5%、英国的2.5%、法国的2.4%；其中2001年只增长0.4%，2002年则出现了0.35的负增长。2003年和2004年，伴随景气回升实际经济增长率虽然有所提高，但仍然低于美国的水平。2003年日本实质GDP达547万亿日元(约合5万亿美元)，同比增长2.7%。GDP总量仅次于美国。其GDP规模约占世界总量的14%，占亚洲的60%，相当于英国、法国、德国3国总和。人均GDP3.6万美元，在世界名列前茅。外汇储备截至2004年1月末为7 413亿美元，居世界第一位。海外净资产1.5万亿美元，是世界最大债权国。2005年GDP为46 722亿美元，比上年增长2%。2010年，日本经济实现了3.9%的较高增长。

日本是世界第二经济大国。虽然经历泡沫经济的冲击，日本经济基础条件仍相当好，泡沫经济并没有从根本上损害日本的经济元气。日本国民教育发达，人口素质居世界前列。科技实力雄厚，竞争力排名世界第一。民间资本充裕，个人金融资产达12万亿美元。这些都是推动日本经济增长的长期要素，其发展潜力仍不可估量。

二、日本对外贸易

（一）日本对外贸易的发展

日本是一个自然资源贫乏、国内市场狭小的国家，因此，对外贸易在日本经济发展中的作用至关重要。第二次世界大战后日本经济的迅速崛起和经济大国地位的取得，与其对外贸易活动的有效开展密切相关，没有对外贸易，就没有第二次世界大战后日本经济的发展。

第二次世界大战后日本对外贸易发展很快，对外贸易额增长十分迅速，其中出口贸易额的增长尤为突出。日本的出口贸易额1950年为8.2亿美元，1955年为20.11亿美元，1973年猛增到369.3亿美元，1995年为4 430亿美元，2000年增长到5 475亿美元。从2001年起，日本的出口贸易额连续增加。年均增长率均在6%以上，直到2007年，达到7 713.57亿美元的峰值。从2007年开始，日本出口有所下降，直到2009年，日本出口额为6 361.43亿美元，相对于2007年下降17.5%。虽然如此，其年均增长速度高于同期世界和工业发达国家出口贸易的增长速度。进口贸易额1950年为9.7亿美元，1955年为24.71亿美元，1973年增加到383.14亿美元，1995年为3 359亿美元，2010年增长到7 680.48亿美元。2010年对外贸易总额为15 986.68亿美元。2001—2010 年，日本出口由 4 325.47 亿美元增加到 8 306.20 亿美元，增加 92.30%。进口贸易额的增长速度要略低于出口贸易，但其增长速度仍高于其他工业发达国家。由于对外贸易迅速增长，日本在世界贸易中的地位显著提高，至今仍维持着世界第四贸易大国的地位。

日本对外贸易商品结构趋向合理。在20 世纪 80 年代初期，日本主要出口商品依次为：车辆、录音设备、普通机械、通信设备及零部件、电力机械、船舶、测量控制工具、钢板、办公设备零部件等。到20 世纪 90 年代中期，录音设备、普通机械、测量控制工具退出主要出口品行列，半导体元器件、汽车零部件、自动化数据处理设备、内燃机车引擎等成为主要出口品。因此，尽管日本20 世纪 90 年代后的经济并不景气，但出口商品结构仍然有所改善，已成功地从以劳动密集型为主转变为以技术和资金密集型为主。在进口商品结构中，20 世纪 80 年代以前，由于日本资源贫乏，需要进口大量的食品、能源以及工业原料等初级产品，因此初级产品占进口的绝大部分，经常达到70%左右。但随着日本经济国际化的深入发展和贸易摩擦的升级以及贸易顺差的急剧扩大，80 年代以后，初级产品在日本的总进口中所占的比重有所下降，工业制成品在进口中所占的比重大幅度提高。同时，日本还从国外引进大批先进技术，以促进国内的技术改造和产业结构的优化，提高国家的整体技术水平。

为了规避贸易风险，保证对外贸易持续、稳定地发展，日本政府积极推进市场多元化策略，合理调整进出口贸易地区分布，并取得较好的成效。从出口的地区分布来看，第二次世界大战后日本对发达国家与发展中国家和地区的出口大体上各占一半。发达国家一直以来是日本重要的出口市场，发展中国家，尤其是亚洲地区的一些发展中国家，如我国、新加坡等，均是日本出口的主要对象。有资料显示，亚洲地区既是日本传统的出口市场，也是日本出口增长幅度最大的市场。在进口的地区分布上，第二次世界大战后日本的进口与出口方向基本相似，来自发达国家与发展中国家和地区的进口也大致各占一半。

（二）日本的对外贸易政策

在第二次世界大战后日本经济和对外贸易的发展中，政府积极干预起了很重要的作用。日本政府通过制定相关的贸易政策、法规，通过对贸易活动的行政指导、财政金融干预、外汇干预等，使日本从一个百废待兴的国家一跃成为世界经济和贸易强国。

日本是一个资源贫乏的岛国，日本政府把“贸易立国”作为其基本国策，主管对外贸易的通商产业省成立伊始(1949 年 5 月)，就把其使命确定为“改变产业行政方向，即由以往的国内经济中心主义转向国际通商主义，由此确立参与国际经济体制的态势，谋求出口产业的迅速发展”。第二次世界大战后日本政府的第一本《通商白皮书》(1949 年版)亦在前言中疾呼“必须采取一切措施和一切努力集中力量振兴出口”，并且提出了“或是出口，或是死亡”的口号。

战后初期，日本政府采取了严厉的贸易保护政策，并通过关税、配额、许可证、外汇管制等各种措施，限制进口，替代出口，以保护本国产品和市场，扶持本国产业的发展。在经济高速增长时期，由于对外贸易增长迅速，产品的国际竞争力增强，日本开始实行有选择的贸易自由化，并逐步放松对外资的限制，加大鼓励出口的力度。在经济低速增长的时期，日本政府放慢了贸易自由化的步伐，努力实现出口商品结构高级化、出口市场多元化。20 世纪 80 年代以后，由于日本贸易顺差不断扩大，对外贸易摩擦空前激化，日本已成为世界主要贸易国的众矢之的。为了缓和贸易摩擦，日本政府采取措施进一步开放国内市场，并通过促进对外直接投资，缓解日元升值对本国商品出口竞争力的不利影响，同时，通过积极探索双边自由贸易、发展服务贸易等，来维护日本在新的国际贸易格局中的利益份额。

为了振兴出口，日本政府采取了一系列政策和措施，其中最重要的就是财政方面的政策和措施，如出口所得扣除制度、技术等海外贸易所得特别扣除制度、中小企业开拓海外市场准备金制度、直接与间接出口补贴、重要机械特别折旧制度和出口特别折旧制度等。上述财政的优惠措施的受益者主要是钢铁、汽车、造船、机械和电机等行业，这些行业都属于日本主要的出口行业(有的是后来成为重要出口行业)。以汽车为例，1956 年三家主要四轮汽车厂家因属于“重要机械免税制度”指定的行业，在其利用进口外汇配额进口的 19. 54 亿日元机床中就有 15. 83 亿日元是免税的，免税额达 2. 38 亿日元。汽车行业又属于《企业合理化促进法》所规定的“指定行业”，为此其在 1952—1956 年期间的 2. 29 亿日元总投资额中，有 16. 6%(3 800 亿日元)被允许实行“特别折旧”。

日本是一个加工贸易国，第二次世界大战后从国外进口大量资源和技术，利用引进的先进技术和国内较廉价的劳动力进行加工，然后将产品的一部分推销到国外换取外汇，再进口资源和技术。通过发展加工贸易，积累了资金，提高了技术水平，促进了日本经济和贸易的发展。

出口贸易发展是以出口竞争优势为依托的，而技术进步则是形成和强化出口竞争优势的重要因素之一。对此，日本政府和企业都有清醒的认识，对技术资本的积累和技术竞争优势的形成和强化给予了高度的重视。第二次世界大战后，日本政府为了促进出口贸易的发展和国民经济的现代化，先后采取了一系列鼓励技术进步的政策措施，并最终使日本的技术水平得到迅速提高，出口商品结构由过去的以劳动密集型产品为主，成功地转变为以资本密集型产品和技术密集型产品为主，贸易条件和国际竞争力得到大幅度改善，国民经济得到高速发展，并成功地加入到先进国家行列。

出口市场多元化策略是日本对外贸易发展中的一个重要策略，它对日本对外贸易的持续、稳定、快速发展，起到了积极重要的作用。

三、日本政府在对外开放中对本国市场的保护措施

日本无论是在工业化初期，还是在工业化高度发展的阶段，也不论是否加入国际经济组织而承担了贸易和资本自由化义务，政府始终都根据国内企业发展的具体情况对国内市场进行必要的保护。

日本政府对国内市场的保护政策是根据国内产业的国际竞争力状况有意识地逐步实施的，可以说日本是有序地进行国内市场保护的，从而有效地避免了国外商品和资本的竞争与冲击，促进了日本工业的较快发展。这些保护措施总的来看，可以归结为三个方面：一是对贸易采取保护政策；二是直接干预外国投资；三是通过建立新的产业体制、进行产业立法等手段提高主导产业的国际竞争能力。

（一）从贸易保护政策来看，主要运用关税壁垒和非关税壁垒作为限制商品进口的手段

日本是在1955年加入关贸总协定的。“入关”前，由于外汇短缺，日本对进口实施了外汇配额和进口限额等控制措施，把紧缺的外汇储备集中用于钢铁和造船业等重工业与石化工业。为了防止进口产品直接与国内扶植产业竞争，日本对进口相关国外产品的外汇实行严格进口配额控制。“入关”时，日本的进口自由化产品比率只有16%。“入关”以后，日本受关贸总协定自由贸易条款的限制，逐渐取消了直接限制，但却加强了非关税壁垒抑制进口的作用。20世纪60年代初期，日本进行了较全面的关税体制改革，除了提高部分商品的关税税率之外，还建立了针对不同的产业实行生产资料低关税、消费资料高关税，针对不同的生产加工阶段实行初级产品及原材料低关税、最终产品高关税的“倾斜的关税结构”。这种随加工程度而变化的关税结构的有效保护率高于名义保护率，从而大大提高了产业的国际竞争能力。20世纪70年代以来，随着贸易自由化的发展，日本的保护手段逐渐从关税壁垒转向了越来越多的非关税壁垒，如提高卫生检疫标准、排污标准等，强化行业组织等，这些措施既抑制了外国商品对本国商品的竞争，也为本国的幼稚产业创造了提高国际竞争能力的有利条件。

根据《进口贸易管理令》和《进出口贸易法》，日本进口贸易管理原则上自由，但针对某些商品、进口对象国或地区、贸易方式、结算方式等有特别限定，进口商进行上述进口时须获得通产大臣的进口审批许可。

（二）限制外国直接投资的政策

第二次世界大战后初期的日本虽然资金短缺，技术落后，政府却对外资采取了严格的限制政策。他们认为，在经营资源和经营规模上拥有明显优势的外国企业在日本大量投资，必将导致本国企业被兼并、吸收，从而限制了本国产业和独立技术的发展，

企业将陷于图短利、招远祸的命运。1964 年，日本加入经济合作与发展组织后，无论是经合组织的谴责还是美国的强烈要求，都没有使日本放弃限制资本自由化的原则。为了避免外资引入加剧日本国内市场的竞争甚至被外资控制，在资本自由化之前的 1966 年，日本经团联就对国内 30 个工业部门和 110 个行业进行了广泛深入的调查，并制定了 5 个标准以确定是否实行自由化以及实行自由化的程度。这 5 个标准是：①企业的生产规模；②技术水平，特别是技术开发能力的状况；③设备的现代化水平；④产品的质量性能、商标的知名度及价格的竞争力等状况；⑤销售网的齐备程度等。依据以上标准，1967—1973 年，日本政府分 5 次陆续实行资本自由化。日本还通过明确的经济立法对直接投资加以限制。1949 年制定的《外汇法》是对外国直接投资进行管理的基本法，该法在 1980 年修改后，仍有这样的规定：如果外国直接投资对日本的产业、经济、安全产生不利影响，对外商的投资则要加以限制以保护国内产业。这就限制了外国对某些产业的投资。另外，有些特定产业的立法也起到了限制外资投入的作用。

（三）通过建立新的产业体制、进行产业立法等手段进行产业扶植，提高企业的国际竞争能力

随着科技革命对经济发展，尤其是对企业规模经营等产生日益深刻的影响，针对日本企业生产和经营规模小，企业在价格、设备投资、技术开发等方面存在过度竞争的状况，1963 年通产省产业结构调查会提出了“新产业体制论”，指出要加强企业的联合与兼并，通过扩大企业的规模经济效益增强企业的国际竞争能力。于是在 20 世纪六七十年代，日本对化学工业、海运业、汽车业、银行业进行了大规模的联合与兼并，充分发挥规模经济的效用，大大提高了日本企业的国际竞争能力。

日本除了加强企业的合并外，还重点加大了主导产业的经济立法。早在 20 世纪 50 年代中期，日本就制定了《振兴机械工业临时措施法》(《机振法》) 和《振兴电子工业临时措施法》(《电振法》)。1971 年在原有《机振法》《电振法》的基础上修改制定了《振兴特定电子工业及特定机械工业临时措施法》(《机电法》)，重点扶植汽车和电子计算机行业。1978 年又进一步制定了《振兴特定信息产业临时措施法》(《机信法》)，取代《机电法》以促进软件事业的发展。从以上立法的转变，我们看到了日本为促进民族工业主导产业的发展在法律方面所作的不懈努力。这些受经济立法扶持的日本主导产业获得了大量的国家财政补贴，大大促进了日本知识密集型的核心产业——机械信息产业的发展。

四、日本的市场特征

（一）景气摆脱踏步不前的状态，持续回升

由于 IT 泡沫崩溃，2001 年度日本经济负增长，2002 年度景气扩大，实际增长率达到0.8%。2003年2.0%，2004年1.9%。2005年第一季度实际增长率为1.2%，4月—6月为1.6%左右。从2002年到2007年10月，日本经历了第二次世界大战后最长的经济景气期。其中，2005年、2006年、2007年日本实际经济增长率分别为1.93%、2.04%、2.36%。2008年和2009年，由于受全球金融危机影响，日本经济受到很大影响，两年的实际经济增长率分别为-1.17%和-6.29%。但从2009年6月开始，日本经济出现"拐点"，2009年后三季度的经济增长率分别为6.0%，-0.6%和3.8%，并在2010年全年实现了4%的经济增长。

所谓景气踏步不前，就是以IT泡沫崩溃为契机，IT制品和零部件生产过剩、库存增加，为此不得不大规模地控制生产规模。然而，由于电子零部件的库存调整没有波及整个工矿业生产部门，从而造成景气回升踏步不前。

随着企业收益好转，家庭收入将会增加，通过消除设备过剩等结构调整和库存调整，景气扩大持续到2007年。不过，这次景气扩大实际增长率年均只不过1%，是历次景气扩大最低的。其次，企业经营和经营收益虽明显改善，但国民生活尚无什么成效，只不过是刚刚出现好转的苗头，国民没有繁荣的感觉。

日本经济景气正在缓慢地回升，企业收益改善，设备投资缓慢增加；家庭和个人消费缓慢增加；雇佣形势虽依然严峻，但正趋于改善；出口有所增加，生产维持现状。

（二）景气扩大的特点

1. 底气增加的家庭部门

这次景气回升是以家庭消费为基础而扩大的，特别是2004年，住宅投资经过连续3年的下降后转为增加，家庭消费增幅明显。

2003年以后个人消费倾向提高，家庭收入在2003年下半年停止下降，2005年趋于增加。并且一直持续到2008年，日本的家庭最终消费支出由2000年的2 748 230亿日元增加到2008年的2 839 500亿日元，增幅为3.3%。其原因是雇佣调整告一段落，2003年后失业率下降，雇佣形势好转，收入也有所增加。

2004年后尽管雇佣改善，但工资却没有什么增加；2005年春节平均提薪5 422日元，增加1.71%。

2. 企业设备投资缓慢增加

企业收益连续三年提高，销售额经常利润率超过20世纪80年代泡沫经济景气时期，2004年达5.6%，2006年更是达到6.9%，是1974年以来的最高值。

企业收益提高的原因主要是经过雇佣调整，现金工资额连续7年下降，节减了人事费。

企业收益提高推动设备投资缓慢增加：2003—2004连续2年增加，分别增加6.3%和6.0%。经历了2008年全球金融危机的影响后，日本的企业设备投资重新迎来了回升。从2009年的307 070亿日元上升到2010年的316 330亿日元，增幅仅为0.3%。根据日本银行短期观测(2005年6月调查)：2005年度比上年度增加5.4%，作为6月调查，是1990年以来的最高水平。这次设备投资的特点是：投资保守、增加缓慢，典型的是钢铁。与钢铁企业的收益明显改善相比，投资基本上没有增加；虽然投资增加缓慢，但由于设备更新换代、先进的新型的设备普及率提高，企业生产效率明显提高了。

3. 收缩的财政和公共投资

自度过1998—1999年第二次世界大战后最严重的经济危机以来，在财政收入逐年减少的情况下，日本政府自2000年以来一直控制财政支出特别是公共投资的增加。其中，2000年、2003年和2004年度公共投资都比上年削减10%以上。2005年以来，政府公共投资逐年下降，从2005年的171 520亿日元降至2008年的138 690亿日元，降幅达19.14%。2008年金融危机后，政府重新增加了公共投资，2009年的公共投资为158 630亿日元，2010年为183 570亿日元，分别增长14.3%和15.7%。因此，当前的景气回升就是在财政不发挥作用的情况下实现的，公共投资对经济增长的贡献度一直是负数。

4. 科技进步

20世纪90年代以来，日本制造业的国际竞争力明显下降了。例如，半导体产业DRAM(记忆存储器)1988—1989年日本占世界的50%以上，2004年则下降为25%左右。

但是，尽管长期经济停滞，企业人员调整、设备投资减少，但研究开发人员和研究开发投入没有减少，发明创造和知识产权仍继续增加，新产品更新换代加快。

伴随着数码家电的发展，日本半导体产业重新恢复了国际竞争力，太阳能电池产量占世界的一半以上。数码相机、数码摄像机等在国际市场上占垄断地位。1982年以来，日本加工机械一直居世界第一。半导体、半导体零部件世界第一。半导体、液晶显示器原材料之一的机能性化工产品具有绝对的竞争优势，产量也占世界的一半以上。

在家庭消费方面，数码家电等耐用消费品的销售旺盛，国内外旅游、计算机上网、手机使用费等显著增加。2005年3月数码家电普及率为：计算机56.9%，DVD44.1%，超薄电视10.4%。

5. 出口增加

2001—2007年，日本出口由525 670亿日元增加到908 304亿日元，增加72.79%；其中2002年增加6.2%，2003年增加5.0%，2004年增加12.2%。2005年增加8.5%，2006年增加13.7%，2007年增加11.1%。虽然受金融危机影响，日本的出口在2008年和2009年只有-2.6%和-3.3%的增长，但通过迅速调整，2010年其出口又有22.5%的快速增长。同时，向中国出口由2005年的88 370亿日元增加到2008年的

129 500亿日元，增加46.54%；其中2006年增加22.1%，2007年增加19.0%，2008年增加0.9%。2010年，日本对中国出口额增加了27.9%，高于当年日本总出口额增长的24.4%。

第二节 新兴市场

“新兴市场”的概念是美国商务部提出的。1994年美国商务部在研究美国出口促进策略时认为：一个新世界正在崛起，未来美国将与这一类新的国家和地区进行竞争，这类国家和地区的核心成员有10个，我们称之为“新兴市场”。这里我们主要介绍亚洲新兴市场国家和地区。

一、我国香港

（一）我国香港的市场特征

我国香港经济在过去几十年里，经历了两次转型：20世纪50年代中期到70年代中期，从单一的传统转口贸易型经济转变为亚洲制造业的重要基地之一，走上工业化道路；1978年开始，我国内地改革开放，香港经济结构发生重大变化，大量劳动密集型制造业转移到内地，香港本身则转变为金融服务业中心。

香港经济的转折点是1997年7月缘自泰国的东南亚金融危机。这次金融危机使香港的经济受到极大冲击。原来最能点缀香港经济奇迹的股市、楼市急转直下，股票价格大幅下滑(恒生指数从18000点猛跌至9000点)，楼价与价格高峰相比下跌50%以上。经济增长幅度急速下降，甚至出现了负增长。例如，1998年和2000年的经济增长率分别为-5.3%、-0.3%，进而导致严重财政赤字，2001为646亿港元，2002年达700亿港元。香港的外向型经济决定了其经济的增长要依存世界经济发展状况，全球经济整体萧条，“9·11”事件又使疲弱不堪的国际市场遭受打击，更使香港的经济雪上加霜。被经济泡沫蒙蔽了的香港突然在美梦中醒来，从此进入了艰难调整时期。以亚洲金融危机为起点，进入了艰难、痛苦的第三次转型期，重点是发展资讯和应用科技及高增值服务业。

2000年，香港经济摆脱亚洲金融危机的影响，本地生产总值增长10.5%，是1987年以来的最高增长率。金融市场总体平稳，政府财政状况稳健，进出口贸易增长强劲，航运业表现优异，旅游业畅旺，失业率下降，通缩明显收窄，表明香港的整体经济已经恢复正常。2004年香港经济增长8.1%。此后受2008年美国次贷危机的影响，香港经济一度下滑，从2009年10月开始，逐渐得到恢复。2010年，香港经济增长7.5%。

香港的优势在于其属国际化的城市，拥有便利的经商环境、完备的法律体制、自由贸易政策和资讯流通、公平开放的竞争，以及金融网络、通信基建网络等便利因素。此外，香港拥有庞大的财政储备和外汇储备、自由兑换的稳定货币、低税率的简明税制等优势条件，使得香港发展成为具有很强竞争力的地区之一。

（二）我国香港的对外贸易

20世纪90年代以前，在周围经济体尚较封闭、落后时，香港以其独特的相对优势，充当了周围地区对外经贸的桥梁。由于香港是自由港，一直以来都能以较低的关税和较多的配额，把产品打入世界市场。周围地区由于尚未开放，不熟悉国际市场行情，也需要利用香港"借船出海"——先把产品输入香港，再由香港转口到世界市场。

但20世纪90年代以来的情况则有所改变。新一轮经济全球化的一个重要成果，是各国大幅度降低关税，积极消除非贸易障碍，使本国商品更容易进入对方市场。不少签订区域贸易协议的经济体，早已相互实行零关税。在这种情况下，全球许多传统贸易枢纽由于传统优势相对减弱，中介地位出现不断下降的趋势，香港也不例外。由于降低关税和减少进口配额等非贸易壁垒，香港一些基于贸易开放政策的自由港优势自然会被削弱。例如，香港掌握较多纺织品出口配额，外地纺织品需借助香港输往世界市场；又如以前我国内地实行高关税、配额和许可证等限制措施，外国商品要直接进入内地十分困难，而从香港进入内地则相对较易，因而香港就成为外国商品进入内地的中介。但随着内地关税水平的大幅下降以及非关税措施的大量减少，外商直接进入内地市场比以前要容易得多，对香港的依赖程度则逐步下降。

早期香港经济的起飞，主要得益于成功推行加工贸易。而香港的加工贸易是一个包括进料、生产、出口以及其他相关服务在内的完整产业体系，是全球大大小小供应链中的一个相对独立的供应链。20世纪80年代开始，香港把加工贸易中的生产环节搬到内地、特别是珠江三角洲（以下简称"珠三角"）一带，香港本土主要提供与加工贸易有关的各种服务，成功吸纳了从制造业转移出来的劳动力，从而将经济结构顺利地转型为以服务主导；珠三角的加工制造则是香港经济模式的扩展和延伸，作为香港加工贸易体系的一部分而存在。但20世纪90年代中期以来，随着经济全球化进程的加快，香港产业发展的完整链条开始被截断，跨国公司及其他进口商开始直接进入珠三角就地采购，在珠三角的厂商也越来越多地从内地直接出口他们生产的产品。其结果是香港的贸易业务不断流失，或转型为离岸贸易，转口贸易及其相关服务的增长大幅放缓，香港开始出现产业空洞化问题。据统计，20世纪80年代，香港的转口贸易年均增长30%，90年代大幅降至12.9%，1996—2002年又进一步降到3.8%，其中有两个年度还出现负增长；从2002—2011年，香港的转口贸易增长加速，年均增长率达到9.64%。从2003年开始就保持了10%以上的高速增长，并于2004年实现16%的增长顶峰。2009 年，受全球金融危机的影响，香港转口贸易同比下降 11.78%，但随后在 2010 年和 2011 年就实现反弹，增长率分别达到 22.82% 和 10.47%。离岸贸易总额在 1988 年只有转口的一半左右，至 2000 年已开始超过转口贸易，平均每年升幅超过两成，大大高于同期转口贸易的平均升幅。贸易业务流失直接减少了香港的经济活动；离岸贸易上升虽然意味着香港企业经营的境外贸易业务大量增加，但由于离岸贸易的增加值比重大大低于转口贸易，因而其对香港经济的贡献始终比不上转口贸易和港产品出口。

香港特别行政区贸易发展局的一份研究报告显示，2011 年全年香港的进出口贸易总额达 71 018 亿港元，这表明香港的对外贸易总额在过去 20 年(1991—2011 年)之内上升了 3.6 倍。这份报告强调，香港的财富是建立于金融服务和贸易的基础之上的。2010 年，金融和对外贸易占香港 GDP 的 35.4%，是香港经济最强大的支柱产业；同年，这两大行业的公司盈利达到 6 141 亿港元，在所有行业中所占的份额最大；共雇佣约 81 万本地员工，是香港第二大雇主集团。

根据这份报告，在过去 30 年中，香港的出口只有 4 年下跌；除了 1982 年、2001 年和 2009 年之外，出口的表现均优于 GDP 的表现。这显示，香港的对外贸易往往率先从经济低潮中复苏。更重要的是，2000—2002 年，对外贸易远胜其他行业，对香港 GDP 增长的实质贡献最大，达到 70.2%。

在对外贸易不断发展的同时，香港的制造业为寻求低成本的土地和劳动力，大部分已经迁离。1980 年香港工业产值占 GDP 的 23.6%，到 2009 年仅占 7.38%，显示香港本地工业的全盛时期已经过去。如今，制造商们在香港依然活跃，他们设在香港的办事处主要以贸易公司和营运总部的方式运作，以支援其离岸生产，这本身就为香港的中介服务业带来了巨大需求。

随着 2003 年《内地与香港关于建立更紧密经贸关系的安排》(即 CEPA)的签署，香港的经济站在 CEPA 这个全新的平台上，无疑又一次面对历史机遇，令香港能够冲出困境，实现经济转型，再次腾飞。因此，工业和对外贸易将继续推动香港其他行业的发展，这对于香港维持和进一步增强其作为贸易枢纽以及金融、物流及其他贸易支援服务中心的地位，至关重要。

二、我国台湾

(一) 我国台湾的经济发展概况

我国台湾的经济发展可分为五个阶段：第一个阶段是在 1620 之前的大航海时代时期；第二个阶段是 1620—1840 年，从大汉族开始向台湾移民到鸦片战争；第三个阶段为 1840—1895 年，从中国的门户被西方打开以后到甲午战争；第四个阶段为 1895—1945

年，是台湾沦为日本殖民地的50年；第五个阶段则从1945年到现在，主要是近代的经济发展状况。

早期台湾是以原住民为主的自给自足经济体系。航海技术发达之后并没有为台湾带来较大的贸易机会，反而因为明代海禁而限制了台湾更进一步的发展。到了1620年之前的大航海时代，台湾已是与欧洲各国往来的主要地区。1620—1840年的西班牙、荷兰、明朝以及清朝统治时期的台湾，经济发展与各国的往来息息相关。1840—1895年，茶、糖与樟脑成为台湾的三大出口品，取代了原来的米、糖成为了台湾的出口大宗，台湾的贸易对象拓及全球。日本刻意创造了以糖和米为主的经济环境，使台湾由半自足的经济引导至出口经济，也改变了台湾的出口商品结构。1910—1940年，每年出口金额常占当年的GDP的30%~40%，而其中的80%~90%则系对日本出口。而近半个世纪，台湾在产业结构与对外贸易上有了很大的转变。从这半世纪台湾的对外贸易与产业经济发展的道路来看，有许多是影响台湾经济成败的主要因素。第一项是人力资源，从台湾的发展经验中我们可以很清楚地看出教育发展是经济发展的基础。台湾可以比其他发展中国家和地区在更短的时间内完成工业化，主要就是台湾具有接受过良好教育的劳动人口，才能够成功地吸取西方国家花了二三百年才建构而成的知识体系。

1949年国民党政府到台湾，因为货币供应量增加太快而引起通货膨胀，到了1953年，恶性通货膨胀已受到了控制。1953年起台湾开始推动第一期四年经济建设计划，1954年完成土地改革，推行三七五减租、公地放领与耕者有其田的政策。1966—1968年成立了三个加工出口区（高雄前镇、台中潭子、高雄楠梓等加工出口区）。1953—1989年的37年间，共实施了九期的中期经建计划，第十期从1990年开始。1965年美援中止。在1980年，纺织业是台湾最大的出口产业。1973年成立工业技术研究院，1974年开始推动十大建设，1979年成立新竹科学园区。台湾省的贸易成长在本期间有大量的成长，主要可以归因于两个主要原因：一个是台湾省在20世纪60年代正要发展出口贸易的时候，已经有具备规模的基础建设；另一个是台湾省发展的时间刚好搭上20世纪60年代初期起，世界经济扩充和已开发国家对进口的完全放任的机会快速扩充，而这个机会在经济史上也是百年难遇的。

外商技术的引进与加工出口区的设立是台湾经济发展的关键。加工出口区在创造就业机会、拓展对外贸易和平衡国际收支上有一定贡献，但是在引进新的技术上则较缺乏明显的效果。而在外资的政策上，外资对台湾出口的贡献较大，而台湾产业也在近年来大量对外投资，已加速了产业升级与经济转型。

根据台湾“行政院主计处”的统计数字，2001年我国台湾地区国内生产总值增长率为-1.9%，这是1951年台湾开始公布此项统计数字以来第一次出现负增长。我国台湾地区的国内生产总值增长率在1998年(4.6%)、1999年(5.4%)、2000年(5.9%)期间有着稳定的增长，但从2000年第四季度起便出现缓慢下降的趋势。在相关政策的推动和全球经济形势好转的影响下，台湾经济在2010年逐渐恢复。2010年，台湾国内生产总值为430.58亿美元，同比增长10.823%。这在全球各国家或地区经济增长率中排名第四，高出了全球平均增长率6.74个百分点。

近年来台湾企业加速向大陆转移生产据点。制造业产值在台湾地区实际国内生产总值中所占的比重已从1990年的31.3%下降到2009年的24.67%。以加入世贸组织为契机，台湾企业向大陆转移生产据点的进程还会进一步扩大、加速，台湾制造业在台湾地区实际国内生产总值中所占的比重还会进一步下降。鉴于这样的形势，台湾积极采取促进增强国际竞争力的措施。

(二) 我国台湾的对外贸易

在300年前，台湾已经开始了转口贸易。在其经济发展的过程中，对外贸易占了很重要的部分。对外贸易所占的比例，台湾明显比其他地区要高。台湾由于在海上地位的重要性，以对外贸易及港口的转口之便利性形成了重要的转口基地。而通过这种独有的贸易形态所产生的经济效益也带动了当时台湾经济的发展。

根据台湾“财政部”的统计数字，2001年台湾的贸易总额(进、出口贸易额合计)为2 301亿美元，从创历史最高记录的2000年突然逆转下降，比2000年减少了20%。出口贸易额、进口贸易额均比前一年下降两位数(负数增长)，这是有史以来的第一次。根据世界贸易组织公布的数字，台湾在世界贸易的排位已从2000年的第14位下降到2001年的第16位。由于进口贸易额的下降幅度大于出口贸易额的下降幅度，贸易收支顺差额增加了73亿美元。按台币计价，2001年台湾省的出口贸易额为41 377亿元新台币(比2000年减少10.7%)、进口贸易额为36 194亿元新台币(比2000年减少17.2%)。从2002年起，台湾的贸易总额连续7年高速增长，2002—2008年，台湾对外贸易总额增长率分别为6.09%、12.09%、26.03%、8.52%、11.99%、9.19%、6.47%。除了2004年和2008年，台湾出现贸易逆差，其余年份均是贸易顺差。尤其在2007年，贸易顺差高达2 742.5亿美元，同比增长28.64%。2009年，全球金融危机对台湾贸易产生了重大的影响，全年累计贸易额下降了23.79%，由于进口下降的幅度高于出口下降的幅度，台湾依旧维持了2 930.4亿美元的贸易顺差。2010年，台湾贸易形势得到改善，全年进口和出口累计增长44.1%和34.8%，贸易总额同比增长39.09%。

就主要贸易伙伴来看，2001年以前美国是台湾的首位出口伙伴，由于经济衰退加上发生多起恐怖事件的影响，2001年台湾对美国的出口贸易额减少了20 5%；有关信息技术商品项目均有下降：自动数据处理机的出口减少26.3%，办公用机器减少

9.1%。对香港的出口贸易减少了13.9%，对欧洲地区的出口贸易也减少了16.5%。即使是对台湾厂商转移制造业生产据点的大陆的出口贸易额也减少了8%。从2001年以后，香港超越美国成为台湾第一大出口对象。

就台湾进、出口贸易的主要商品项目来看，首位商品项目电子与电气机器类的出口贸易额减少19%，所占比重比2000年下降了1.3个百分点。由于受到国际市场信息技术产品需求下降的重大打击，来自美国企业等的委托生产订货单减少，台湾的积体电路公司、联华电子公司、宏基电脑公司、英业达公司等企业的2001年销售额转趋下降。从2000年开始，虽然机械与电子产品一直占据台湾出口商品的首位，但该比重不断下降，从2000年的56.3%下降到2009年的46.7%。机械与电子产品出口额从2002年开始逐年上升，一直持续到2007年，年均增长率9.6%。2008年和2009年由于金融危机的影响，机械与电子产品出口连续两年出现负增长，增长率分别为-3.2%和-16.7%。

2002年，台湾加入世界贸易组织后，经济发展仍受岛内外的大环境制约与影响，总体呈现“外温内冷”的格局。外部需求逐渐升温，成为带动其经济增长的重要动力；内部投资环境持续恶化，外商投资与民间投资双双下滑，内部需求不足，失业率上升，物价下跌，出现明显的“低增长，高失业、通货紧缩”形势。

在贸易方面，台湾决定将2001年的平均关税率8.2%（农产品20.02%、工业产品6.03%）到2004年（汽车及其部件等一部分商品项目则延到2011年）降低到5.53%（农产品12.86%、工业产品4.15%）。此外，对日本、韩国等近邻放宽了普通汽车、小型货车的进口限制，采取了关税分阶段降低的政策，到2011年完全废除；对梨、桃等特定农产品的进口也采取了分阶段降低关税的政策。

三、韩国

（一）韩国的经济发展

从20世纪60年代初开始，韩国经济持续高速增长，1996年韩国国内生产总值达到4 804亿美元。1997年韩国经济受到亚洲金融危机严重冲击。1998年韩国推行企业、金融、公共部门和用工制度四大改革，在较短时间内克服了金融危机。2001年8月，韩国提前还清IMF全部贷款，结束了IMF监管体制。2003年韩国提出“把韩国建设成东北亚枢纽国家”等政策目标，继续推动经济改革，培育新兴产业，吸引外资。但受国内外各种因素影响，韩国经济增长速度明显放缓。2003年韩国国内生产总值为6 083亿美元，人均国民收入12 646美元。1996年韩国加入了OECD，成为OECD的第29个成员。2004年韩国又提出2010年人均收入达2万美元的目标。据韩方统计，1962年韩国GDP和人均收入分别仅为23亿美元和87美元，2004年已增至6 804亿美元和14 162

美元。2005 年 GDP 和人均 GDP 分别为 7 997 亿美元和 16 492 美元。2010 年，韩国人均国民收入 16 372.5 美元，比 2003 年增加 28%，GDP 达到 10 144.83 亿美元，2011 年更是达到 11 638.47 亿美元。经过 40 多年的努力，韩国已经从一个极为贫穷的农业国一跃成为 GDP 居世界第 15 位、外贸总额居世界第 9 位、拥有发达的造船、汽车、化工、电子、通信工业、网络基础设施名列世界前茅的新兴先进工业国。

韩国经济之所以有如此快速的发展，主要是因为韩国采取了适合自身国情的发展战略，始终坚持出口导向的外向型经济。此外，勤劳刻苦的国民、较高的储蓄率和投资率以及对教育的重视均对韩国经济的快速发展作出了重大贡献。

目前韩国经济主要有以下几个特点：一是服务业和制造业比重不断上升、农林渔业比重日益降低。重化工在制造业中占较大比重，尤其是造船、石化、汽车、电子等行业发达并在世界范围具有较高的市场占有率和影响力。二是经济发展对国外市场和资源依赖程度高，贸易依存度高达 60% 以上。随着多年发展，国内市场接近饱和，国内劳动密集型产业正逐步向中国等国进行转移。三是大企业作用举足轻重。三星、现代、SK 等大企业集团数量虽少，但创造的价值在国民经济中所占比重超过 60%。

1997 年金融危机以来，韩国经济一直处于缓慢的恢复之中，但增长势头未能稳定地恢复到危机前的水平。在危机前，经济增长率在 5% 以上，有时甚至接近两位数，但危机后，除 2000 年有过一次强烈的反弹外，增长率总体呈下降趋势。进入 21 世纪以来，韩国经济波动较大。2000 年，韩国实际经济增长率为 8.48%，此后，韩国经济增长率在波动中呈现整体下降的趋势，2001—2008 年，韩国经济增长率分别为 3.97%、7.15%、2.80%、4.62%、3.96%、5.18%、5.11% 和 2.30%。值得一提的是，不同于世界大多数发达国家，2009 年，虽然深受全球金融危机的影响，但韩国依然保持了 0.32% 的正增长。韩国政府通过调整经济政策，在 2010 年使韩国经济快速扭转，实现了 6.16% 的快速增长。从失业率分析，尽管时有好转，但经济中的就业创造能力下降，15～29 岁的年轻人失业状况较危机前严重。2001 年时，经济每增长 1%，可以创造 133 000个就业岗位，而到了 2003 年，每 1% 的经济增长创造的就业岗位却减少到了 35 500个。2003 年过后，韩国经济形势好转，每 1% 的经济增长可以创造的工作岗位不断增加（虽然增加的数量有所波动）。2004 年，每 1% 经济增长可以增加 83 627 个工作岗位，此后，该数字不断下降，直到 2008 年的 15 128 个岗位，相对于 2004 年降低 81.9%。

韩国过去由于要集中资源实行赶超策略，采取了封闭市场、较少依赖外国直接投资的发展战略，但进入 20 世纪 90 年代后，逐步放松了政府管制。1997 年金融危机之后，韩国政府开始意识到吸引外资的重要性，在此种背景下，对其外资政策进行了大幅调整，并于 1998 年 11 月开始实施新《外国人投资促进法》，大幅放宽了投资领域限制，允许外国企业对韩国企业进行敌对性并购，对外商在韩国直接投资实行全面自由化和鼓励政策。但总体而言，韩国对外直接投资的力度远远大于其吸引外商直接投资的规模。据统计，2001 年后，韩国对外直接投资的规模不断增大，对外投资净额占当年 GDP 的比重由 2001 年的 0.44% 上升到 2008 年的 2.17%。受 2008 年全球金融危机的影响，2009 年和 2010 年，这一比重有所下降，分别为 2.06% 和 1.90%。

2003 年初卢武铉就任总统后不久，韩国就开始调整经济发展战略。从经济发展方向上看，重点是发掘经济增长的潜力和增强国家的总体竞争力。在发掘增长潜力方面，主要包括：①实施以创新为导向的增长战略，成为东北亚的经济中心；②国内平衡发展；③鼓励女性参与经济活动；④强化农业和渔业的发展基础。在对外开放和加强合作方面，主要包括：①积极进行自由贸易区和“多哈回合”的谈判；②实质性地推进韩国与朝鲜的经济合作进程；③加强双边和多边经济合作。从产业发展的角度看，韩国政府将数字电视和广播、液晶显示器、智能机器人、未来型汽车、新一代半导体、新一代移动通信、智能型家庭网络系统、数控软件、新一代电池、生物新药及人工脏器十大领域确定为经济增长的新引擎产业。到 2010 年左右，成为全球第四大工业国。半导体和造船业确保世界领导者地位。汽车和石化产业，在生产和出口方面，成为全球四强之一。数字电子产品，成为全球第二大生产国钢铁、机械、零部件及原料，确保全球供应能力。电子商务、分销和物流达到世界工业化国家先进水平。

（二）韩国的对外贸易

韩国外贸总额从 1962 年的 0.96 亿美元扩大到 2005 年的 5 456 亿美元。韩国自 1988 年贸易总额超过 1 000 亿美元之后，经过了仅仅 17 年的时间，国家进出口总额便超过了 5 000 亿美元。韩国年度贸易额 1995 年为 2 000 亿美元，2000 年 3 000 亿美元，2004 年为 4 000 亿美元。从 2004 年到 2008 年，韩国的对外贸易总额不断增加，2005 年、2006 年、2007 年的贸易额分别是 6 407 亿美元、7 422 亿美元、8 639 亿美元，2008 年更是达到 9 984 亿美元，比 2004 年增长 78.19%。2009 年，由于全球金融危机的影响，韩国贸易额下降 20%，为 1965 年以来的最大降幅。但在 2010 年，韩国对外贸易迅速回升，并首次突破万亿大关，达到 10 347.1 亿美元。

韩国主要出口产品包括汽车，半导体、计算机和无线通信设备，主要进口产品为产业中间产品和农产品。韩国的主要进出口市场是美国、日本、中国、欧盟等。

能源特别是石油价格的大幅波动是韩国经济发展的一个关键性制约因素。从最近几年的趋势来看，石油价格呈上升趋势，尽管可能在某些时段有所下降，但总的价格依然保持在一个较高的水平上。韩国是较为依赖进口能源的国家。根据 2010 年的数据，韩国能源净进口量占商业性能源使用量的百分比达到了 82%，高于美国的 21% 和日本的 80%。1997 年金融危机严重影响了韩国经济发展，1998 年能源消耗量急剧下降。近几年能源消耗得到恢复，2002 年全国能源消耗达 19 858.8 万 t 石油当量，比 2001 年的 19 096.2 万 t 石油当量增长了 5%。2003 年全国能源消耗增长速度达到 3.5%，比上年增长了 5%。因此，如果石油价格保持上升的趋势，势必对韩国制造业的发展形成进一步的制约。从 2001 年起，韩国的能源消费保持低速增长，2002—2006 年增长率分别为 3.99%、2.04%、2.75%、0.91%、1.63%，2007 年伴随全球经济大热，韩国能源需求增长较快，达到 4.04%。2009 年由于金融危机的影响，韩国能源需求降低，只保持了 0.98% 的低速增长。2010 年，韩国经济迅速调整，能源消费增长率达到 7.57%。

在进口保护方面，目前韩国仍对大米、大蒜、芝麻、辣椒等 108 种农产品征收 250% 以上的高关税。

2008 年韩国进出口总额为 9 984.20 亿美元，比 2007 年增长 15.57%，连续 5 年保持两位数增长。受金融危机影响，韩国 2009 年，对外贸易额大幅下降，为 7 986.60 亿美元。2010 年，韩国对外贸易得到恢复，达到 10 347.1 亿美元，较 2009 年上涨 29.56%。按通关数字计算，韩国 2010 年的出口额为 5 315.04 亿美元，比 2009 年增加 14.53%；进口额为 5 032.05 亿美元，同比增加 16.91%；贸易盈余为 282.99 亿美元，比 2009 年的 309.0 亿美元减少约 8.42%。近几年，韩国对外贸易盈余主要来自与中国的贸易。从 2005 年开始，韩国出口重心继续由美国市场转向中国市场。韩国对中国的出口额在其出口总额中所占比重由 2004 年的 19.6% 提高到 2009 年的 24.72%，而对美国的出口额所占比重则由 2004 年的 16.9% 下降至 14.5%。

韩国对外贸易出口额 2010 年突破 10 000 亿美元。截至 2010 年 12 月底，韩国出口额同比增长 14.53%。半导体、汽车、手机、船舶和石油产品构成韩国 2010 年五大出口商品，其出口额占全国出口总额的 42%。截至 2007 年 12 月底，韩国对中国出口同比增长 15.6%，对日本出口增长 1%，而对美国的出口则下降 4.2%。同期，韩国对中国贸易顺差为 476.53 亿美元，对日本贸易逆差为 317.4 亿美元。

四、新加坡

在世纪之交，新加坡经济出现了急剧的波动。1997 年东南亚国家爆发了严重的金融危机，1998 年新加坡经济陷入严重衰退，1999 年和 2000 年却出现快速复苏和强劲反弹，但到 2001 年经济又急转直下，甚至呈现负增长，2002 年则有所复苏。据新加坡的官方统计显示，1996—2002 年，新加坡经济增长率分别为 8.1%、8.5%、-0.9%、6.8%、9.7%、-1.9%、2.2%。2003 年经济增长率为 1.1%。短短的几年时间里，新加坡经济出现了较为典型的“W”型波动。从 2002 年到 2008 年，新加坡经济连续增长，这 7 年的增长率分别为 4.24%、4.60%、9.24%、7.38%、8.70%、8.77%、

1.49%。由于受到2008年全球金融危机的影响，2009年，新加坡实际增长为-0.77%。2010年，新加坡经济快速恢复，实际GDP达到2 087.65亿美元，同比增长14.47%。

1997年金融危机中新加坡受冲击最大的是金融业和房地产业，而2001年经济衰退中深陷困境的则是制造业的生产和出口部门。新加坡当年的国内生产总值增长率为-1.9%，其中制造业部门增长率为-11.5%。2001年新加坡电子业衰退尤为严重。1997年金融危机的导火索是国际金融投机，2001年的经济衰退则是国际电子产品需求急剧萎缩引起的。2001年，新加坡电子业增长率为-21%。由于新加坡经济高度依赖电子业的生产与出口，2000年新加坡电子产品出口占国内生产总值的19%，占总出口的64%，所以电子产品生产与出口的骤然下降必然导致国内经济的急剧滑坡。

在国外需求的带动下，2002年新加坡经济出现复苏迹象。化学制造业的快速增长使得占国内生产总值26%的制造业取得8.3%的增长率。但是，2003年3月非典型肺炎疫情在新加坡扩散后，新加坡经济受到严重打击，经济增长大幅减缓，政府一再调低当年经济增长率的预计指标。新加坡经济再次陷入困境，除非典疫情扩散的影响，还有近年处于转型经济中的结构性问题仍未得到有效解决所造成的影响。

经济全球化和信息化促进了新的国际分工发展，新加坡已经成为制成品生产国和出口国，制成品占商品出口的86%。近年来，国际市场上制成品价格下降，不但包括劳动密集型产品，也包括高技术产品。新加坡紧跟发达国家特别是美国发展新经济的步伐，大力扩展以芯片为核心的信息技术产品的生产和出口，现在该类产品出口比重高达64%，占国内生产总值的比重高达19%。据统计，1992—1999年电子信息产品价格下降对新加坡造成的损失相当于其国内生产总值增长部分的6.46%。2000—2001年，全球电子信息产品销售额从年增长30%降至-30%，导致新加坡的出口贸易和经济增长急剧波动。2000年新加坡经济增长率为9.7%，而2001年则为-1.9%，大幅下降约12个百分点。据新加坡贸工部的研究显示，世界半导体工业每下降1%，新加坡经济增长就会下降0.12%。2001年全球半导体工业增长波动60个百分点，新加坡经济增长即随之变动6.8个百分点。

2005年，新加坡出口总额478.84亿美元，进口总额423.221亿美元。主要出口市场有马来西亚、美国、印度尼西亚、中国香港、中国、日本、泰国等；主要的进口市场有马来西亚、美国、中国、日本、中国台湾、印度尼西亚、沙特阿拉伯、韩国等。

作为东盟成员，新加坡的经济贸易发展与同盟紧密相关。在下一节东盟市场，详细介绍新加坡的贸易和投资政策。

第三节 东盟市场

1967 年 8 月 7 日至 8 日，印度尼西亚、新加坡、泰国、菲律宾四国外长和马来西亚副总理在泰国首都曼谷举行会议，发表了《东南亚国家联盟成立宣言》，即《曼谷宣言》，正式宣布了东南亚国家联盟（简称东盟，Association of Southeast Asian Nations，ASEAN）的成立。成立 40 多年来，东盟已日益成为东南亚地区以经济合作为基础的政治、经济、安全一体化合作组织，并建立起一系列合作机制。

东盟除印度尼西亚、马来西亚、菲律宾、新加坡和泰国 5 个创始成员国外，文莱在 1984 年独立后即加入东盟，越南于 1995 年加入东盟，1997 年缅甸和老挝加入东盟，1999 年 4 月，柬埔寨成为东南亚地区最后一个加入东盟的国家。东盟 10 国的总面积有 450 万 km^2，人口约 5.9 亿（2009 年统计数字）。东盟物产丰富，地理位置重要，是世界交通枢纽之一，同时又是国际资本的重要投资市场、商品市场和原料来源地。

一、东盟经济概况

从 20 世纪 60 年代到 90 年代中期，利用发达国家转移制造业的机遇，东盟国家尤其是新加坡、马来西亚、泰国迎来了经济发展的黄金时期。各国相继发展劳动和资本密集型且面向出口的工业，以开拓国际市场为中心带动国内经济的发展。各国政府采取了促进出口的经济政策，如放宽关税保护、奖励出口，吸引了大量外来投资，大力发展外向型经济，国民经济得到了极大发展，马来西亚、泰国等国家在东南亚率先步入了中等发达国家的行列，人均 GDP 超过 3 000 美元，新加坡则已经达到了发达国家的水平，同时越南、印度尼西亚、菲律宾等国家的经济也有所发展。

二、东盟内部市场

（一）吸引外资

在东盟国家中，新加坡在吸引外资方面可谓首屈一指。新加坡吸收了世界各国开放的经验，充分利用优越地理条件，吸引外资，投资政策宽松，投资环境优越。到 1994 年年底，新加坡共吸引外资 500 亿美元之多，全国有 4 000 多家跨国公司，国内制造业有 73% 是外来投资，出口贸易额中 95% 是外资公司。仅 2010 年，新加坡就吸引外资 355.2 亿美元，较 2009 年上涨 1.32 倍。由于世界各国的投资合作，引进了先进的技术、设备和管理经验，加速了新加坡本国的经济发展。

菲律宾从 1986 年开始采取较大优惠措施，大力改善投资环境，鼓励外资流入，并于1987年制定《综合投资法》，为外资的大量涌入提供了明确的法律保证。仅1994年前8个月，政府批准的外资达10亿美元，比1992年同期增长3倍。2010年，菲律宾共吸引外资17.13亿美元，比2009年下降了13%。

利用外资是印度尼西亚政府1966年以来为解决国内资金短缺而实行的一项重要政策措施。自1967年苏哈托政府颁布第一部《外国投资法》以来，印度尼西亚在吸引外资、发展本国经济方面取得了显著的成就。特别是1985年以后，印度尼西亚政府采纳世界银行的建议，改变以往对外国投资限制较严的态度，多次对外资政策进行全面修改，大大改善了投资环境，使外商在印度尼西亚的投资迅速增加，并在20世纪80年代中后期形成高潮。但进入90年代以后，由于印度尼西亚逐渐出现熟练劳工不足、工资上涨过快和基础设施落后等问题，尤其是受到中国、越南、印度等国家的强烈竞争，因而流入印度尼西亚的外国直接投资连续几年呈现停滞状态，到了1993年则出现大幅度的滑坡现象。为改变不利局面，印度尼西亚政府1994年6月再次对外资政策作了重大调整，其开放程度为近几年之最。新政策的出台大大激发了外国投资者的兴趣，从而再次掀起外国投资热。印度尼西亚政府批准的外商投资金额也骤然增加。印度尼西亚2010年外商直接投资资金流入133.04亿美元，较2009年增长了1.73倍。

泰国在吸引外资方面的成绩也十分突出。1983年，据市场经济发展的需要，专门颁布《促进投资法》，扩大了外资的投资范围和鼓励性的投资项目。由于泰国政局相对稳定，自然资源丰富，劳动力成本低廉，投资环境优越，所以外国直接投资迅速增加，据泰国投资局的统计，1994年前9个月批准的外资为67.8亿美元，几乎相当于1993年全年的总和。泰国近年来经济的飞速发展与外资的大量涌入有着非常密切的直接关系。1998年前9个月，外资流入已达96.16亿林吉特(约合38亿美元)，比1997年同期增长200%。泰国2010年共吸引外资63.2亿美元，较2009年增加27%。

近两年来，越南不断改善投资环境，完善外资政策法规，把外资经济视为国民经济的重要组成部分，加大对外招商引资力度。2001年8月，越南政府首次作出了《关于2001—2005年期间加强和提高吸收外资效果的决定》，提出了今后5年吸收外资的目标、发展方向及实施措施。2002年5月，越南公布了2001—2005年期间228个对外招商引资国家项目目录，包括工业、农业、基础设施、文化卫生教育、旅游等领域。其中，工业领域133个项目，投资金额近200亿美元；农业领域30个项目；基础设施领域22个项目；文教卫生领域14个项目；旅游饭店领域29个项目。据越南计划投资部统计，截至2002年11月15日，越南累计吸引外资项目达3653个，投资总额390.5亿美元。越南政府欢迎外商对越南各经济领域进行投资，保证外国投资者受到公平和公正的对待和保障外商的一切合法权益。越南在2010年共吸引外资80亿美元，比2009年增加5%。

老挝政府禁止投资和实行专控的行业。为了加强对国内生产领域的投资，保护投资者的合法权益，根据老挝贸易部的文件，自2002年7月23日始老挝政府对国内5家企业生产的质量达标的产品进行保护，凡进口销售用于建筑项目的同类产品，均须到贸易部办理进口审批手续。

从1970年开始，东盟就是发展中国家对外资最具吸引力的地方之一，东盟各国也制定了许多优惠措施来吸引外资。1999年东盟一共吸引FDI达到了2 497亿美元，占整个亚洲地方FDI数值的30%，虽然1997年金融危机、非典型肺炎疫情的冲击造成了外资在一段时间之内急剧减少，但是现在外资在整个东盟经济仍具有举足轻重的地位。仅在2010年一年，东盟外商直接投资净流入达757.58亿美元，比2009年增加了1倍，其中16%来自于东盟内部投资。其余的84%来自于东盟外部的国家和地区。

(二) 东盟自由贸易区(AFTA)

为了应对经济全球化和区域经济一体化的挑战，吸引更多的外来投资，发展民族经济，增强各成员国产品在国际市场的竞争力，同时区域内消费者能更方便地获得更廉价的商品，推动区域内贸易的发展，从而促进地区经济的整体发展，1992年1月，东盟在新加坡进行的第4届东盟首脑会议上正式提出建立东盟自由贸易区(AFTA)，其核心内容为关于共同有效关税优惠计划(CEPT)，要求从1993年开始的15年内东盟各国降低关税和取消非关税壁垒，并于2008年达到0~5%的平均关税水平。届时，东盟各国均可享受其他成员国的共同有效关税优惠，但对东盟以外国家的贸易政策仍由各国自行决定。

为全面推动东盟的贸易自由化，在CEPT的协定下，东盟各成员国还同意在其他一些领域加强合作，包括统一标准、相互承认产品的检验及证明、取消对外商投资的壁垒、宏观经济咨询、公平竞争原则和促进风险投资。东盟自由贸易区2002年1月1日正式启动。自由贸易区的目标是实现区域内贸易的零关税。文莱、印度尼西亚、马来西亚、菲律宾、新加坡和泰国6国已于2002年将绝大多数产品的关税降至0~5%。越南、老挝、缅甸和柬埔寨4国将于2015年实现这一目标。东盟自由贸易区的建成使东南亚经济发展进入一个新的阶段。

区内贸易是未来东盟对外贸易的主要着力点。1997年金融危机之后，东南亚国家逐渐意识到团结合作和共同行动的重要意义，全球经济衰退给东盟对外贸易带来的负面影响强化了这一认识，它让东盟试图单方面寻求区域外帮助的努力受挫，激发了东盟继续加强区域经济合作的决心。在这一背景下，东盟国家进行了卓有成效的区域经济合作，东盟自由贸易区不仅扩大了CEPT的覆盖范围，而且为受保护的大部分暂时例外商品和未加工产品分批进入CEPT清单制订了颇具操作性的计划，从而大大降低了成员国之间的贸易成本。不仅如此，东盟于2003年10月签署了《第二巴厘宣言》，通过制定和实施经济合作以提升东南亚地区的战略地位，并计划到2020年将东盟建成以商品服务与投资自由流通为特点的单一市场和生产基地，进而向经济共同体的目标迈进。

三、东盟对外贸易

（一）东盟对外贸易概况

东盟国家外向型经济发达，是国际贸易中重要的制造业和原材料出口基地，是国际贸易中仅次于美国、欧盟、中国、日本的第五大经济体。20世纪90年代以来，受亚洲金融危机的影响，东盟的经济发展经历了大幅波动，对外贸易也相应地一波三折，总体呈"温和"上升的发展趋势。根据东盟金融与宏观经济监管小组公布的统计数据，1996年，东盟对外出口3 347亿美元，进口3 463亿美元，贸易收支呈小额逆差；2000年东盟国家出口总值为4 080亿美元。2008年，东盟出口额达9 775.36亿美元，进口额为9 195.91亿美元，贸易盈余为579.46亿美元。2009年，东盟出口和进口都有所下降，但其贸易顺差达到841.35亿美元，同比增长45%。

2001年，由于世界三大经济体同时陷入困境，对于以出口导向为特征的东盟国家来说，不但造成经济负增长，而且对外贸易全面滑坡。2002年，东盟多年来的区域经济一体化和实施的减税计划开始取得成效，加之1997年金融危机和世界经济萧条带来的巨大负面影响，使其认识到团结合作和共同行动的重要性。东盟6国初步建成自由贸易区，这不但改善了东盟对外贸易的环境，也降低了区内贸易的交易成本，从而催动东盟对外贸易拐点的出现。2002年，东盟对外进出口额分别达3 190亿美元、3 863亿美元，同比增长31.71%、51.03%，贸易收支也转而出现盈余。此后，东盟对外贸易一直在增长和顺差的轨道上不断向前发展。2009年，东盟对外贸易顺差达841.35亿美元，比2008年增长45%。

2003年，东盟对外贸易额突破7 000亿美元，到2009年，东盟加强了与其他国家之间的经济合作，经济迅速增长，对外贸易额进一步扩至15 368.43亿美元，年均增长率为21.73%，与同期全球贸易的增速基本保持一致。

（二）中国与东盟的贸易关系

中国和东盟目前的贸易关系主要受到了双方经济增长和双方努力推进中国—东盟自由贸易区的建设的影响。中国和东盟的贸易经济关系整体上有了相当的增长，1991年贸易总额约为80亿美元，2009年则超过了1 780亿美元。就贸易量而言，中国与东南亚的贸易，以2009年为例，与马来西亚的贸易量最高，之后是新加坡、印度尼西亚和泰国，最少的是文莱。就双边贸易的稳步增长来看，新加坡和马来西亚占中国同东盟之间的贸易的大部分。现在，东盟是中国第四大贸易伙伴，仅次于美国、日本和欧盟，这反映了在持续增长中，东盟在中国的外贸中所占份额由1990年的5.8%上升到了2009年的9.6%。同时，中国在东盟的贸易所占份额也从1991年的2.3%上升到了2009年的11.6%，使中国成为了东盟第一大贸易伙伴。2009年中国和东盟双边贸易总额为2 130.1亿美元，比上年同期下降了8%，这主要是由于全球金融危机的影响。

中国和东盟的贸易结构呈现出了一种周期性的变化，制造业产品的重要性日益增长，初级产品的比例逐渐减小。在20世纪70年代和80年代，东盟的外贸商品实际上已从初级产品向制成品转化。就制成品而言，机器和电力设备这样的资本密集型产品在整个90年代逐渐变得更加重要，因为东盟6国降低了他们对服装、纺织这样的轻工业和劳动密集型工业的依赖。

从中国与东盟的贸易模式看，内部产业贸易规模大的部门是机械和电力装置。近来由东盟—中国专家组提交的一份报告指出，中国向东盟出口的机器设备和电力装置大部分是具有普遍和特殊用途的。另外，中国从东盟进口的机器和电力装置的实质部分是电力设备。例如，新加坡2000年向中国出口的主要产品是电子管、数据处理机和其他工业电力设备。同年，工业制成品占了菲律宾向中国出口总额的57%，其中大部分是半导体。交换机集成电路和其他电子配件在中国从马来西亚和泰国进口的机器设备和电力设备中占了很高的比例。

2001年11月，在文莱举行的第5次东盟与中国领导人(10+1)会议上，双方领导人达成共识，一致同意在10年内建立中国—东盟自由贸易区，并授权经济部长和高官尽早启动自由贸易协定谈判。2010年1月1日，中国—东盟自由贸易区正式建立。中国—东盟自由贸易区的建成，将会创造一个拥有18亿消费者、近2万亿美元国内生产总值、1.2万亿美元贸易总量的经济区。按人口算，这将是世界上最大的自由贸易区；从经济规模上看，将是仅次于欧盟和北美自由贸易区的全球第三大自由贸易区，由中国和东盟10国共创的世界第三大自由贸易区，是发展中国家组成的最大的自由贸易区。

自20世纪90年代以来，受1997年金融危机冲击、世界经济衰退以及2008年全球金融危机的影响，东盟对外贸易先后在1998年、2001年和2009年出现三次较大波动，但总体仍处于不断增长的趋势。区内贸易是东盟各国对外贸易的核心和基础，后危机时期东盟强化了对这一理念的认识。东盟对美国、欧盟、日本贸易是目前仅次于区内贸易的部分，中国经济近年来的快速发展使两大经济体之间的合作空间明显扩大。从经济合作角度来看，未来东盟对各主要贸易伙伴的贸易额将会呈逐年扩大的态势。由于东盟与不同国家之间的经济合作存在明显差异，在未来东盟对外贸易中，东盟对美国、日本贸易的增长速度可能较为缓慢，导致东盟对美国、日本贸易在其对外贸易中的比重持续下降；相反，东盟区内贸易以及东盟对华贸易的增长速度较快，进而使东盟区内贸易和对华贸易比重不断上升。

【本章关键术语】

日本市场　新兴市场　东盟

本章复习思考题

1. 简述日本在对外开放中对本国市场的保护措施。
2. 中国香港市场有哪些特征？
3. 韩国的优势产品和稀缺产品有哪些？
4. 简述东盟内部市场的特点。

本章延展阅读书目

[1]　张蕴岭. 未来10—15年中国在亚太地区面临的国际环境[M]. 北京：中国社会科学出版社，2003.
[2]　王勤，等. 中国与东盟经济关系新格局[M]. 厦门：厦门大学出版社，2003.
[3]　赵春明. 亚太地区经济发展多元化研究[M]. 北京：北京师范大学出版社，1995.
[4]　吕克俭. 日本市场通览[M]. 北京：中国财政经济出版社，2002.

第十四章 非洲市场行情分析

【本章学习要点】

- 非洲的主要自然资源
- 非洲的经济发展现状及市场特征
- 非洲各国的对外贸易政策
- 非洲的对外贸易结构

第一节 非洲市场概况

非洲大陆现有 56 个国家和地区，面积 3 029 万 km^2，占世界陆地总面积的1/5，人口 10 亿，占世界总人口的 15%。年进出口额超过 12 560 亿美元。非洲是发展中国家最集中的大陆，绝大部分国家是农业国，有丰富的资源和广阔的市场，近几年农业经济呈现出巨大的发展潜力。非洲在世界占有重要的战略地位，53 个非洲国家约占世界不结盟国家总数的一半，占联合国会员国的 1/3，是国际舞台上的一支重要力量。

一、非洲的自然资源

非洲有富饶的自然资源，盛产棉花、棕榈油、咖啡、可可等农产品，其中，可可出口量占世界贸易市场的 70%，咖啡出口量占 35%，棕榈油出口量占 50%。虽然非洲自然资源丰富，但由于多年的殖民统治，国民经济仍然维持着以原材料和种植业为主的结构，工业不发达，再加上许多国家政局变动频繁、战火不断、国际市场初级产品价格暴跌等因素，对只能靠初级原材料出口、出口产品品种单一的国家而言，必然导致国家贫穷、经济落后、人民生活水平低下的状况。

地域广袤的非洲蕴藏着得天独厚的矿产资源，享有世界“矿产资源宝库”的美誉。统计资料表明，目前全球最重要的 50 多种矿产中，非洲有 17 种，蕴藏量居世界第一位。非洲的铂、锰、银、铱等矿产储量占世界的80%以上，磷酸盐、钯、黄金、钻石、锗、钴储量等占世界的50%以上。然而，迄今非洲矿产资源的总体开发水平和有效利用率都很低，尚未进入实质性开发阶段。近年来，非洲一些矿产资源丰富但勘察程度不高的国家，通过修改矿业法，逐步调整其矿产资源政策，在土地出租、矿业权租让许可、矿产品销售和税收等方面采取了相当宽松而优惠的政策，鼓励和吸引外资进入本国勘察开发资源，发展经济，加速国家工业化进程。

非洲已探明的石油储量约 170 亿 t，是世界八大产油区之一，每年向世界石油市场提供 20% 的石油，其中尼日利亚出口石油占整个非洲国家对外出口的 95%。近年来由于深海勘探技术的运用和新油田的发现，石油储量不断增加，引起世界广泛关注。非洲石油储量从 1997 年的 92 亿 t 上升到 2011 年的 170 亿 t，占世界总储量的 8.2%。14 年内增加 85%。2010 年非洲石油产量 4.46 亿 t，占世界总产量的 12.3%。1997 年非洲原油日出口量 584.5 万桶，占世界总出口量的 14.6%，10 年内增加 35.5%。根据预测，未来 20 年，非洲石油产量可能增至日产石油 1 100 万桶，比现在的 780 万桶增加 40%。这些数字虽然不能从根本上改变世界石油分布格局，但随着几内亚湾海上新油田的继续发现，非洲在世界能源市场的重要性日显突出。2001—2005 年，中西非富产石油的 10 个国家(安哥拉、尼日利亚、刚果、科特迪瓦、加蓬、赤道几内亚、喀麦隆、加纳、刚果民主共和国、贝宁)已成为全球海上油气工业投资额最大的地区，达 352.11 亿美元，中西非地区可占全球海上开发油气储量的 21%。非洲所产石油的 75% 供出口，阿尔及利亚、利比亚、尼日利亚、安哥拉等主要产油国出口的石油分别占其总产量的 60%、77%、86% 和 95%。非洲石油出口主要面向欧美地区。2011 年石油剩余探明储量居前三位的非洲国家是利比亚、尼日利亚和阿尔及利亚，石油产量居前三位的非洲国家是尼日利亚、利比亚和阿尔及利亚。

二、非洲的经济发展现状

独立后 30 多年来，非洲国家经济发展经历了一个曲折过程，前 20 年非洲经济发展较为顺利。20 世纪六七十年代，非洲经济年平均增长率均在 5% 以上，而 80 年代是非洲“失落的十年”，其经济增长剧降，年均增长率降至 1.6%。进入 90 年代以来，随着国际经济环境的改善，以及非洲政局趋向缓和，非洲经济开始恢复增长。特别是自 1994 年以来，非洲经济连续保持着增长势头。据国际货币基金组织资料，撒哈拉以南非洲国家经济增长明显提高。该地区的国内生产总值 1995 年增长 4%，1996 年又增长 5.2%。2000—2008 年增长 4.9%。非洲开发银行在其 2000 年的发展报告中认为，非洲正走向一个“具有较为稳定的宏观经济环境和基础广泛的经济增长新时期”。非洲的经济振兴将推动农业、工业、基础设施等领域取得新的发展，为境外资金到非洲投资提供广阔的机会。

非洲农业资源丰富，扩大农业生产的潜力很大，但目前的生产水平仍较低，且受气候变化的影响，产量不稳定。一些农产品的单产只及世界平均产量的1/2；处于粗放经营的畜牧业、林业进一步提高的潜力也很大。目前，非洲也是世界各大洲中交通运输条件较落后的大陆，基本上不存在覆盖整个大陆的铁路网，铁路的分布均为从沿海伸向内陆的局部路线，且轨距不一。公路虽比铁路发达，但分布不平衡，路面等级参差不齐，难以发挥网路的整体效益。工业整体水平落后。按照世界银行发展报告的统计，1965 年，农业在非洲国内生产总值中占 39%，工业占 19%；到 1995 年，农业比重降至 30%，工业比重升至 34%。2010 年，农业比重已降至 13%，工业比重已升为 44%。这表明在过去的 40 年中，非洲工业有了一定的进步。但是，若以作为工业核心——制造业的发展水平衡量，非洲国家的工业依然十分落后。2010 年，撒哈拉以南非洲国家制造业在国内生产总值中的比重为 13%。这一比重低于同期东亚和太平洋、拉美和加勒比地区中低收入国家的平均水平，是世界制造业水平最低的地区。即使是制造业相对发达的非洲国家，除个别国家，如南非外，在其他国家(津巴布韦、尼日利亚、肯尼亚、科特迪瓦、埃及、摩洛哥等国)，传统的、低附加值产品在制造业中仍占重要地位，产品绝大多数属于最终消费品，资本产品极少。目前，只有少数非洲国家开始借助跨国公司发展了技术含量较高的制造业。这表明，工业化作为一项历史任务，在非洲需要通过艰苦的努力才能完成。

2001 年 7 月非洲联盟成立，使之成为世界上继欧洲联盟之后的第二个重要的国家间联盟。非洲联盟的启动，是 10 亿非洲人民联合自强意志的生动体现。非洲国家以一个声音表达他们共同应对全球化挑战，改变不公正、不合理的国际政治经济秩序，建立“共赢”的合作伙伴关系，同享全球化带来的利益。非洲联盟的建立，是非洲进入 21 世纪后在一体化道路上迈出的历史性一步。

根据国际货币基金组织发表的资料显示，2000—2010 年，非洲地区的平均经济增长率为 5%。随着经济全球化与区域集团化趋势的发展，非洲各国逐步认识到，加快区域经济一体化的步伐已是非洲经济发展的当务之急。目前，非洲现有的 10 个区域经济一体化组织正在加紧实施非洲经济共同体条约，力争加快建成非洲统一大市场。

三、非洲市场的主要特点

(一) 非洲市场广阔，极具潜力

多年的战乱和政局动荡曾经使非洲一些国家经济发展缓慢，但近些年来，这些国家的政局基本上是稳定的。大多数非洲国家，特别是东非一些国家的工业基础几乎是空白的，所谓工业也基本上是农产品加工。工业制成品、轻工日用品基本上依靠进口。据统计，非洲每年进口约在1 000亿美元左右。一些建材、日用品价格昂贵。例如，乌干达一袋水泥(50kg)的价格达10～12美元。由于经济发展缓慢，一些国家基础设施很差。例如，苏丹现在电力供应只能满足40%的需求；几乎没有像样的公路。由于加工能力不足，大量的水果来不及处理就地烂掉。目前，这些国家百业待兴，为中低档滞销产品提供了广阔的市场，为一些企业的人员和闲置设备提供了用武之地，为开拓非洲市场提供了更有利的条件。非洲市场的不利因素是：社会发展落后，基础设施差，生活条件比较艰苦；市场消费层次差别大，缺乏消费的“中间层次”；本地市场需求有限，贸易批量小；贸易逆差大，外汇短缺，结售汇困难等。

从1995年起，继南非实施无种族歧视的民主政体后，许多西方的投资分析家都开始看好非洲投资市场，认为非洲是“投资成本最低、获利机会最佳”的地区，并认为非洲国家近年来推动政治和经济改革，成效已经显现，特别是在南部非洲地区。美国商务部的动作更是积极，除选定南非为全球十大新兴市场之外，还成立了一个专责对非洲贸易发展之协调单位——Africa Trade and Development Coordinating Group，扩大美国在非洲的市场占有率。

“冷战”结束后，尤其随着国际经济竞争的加剧，资源的重要性更显突出。随着科技革命进展和高新技术的应用，越来越显示出非洲一些稀有战略原料的重要性，并引起了国际社会对非洲的重新瞩目。

（二）非洲经济开放，投资环境良好

为吸引外资，非洲国家都在积极推行开放政策，设立开发区、自由贸易区、保税库；实行免费提供土地、减免所得税等优惠政策，欢迎外国企业投资办厂。特别是欢迎合资或独资兴办外向型企业，以拉动出口贸易，减少贸易逆差，促进本国经济的发展。例如，埃及1997年颁布了第8号法令——《鼓励投资保障法》，列明了工业和矿产等16个方面的鼓励投资领域，并明确规定：投资者的利益受法律保护，“公司和企业不会国有化或被没收”。在优惠政策方面，各个国家都有明确条文。例如，乌干达为加强投资管理，专门成立了投资局，全面负责办理外商投资申请等事宜。

几年来，全球有12家大型金融机构成立了总额达10亿美元的各种非洲投资基金。赤道银行筹建了2 500万美元的“非洲发展基金”。世界银行的国际金融公司设置了1 600万美元的“毛里求斯基金”和3 000万美元的“非洲基金”。摩根士丹利公司建立了用于13个非洲国家经济发展的总额为1.3亿美元的“非洲投资基金”。梅里尔—林奇公司兴建了“南部非洲资金”。弗莱明仪器公司开设了“新南非资金”。巴林兄弟公司设置了主要用于南非投资的基金等。此外，一些国际金融机构也增加了对非洲国家的贷款，世界银行还向非洲国家项目提供了开发性优惠贷款等。

大型跨国公司也开始进军非洲。值得注意的是，南非矿业巨头英美公司也加快了进军非洲其他国家的步伐，重点是西非和东非。英美公司最得意的投资项目是马里的萨迪欧拉金矿工程，总投资是3.03亿美元，设计开采寿命13年。在东非，英美公司拨款1 000万美元用于勘探坦桑尼亚的矿产资源，在津巴布韦投资达到9 300万美元，还准备在今后5年内投资4.3亿美元。在赞比亚，英美公司正在筹组国际投资集团，准备收购赞比亚联合铜矿公司等。国际资本回流非洲是国际社会，尤其是西方国家调整非洲政策的结果。这是一种长期发展趋势。

联合国贸发会议在《世界投资报告》中指出，自2003年外商对非直接投资猛增39%后，投资水平一直稳定在180亿美元左右。但联合国贸发会议负责投资分析的官员还指出，虽然从历史上看外商对非洲投资有了较大提高，但仍仅占全球对外直接投资的3%。南非、美国、英国、法国和荷兰是投资最多的国家，这些国家的投资额超过了非洲吸引外资总额的半壁江山。该《报告》显示，国际油价的持续上涨导致外资大量流向非洲油气生产国。北非2010年吸引外资最多，占整个非洲的30%。

非洲的对外直接投资额存量在2010年达到1 224亿美元，但按照国际标准衡量却仍显不足。南非的跨国公司对外投资占整个非洲大陆对外投资的一半以上。南非有4家跨国公司位列联合国贸发会议公布的发展中国家跨国公司50强之中。

（三）南部非洲成为经济发展最快的地区

与其他非洲地区相比，南部非洲的基础设施最为发达，特别是南非、津巴布韦、博茨瓦纳、纳米比亚和毛里求斯等，交通、通信设施比较完善，近几年来，南部非洲国家普遍制定了吸引外资的优惠政策，采取降低关税，放松外汇管制等措施。国际社会普遍认为，南部非洲是非洲大陆经济发展最有希望的地区。

南非是非洲的经济大国，也是带动非洲经济发展的“火车头”，其国内生产总值占全非洲国内生产总值的18%，人均GDP已超过7 000美元。2010年南非GDP为3 637亿美元，比上年增长3.2%，人均GDP为7 274美元。南非是世界五大矿产国，八大农产品国，十大工业国和一大军品出口国，拥有非洲最先进的交通、电力、通信等工业基础设施，钢铁工业、冶金工业、食品工业、化学工业、金融业、海洋运输业等都非常发达，是非洲地区最重要的市场。南非是南部非洲的门户，把南非作为贸易和投资的立足点，然后向周边国家辐射，是一些外国商人在非洲创业的主要思路。

（四）非洲的交通运输状况及特点

非洲的现代交通运输业发展不平衡，现有铁路营运里程仅8.5万km^2，约占世界铁路总长度的6%，约1/4的路线集中在南非，其次是北非和西非沿海地区。全洲共有公路160多万km^2，其中沥青路面20多万km^2。南非、几内亚湾沿岸国及西北非公路网最密集，海运业在世界地位较为重要，每年货运装船量占世界13%，非洲海岸线全长30 500km^2。绝大多数沿海国都有现代化的港口，建立了自己的船队。其特点是国际运输大大超过了国内运输，装船数大大超过卸船数，主要海运国均为主要矿产输出国。

南非的海洋运输业发达，与非洲以外国家贸易的99%要靠海运来完成。主要港口有开普敦、德班、东伦敦、伊丽莎白港、理查兹、萨尔达尼亚和莫瑟尔拜。有商船990艘，总吨位75.5万t，年港口吞吐量约为1.2亿t。德班是非洲最繁忙的港口及最大的集装箱集散地。港口海湾面积近900hm^2，集装箱码头面积达102hm^2，集装箱位9 400个，装有10台龙门起重机的码头，可同时为8艘货船装卸货物。德班港最大集装箱吞吐量450万t，2011年已经达到390万t，主要货物流向是欧洲和亚洲。数据显示，2011年中国与南非双边贸易额达到454.3亿美元，同比增长77.1%，中国已经成为南非最大的贸易伙伴。

第二节　非洲的对外贸易概况

非洲的对外贸易经历了20世纪70年代的大发展、80年代的萎缩、90年代的恢复增长及21世纪以来高速增长四个不同阶段。据国际货币基金组织的统计，1970年非洲进出口总额仅为322亿美元，到1980年增至2 150亿美元，10年间增长5.7倍；而到1990年却降至1 871亿美元，比1980年下降13%。进入20世纪90年代以来，随着西方国家的经济由衰退走向复苏，非洲对外贸易也开始恢复增长。1995年非洲进出口总额达2 313亿美元，比1980年增长7.5%；其中，出口为1 148亿美元，进口为1 165亿美元，分别比1994年增长16.4%和20.2%。据世界贸易组织统计，1996年非洲进出口总额达2 400亿美元，比上年又有所增长。1993—1996年中，非洲国家的出口额平均年增长10%以上。2000—2010年，撒哈拉以南非洲十年的贸易额平均年增长率达25%。

从整体上看，非洲的对外贸易呈现出以下几个主要特点。

一、非洲市场发展很不平衡，进出口贸易集中在少数几个国家

从进口来看，少数几个国家占非洲进口总额的很大份额。以2008年为例，进口额较大的国家分别是南非(1 117亿美元)、埃及(720亿美元)、尼日利亚(645亿美元)、摩洛哥(432亿美元)、阿尔及利亚(426亿美元)、安哥拉(327亿美元)、突尼斯(275亿美元)、肯尼亚(135亿美元)、科特迪瓦(108亿美元)、加纳(102亿美元)等。上述10个国家的进口额合计达4 287亿美元，占非洲进口总额的73.7%。其中，南非就占

19.2%，是非洲最大的进口市场。

二、非洲进出口商品构成仍受单一经济结构制约

非洲国家虽然致力于发展民族经济，但是至今大多数国家的经济结构仍未根本改变。因此，在对外贸易方面仍然是以农矿初级产品出口和以工业制品进口为主。随着经济的发展，非洲国家进口机电产品呈增长势头。南非、埃及是非洲进口机电产品最多的国家，年进口额曾分别达80亿美元和120亿美元。摩洛哥、尼日利亚、突尼斯等国的机电产品年进口额都在10亿美元以上。

三、非洲中小商人多，订货零星分散

非洲大商人不多，他们主要是依靠做西方国家的生意发展、壮大起来的。中小商人居多，由于他们财力有限，进口批量小，品种多，习惯看样成交，或做现买现卖的生意。非洲中小商人喜欢购买廉价的商品。

四、转口贸易活跃

非洲有不少沿海国家，由于它们的港口设施完善，交通运输便利，处于内陆的国家需要从沿海向内地转运物资，转口生意兴旺。例如西非的多哥，长期实行对外开放政策，贸易环境宽松，一般商品不需要进口许可证，转口费用又较低，在洛美港还设有保税仓库，因此洛美就成了西非一个较大的商品集散地。据统计，多哥的转口贸易额占其进口总额的80%左右。再如南非，港口设施齐全，又有铁路、公路与周围邻国相连，加之它与博茨瓦纳、莱索托、纳米比亚和斯威士兰同属一个关税同盟，盟内商品可免税自由流通，因此南非就成为南部非洲各国商品进出口的中心，世界各国商人都将南非视为进入南部非洲的“桥头堡”，纷纷在那里投资设点，从事转口贸易活动。

五、市场竞争激烈，目前西方国家仍然控制着非洲市场70%的份额

非洲国家独立以后，一些西方国家利用原为宗主国的有利条件，或以附有政治条件的经济援助，企图左右非洲国家的政治取向，继续控制他们的资源和市场。据国际货币基金组织的统计，在2010年非洲进出口总额中，西方国家所占份额为55%，发展中国家所占份额为40%多。西方国家所需的许多重要工业原料和稀有金属主要从非洲进口。以法国为例，90%以上的铀、钴、锰，76%的铝矾土，50%以上的铬，30%的铁矿石都来自非洲。由于历史原因，非洲一直是欧洲国家的传统市场。据统计，2010年欧盟各国在撒哈拉以南非洲市场上的占有率仍高达30%，投资额占其全球总投资额的32%。美国在非洲市场上占有率只有6.3%，投资额仅占8%，美国对非洲的出口排

名第三位，居中国、法国之后。为了与欧洲，特别是同法国争夺非洲市场，美国加大了力度。美国提出一项“开发非洲计划”，放宽对非洲产品的市场准入，加强对非洲的技术输出，促进私人投资，取消一些最贫穷国家的债务，拿出6.5亿美元设基金，用于非洲开发。

六、非洲地区内部的经贸合作在扩大

随着世界经济区域化、集团化的深入发展，非洲国家越来越认识到：只有加强团结与合作，共同开发内部资源，才能增强自身实力，赶上国际经济发展潮流。由15个成员组成的西非国家经济共同体是非洲国家最大的区域性经济合作组织，该组织已进入务实阶段，连接西非各国的电信工程和高速公路网工程已全面建成，合作铺设的天然气管道工程于1998年完工。西非各成员国之间的贸易往来正在扩大。2007年西非经济共同体成员国之间的贸易额达19.17亿美元，创32年最高纪录。

第三节 非洲各国的贸易政策

非洲国家由于资源条件和经济结构各不相同，各国经济发展不平衡，贫富悬殊。国际货币基金组织（IMF）2011年公布的人均GDP（PPP）数据显示，塞舌尔为23 308美元，居非洲第一，全球第38名。此外，人均收入超过2 000美元的国家还有：赤道几内亚、利比亚、毛里求斯、博茨瓦纳、加蓬、南非、突尼斯、纳米比亚、阿尔及利亚。非洲也有不少低收入的国家。全球48个最不发达国家中，非洲就占33个。其中，最贫穷的国家是刚果（金），其人均收入仅99美元。据报道，非洲有2/3的人口仍然生活在赤贫之中。随着经济的不断发展，非洲的投资市场不断扩大。非洲国家众多，各国在自然环境、人口和经济规模、发展水平、社会文化状况等方面存在差异，因而，它们投资市场的规模、条件也不相同。随着各国进行改革与调整，非洲的宏观经济环境有了一定程度的改善。许多国家通货膨胀得到控制，在减少财政赤字方面，也取得了进展。非洲对外开放程度正在加大，许多国家修改、出台了新的投资法和吸引外资的优惠政策，提出本国优先发展的地区和产业部门，并对向这些领域投资给予优惠。

一、埃及

埃及1970年加入GATT，1995年成为WTO成员。埃及积极推行贸易自由化政策，减少关税和非关税壁垒措施，逐步取消进口限制，努力扩大出口。埃及主要的外贸政策法规有以下几方面：

（1）逐步取消进口限制。1991年，禁止进口商品由210种减至105种，1992年又减至78种。近年来又进一步减少。目前除部分纺织品、服装外，均可自由进口。

（2）逐步降低关税税率。近年来，不断调整降低进口关税税率。1996年10月，最高关税由70%降到55%，部分资本货物税率降至10%，使平均关税达17%~18%。2010年埃及商品的加权平均关税已降至8.9%。

（3）推行私有化，自由经营。所有工、农、商贸企业，不论公营还是私营，均有外贸经营权。全国300多家大中型企业，包括外贸企业，正逐步实行私有化。但在埃及注册建立的外国公司或企业，一般不得直接经营外贸业务。

（4）取消外汇管制。实行货币自由兑换和浮动汇率，自然人和法人均可在银行开户，进行外币存储、兑换、国际支付和汇出。

（5）向埃及出口货物的原产地证书和有关单据，以及代理协议等文件须经埃及驻外使馆认证，否则埃及海关不予放行。

（6）把增加出口作为外贸工作的重心。政府已经采取的措施包括：①简化出口程序，取消出口限制，降低出口税赋和费用；②拟定国家出口计划，建立工农业出口产品目录，优先考虑安排增加商品出口；③指导出口商品定价，建立现代化的程序监管出口行为；④发挥出口发展银行在促进出口中的作用。

二、埃塞俄比亚

（一）鼓励性政策措施

1. 加大开放力度

政府允许和鼓励私商从事生产和经营，特别是进出口贸易，并采取一些非常具体的措施来增强私商的经营能力。例如，埃塞俄比亚商业银行通过举办信用证培训班来增强商人对信用证贸易的学习与了解。

2. 改革海关机制

政府迄已实行海关自主经营，逐步引进现代化管理方式，简化清报关手续，逐步降低关税。埃塞俄比亚是国际海关合作理事会成员，对进出口商品采用国际通行的协调编码制度。埃塞俄比亚新政府成立后多次降低关税，现在最高关税为35%，最低为0，简单平均关税税率为16.7%，加权平均关税税率为11.9%。

3. 逐步放宽外汇管制

1993年开始实行外汇拍卖制度，埃塞俄比亚商业活动的每一笔外汇买卖都通过拍卖形式来实现，即埃塞俄比亚国家银行（为埃塞俄比亚中央银行）每周一次进行公开外汇拍卖，从事进出口的任何国营企业和私商，无论大小，都可参加。1998年7月转而实行“外汇批发拍卖制”。根据上述机制，凡一次性申买外汇高于50万美元者，才需要通过参加拍卖获得；凡低于50万美元者，均无需参加外汇拍卖，可直接到各有关商业银行自由申买。2001年10月1月，埃塞俄比亚废除每周外汇拍卖制度，转而实行银行间市场汇率制度。个人及企业用汇可直接从银行获得。

自1995年起，埃塞俄比亚政府允许并且鼓励私营银行和保险公司直接参与进出口贸易活动，规定私营银行和保险公司享有与国营同等的权利和地位，在为贸易提供服务上，公私营机会均等，公平竞争与合作。

4. 制定“出口发展战略”

埃塞俄比亚政府成立国家出口促进署，旨在为出口提供投资和贷款、土地租赁、情报咨询和人才培训等方面服务，以帮助出口商提高竞争能力。

5. 制定“中小型工业发展战略”

政府试图建立灵活的贸易发展战略，鼓励国内外商人投资和发展埃塞俄比亚的中小型工业，鼓励引进中小型设备和技术。

6. 调节商业利率

埃塞俄比亚政府为了适应近年来世界经济放缓的节奏、促进对外贸易、投资和抑制国内的通货紧缩状况，从2002年3月4日起，将保持了多年的最低存款利率下调了50%，贷款利率也相应平均下调了3个百分点。2008年存款利率4%，贷款利率8%。

（二）限制性政策措施

埃塞俄比亚政府在实行市场经济和对外开放政策的同时，对贸易活动又施以一些限制措施，政策的鼓励与干预、放手经营与限制措施同时作用于贸易活动。

1. 海关估价制度

埃塞俄比亚海关根据国际惯例，自1999年6月起实施海关估价机制。凡海关当局对进口商出具的SGS价格发生怀疑，将自行认定进口货物价格，通常对目标商品征收2~3倍的海关关税。2004年7月取消SGS进口商品价格制度，但仍对怀疑目标商品征收2~3倍关税。

2. 保证金机制

根据有关规定，凡是登记注册的进出口商，欲进口货物，须先向指定银行交纳100%的保证金，方能申请信用证。

3. 联合预审机制

埃塞俄比亚法律规定，银行与商检机构联手对进口商品实行商检预审制度，对于一些可凭样品成交的商品，进口商须事先将样品送交商检机构预审，取得质检合格报告后方可向银行申请开证；对于无法凭样品成交的商品，进口商所欲进口的商品的品质规格须经商检机构认可后，银行才准予开证。

4. 大宗进口商品招标机制

2000 年埃塞俄比亚政府规定，凡是国营企业进行大宗商品采购，必须采取招标方式。

5. 进口货物指定运输机构

2000 年埃塞俄比亚政府规定，凡是埃塞俄比亚船运公司通航的国家或地区，其所有出口埃塞俄比亚货物的运输，必须由埃塞俄比亚船运公司承担。

6. 装运前检验制度

凡是进口货物，必须在装运前经当地 SGS 机构检验，对货物的质量、数量、成交价格进行评估，出具报告后方能出运。

7. 中埃关于中国出口商品装运前检验合作协议

2006 年，中国国家质量监督检验检疫总局与埃塞俄比亚质量标准局签署《关于中国出口商品装运前检验合作协议》，规定对中国出口埃塞俄比亚的商品，由中方出入境检验检疫机构按照埃塞俄比亚要求实施装运前检验并出具检验证书，埃塞俄比亚有关部门承认其装运前检验工作并凭检验证书放行。近年来，埃塞俄比亚质量标准局加强了对重要、在埃塞俄比亚需进行强制检验检疫的商品的抽检，对虽具备装箱前检验证书但质量未达到该局相关的检测标准的商品，该局强制要求进口商退运。

三、毛里塔尼亚

根据毛里塔尼亚政府 1998 年 7 月 27 日第 004/GR/98 号条例规定，自该条例发布之日起，由中央银行签署的货物进出口许可证制度终止，改为进口商品向监督总公司(SGS)申报进口预报体制(DPI)、缴纳有关税金。

进口商在办理付汇时，凡超过 50 万乌吉亚的进口商品必须申报。进口商到毛里塔尼亚贸易、手工业和旅游部填表、盖章，到财政部缴纳进口费用：粮油、茶叶和牛奶等食品，每个集装箱缴纳 1 万乌吉亚，其余商品缴纳 2 万乌吉亚。

目前，毛里塔尼亚加权平均关税税率 10.1%；最高关税税率 45%、最低为 0，农业机械、书本等，以及国外馈赠品都予以免税。毛里塔尼亚政府近年来加强了边界反走私的打击力度，并取得了成效；为减轻企业负担、吸收投资，2002 年毛里塔尼亚政府进一步改善了投资环境，减少工商税和公司登记注册税，同时取消了最小承包税(4%)。

关于外汇转移条例，毛里塔尼亚实行外汇管制。按照法律规定，为支付国外旅游、学费、治疗费及商品进口货款，常驻旅客有权限带外汇现款出境，一次入境所携带的外汇现钞必须低于 4 000 美元或其他等值外汇。外国人出境每人每次可以带出 2 000 美元。然而，带入或带出等于或大于 4 000 或 2 000 美元的，必须申报，而且须拥有理由并得到毛里塔尼亚中央银行的许可。

1995年4月，毛里塔尼亚成为世界贸易组织成员。2002年6月1日，毛里塔尼亚政府与世界贸易组织签署关税协议，以提高进口报关商品发票金额的透明度。根据2005年欧盟与非加太国家签署的《科托努修改协定》，毛里塔尼亚可以享受该协定规定经济和贸易方面的优惠待遇。

四、南非

南非对大部分商品的进口没有限制，但某些商品的进口要获得政府的进口许可。进口者在进口这些商品之前，要先得到进口许可证，而且必须在得到进口许可证后才能在海外装船。虽然要经过某些部门来确定进口货物的性质，但由进出口管理局（Directorate of Imports and Exports）负责发放进口许可证。如果符合条件，申请者一般能在3~4天拿到进口许可证。进口者应通过咨询了解贸工部（Department of Trade and Industry）限制进口的商品目录，这些咨询是免费的。进口许可证一旦颁发，12个月内有效。进口者还必须在海关注册。另根据中国和南非政府签订的有关纺织品协议，南非政府宣布从2006年1月1日起对衬衫、外衣等产自中国的31种纺织品和服装实行进口配额措施。

有一些商品出口需要出口许可证。出口者可以向政府负责发放出口许可证的部门了解情况，主要是一些战略性物资（易于耗尽的资源）、由管理委员会管理的农产品和废金属。钻石出口必须在钻石委员会登记注册。废金属在获得出口许可证前，必须先以出口价的折扣价向下游产业提供信息，一般情况下，有色金属要打折15%，黑色金属要打折7.5%。如果下游产业制造商没有答复或不需要，政府才可以发放出口许可证。南非亦禁止鸵鸟及其种蛋的出口。

对进口原料用于加工再出口的货物，可以返回进口时所缴的关税。在最终产品出口后，生产者可以申请返回。但生产者必须提供有关文件证明进口的原材料是用于出口的。

在所有港口都有保税仓库。进口者可以把货先存在那里。从保税仓库取出的货，只有在进入国内消费时才要缴纳关税。

海关对一些享受退税的制造商进行监管。制造商可以对用于出口生产的进口货物申请退还海关关税。符合这种要求的进口货物必须是在12个月内使用。根据加入WTO的承诺，南非已显著降低了关税水平。目前的平均关税为5.8%，其中农产品平均关税为9.1%，非农产品平均关税为5.3%。

【本章关键术语】

非洲的对外贸易结构　　非洲各国的对外贸易政策

本章复习思考题

1. 非洲市场的主要特点有哪些?
2. 简述非洲对外贸易的特点。
3. 简述埃塞俄比亚的贸易政策。

本章延展阅读书目

[1] 李智彪. 非洲经济圈与中国企业[M]. 北京：北京出版社，2001.
[2] 谈世中. 反思与发展——非洲经济调整与可持续性[M]. 北京：社会科学文献出版社，1998.
[3] 刘力. 全球经济中的发展中国家——可持续发展、贸易与环境[M]. 广州：中山大学出版社，2004.

《世界市场行情新编　第2版》(赵春明主编)

信息反馈表

尊敬的老师：

您好！感谢您多年来对机械工业出版社的支持和厚爱！为了进一步提高我社教材的出版质量，更好地为我国高等教育发展服务，欢迎您对我社的教材多提宝贵意见和建议。另外，如果您在教学中选用了本书，欢迎您对本书提出修改建议和意见。

一、基本信息

姓名：__________ 性别：____ 职称：________ 职务：____________

邮编：__________ 地址：____

任教课程：______________ 电话：____-__________(H)__________(O)

电子邮件：________________________________ 手机：______________

二、您对本书的意见和建议

(欢迎您指出本书的疏误之处)

三、您对我们的其他意见和建议

请与我们联系：

100037　机械工业出版社·高教分社　常编辑 收

Tel：010-88379721（O），68997455（Fax）

E-mail：changay@126. com